●収録内容一覧

■2025年度中学受験用

山手学院中学校

4年間(＋3年間HP掲載)スーパー過去問

入試問題と解説・解答の収録内容

2024年度　A日程	算数・社会・理科・国語	実物解答用紙DL
2024年度　特待選抜	算数・国語	実物解答用紙DL
2023年度　A日程	算数・社会・理科・国語	実物解答用紙DL
2023年度　特待選抜	算数・国語	実物解答用紙DL
2022年度　A日程	算数・社会・理科・国語	実物解答用紙DL
2022年度　特待選抜	算数・国語	実物解答用紙DL
2021年度　A日程	算数・社会・理科・国語	
2021年度　特待選抜	算数・国語	

2020～2018年度(HP掲載)

問題・解答用紙・解説解答DL

「カコ過去問」
(ユーザー名) koe
(パスワード) w8ga5a1o

◇著作権の都合により国語と一部の問題を削除しております。
◇一部解答のみ(解説なし)となります。
◇9月下旬までに全校アップロード予定です。
◇掲載期限以降は予告なく削除される場合があります。

～本書ご利用上の注意～　以下の点について，あらかじめご了承ください。

★別冊解答用紙は巻末にございます。実物解答用紙は，弊社サイトの各校商品情報ページより，一部または全部をダウンロードできます。
★編集の都合上，学校実施のすべての試験を掲載していない場合がございます。
★当問題集のバックナンバーは，弊社には在庫がございません(ネット書店などに一部在庫あり)。

合格を勝ち取るための

『スーパー過去問』の使い方

本書に掲載されている過去問をご覧になって，「難しそう」と感じたかもしれません。でも，多くの受験生が同じように感じているはずです。なぜなら，中学入試で出題される問題は，小学校で習う内容よりも高度なものが多く，たくさんの知識や解き方のコツを身につけることも必要だからです。ですから，初めて本書に取り組むさいには，点数を気にしすぎないようにしましょう。本番でしっかり点数を取れることが大事なのです。

過去問で重要なのは「まちがえること」です。自分の弱点を知るために，過去問に取り組むのです。当然，まちがえた問題をそのままにしておいては意味がありません。

本書には，長年にわたって中学入試にたずさわっているスタッフによるていねいな解説がついています。まちがえた問題はしっかりと解説を読み，できるようになるまで何度も解き直しをしてください。理解できていないと感じた分野については，参考書や資料集などを活用し，改めて整理しておきましょう。

このページも参考にしてみましょう！

◆どの年度から解こうかな　「入試問題と解説・解答の収録内容一覧」

本書のはじめには収録内容が掲載されていますので，収録年度や収録されている入試回などを確認できます。

※著作権上の都合によって掲載できない問題が収録されている場合は，最新年度の問題の前に，ピンク色の紙を差しこんでご案内しています。

◆学校の情報を知ろう!!「学校紹介ページ」

このページのあとに，各学校の基本情報などを掲載しています。問題を解くのに疲れたら息ぬきに読んで，志望校合格への気持ちを新たにし，再び過去問に挑戦してみるのもよいでしょう。なお，最新の情報につきましては，学校のホームページなどでご確認ください。

◆入試に向けてどんな対策をしよう？「出題傾向＆対策」

「学校紹介ページ」に続いて，「出題傾向＆対策」ページがあります。過去にどのような分野の問題が出題され，どのように対策すればよいかをアドバイスしていますので，参考にしてください。

◇別冊「入試問題解答用紙編」

本書の巻末には，ぬき取って使える別冊の解答用紙が収録してあります。解答用紙が非公表の場合などを除き，（注）が記載されたページの指定倍率にしたがって拡大コピーをとれば，実際の入試問題とほぼ同じ解答欄の大きさで，何度でも過去問に取り組むことができます。このように，入試本番に近い条件で練習できるのも，本書の強みです。また，データが公表されている学校は別冊の１ページ目に過去の「入試結果表」を掲載しています。合格に必要な得点の目安として活用してください。

本書がみなさんの志望校合格の助けとなることを，心より願っています。

株式会社　声の教育社　編集部

山手学院中学校

所在地	〒247-0013 神奈川県横浜市栄区上郷町460
電　話	045-891-2111
ホームページ	https://www.yamate-gakuin.ac.jp/
交通案内	JR京浜東北線・根岸線「港南台駅」より徒歩12分

くわしい情報は
ホームページへ

トピックス

★バス「横浜女子短期大学前」「山手学院入口」からもアクセスできます。
★9月28日・29日に山手祭（文化祭）を開催予定です。

創立年
昭和41年

男女共学

高校募集
あり

応募状況

年度	募集数	応募数			受験数	合格数	倍率
2024	A　80名	男	2科	40名	36名	10名	3.6倍
			4科	156名	133名	62名	2.1倍
		女	2科	37名	35名	10名	3.5倍
			4科	117名	98名	37名	2.6倍
	特待 60名	男	2科	430名	394名	43名	9.2倍
		女	2科	203名	178名	21名	8.5倍
	B　40名	男	2科	34名	28名	10名	2.8倍
			4科	213名	114名	56名	2.0倍
		女	2科	35名	24名	12名	2.0倍
			4科	153名	94名	49名	1.9倍
	後期 20名	男	2科	56名	43名	8名	5.4倍
			4科	256名	146名	20名	7.3倍
		女	2科	45名	29名	7名	4.1倍
			4科	155名	70名	11名	6.4倍

※特待入試では，ほかに男子196名，女子76名が一般合格。

2024年春の主な大学合格実績

＜国公立大学・大学校＞

東京大，東京工業大，一橋大，東北大，北海道大，筑波大，千葉大，横浜国立大，防衛大，横浜市立大

＜私立大学＞

慶應義塾大，早稲田大，上智大，東京理科大，明治大，青山学院大，立教大，中央大，法政大

学校説明会等日程（※予定）

【夏休み学校説明会】　要予約
８月24日　10：00～12：00
【学校説明会】　要予約
10月12日　10：00～12：00
11月９日　10：00～12：00
11月30日　14：00～16：00
＊終了後，施設見学・個別相談を行います。
【入試直前説明会】　要予約
１月11日　10：00～12：00

※学校説明会，入試直前説明会とも，オリジナル過去問題集（１年分，正答率付き），募集要項，学校案内パンフレット等を配布します。

2025年度入試情報

〔Ａ日程〕　80名
選考日時…2025年２月１日　８：00集合
選考科目…２科（国算）または４科（国算社理）選択
合格発表…2025年２月１日　20：00～（Web）
〔特待選抜Ⅰ〕　40名
選考日時…2025年２月１日　16：00／17：05集合
選考科目…２科（国算）
合格発表…2025年２月１日　23：00～（Web）
〔特待選抜Ⅱ〕　20名
選考日時…2025年２月２日　16：00集合
選考科目…２科（国算）
合格発表…2025年２月２日　22：30～（Web）
〔Ｂ日程〕　60名
選考日時…2025年２月３日　８：00集合
選考科目…２科（国算）または４科（国算社理）選択
合格発表…2025年２月３日　17：00～（Web）

編集部注―本書の内容は2024年6月現在のものであり，変更されている場合があります。正式な情報は，学校のホームページ等で必ずご確認ください。

算数 出題傾向＆対策

◆基本データ（2024年度Ａ日程）

試験時間／満点	50分／100点
問題構成	・大問数…７題 計算１題（２問）／応用小問１題（３問）／応用問題５題 ・小問数…20問
解答形式	解答のみを記入する形式になっている。必要な単位などはあらかじめ印刷されている。
実際の問題用紙	Ｂ５サイズ，小冊子形式
実際の解答用紙	Ｂ４サイズ

◆出題傾向と内容

▶過去３年の出題率トップ３
１位：角度・面積・長さ13％　２位：四則計算・逆算12％　３位：場合の数など７％
▶今年の出題率トップ３
１位：約数と倍数19％　２位：表とグラフ14％　３位：四則計算・逆算など10％

計算問題は，分数と小数の計算などが中心に出題されているほか，分配法則など計算のくふうを使って解かせる問題や，逆算がふくまれています。比かく的やさしい問題ですから，落ち着いて解けば必ず正解が得られるはずです。

応用小問や応用問題は，数列，割合と比，食塩水の濃度，面積，旅人算，速さ，場合の数，条件の整理などの単元から出題されており，なかでも割合と比，図形からの出題が比かく的多いですが，いくつもの単元がからみあった問題はあまり見られず，各単元ごとの解法がきちんと習得できているかどうかを問うものとなっています。

◆対策～合格点を取るには？

まず，正確ですばやい計算力を，毎日の計算練習でモノにする必要があります。自分で無理なくこなせる問題量をコツコツと続けましょう。

数の性質，規則性，場合の数では，はじめに参考書にある重要事項を自分なりに整理し，さらに類題を数多くこなして，基本的なパターンを身につけてください。

図形では，はじめに求積問題を重点的に学習して，基本パターンを徹底的に身につけましょう。さらに，比を利用してすばやく解けるようにすると効果的です。

分野＼年度		2024		2023		2022	
		A	特選	A	特選	A	特選
計算	四則計算・逆算	◎		◎		◎	○
	計算のくふう				○		
	単位の計算						
和と差	和差算・分配算						
	消去算				○		
	つるかめ算						
	平均とのべ		○	○			
	過不足算・差集め算					○	
	集まり			○			
	年齢算						
割合と比	割合と比						
	正比例と反比例						
	還元算・相当算						
	比の性質						
	倍数算						
	売買損益	○				○	
	濃度	○	○			○	
	仕事算						○
	ニュートン算					○	
速さ	速さ						
	旅人算			○	○		
	通過算						
	流水算						
	時計算			○			
	速さと比					○	
図形	角度・面積・長さ	○	○	○	○		●
	辺の比と面積の比・相似		○	○	○	○	
	体積・表面積					○	
	水の深さと体積	○	○				○
	展開図						
	構成・分割						○
	図形・点の移動				○	○	
表とグラフ		○	◎	○		○	○
数の性質	約数と倍数	◎	◎				
	Ｎ進数						
	約束記号・文字式				○		
	整数・小数・分数の性質			○			
規則性	植木算						
	周期算	○					
	数列			○	○		
	方陣算						
	図形と規則	○				○	
場合の数				○	○	○	
調べ・推理・条件の整理			○		◎		◎
その他							

※　○印はその分野の問題が１題，◎印は２題，●印は３題以上出題されたことをしめします。

社会　出題傾向＆対策

◆基本データ（2024年度Ａ日程）

試験時間／満点	40分／80点
問題構成	・大問数…３題 ・小問数…36問
解答形式	記号選択と用語の記入（漢字指定あり）がほとんどだが，短文記述もある。
実際の問題用紙	Ｂ５サイズ，小冊子形式
実際の解答用紙	Ｂ４サイズ

分野＼年度			2024	2023	2022	2021
日本の地理		地図の見方				
		国土・自然・気候	○	○	○	○
		資源	○		○	○
		農林水産業	○	○		○
		工業	○	○	○	
		交通・通信・貿易	○	○		○
		人口・生活・文化	○			○
		各地方の特色	○	○		○
		地理総合	★	★	★	★
世界の地理						
日本の歴史	時代	原始～古代		○	○	○
		中世～近世	★	○	○	○
		近代～現代	○	○	○	
	テーマ	政治・法律史			○	
		産業・経済史			○	
		文化・宗教史				○
		外交・戦争史		○		○
		歴史総合		★	★	★
世界の歴史					○	
政治		憲法		○	★	★
		国会・内閣・裁判所	○			○
		地方自治				○
		経済	○			
		生活と福祉	○			
		国際関係・国際政治		★		
		政治総合	★			
環境問題						
時事問題			○	○	○	
世界遺産						○
複数分野総合						

※　原始～古代…平安時代以前，中世～近世…鎌倉時代～江戸時代，近代～現代…明治時代以降

※　★印は大問の中心となる分野をしめします。

◆出題傾向と内容

●地理…６つの都道府県について，地形や産業，文化，交通などにわたってはば広い視点から出題されています。日本の自然や産業の特ちょうはもちろん，表やグラフの読み取り問題などにも気を配りましょう。また，時事とからめた問題には注意が必要です。

●歴史…江戸時代に行われた政策や改革を題材に政治や社会などについてはば広く出題されています。歴史を大きな流れとしてとらえたうえで，できごとの背景や結果，影響にまで目を向けておさえる必要があります。また，重要な人物名や地名については，漢字表記が求められています。

●政治…国や地方公共団体の財政を題材に出題されています。例年，時事的要素のつよい問題が含まれるのが特ちょうで国際関係などにも配慮が必要です。もちろん，憲法と基本的人権について，国会・内閣・裁判所の仕組みなど，政治の基本をはじめ，選挙制度や地方自治などについても関心が必要です。

◆対策～合格点を取るには？

標準的な問題が多いので，まずは基礎をしっかり身につけることを心がけましょう。教科書のほか，説明がやさしくていねいで標準的な参考書を選び，基本事項を確実におさえることが大切です。記述問題も多いので，用語などは正しく書けるようにしておきましょう。

地理分野では，地図やグラフをつねに参照しながら，白地図作業帳を利用して地形と気候をまとめ，そこから産業などへと広げていってください。また，各地方の特色もまとめておきましょう。

歴史分野では，教科書や参考書を読むだけでなく，自分で年表を作って覚えると学習効果が上がります。年表は各時代の政治・文化・経済ごとに分けてまとめてもよいでしょう。また，資料集などで，史料や地図，写真などに親しんでおくと楽しみながら実力をつけることができます。

政治分野では，政治のしくみ，日本国憲法の基本的な内容を中心に勉強してください。衆議院と参議院のちがいなど，混同しやすいことがらをしっかりと整理しておくことが得点につながります。また，時事問題も出題されるので，新聞などをこまめに確認するようにし，それにかかわる単元もふくめてノートにまとめておきましょう。中学受験用の時事問題集に取り組むことも効果的です。

理科　出題傾向＆対策

◆基本データ（2024年度Ａ日程）

試験時間／満点	40分／80点
問題構成	・大問数…４題 ・小問数…26問
解答形式	記号選択と用語の記入が大半をしめているが，計算問題も見られる。
実際の問題用紙	Ｂ５サイズ，小冊子形式
実際の解答用紙	Ｂ４サイズ

分野＼年度		2024	2023	2022	2021
生命	植物				
	動物	★	★		
	人体				★
	生物と環境	○			
	季節と生物			★	
	生命総合				
物質	物質のすがた		★		
	気体の性質	○			○
	水溶液の性質	○			○
	ものの溶け方			★	
	金属の性質	★			
	ものの燃え方				
	物質総合				★
エネルギー	てこ・滑車・輪軸				
	ばねののび方		★		
	ふりこ・物体の運動			★	
	浮力と密度・圧力		○		★
	光の進み方	★			
	ものの温まり方				
	音の伝わり方				
	電気回路				
	磁石・電磁石				
	エネルギー総合				
地球	地球・月・太陽系	★	★	★	★
	星と星座				○
	風・雲と天候	○			
	気温・地温・湿度				
	流水のはたらき・地層と岩石				
	火山・地震				
	地球総合				
実験器具					
観察					
環境問題					
時事問題					
複数分野総合					

※　★印は大問の中心となる分野をしめします。

◆出題傾向と内容

中学入試全体の流れとして，「生命」「物質」「エネルギー」「地球」の各分野をバランスよく取り上げる傾向にありますが，本校の理科もその傾向をふまえ，各分野から出題されています。

●生命…魚の仲間，季節と生物，植物の分類やはたらき，食物連鎖，ヒトのだ液のはたらきなどが出題されています。特に植物・動物に関する問題が多くなっています。

●物質…物質のすがた，水溶液の性質，気体の発生と性質，石灰石と塩酸の反応，ものの溶け方と濃度などが取り上げられています。実験をもとにした問題が目につきます。

●エネルギー…ばねののび方，ふりこの運動，電熱線の発熱，ものの重さと浮力，光の進み方などが取り上げられています。図やグラフを用いた計算問題はよく出題されているので要注意です。

●地球…地球・月・太陽の動き，星と星座，人工衛星，気象など，さまざまなテーマが取り上げられています。

◆対策～合格点を取るには？

本校の理科は，各分野からまんべんなく基礎的なものが出題されていますから，基礎的な知識をはやいうちに身につけて，そのうえで，問題集で演習をくり返すのがよいでしょう。

「生命」は，身につけなければならない基本知識の多い分野です。動物とヒトのからだのつくり，植物のつくりと成長などを中心に，ノートにまとめながら知識を深めましょう。

「物質」は，気体や水溶液，金属などの性質に重点をおいて学習するとよいでしょう。中和反応や濃度，気体の発生など，表やグラフをもとに計算させる問題にも積極的に取り組むように心がけてください。

「エネルギー」では，計算問題としてよく出される力のつり合いに注目しましょう。てんびんとものの重さ，てこ，輪軸，ふりこの運動，かん電池のつなぎ方や豆電球の明るさなどについての基本的な考え方をしっかりマスターし，さまざまなパターンの計算問題にチャレンジしてください。

「地球」では，太陽・月・地球の動き，季節と星座の動き，天気と気温・湿度の変化，地層のでき方・地震などが重要なポイントです。

国語　出題傾向＆対策

◆基本データ（2024年度Ａ日程）

試験時間／満点	50分／100点
問題構成	・大問数…３題 　文章読解題２題／知識問題１題 ・小問数…29問
解答形式	記号選択とことばの書きぬきが大半をしめるが，記述問題も数問出題されている。
実際の問題用紙	Ｂ５サイズ，小冊子形式
実際の解答用紙	Ｂ４サイズ

◆出題傾向と内容

▶近年の出典情報（著者名）
説明文：竹内早希子　榎本博明　平賀　緑
小　説：花形みつる　有川ひろ　瀧羽麻子
随　筆：須賀敦子

●読解問題…説明文では，文章の読解を中心として，語句の穴うめや語句の意味，要旨などが問われています。小説や随筆では，登場人物の心情や性格の読み取り，表現の理解，語句の意味，主題を問うものなどが出題されています。また，50字程度の記述問題も見られます。

●知識問題…漢字の読みと書き取りが大問で出されるほか，読解問題の中でも問われます。熟語，慣用句，ことばのきまり（主語・述語などのかかり受け，品詞・用法），表現技法，文学作品の知識などが見られます。

◆対策～合格点を取るには？

本校の国語は，読解力を中心にことばの知識や漢字力もあわせ見るという点では，実にオーソドックスな問題ということができますが，その中でも大きなウェートをしめるのは，長文の読解力です。したがって，読解の演習のさいには，以下の点に気をつけましょう。①「それ」や「これ」などの指示語は何を指しているのかを考える。②段落や場面の構成を考える。③筆者の主張や登場人物の性格，心情の変化などに注意する。④読めない漢字，意味のわからないことばが出てきたら，すぐに辞典で調べる。

また，知識問題は，漢字・語句（四字熟語，慣用句・ことわざなど）の問題集を一冊仕上げるとよいでしょう。

分野＼年度			2024		2023		2022	
			A	特選	A	特選	A	特選
読解	文章の種類	説明文・論説文	★	★	★	★	★	★
		小説・物語・伝記	★		★	★	★	★
		随筆・紀行・日記		★				
		会話・戯曲						
		詩						
		短歌・俳句						
	内容の分類	主題・要旨	○	○	○	○	○	
		内容理解	○	○	○	○	○	○
		文脈・段落構成	○	○				
		指示語・接続語	○	○	○	○	○	○
		その他	○	○	○	○		
知識	漢字	漢字の読み	○	○	○	○	○	○
		漢字の書き取り	○	○	○	○	○	○
		部首・画数・筆順						
	語句	語句の意味	○	○	○			
		かなづかい						
		熟語	○		○			○
		慣用句・ことわざ	○			○		○
	文法	文の組み立て					○	○
		品詞・用法						
		敬語						
	形式・技法			○				
	文学作品の知識					○		
	その他					○		
	知識総合							
表現	作文							
	短文記述							
	その他							
放送問題								

※　★印は大問の中心となる分野をしめします。

カコを追いかけ
ミライをつかめ

2024年度 山手学院中学校

【算　数】〈**Ａ日程試験**〉（50分）〈満点：100点〉

〔注意〕　分数は，それ以上約分できない形にして答えなさい。

1　次の□の中に適する数を書きなさい。

(1)　$(7\div12-0.25)\div\frac{1}{2}+7\div3=\square$

(2)　$\left(\frac{7}{3}+1.75\right)\times\left(\frac{9}{20}-\square\right)\div\frac{49}{60}=1$

2　次の□の中に適する数を書きなさい。

(1)　２つの食塩水Ａ，Ｂの濃《のう》度はそれぞれ３％，７％です。ＡとＢを３：１の割合で混ぜ合わせてできる食塩水の濃度は□％です。

(2)　縦が44ｍ，横が46ｍの長方形の土地があります。この土地と同じ面積になる長方形の土地を考えます。このとき，次の条件をみたす土地は□通りです。ただし，縦が44ｍ，横は46ｍの土地は含めないものとします。

条件　１．縦より横が長いものとする。
　　　２．縦の長さも横の長さも整数とする。

(3)　右の図は半円と長方形を組み合わせたものです。点Ａは，半円の弧《こ》の真ん中の点です。このとき，BCの長さは□cmです。

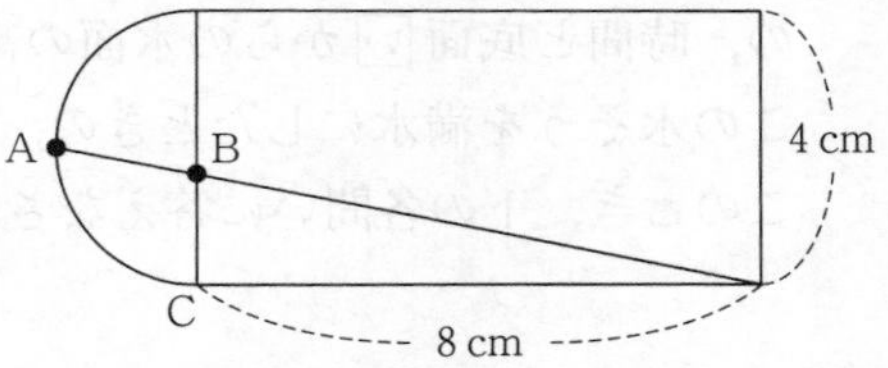

3　右の図のように白と黒のご石を並べて，正三角形を作ります。このとき，次の各問いに答えなさい。

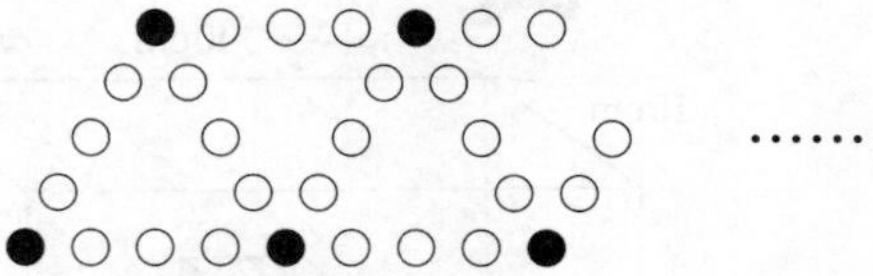

(1)　正三角形を10個作るとき，白と黒のご石は合わせて何個必要ですか。

(2)　白と黒のご石を合わせて460個使うとき，正三角形は何個できますか。

(3)　白と黒のご石の差が211個のとき，正三角形は何個できますか。

4　原価の２割増しとなる定価540円の商品があります。この商品を100個まとめて仕入れると１割引で仕入れることができます。ただし，売れ残っても返品はできません。この商品を100個仕入れ，定価通りに１個540円で売ったところ売れ残りそうなので，途中から定価の１割引で売り，全部で95個売ったところ8100円の利益を得ました。このとき，次の各問いに答えなさい。

(1)　原価はいくらですか。

(2)　100個すべてが定価で売れたとすると，利益はいくらになりますか。

(3)　540円で売ったのは何個ですか。

5　Ａさんと Ｂさんと Ｃさんの３人でじゃがいもの皮をむきます。Ａさんは１個のじゃがいもの皮をむくのに36秒，Ｂさんは48秒，Ｃさんは１分４秒かかります。このとき，次の各問いに答えなさい。ただし，作業は休みなく続けることとします。

(1)　ＡさんとＢさんの２人で21個のじゃがいもの皮をむきます。同時に皮をむきはじめて，すべてむき終わるまでに最短で何分何秒かかりますか。

(2)　ＢさんとＣさんの２人で30個のじゃがいもの皮をむきます。同時に皮をむきはじめて，すべてむき終わるまでに最短で何分何秒かかりますか。

(3)　ＡさんとＢさんとＣさんの３人で100個のじゃがいもの皮をむきます。同時に皮をむきはじめて，すべてむき終わるまでに最短で何分何秒かかりますか。

6　100枚以上200枚以下のカードを何人かで同じ枚数ずつ分けるとき，次の各問いに答えなさい。

(1)　６人であまりなく分けられるとき，考えられるカードの枚数は何通りありますか。

(2)　６人でも，８人でもあまりなく分けられるカードの枚数は何通りありますか。

(3)　６人でも，８人でもあまりなく分けられないカードの枚数は何通りありますか。

7　図１のように，縦 15cm，横 40cm，高さ 32cm の直方体の水そうに，縦 15cm，横 8cm の直方体のブロックと，縦 15cm，横 20cm の直方体のブロックをすき間なく敷《し》き詰《つ》めました。水道Ａから底面 い に向かって毎秒 90mL の割合で水を入れます。水道Ｂからは底面 ろ に向かって一定の割合で水を入れます。図２は，水道Ａだけを使ってこの水そうを満水にしたときの，時間と底面 い からの水面の高さの関係を表すグラフです。図３は，水道Ｂだけを使ってこの水そうを満水にしたときの，時間と底面 ろ からの水面の高さの関係を表すグラフです。このとき，下の各問いに答えなさい。

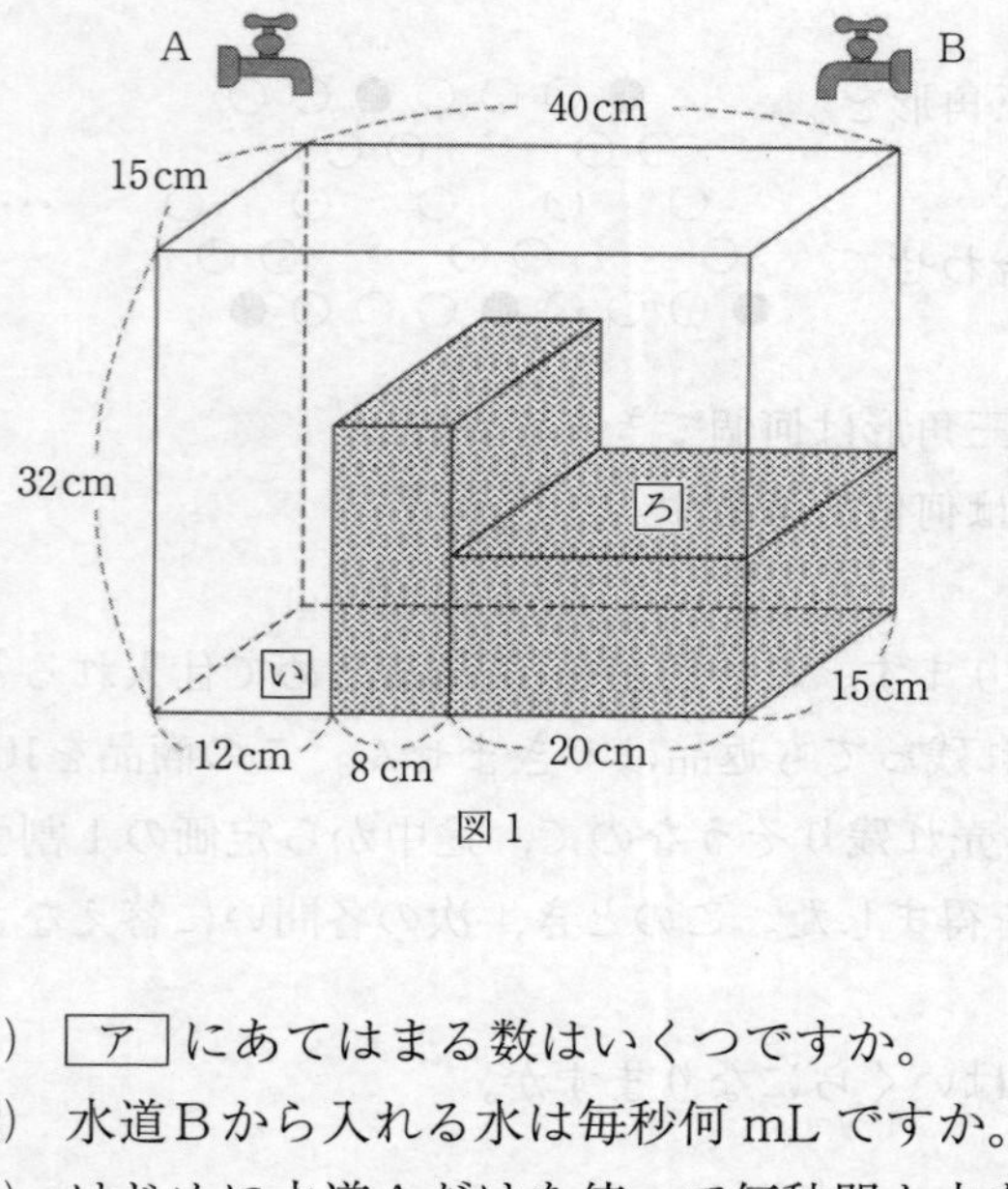

図１

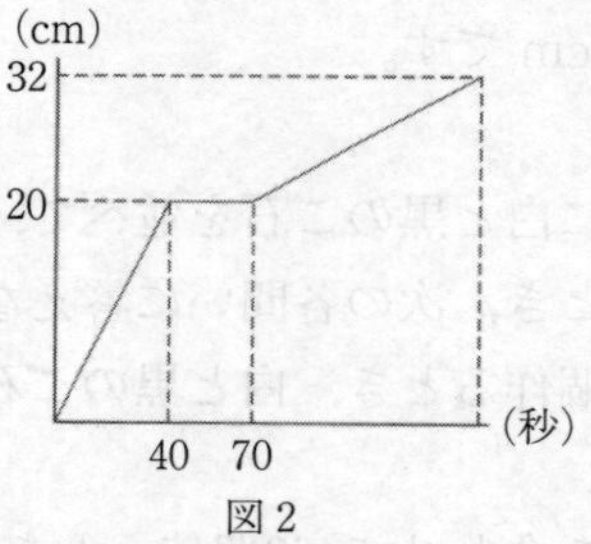

図２

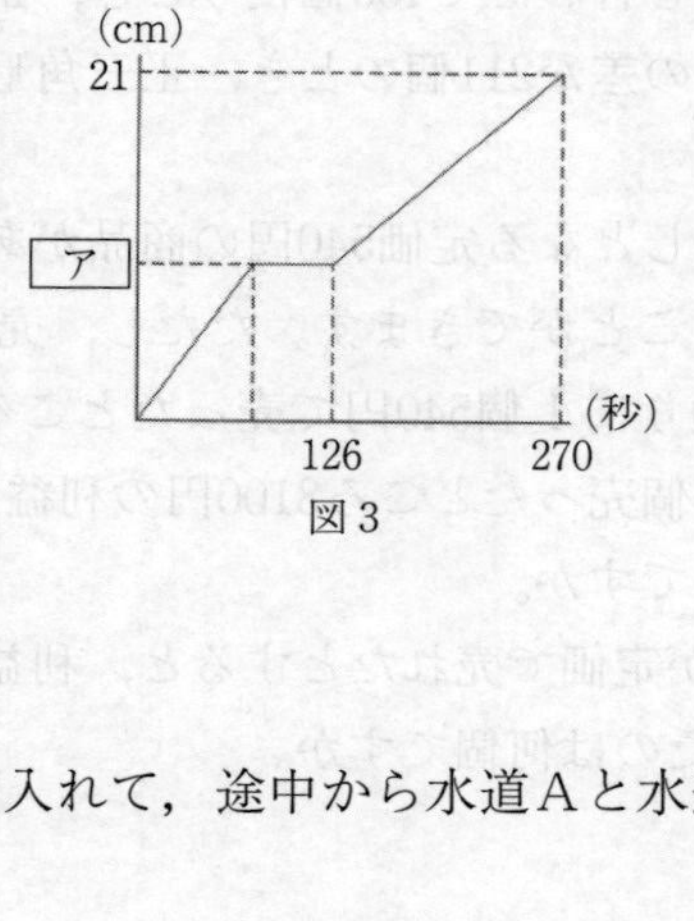

図３

(1)　ア にあてはまる数はいくつですか。

(2)　水道Ｂから入れる水は毎秒何 mL ですか。

(3)　はじめに水道Ａだけを使って何秒間か水を入れて，途中から水道Ａと水道Ｂの両方を使うと，水そうが満水になるまでに125秒かかりました。このとき，水道Ａと水道Ｂの両方を使った時間は何秒間ですか。

【社　会】〈**A日程試験**〉(40分)〈満点：80点〉

1　ⅠからⅥは，6つの都道府県について書かれた文章です。これについてあとの問いに答えなさい。

Ⅰ　・武蔵国(　1　)で産出した銅が朝廷に献上《けんじょう》されたことで，708年に和同開珎が発行された。
　・荒川や(a)利根川など，多くの川が流れている。
　・県庁所在地は，(b)政令指定都市である。

Ⅱ　・「2005年(c)日本国際博覧会(万国博覧会)」が開催《かいさい》された。
　・(　2　)市内の製造業で働く人の約85％が(d)自動車関連産業に従事している。

Ⅲ　・(e)「大館曲げわっぱ」という伝統的工芸品がつくられている。
　・日本三大干拓《かんたく》地の一つ(　3　)がある。その近くにある男鹿半島では「ナマハゲ」という伝統行事が行われている。この行事は，2018年に「来訪神：仮面・仮装の神々」の一つとして無形文化遺産に登録された。

Ⅳ　・(f)野辺山原では抑制栽培《さいばい》が行われていて，その周辺に流れている千曲川は，日本で一番長い(　4　)川にそそいでいる。
　・中部に位置する(　5　)湖周辺では，精密機械工業や電子産業などがさかんである。

Ⅴ　・16市町村で温泉が湧《わ》き出ており，2022年3月末現在の源泉総数は5093，湧出《ゆうしゅつ》量は298264リットル／分でともに全国第1位である。また，マグマのエネルギーを利用した再生可能エネルギーである(　6　)発電についても，全国の発電実績の約43％にあたる約76万 MWh の発電が行われており，全国第1位となっている。
　・豊後水道でとれるアジやサバは，関アジ・関サバとよばれている。

Ⅵ　・2023年5月19日から21日まで，(g)第49回主要国首脳会議(G 7《ジーセブン》サミット)が開催された。
　・尾道市と別の都道府県の市を結ぶ，通称《つうしょう》(　7　)とよばれる道路がある。

問1　文中の(1)に入る地名として，正しいものを次の中から1つ選び，記号で答えなさい。

ア．水戸　　イ．秩父　　ウ．宇都宮　　エ．小田原

問2　下線部(a)について，その流域にふくまれない県を次の中から1つ選び，記号で答えなさい。

ア．千葉県　　イ．埼玉県　　ウ．茨城県　　エ．神奈川県

問3　下線部(b)の説明として，まちがっているものを次の中から1つ選び，記号で答えなさい。

ア．人口100万以上の市の中から指定される。
イ．福祉，衛生など都道府県の役割の一部を市が主体となって実施できる。
ウ．いくつかの区に分けられ，区役所が設置される。
エ．2023年現在全国で20都市あり，20番目に指定されたのが熊本市である。

問4　下線部(c)について，2025年に日本国際博覧会が開催される予定の都道府県の特ちょうを説明した文として，まちがっているものが2つあります。その組み合わせとして正しいものを下の中から1つ選び，記号で答えなさい。

①　2022年現在，全国で人口が2番目に多い。
②　2020年の出荷額が全国で2位の工業地帯があり，中小工場が多い。
③　日本で一番大きい前方後円墳の大仙古墳がある。
④　2019年にふるさと納税制度の参加対象から除外されたが，2020年6月の最高裁判決を受けて再び参加対象とされた泉佐野市がある。

⑤　この都道府県と淡路島を結ぶ明石海峡《かいきょう》大橋がある。

ア．①と②　　イ．②と③　　ウ．③と④　　エ．④と⑤　　オ．①と⑤

カ．②と④　　キ．③と⑤　　ク．①と④　　ケ．①と③　　コ．②と⑤

問５　文中の(２)に入る市の名前を，漢字２字で答えなさい。

問６　下線部(d)について，日本の自動車産業は1960年代に国内需要《じゅよう》を中心に発展し，1970年代には輸出産業としても発展しました。しかしそれにともなって，アメリカと日本との間で貿易摩擦《まさつ》が起こりました。そこで，日本は1980年代に２つの対策を行いました。１つは，自主的に輸出を規制することでした。もう１つは，現地生産をすることでした。現地生産をする理由を説明しなさい。

問７　下線部(e)について，「大館曲げわっぱ」の材料には，日本三大天然美林の１つから取れた木材が使われています。この都道府県にある日本三大天然美林として正しいものを次の中から１つ選び，記号で答えなさい。

ア．ひば　　イ．すぎ

ウ．ぶな　　エ．ひのき

問８　文中の(３)に入る地名を，漢字３字で答えなさい。

問９　下線部(f)について，あとの問いに答えなさい。

①　抑制栽培とはどのような目的で行われているか，説明しなさい。

②　次の円グラフは，野辺山原でつくられている代表的な農作物の，2021年の収穫《しゅうかく》量の都道府県順位を示したものです。この農作物の名前をカタカナで答えなさい。

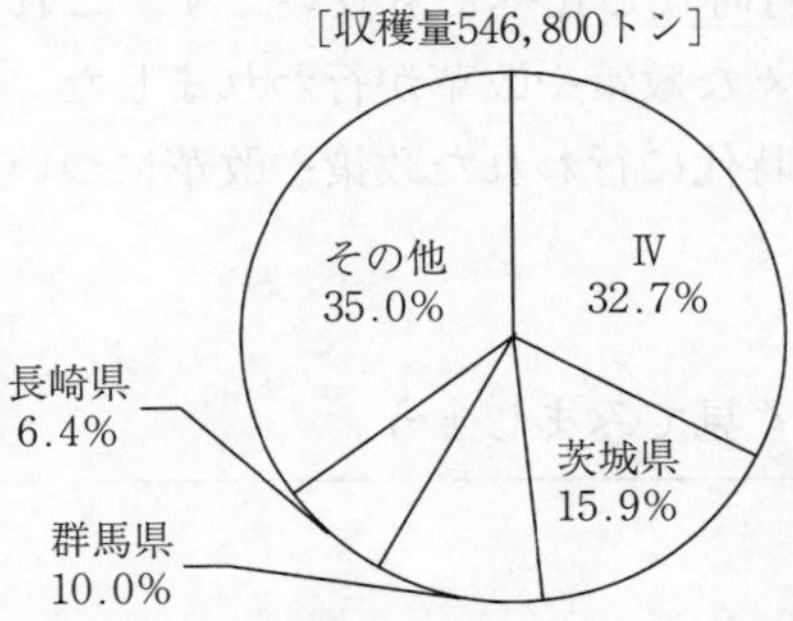

[矢野恒太記念会『日本国勢図会 2023/24』をもとに出題者が作成]

問10　文中の(４)に入る川の名前を漢字で答えなさい。

問11　文中の(５)湖の特ちょうを説明した文として，正しいものを次の中から１つ選び記号で答えなさい。

ア．この湖は，糸魚川－静岡構造線上に形成する断層湖であり，中央構造線と交わっている。

イ．この湖は，カルデラ湖でウナギの養殖《ようしょく》がさかんである。

ウ．この湖からは，マンモスの化石が発見されている。

エ．この湖は，潟湖《せきこ》でホタテの養殖がさかんである。

問12　文中の(６)に入る発電の名前を漢字で答えなさい。

問13　下線部(g)について，このサミットにゲストとして「ある国」の大統領(右の写真の人物)が参加しました。「ある国」に関する説明と

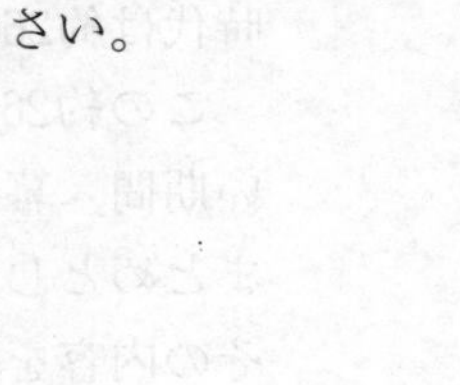

[写真は，毎日新聞 HP より引用]

して正しいものを次の中から1つ選び，記号で答えなさい。

ア．2022年，日本はこの国から小麦を一番多く輸入していた。

イ．2023年現在，北大西洋条約機構(NATO)に加盟しているが，国際連合には加盟していない。

ウ．この国と国境を接する国の大統領が，2022年2月に「特別軍事作戦」の開始を発表し，この国への侵略《しんりゃく》を開始した。

エ．大西洋に面しており，ヨーロッパの中で2番目に面積が大きい。

問14　文中の(7)に入る語句を答えなさい。

2　次の会話文を読んで，あとの問いに答えなさい。

先　生：前回の授業では(a)明治維新の説明をしましたね。みなさん，覚えていますか？

生徒A：(1)がひらいた江戸幕府がついに倒《たお》れました。

生徒B：いろいろな改革が行われて，日本は(b)天皇を中心とする国家へと変化しました。

生徒C：それらの改革の中心は，(c)西国の有力な4つの藩出身の政治家たちだったよ。

生徒D：(d)税のしくみも大きく変わったんじゃなかったっけ？

先　生：みなさん，よく覚えていますね。(e)1600年におこった戦いで勝利した(1)が，1603年に江戸幕府をひらきました。その後，3代将軍の時代に，オランダ人の商館が長崎の(2)に移され鎖国が完成し，幕府のしくみは完成していきました。このようにして江戸時代は約260年間も続いたのでした。

この約260年間というのは(f)鎌倉時代や(g)室町時代と比べても長いです。これだけの長い期間，幕府というしくみを維持《いじ》するため，様々な政策や改革が行われました。今までのまとめとして，次回の授業までに各班で，江戸時代に行われた政策や改革について調べて，その内容を発表してみましょう。

～次の授業～

先　生：それでは各班がまとめた政策・改革をさっそく見てみましょう。

＜1班の調べた政策・改革＞

・武芸や倹約《けんやく》を奨励《しょうれい》した。
・人々の意見を聞くために(3)を設置した。
・公正な裁判を行うために「公事方御定書」を作成した。
・財政を建て直すために新田を開発した。
・上米の制を定めた。

＜2班の調べた政策・改革＞

・金貨，銀貨の質を江戸時代初期の水準にもどした。
・金，銀の流出を抑《おさ》えるために長崎貿易に制限をかけた。
・(h)朝鮮通信使の待遇《たいぐう》を変更《へんこう》した。
・生類憐みの令を廃止《はいし》した。
・文治政治をすすめた。

＜３班の調べた政策・改革＞

・商人の経済力を利用して印旛沼や手賀沼の干拓を進め，蝦夷地の開拓を計画した。
・長崎貿易の制限をゆるめて，海産物などの輸出を奨励し，銅，鉄などを幕府の専売とした。
・(　４　)をつくることをすすめ，商人たちに特権をあたえる代わりに税をとった。

＜４班の調べた政策・改革＞

・儒学の中でも特に(　５　)学を学問の中心において，文治政治をすすめた。
・生類憐みの令を実施《じっし》した。
・(i)金貨，銀貨の質を下げて，代わりに貨幣を大量に発行した。

＜５班の調べた政策・改革＞

・倹約や武芸，学問を奨励した。
・ききん用の米を貯蔵させた。
・江戸の町費の節約を行わせ，農民の離村を制限した。
・(j)借金に苦しむ武士を救うため借金を帳消しにした。
・幕府の学問所で(　５　)学以外の学問を禁じた。

＜６班の調べた政策・改革＞

・倹約をすすめ，派手な服装やぜいたくを禁止した。
・都市に出た農民を村に返した。
・都市の商業を独占する(　４　)を解散した。
・(k)大きな都市の周辺の大名，旗本領を取り上げて，他に代わりの土地をあたえようとしたが失敗した。

先　生：各班ともしっかりとまとめてくれましたね。みなさん，気になることはありますか。

生徒Ａ：複数の政策・改革で“倹約”という言葉が出てきてます。

生徒Ｃ：〈 あ 〉に力を入れていこうとしている政策・改革が多い感じがするな。

生徒Ｂ：逆に〈 い 〉に力を入れているものは少ない感じがします。

生徒Ｄ：そうだね，〈 い 〉を重視しているのは３班が調べた政策・改革くらいかな。

先　生：そうですね。多くの政策・改革では質素倹約をすすめて，支出を減らす。そのようにして江戸幕府の財政を建て直そうとしていますね。ただし，これらは多くの人々に我慢《まん》をさせるものであったため長続きせず上手くいきませんでした。時代にあった積極的な新しい事業で収入を増やそうという考えがもっと必要だったのかもしれませんね。(l)３班が調べた政策・改革をすすめた人物は長年わいろ政治を招いた原因とされ，評価されていなかったのですが，近年再評価されるようになってきました。時代と共に評価が変わるのも歴史の面白いところですね。

問１　会話文中の(１)から(５)にあてはまる最もふさわしい語句を，漢字で答えなさい。

問２　下線部(a)について，関連する次の資料を見てあとの問いに答えなさい。

一．政治はみんなの意見を聞いて決める
二．身分の上下にこだわらず，心を合わせる
三．国民のだれもが不平のない世の中にする
四．今までのよくないしきたりを改める
五．知識をひろく世界から取り入れ，りっぱな国にする

① この資料は明治政府の政治の方針を示したものです。この資料の名前として最もふさわしいものを次の中から１つ選び，記号で答えなさい。

ア．五箇条の御誓文　　イ．五榜の掲示　　ウ．十七条憲法　　エ．武家諸法度

② 明治政府は資料中の波線部のような世の中を目指しましたが，実際には改革に不満をもった士族たちを中心に各地で反乱が起こりました。これらの反乱のうち，1877年に鹿児島の不平士族が起こした反乱で，リーダーとなった人物を漢字４字で答えなさい。

問３　下線部(b)について，有力御家人の力を活用して鎌倉幕府を倒し，建武の新政を行った人物を漢字５字で答えなさい。

問４　下線部(c)について，この４つの藩にあてはまらないものを次の中から１つ選び，記号で答えなさい。

ア．会津藩　　イ．薩摩藩　　ウ．土佐藩　　エ．肥前藩

問５　下線部(d)について，それまでの税のしくみは，主に米でおさめ，その割合も年によって違うものでしたが，明治時代に新しいしくみに変わりました。このときに定められた内容について，①納税者，②税の割合，③納税の方法の３点が分かるように説明しなさい。

問６　下線部(e)について，この戦いの名称《めいしょう》を答えなさい。またこの戦いが起こった場所として，最もふさわしいものを次の地図中から１つ選び，記号で答えなさい。

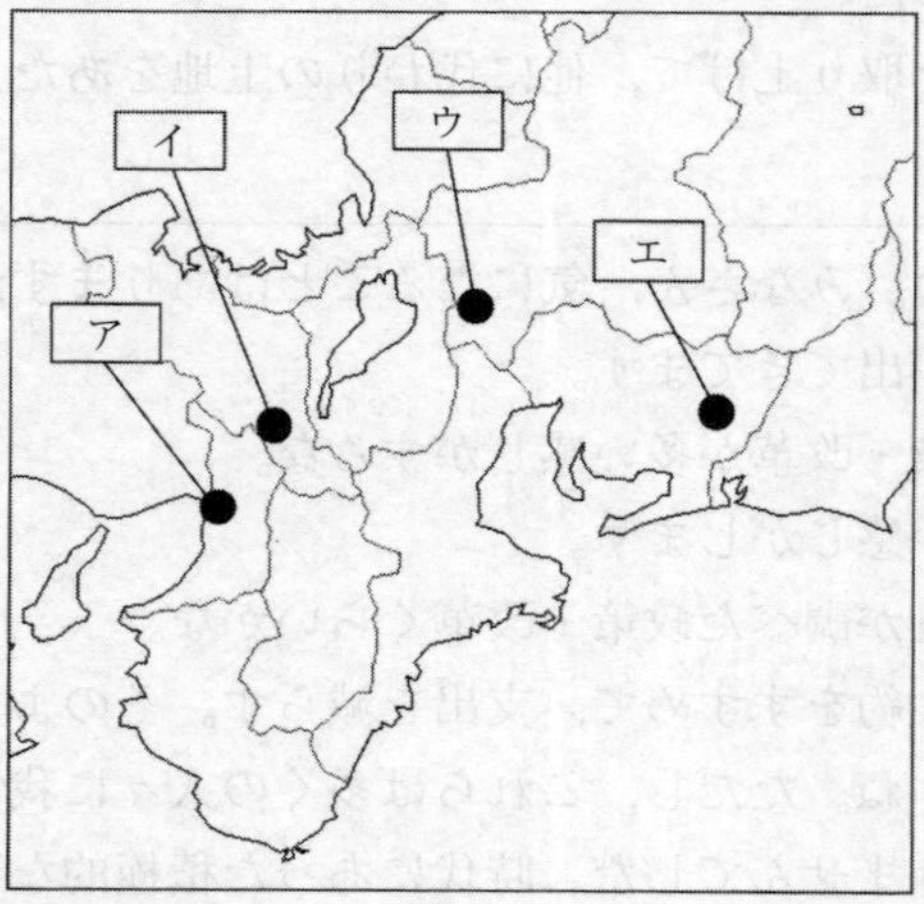

問７　下線部(f)について，この時代に起こった出来事①～④を時代順に並べ替えたものとして，正しいものを下の中から１つ選び，記号で答えなさい。

① 初めての武士の法律として，御成敗式目が制定された。
② 生活が苦しくなった御家人を救うため，永仁の徳政令が出された。
③ 執権北条時宗の時代に，２度にわたって元が博多湾に攻めてきた。
④ 後鳥羽上皇が鎌倉幕府を倒そうとし，承久の乱が起こった。

ア．①→②→③→④　　イ．④→①→③→②

ウ．①→④→③→②　　エ．④→①→②→③

問8　下線部(g)について，室町時代の出来事についての説明として正しいものを1つ選び，記号で答えなさい。

ア．足利義満は南北朝の対立を終わらせ，勘合を使った日明貿易を行った。

イ．足利義昭は応仁の乱のさなか将軍の地位を子にゆずり，京都の東山に銀閣を建てた。

ウ．中国から禅宗が伝わり，道元がはじめた臨済宗は幕府の有力な武士の保護を受けた。

エ．山城国では一向宗を信じる武士や農民が一揆を起こし，守護大名を滅ぼし100年間この国の自治を行った。

問9　下線部(h)について，日本は朝鮮半島にあった国々と様々な形で関わってきました。その説明としてまちがっているものを1つ選び，記号で答えなさい。

ア．飛鳥時代には，高度な建築や彫刻の技術をもつ朝鮮からの渡来人やその子孫によって，寺院や仏像がつくられた。

イ．中大兄皇子は唐と新羅によって滅ぼされた百済を助けるために，朝鮮半島に軍を送ったが白村江の戦いで敗北した。

ウ．室町時代のころには，倭寇が朝鮮半島沿岸や中国沿岸を荒《あ》らしまわった。

エ．豊臣秀吉は文永・弘安の役とよばれる2度にわたる朝鮮出兵を行ったが，朝鮮の軍や民衆の激しい抵抗《ていこう》で失敗に終わった。

問10　下線部(i)について，この結果として好景気を招いた一方で，世の中にお金が多く出回りすぎて，物価が上がってしまいました。このような現象を何というか。カタカナ8字で答えなさい。

問11　下線部(j)について，この政策は何という法令に基づいて行われたか。最もふさわしいものを次の中から1つ選び，記号で答えなさい。

ア．棄捐《きえん》令　　イ．禁中並公家諸法度　　ウ．宗門改め　　エ．上知令

問12　下線部(k)について，江戸時代に各地の大名によって蔵屋敷が多く建てられ，「天下の台所」とよばれた都市はどこですか。最もふさわしいものを次の中から1つ選び，記号で答えなさい。

ア．江戸　　イ．大阪　　ウ．京都　　エ．名古屋

問13　下線部(l)について，この人物名を漢字で答えなさい。

問14　生徒の会話文中の〈あ〉と〈い〉にあてはまる最もふさわしいものの組み合わせを次の中から1つ選び，記号で答えなさい。

ア．あ：農業　い：商業　　イ．あ：商業　い：工業

ウ．あ：商業　い：農業　　エ．あ：工業　い：農業

問15　1班から6班の政策・改革のうち，古い順に並べ替えたときに3番目と5番目にくるものを解答用紙にあてはまるように答えなさい。

3　次の文章を読んで，あとの問いに答えなさい。

国や地方公共団体は，家計や企業から(a)税を集めて，それを主な収入としています。そして，その収入を使って様々な仕事を行っています。また，集められた税をもとに国の(b)予算をつく

っています。日本では，税の使い道として，(c)少子高齢化の進展により，(d)社会保障関係費の割合が大きくなっています。

このような国や地方公共団体が行う経済活動を財政といい，国が行うものを国家財政，地方公共団体が行うものを地方財政といいます。

財政には三つの役割があります。(e)資源配分の調整，所得の再分配，経済の安定化です。その役割の中でも，近年注目されているのは経済の安定化です。市場経済では，好景気と不景気が繰り返されます。これを景気変動とよび国民生活に大きな影響を与えます。そこで，政府は景気の浮《う》き沈《しず》みを調整するための政策を行います。

例えば，2019年には，「(1)・消費者還元《かんげん》事業」というものを行いました。消費者の負担を減らしながら消費をうながし，経済安定化を考えた事業です。この事業では，私たちが物を買う時に電子マネーなどの(f)現金を使わない(1)決済を利用するとポイントが還元されます。そのポイントは商品購入の時に使うことができます。

問1　文中の空らん(1)にあてはまる語句をカタカナ7字で答えなさい。

問2　下線部(a)について，あとの問いに答えなさい。

①　税は国に納める国税と地方公共団体に納める地方税に分類されます。また，徴収《ちょうしゅう》の仕方によって直接税と間接税に分けられます。次のうち地方税でありかつ，直接税であるものを1つ選び，記号で答えなさい。

ア．自動車税　　イ．法人税　　ウ．所得税　　エ．入湯税

②　税のうち，消費税は逆進性があるといわれています。逆進性とはどのような意味か説明しなさい。

③　次の棒グラフは世界の消費税率を表したもので，グラフのア～エにはスウェーデン，カナダ，ノルウェー，日本のいずれかがあてはまります。日本にあてはまるものを1つ選び，記号で答えなさい。

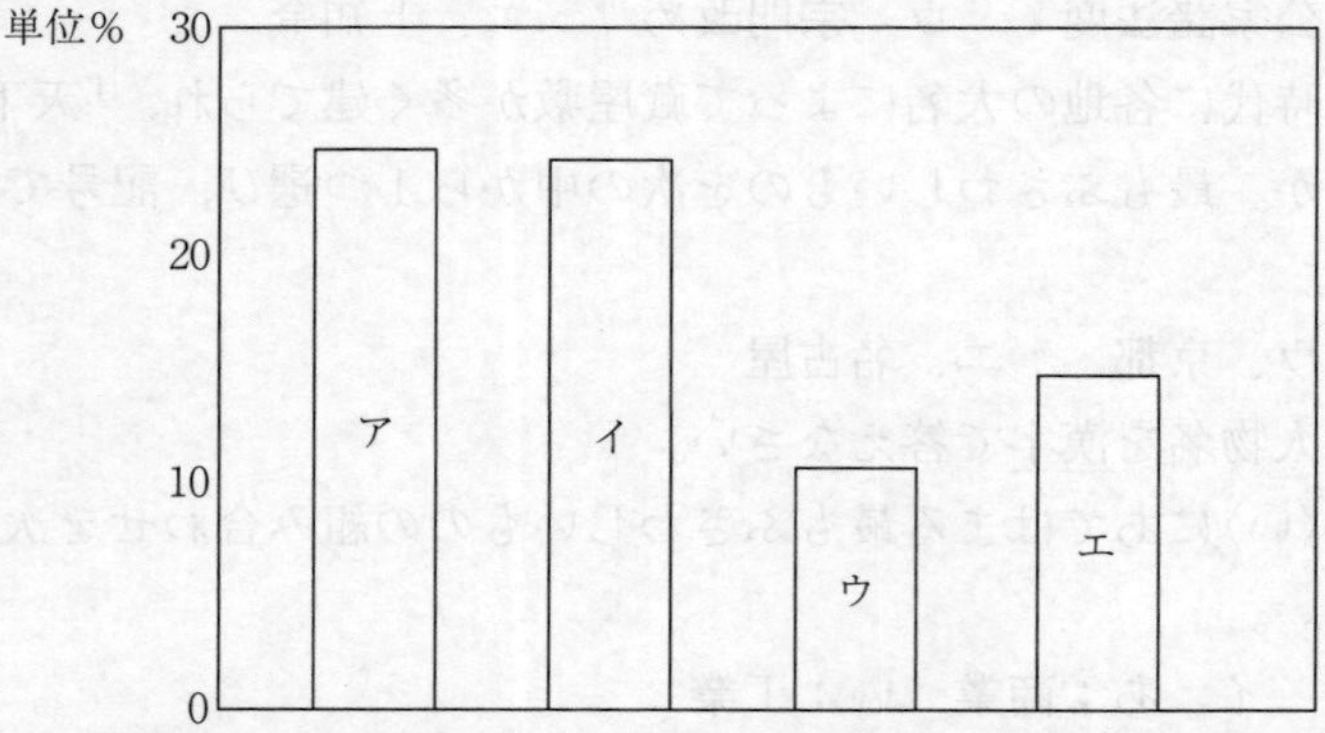

[国税庁 HP　税の学習のページ掲載のグラフをもとに出題者が作成]

問3　下線部(b)について述べた文として，まちがっているものを次の中から1つ選び，記号で答えなさい。

ア．震災からの復興のためなど，一般会計の歳入・歳出と区別する必要のある会計を特別会計とよぶ。

イ．公共事業や社会保障，教育など国の政策に使われる予算を一般会計とよぶ。

ウ．予算は内閣が作成し国会に提出するもので，予算の発案権は内閣だけが持つ権利である。

エ．国民の出資によって設立された政府系金融《きんゆう》機関のお金の使い道を決めるには，国民審査と国会の議決が必要である。

問４　下線部(c)について日本の少子高齢《こうれい》化《か》対策のために行われていることとしてまちがっているものを次の中から１つ選び，記号で答えなさい。

ア．少子化対策の方向性を示した具体的目標として「子ども・子育て応援プラン」を掲《かか》げた。

イ．育児・介護休業法を制定し仕事と育児・介護が両立できる社会づくりを進めている。

ウ．全ての人が交通機関や施設をより安全・便利に利用できるように2006年にはバリアフリー新法が制定された。

エ．少子化をふまえて，2019年９月より公立小・中学校の義務教育の無償化《むしょうか》が始まった。

問５　下線部(d)について，あとの問いに答えなさい。

①　第二次世界大戦後のイギリスでは，生涯《しょうがい》にわたる社会保障を目指すことを考えスローガンを立てました。このスローガンを解答らんに合うようにひらがな４字で答えなさい。

②　社会保障の四本の柱である社会保険，公的扶助，社会福祉，公衆衛生について述べた文として，まちがっているものを次の中から１つ選び，記号で答えなさい。

ア．社会保険は，加入者が前もって保険料をはらっておくと，病気にかかった時に一定基準の現金給付やサービスを受けることができる制度である。

イ．公的扶助は，収入がなくなり自分たちだけでは生活ができなくなった人に，地方公共団体が最低限の生活を保障する制度で，対象《たいしょう》となった人は全ての国税が免除され，電気代などの生活費用の半額補助《ほじょ》を行う。

ウ．社会福祉は，障がい者や高齢者などに対し，福祉施設の設置やサービスを行い，それらの人々の自立を援助する制度である。

エ．公衆衛生とは，国民の健康的な生活を考え病気を予防するために，生活環境や医療などを整備することであり，保健所が中心的な役割を行う。

問６　下線部(e)について，国や地方公共団体は，利益を生み出しにくい，公園や道路，上下水道などの社会資本の整備などを行っています。他には公共サービスの提供も行っています。これを資源の再配分といいます。公共サービスの提供の例としてまちがっているものを次の中から１つ選び，記号で答えなさい。

ア．地域の市民図書館や公民館やスポーツ施設等の設置。

イ．公立中学校や高等学校，大学の設置。

ウ．ハローワークでの職業紹介。

エ．鉄道の運行情報を伝えること。

問７　下線部(f)について，あとの問いに答えなさい。

①　2024年度日本では新しいお札が発行されます。新１万円札にえがかれている人物名を漢字で答えなさい。

②　2024年度より発行されるお札は，現在よりも数字が大きく書かれています。これは国籍や障がい，使用言語などに関係なく使いやすくすることを目指したためです。このように，全ての人にとって使いやすくなることを考えたデザインをなんとよびますか。解答らんに合うようにカタカナ６字で答えなさい。

【理　科】〈Ａ日程試験〉(40分)〈満点：80点〉

1　次の文章を読んで，後の問いに答えなさい。

山手学院の学内の池にはたくさんの生物が住んでいます。はなこさんは，５月の終わりに池の①メダカを20ぴきほどつかまえて，じゃりと②水草，③くみ置きの水を入れた水そうでメダカを飼い始めました。しばらく飼育していると，水草にたまごのようなものを見つけました。水草を別の容器に移し，たまごを④けんび鏡で毎日観察してスケッチしました。スケッチを始めて10日ほど経ったころにメダカのこどもがふ化しました。

図１　メダカ

(1)　下線部①について，メダカの体の一部を見ることでオスかメスかを判断できます。メダカのオスとメスを判断するときに注目する体の一部の説明として，適当なものを次の中からすべて選び，記号で答えなさい。

(ア)　オスの胸《むな》びれはメスに比べて非常に大きい。

(イ)　オスの背《せ》びれには切れこみがある。

(ウ)　メスの尾《お》びれには切れこみがある。

(エ)　メスの腹《はら》びれはオスに比べて非常に小さい。

(オ)　オスのしりびれはメスに比べて大きく，平行四辺形に近い形をしている。

(2)　下線部②について，メダカを飼育するときに水草を入れるのはなぜでしょうか。その理由を説明した次の文章の中から，適当でないものを１つ選び，記号で答えなさい。

(ア)　光合成によって酸素を作り出すため。

(イ)　水にとけている塩素を吸収《きゅうしゅう》するため。

(ウ)　メダカのはいせつ物を吸収するため。

(エ)　メダカがかくれる場所を作るため。

(オ)　メダカがたまごを産みつけるため。

(3)　下線部③について，メダカを飼育するときには水道水をそのまま使わない方が好ましいですが，それはなぜでしょうか。その理由を説明した次の文章のうち，もっとも適当なものを１つ選び，記号で答えなさい。

(ア)　水道水には，メダカに有害である酸素がふくまれているから。

(イ)　水道水には，メダカに有害である二酸化炭素がふくまれているから。

(ウ)　水道水には，メダカに有害である塩素がふくまれているから。

(エ)　水道水には，メダカに有害であるちっ素がふくまれているから。

(オ)　水道水には，メダカに有害であるアンモニアがふくまれているから。

(4)　下線部④について，けんび鏡の使い方として適当でないものを次の中から１つ選び，記号で答えなさい。

(ア)　けんび鏡を日光が当たるところに置き，対物レンズをのぞきながら反射鏡を動かして視野《しや》を明るくする。

(イ)　プレパラートを観察するときには，対物レンズの倍率をもっとも低い倍率にしてから観察を始める。

(ウ) 真横から見ながら調節ねじを回して，対物レンズとプレパラートのきょりをできるだけ近づける。

(エ) 調節ねじを少しずつ回して，対物レンズとプレパラートのきょりを遠ざけていき，はっきりと見えるところで止める。

(オ) 観察する物が小さくて見えにくい場合は，対物レンズの倍率を上げて観察する。

はなこさんは，陸上で生きているヒトと水中で生きているメダカの呼吸《こきゅう》のしかたのちがいが気になり，調べることにしました。その結果，次のようなことが分かりました。

調べた結果

・ヒトは肺《はい》で呼吸をしている。肺には血管が通っていて，空気中の酸素を取り入れて，体内の二酸化炭素を空気中に出している。

・メダカはえらで呼吸をしている。えらには血管が通っていて，水中の酸素を取り入れて，体内の二酸化炭素を水中に出している。

・ヒトもメダカも，肺やえらで取り入れた酸素を心臓《しんぞう》のはたらきで体の各部に送っている。体の各部をめぐったあとの血液には二酸化炭素が多くふくまれている。

(5) ヒトの心臓《しんぞう》には心ぼうと心室がそれぞれ2つずつあり，メダカの心臓には心ぼうと心室がそれぞれ1つずつあります。ヒトの場合，心臓と肺《はい》，血管の大まかな様子を図にすると図2のようになります。メダカのえらと心臓，血管の大まかな様子を図にしたとき，もっとも適当なものを次のページの図3の中から1つ選び，記号で答えなさい。

（白い線）：二酸化炭素が多くふくまれる血液が流れる血管

（灰色の線）：酸素が多くふくまれる血液が流れる血管

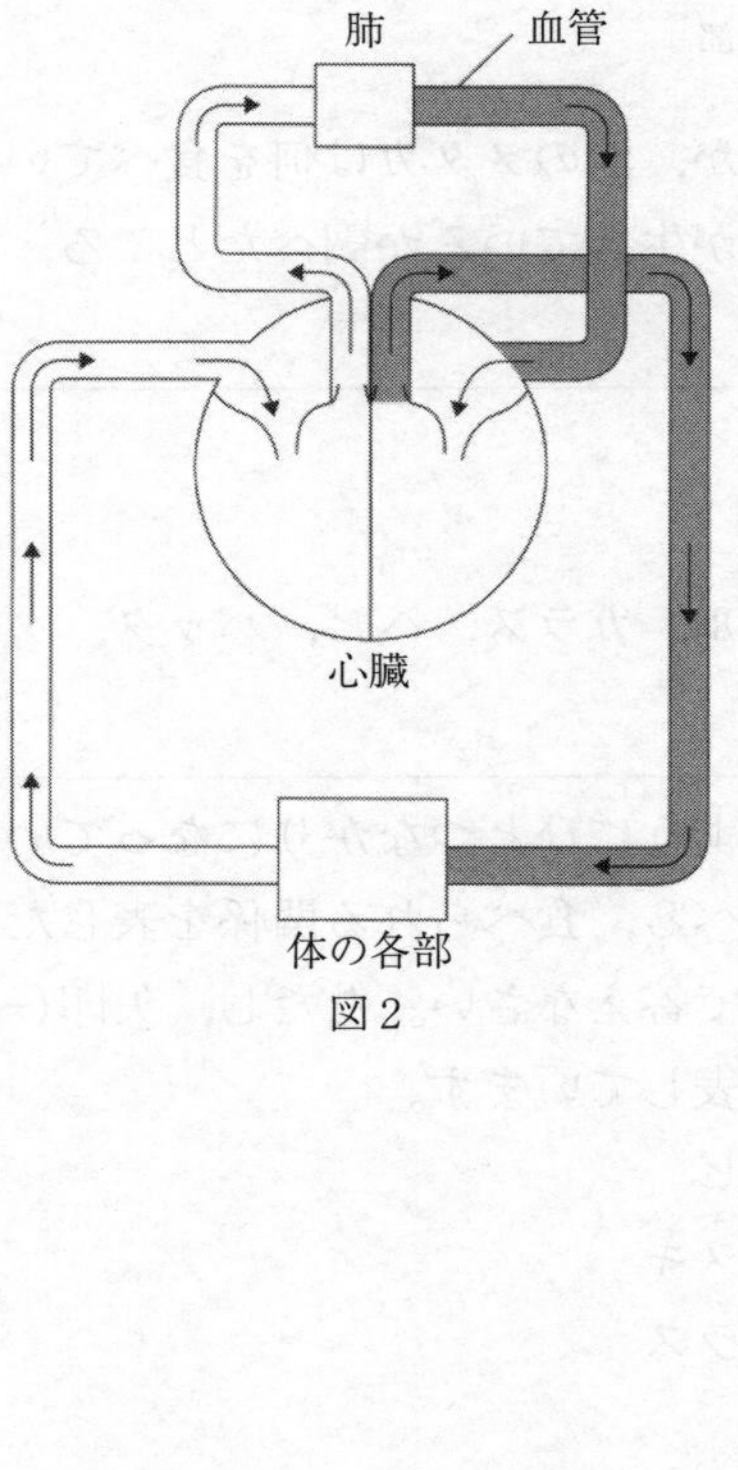

図2

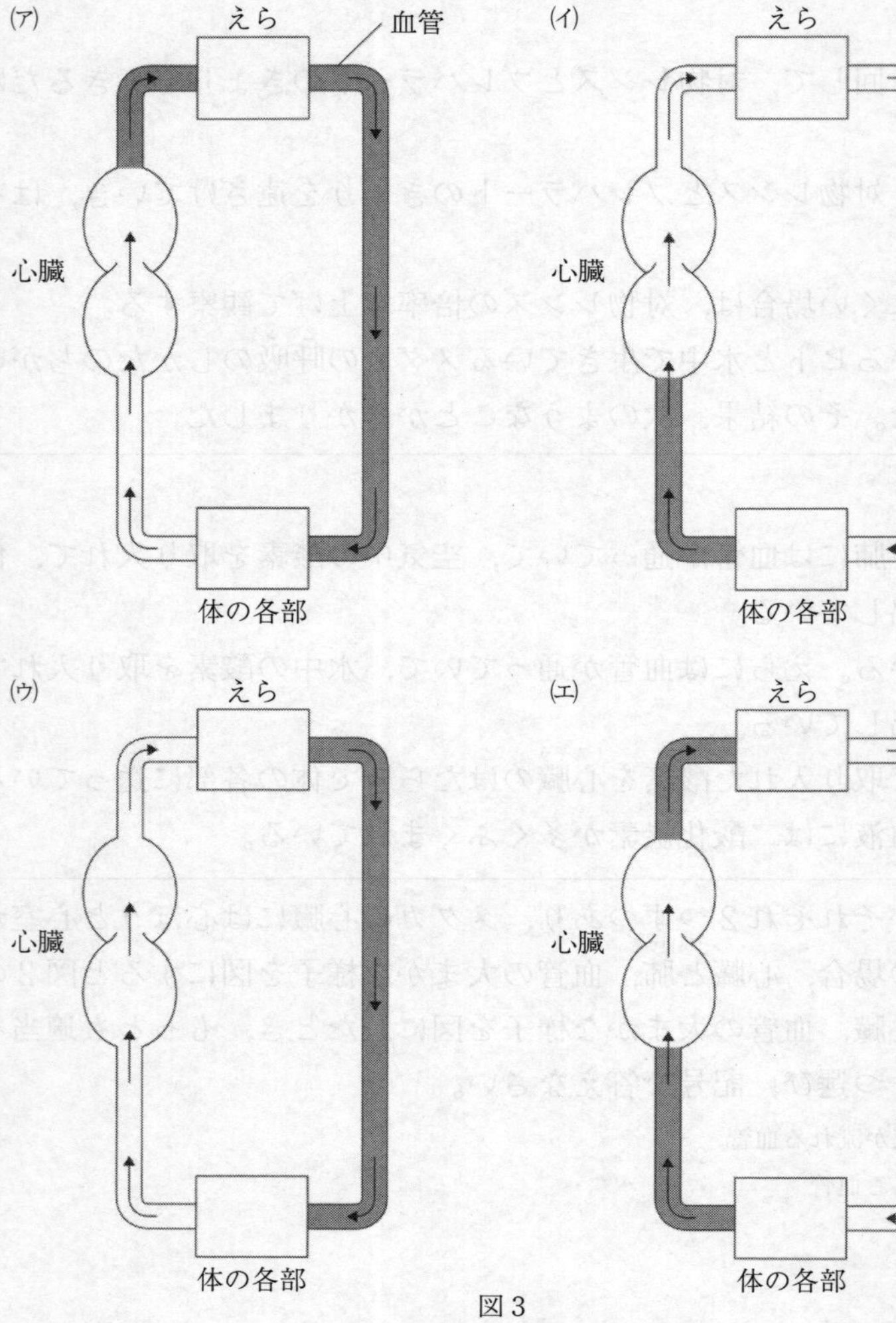

図3

飼育しているメダカは与えられたエサを食べますが，池のメダカは何を食べているのか気になったはなこさんは，池や池のまわりにどんな生物が生きているか調べたところ，次のようなことが分かりました。

> 調べた結果
>
> 池や池のまわりに生きている生物
>
> メダカ，タンポポ，ミカヅキモ，ミジンコ，カエル，カラス，ヘビ，バッタ，タヌキ，トンボ(幼虫《ようちゅう》)

(6)　生物の食べる，食べられるという関係はくさりのようにひとつながりになっています。このことを食物連さといいます。山手学院の池での，食べる，食べられる関係を表した次の組み合わせのうち，もっとも適当なものを１つ選び，記号で答えなさい。ただし，矢印(→)の左側の生物が，矢印(→)の右側の生物に食べられることを表しています。

(ア)　メダカ　→ミジンコ　→トンボ(幼虫)→ヘビ

(イ)　メダカ　→バッタ　→ヘビ　→タヌキ

(ウ)　タンポポ　→トンボ(幼虫)→メダカ　→カラス

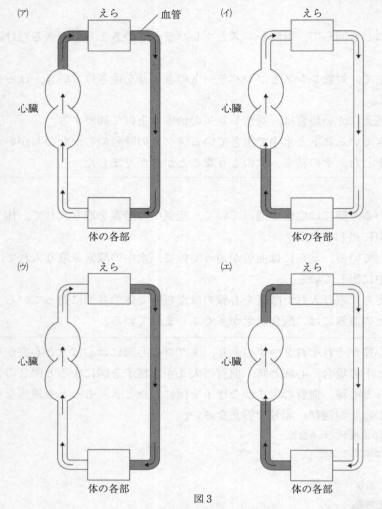

(エ) メダカ　　→ミジンコ　　→カエル　　→カラス
(オ) ミカヅキモ→タンポポ　　→メダカ　　→タヌキ
(カ) ミカヅキモ→ミジンコ　　→メダカ　　→トンボ(幼虫)

メダカが子孫を残すときには，水中にたまごを産みますが，カラスがたまごを産むときには，木の上などの高いところに産みます。たまごを産む場所のちがいに興味を持ったはなこさんは，動物が子孫を残す過程について調べたところ，次のようなことが分かりました。

調べた結果

メダカなどのせきつい動物が子孫を残すとき，オスとメスがかかわって子孫を残す。このとき，オスの精子とメスの卵《らん》が受精することで受精卵ができる。メダカが子孫を残すとき，まずメスが卵を産んでから体の外で受精をする「体外受精」という方法をとるが，カラスが子孫を残すときには，体内で受精をしてから卵を産む「体内受精」という方法をとる。この方法のちがいは，動物が産む卵の様子からも判断することができる。

(7) メダカと同じ受精の方法をとるせきつい動物を次の中から１つ選び，記号で答えなさい。
(ア) カエル　(イ) ヘビ　(ウ) タヌキ
(エ) ヒト　(オ) ヤモリ

2 地球の赤道の長さは40000km であり，地球の半径は6400km です。地球が完全な球体であり，地球の自転は24時間でちょうど１周すると考えた場合，以下の問いに答えなさい。

(1) 地球の赤道の長さと地球の半径より円周率はいくつになると考えられますか。赤道が円だと考えて計算しなさい。割《わ》り切れない場合，答えは小数点以下第二位を四捨五入して，第一位まで答えなさい。
※実際の赤道は正確な円ではないため，実際の円周率とはちがう数値《すうち》が出ることがあります。
今後の計算に円周率を使う場合，この問題の答えの数値を使用しなさい。

(2) 北極上空から見て赤道上のある地点は24時間で40000km 動いているということになります。この速さは秒速何 km ですか。答えは小数点以下第三位を四捨五入して，第二位まで答えなさい。

(3) 気象衛星「ひまわり」は地球の東経140.7度，赤道上の36000km 上空に常に位置しています。ひまわりのように，地球のある地点の上空に常に位置しているような人工衛星を「静止衛星」といいます。しかし，静止衛星も北極上空から見た場合止まっているわけではありません。そこで，北極上空から見て，静止衛星は秒速何 km で動いているか考えることにしました。
Ａさんは(1)の計算の答えを，Ｂさんは(2)の計算の答えを利用して式を立てたところ，以下のようになりました。[①]～[④]に当てはまる数値を以下から選び，記号で答えなさい。また，[⑤]の答えは小数点以下第二位を四捨五入して，第一位まで答えなさい。

[①]～[④]の解答群
(ア) 140.7　(イ) 36000
(ウ) 60　(エ) 24
(オ) 40000　(カ) 6400

Aさんの考え

$$\frac{(\boxed{\ ①\ }\text{km}+\boxed{\ ②\ }\text{km})\times 2\times\boxed{\text{(1)の答え}}\ \text{(円周率)}}{(\boxed{\ ③\ }\times\boxed{\ ④\ }\times\boxed{\ ④\ })\text{秒}}=\text{秒速}\boxed{\ ⑤\ }\text{km}$$

Bさんの考え

$$\frac{\boxed{\ ①\ }\text{km}+\boxed{\ ②\ }\text{km}}{\boxed{\ ①\ }\text{km}}\times\text{秒速}\boxed{\text{(2)の答え}}\text{km}=\text{秒速}\boxed{\ ⑤\ }\text{km}$$

(4) 右は2023年のある月のひまわりの衛星写真です。この写真は何月のものだと考えられますか。次の中からもっとも適当なものを1つ選び，記号で答えなさい。

(ア) 1月

(イ) 4月

(ウ) 7月

(エ) 10月

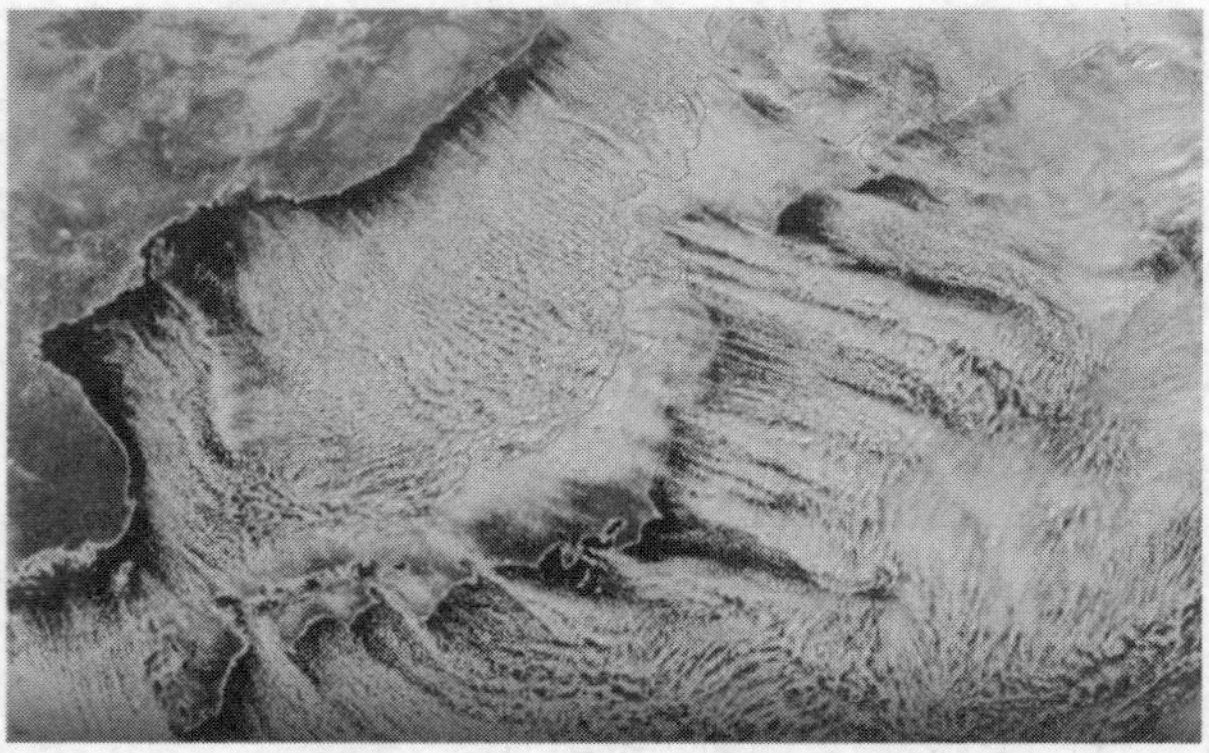

〈気象庁のホームページより〉

(5) (4)の写真と同じ日の天気図だと考えられるものを次の中から1つ選び，記号で答えなさい。ただし，天気図では高気圧を「H」，低気圧を「L」で表している。

(ア)

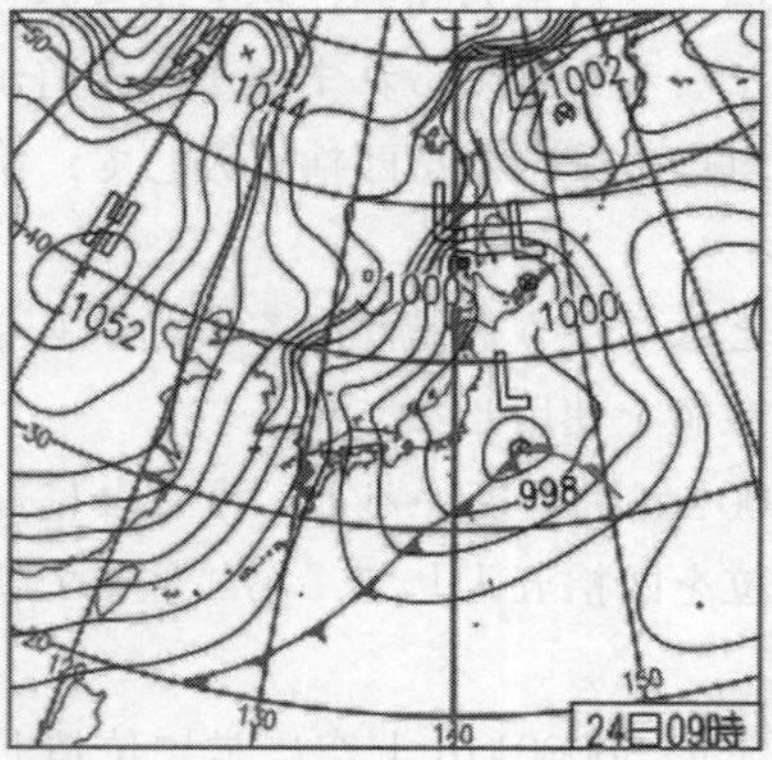

(イ)

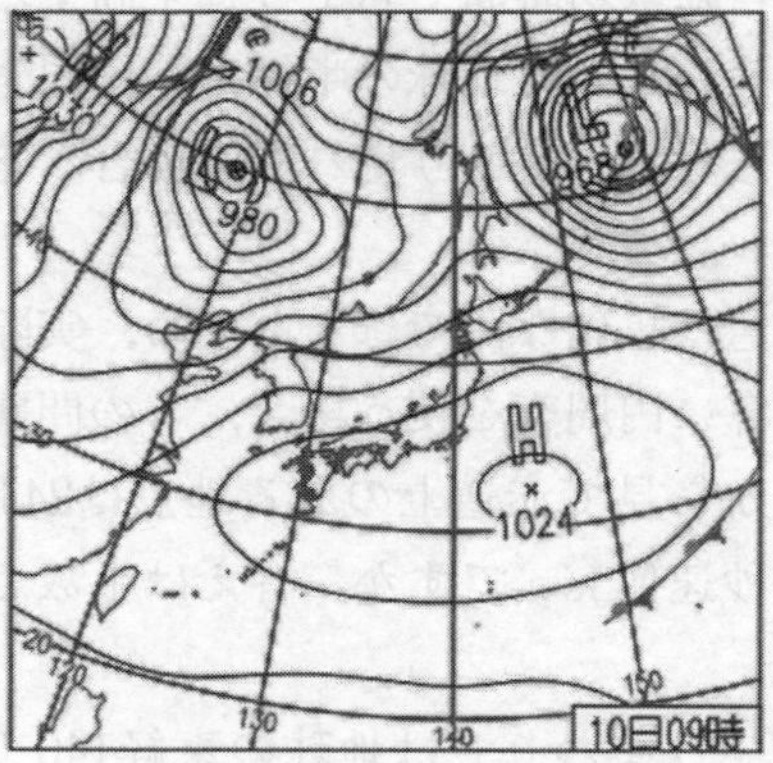

(ウ)

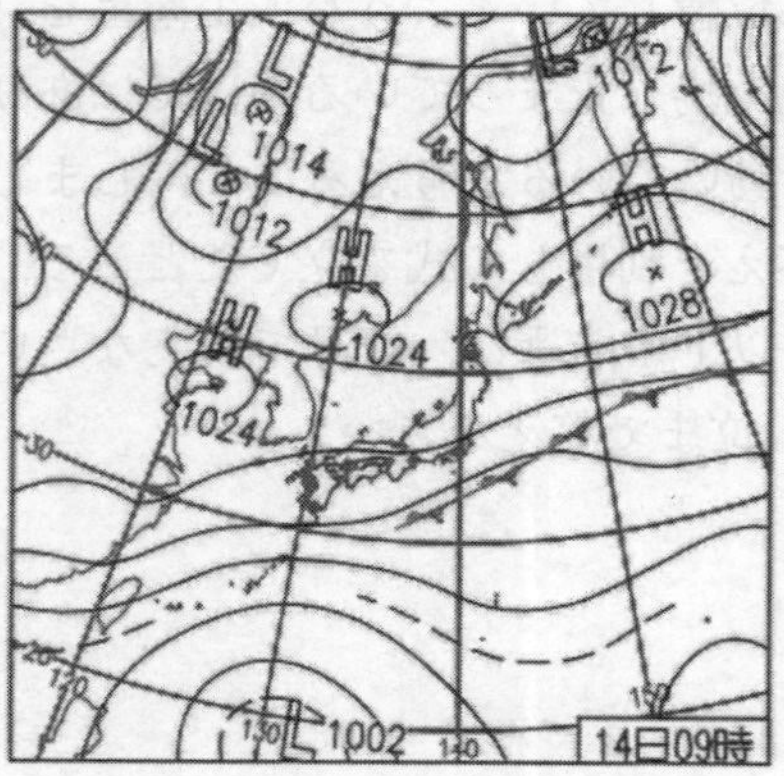

(エ)

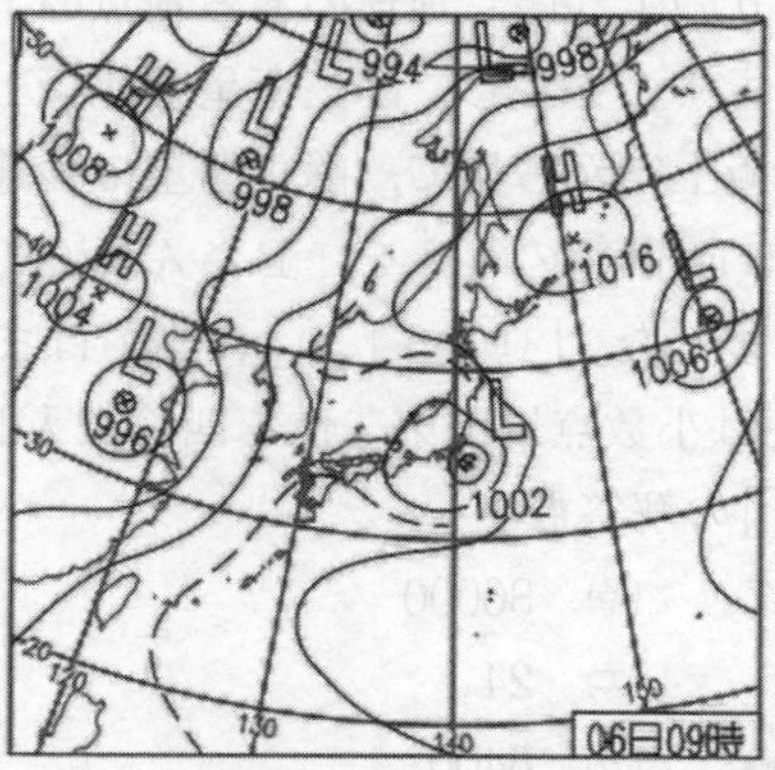

〈気象庁のホームページより〉

3 スチールかんの材料である「鉄」とアルミかんの材料である「アルミニウム」の性質のちがいを調べるために以下の実験を行いました。

〈実験〉

① 1 cm^3 あたりの重さを比べる。

② 磁石《じしゃく》につくかどうか調べる。

③ 鉄とアルミニウム，それぞれに（ A ）を加えて，出てきた気体を調べる。

④ 鉄とアルミニウム，それぞれに塩酸を加えて，出てきた気体を調べる。

⑤ ④でできた，鉄とアルミニウムがとけた水よう液の水をそれぞれ蒸発《じょうはつ》させる。

以下は①～⑤の実験の結果をまとめたものである。

	鉄	アルミニウム
①	(1)	
②		
③	変化なし	金属がとけて気体発生
④	金属がとけて気体発生	金属がとけて気体発生
⑤	うすい黄色の粉が残った	白色の粉が残った

(1) 上の表の空らんに当てはまる実験①，②の結果をまとめた表として正しいものを，次の中から1つ選び，記号で答えなさい。

(ア)

	鉄	アルミニウム
①	2.7g	7.9g
②	磁石につく	磁石につく

(イ)

	鉄	アルミニウム
①	2.7g	7.9g
②	磁石につく	磁石につかない

(ウ)

	鉄	アルミニウム
①	7.9g	2.7g
②	磁石につく	磁石につく

(エ)

	鉄	アルミニウム
①	7.9g	2.7g
②	磁石につく	磁石につかない

(2) 実験③，④では，金属から気体が発生したものがありました。発生した気体の性質を調べたところ，それらの気体はすべて同じものであることが分かりました。その気体を水上置かん法で集めて，マッチの火を近づけたところ「ポン」という音を出して燃えました。この気体の名前を漢字で答えなさい。

(3) (2)の気体を，下方置かん法で集めたところうまく集まらず，マッチの火を近づけても何の変化も起こりませんでした。下方置かん法でうまく集まらない理由として当てはまる，(2)の気体の性質としてもっとも適当なものを1つ選び，記号で答えなさい。

(ア) 水にとけにくい　(イ) 水にとけやすい

(ウ) 空気より軽い　(エ) 空気より重い

(4) 実験③で使用した(A)は何ですか。次の中からもっとも適当なものを1つ選び，記号で答えなさい。

(ア)　水酸化ナトリウム水よう液　(イ)　ホウ酸水

(ウ)　食塩水　(エ)　砂糖《さとう》水

(5)　アルミニウムをうすいりゅう酸でとかした後，とかしてできた水よう液の一部を試験管に取って緑色のBTBよう液を加えたところ，黄色になりました。この水よう液は何性ですか。次の中から1つ選び，記号で答えなさい。

(ア)　酸性　(イ)　中性　(ウ)　アルカリ性

(6)　アルミニウムをうすいりゅう酸でとかした後，「りゅう酸カリウム水よう液」という水よう液を加えてから，ゆっくりと水を蒸発《じょうはつ》させたところ，きれいな結しょうが残りました。結しょうの形から，この結晶はミョウバンであることが分かりました。次の中からミョウバンの結しょうの形としてもっとも適当なものを1つ選び，記号で答えなさい。

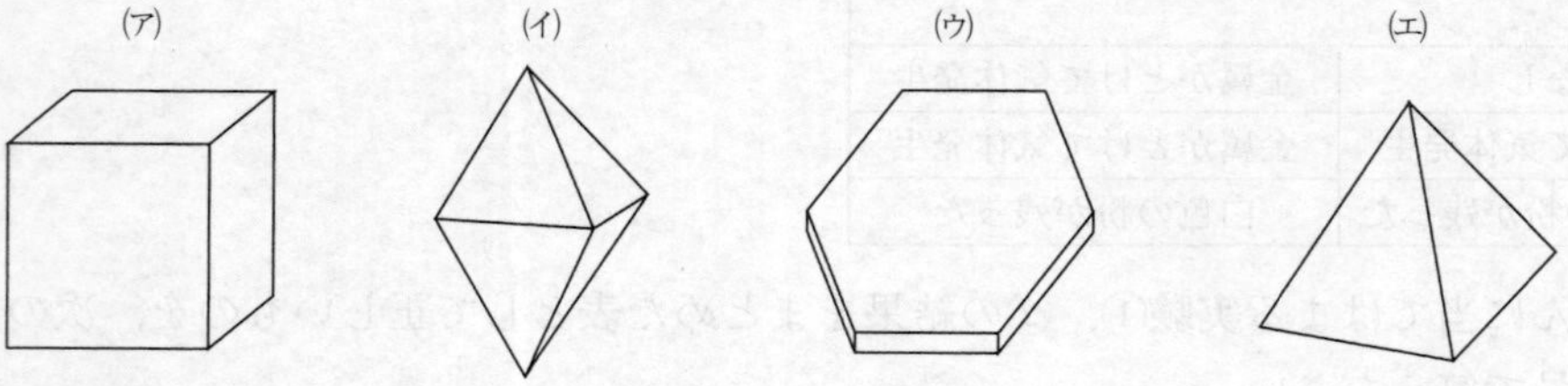

(7)　結果⑤のうすい黄色の粉に磁石を近づけました。このときの結果と，そこから考えられることとしてもっとも適当なものを1つ選び，記号で答えなさい。

	結果	考えられること
(ア)	磁石につく	鉄が変化したものなので，磁石についた。
(イ)	磁石につく	色はちがうが，鉄であることには変わりはないので磁石についた。
(ウ)	磁石につかない	鉄が他のものに変化してしまったので，磁石につかなかった。
(エ)	磁石につかない	鉄が気体となって出ていってしまったので，磁石につかなかった。

4　鏡をのぞくと，さまざまなものが映《うつ》って見えます。このとき，鏡に映って見えるものを像《ぞう》といいます。鏡は光がものに当たってはね返る反射《はんしゃ》という性質を利用しています。

鏡で反射する光の進み方について，後の問いに答えなさい。

反射のうち，平らな面での反射を正反射《せいはんしゃ》といいます。

図1は平らな床の上に鏡を水平に置き，光を鏡に当てた様子を表しています。

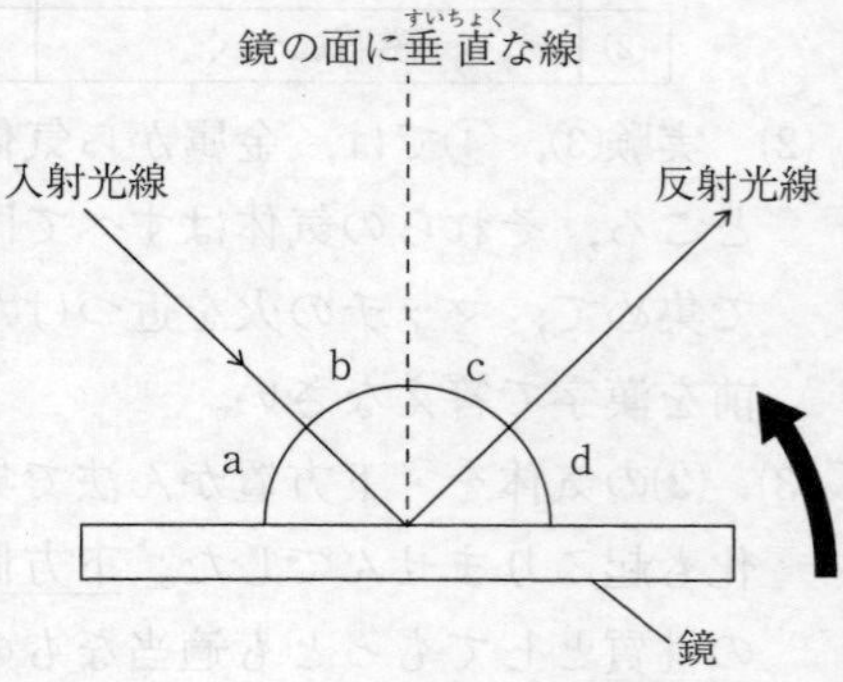

図1

(1)　図1で光が反射するとき，どことどこの角度が等しくなりますか。次の中からすべて選び，記号で答えなさい。

(ア)　aとb　(イ)　aとc

(ウ)　aとd　(エ)　bとc

(オ)　bとd　(カ)　cとd

(2)　入射光線はそのままで，鏡を図1の太い矢印(➡)の方向に15度かたむけました。このとき，図のb＋cの角度はかたむける前と比べてどのように変化しますか。次の中から正しいものを

1つ選び，記号で答えなさい。

(ア)　30度小さくなる　　(イ)　15度小さくなる

(ウ)　変化しない　　(エ)　15度大きくなる

(オ)　30度大きくなる

かべに黒板が置かれた教室があります。図2はその教室を上から見たものです。いま，教室の中に大きな鏡Aを置きました。この教室で，かおりさんが黒板に背《せ》を向けて，鏡の方を向いて立っています。また，しょうたさんも教室内の別の位置に立っています。ここで，光は鏡の表面で反射するものとし，図中での位置は，1～25の番号と(あ)～(の)の記号を組み合わせて表すものとします。たとえば，かおりさんの位置は25―(き)，しょうたさんの立っている位置は22―(せ)とそれぞれ表すことができます。また，黒板のあるはん囲《い》は25―(う)～25―(ぬ)，鏡Aの置いてある位置は，13―(か)～13―(ち)と表します。

まず，図2のかおりさんが鏡Aを通してしょうたさんを見ました。

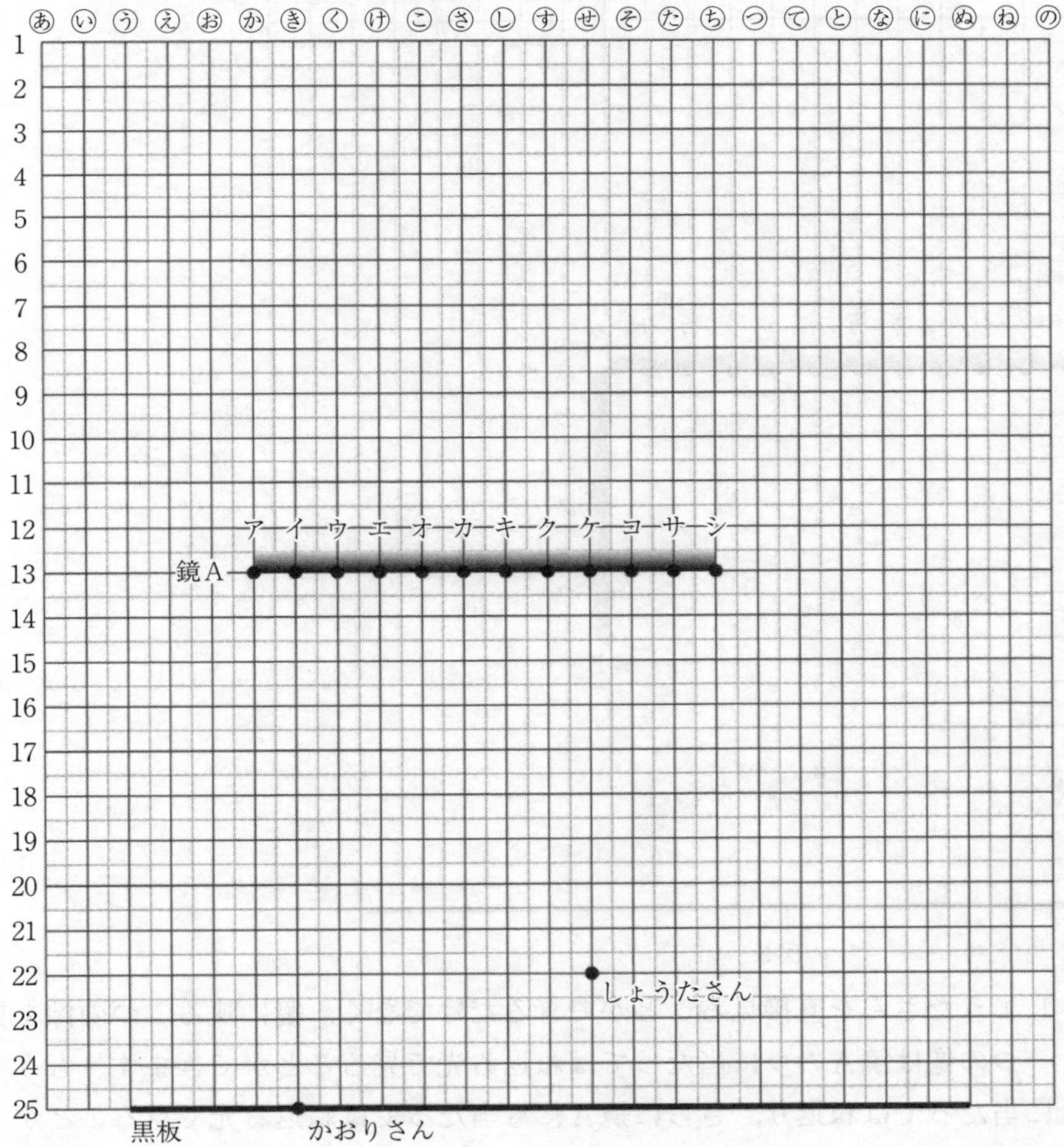

図2

(3)　鏡に映ったしょうたさんの像はどの位置に見えますか。かおりさんやしょうたさんが立っている位置の表し方にならって，図2の1～25の番号と(あ)～(の)の記号を使って答えなさい。

(4)　しょうたさんから出てかおりさんに届《とど》いた光は，鏡のア～シのどの点で反射しましたか。1つ選び，記号で答えなさい。

(5)　図２のかおりさんが鏡を通して背にしている黒板を見たところ，黒板の一部しか映っていませんでした。かおりさんが黒板のあるかべを背にしたまま，(き)の線上をまっすぐ鏡に向かって進んでいったとき，黒板の右はしから左はしまですべて見ることができるのは，25—(き)の位置から少なくとも□マス進んだときです。□に当てはまる数字を答えなさい。

(6)　かおりさんが(5)で答えた□マスだけ進んだとき，黒板の左はし(25—(ぬ))から出てかおりさんに届いた光は，鏡Ａのア～シのどの点で反射しましたか。１つ選び，記号で答えなさい。

次に，図３のように鏡Ａに別の鏡Ｂ(13—(ち)～19—(ち))を直角に立てかけ，かおりさんは22—(え)の位置に，しょうたさんは22—(し)の位置にそれぞれ立っています。

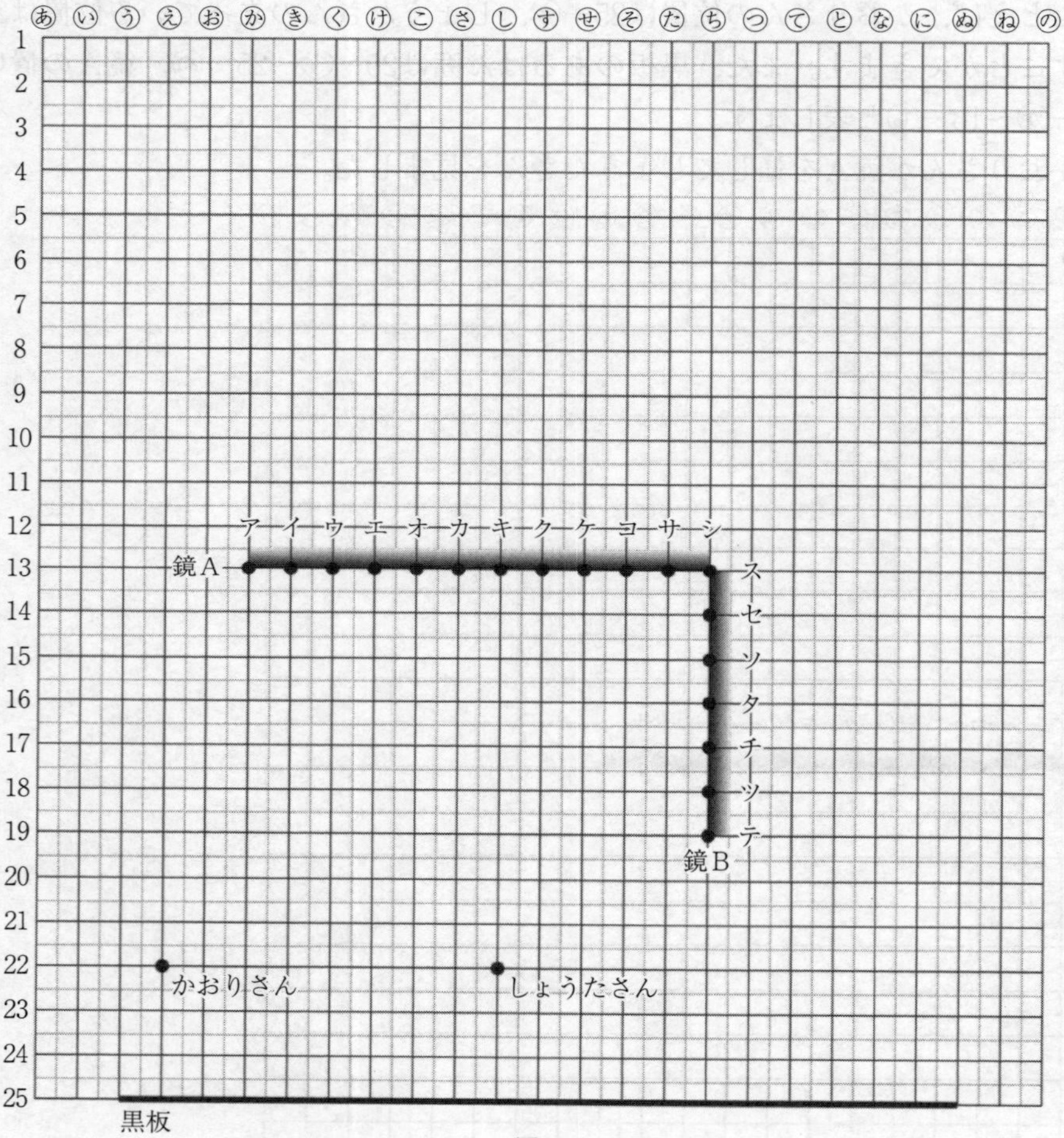

図３

(7)　かおりさんは，しょうたさんを直接見ることができるだけでなく，鏡に映る二つの像を見ることができます。一つの像は鏡Ａのウに当たってはね返る光で見ることができます。もう一つの像は，まず鏡Ｂに当たってはね返り，さらに鏡Ａにも当たってはね返る光で見ることができます。この光は，鏡Ａと鏡Ｂ上のア～テのどの点に当たってはね返りますか。それぞれ記号で答えなさい。

④ 小学生タイショウの陸上教室。

⑤ テンランカイに行く。

⑥ キカイ体操の選手。

⑦ ケンアクなふんいきだった。

⑧ 今日は校庭がカイホウされる日だ。

⑨ 二十日までの消印有効です。

⑩ 一目散に逃げた。

深くは知らないということを示すため。

エ　「ボク」が教科書で見た戦争と、「お祖父ちゃん」が体験した戦争は別のものであることを示すため。

問七　――線部⑦-A「……かえって……こなかったの」、⑦-B「……ほかのおにいちゃんたちは?」の「…」が表す「ボク」の気持ちを理由をふくめて簡潔に説明しなさい。

問八　――線部⑧「そう言って、お祖父ちゃんは、なぜかため息をついた」とありますが、次の説明を読み、「ため息の理由」を五十字以上六十字以内で説明しなさい。

軍艦信濃は、日本海軍が建造した航空母艦計画に基づき、横須賀海軍工廠で一九四〇年五月に起工した大和《やまと》型戦艦三番艦を、ミッドウェー海戦以降の戦局の変化に伴《ともな》い戦艦から航空母艦に変更《へんこう》したものである。一九四四年航空母艦として※竣工《しゅんこう》し、空襲を避けるために未完成のまま横須賀から呉《くれ》へ回航される。十一月二十九日、信濃は紀伊《きい》半島潮岬《しおのみさき》沖合で、アメリカ潜水艦アーチャーフィッシュの魚雷攻撃《ぎょらいこうげき》を受け、四本が命中。浸水《しんすい》が止まらず、転覆《てんぷく》して水没《すいぼつ》した。竣工から沈没《ちんぼつ》まで艦命《かんめい》はわずか十日間であった。

（NHKアーカイブス「特集〝巨大〟空母信濃」をもとに作成）

※竣工…工事が完了《かんりょう》すること。

問九　――線部⑨「お祖父ちゃんはなにも聞こえなかったようにボクから目をそらした」とありますが、このときの「お祖父ちゃん」の心境を説明したものとして最もふさわしいものを選び、記号で答えなさい。

ア　戦争を経験していない世代からすれば、戦争で死なずにすんだのは良いこととなるが、兵隊としての訓練を受けていた身からすれば、仲間や兄弟たちは戦死して自分だけが生き残っているということになる。この思いの差を解消するのは困難なため、「お祖父ちゃん」は「ボク」の言葉に返事をすることができなかった。

イ　一番上と二番目の兄は海軍工廠で仕事をしていたので、「お祖父ちゃん」も海軍への誇りを持ち働いていたが、陸軍に配属されて訓練をすることとなった。「お祖父ちゃん」にとって不本意であったこの出来事を思い出したくないため、「ボク」の言葉に返事をすることができなかった。

ウ　「お祖父ちゃん」は年を重ねているため、ときどき戦争の記憶と現実の記憶の区別がつかなくなってしまっている。「ボク」との会話も上の空になってしまうことがあり、果たして自分は戦争に行かなくて良かったのか考えているため「ボク」の言葉に返事をすることができなかった。

エ　「お祖父ちゃん」の兄弟の中には、戦争に召集され帰って来なかった兄弟もいた。自分だけが八十歳を過ぎるまで生き残ってしまったことに罪悪感を抱き、戦地におもむくことがなかったことを「ボク」に逃げたと思われることが恐ろしくなって、「ボク」の言葉に返事をすることができなかった。

問十　「ボク」が現在から過去を回想しているとわかる一文を本文中よりぬき出し、はじめの四字を答えなさい。

三

次の――線部について、カタカナは漢字になおし、漢字は読みをひらがなで答えなさい。なお、漢字はていねいにはっきりと書くこと。

① 犬は鼻がよくキく。

② 試験で実力をハッキする。

③ あごでサシズするのは良くない。

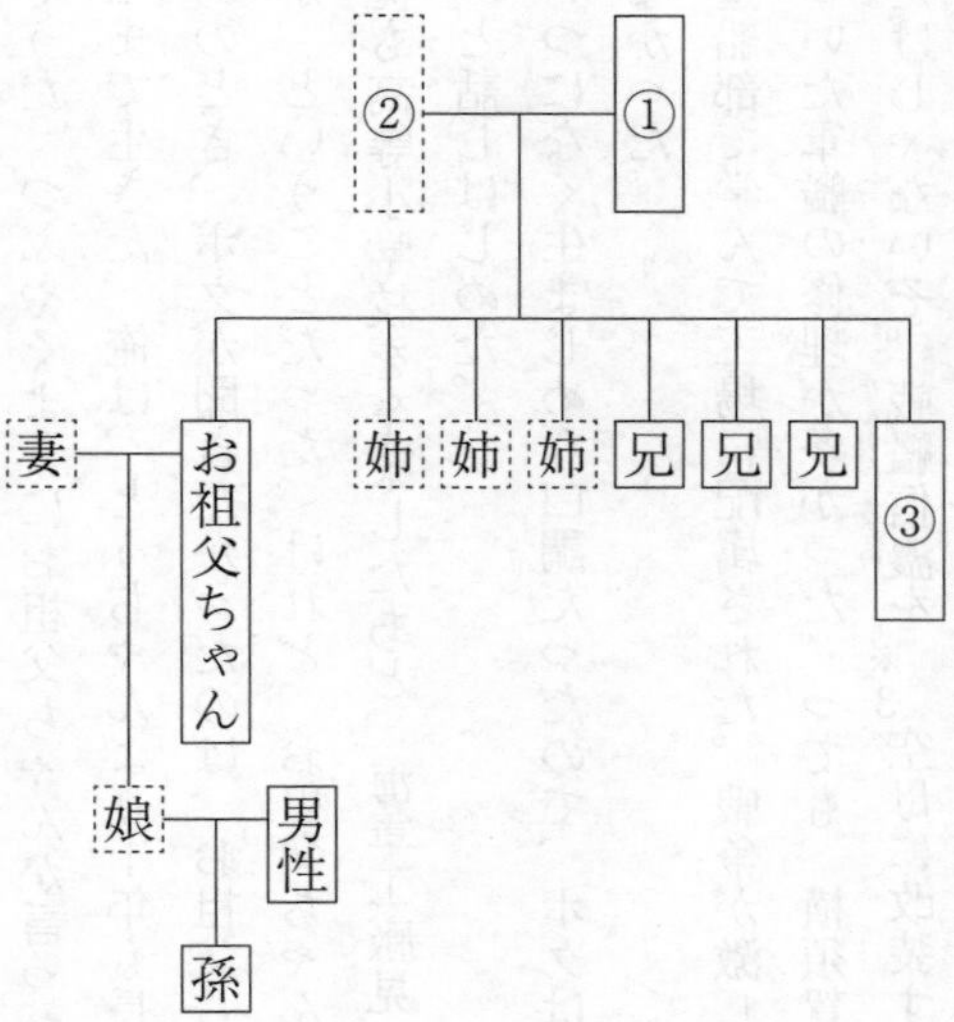

ア　おとうさん　イ　オヤジ　ウ　とうちゃん

エ　おかあさん　オ　バアさん

問二　空らん②にあてはまる四字熟語として最もふさわしいものを選び、記号で答えなさい。

ア　朝三暮四　イ　一石二鳥

ウ　一期一会　エ　二束三文

問三「※③」が付されている部分の文章表現についての説明として最もふさわしいものを選び、記号で答えなさい。

ア　風景を具体的に描写し、そこでの行動も詳細《しょうさい》に説明することで、思い出の情景を生き生きと表している。

イ　様々な生き物の名前を登場させることで、一般人が立ち入らないような場所への恐怖感《きょうふ》をやわらげている。

ウ　戦争や死を意識させるような場所と、そこで生きる生き物たちの姿を対比させ、命の尊さを強調している。

エ　実際に存在する地名や生物名を用いることで現実味を出し、「お祖父ちゃん」の記憶《きおく》力の良さを伝えている。

問四　空らん④にあてはまる語として最もふさわしいものを選び、記号で答えなさい。

ア　骨　イ　腰《こし》　ウ　膝《ひざ》　エ　鼻

問五　――線部⑤「『いいなぁお祖父ちゃんは』〜『よかぁねえよ』」とありますが、ここでの「ボク」と「お祖父ちゃん」の気持ちの違《ちが》いを説明したものとして最もふさわしいものを選び、記号で答えなさい。

ア　「ボク」は兄弟がおらずさびしさを感じているが、「お祖父ちゃん」は兄弟がいても父親を亡《な》くしたさびしさを埋《う》めることはできないと思っている。

イ　「ボク」は兄や姉がいないので「お祖父ちゃん」にあこがれを抱《いだ》いているが、「お祖父ちゃん」は末っ子で兄たちから殴られる立場を不満に思っている。

ウ　「ボク」はおとうさんがいない点で「お祖父ちゃん」に親近感を持っているが、「お祖父ちゃん」は「ボク」と親密な関係を築くことは避《さ》けたいと思っている。

エ　「ボク」は「お祖父ちゃん」が「みそっかす」だったということが気になって仕方がないが、「お祖父ちゃん」は二度と思い出したくない思い出だと思っている。

問六　――線部⑥「『せんそうがあったの』」とありますが、「せんそう」がひらがなで書かれている理由として最もふさわしいものを選び、記号で答えなさい。

ア　「ボク」が考えている戦争は、子どもが考えているようなかわいいものであることを示すため。

イ　「ボク」はまだ「戦争」という漢字を習っておらず、その内容を一切知らないことを示すため。

ウ　「ボク」は出来事の名前としては戦争を知っているが、まだ

「いつ、せんそうがあったの」

お祖父ちゃんはゆっくりとまばたきをした。

「俺が若いころだ」

ガラス玉みたいに透《す》き通った眸《ひとみ》の先には富士山があったけれど、お祖父ちゃんの目は富士山を突き抜《ぬ》けてもっと遠くにあるものを見ているようだった。

「三番目と四番目の兄貴は戦争に行って帰ってこなかった」

⑦-A「……かえって……こなかったの」

「あ？」

お祖父ちゃんはなんだか上の空だった。なにかほかのことに気を取られているみたいだった。

⑦-B「……ほかのおにいちゃんたちは？」

お祖父ちゃんがのろのろとボクに目を向けた。

「とうちゃんと二番目の兄貴は海軍工廠で軍艦をつくる仕事をしていたし、二人とも兵隊さんにとられるほど若くはなかった」

「とうちゃんと二番目のおにいちゃんは行かなかったんだね」

「そうだ」つぶやくようにお祖父ちゃんが言った。「とうちゃんは七十二まで生きた。俺は、とうちゃんより十年も長く生きている」

あのとき、ボクが聞きたかったのは、お祖父ちゃんは戦争に行ったのか、ということだった。けれど、お祖父ちゃんは、

「俺も高等小学校を卒業したあと、海軍工廠見習い教習所に入所した」と話しはじめた。

いつになく生《き》まじめな口調だったので、ボクは口をはさむことができなかった。

「造船部で学んで工場に配属された。戦争が激しくなっていたから、傷ついた軍艦の修理が多かった。っても、横須賀海軍工廠の仕事はそれだけじゃないぞ。戦艦信濃《せんかんしなの》を※3空母に改装する工事もやったからな」

お祖父ちゃんはなんだか誇《ほこ》らしげだった。

「信濃は、当時、世界最大の航空母艦《ぼかん》だった……」

⑧そう言って、お祖父ちゃんは、なぜかため息をついた。

言葉が途《と》切《ぎ》れた一瞬《いっしゅん》の間《ま》に、ボクは声をすべりこませた。

「お祖父ちゃんは戦争に行った？」

お祖父ちゃんが目をすがめてボクを見た。

「召集《しょうしゅう》されて、不入斗《いりやまず》の陸軍練兵所に入った」

ボクの頭に最初に浮かんだのは、海軍じゃないんだ…ってことだった。『れんぺいじょ』という言葉のイミもわからなかった。

「れんぺいじょ、って」とボクは聞いた。

「兵隊になる訓練をする場所だ。訓練してる間に、戦争が終わった」

⑨「よかったね。お祖父ちゃんも戦争に行かなかったんだね」

お祖父ちゃんはなにも聞こえなかったようにボクから目をそらした。そして、よっこらしょ、と掛《か》け声をかけてゆっくりと切り株から立ち上がった。

（花形みつる『徳治郎とボク』より）

※1　工廠…兵器や弾薬《だんやく》などを製造、修理した工場。

※2　伝馬船…木造の小型和船。

※3　空母…航空母艦の略。航空機を搭載《とうさい》し、その発着や整備をする軍艦。

問一　――線部①「お祖父ちゃん」とありますが、左の図は、この一家を「お祖父ちゃん」を中心に整理した家系図です。図の中の空らん［①］～［③］にあてはまる、「お祖父ちゃん」が使用している本文中の人物を呼ぶ表現として適切なものをそれぞれ選び、記号で答えなさい。なお、家系図の［　］は男性を表し、［　］は女性を表します。

ねると、お祖父ちゃんは、天を目指してすっと立ち上がっている富士山から視線をはずした。片方の眉《まゆ》をあげ、なにかむずかしいことでも考えているような顔つきでしばらく黙《だま》りこんだ。

「上の姉貴二人は俺がまだ子どものときに嫁《よめ》にいったからなぁ……」

記憶《きおく》を空からたぐり寄せるように、お祖父ちゃんは視線を上げた。空は高く、ぴるるるーと鳴きながらトビが旋回《せんかい》していた。

「一番下の姉貴は給料がはいると安浦館《やすうらかん》に連れてってくれたり、今川焼きを買ってくれたなぁ」

「やすうらかん、って？」

「あ」

お祖父ちゃんが耳をこちらに傾《かたむ》けた。

「やすうらかんって、なに」

「昔、そういう名前の映画館があったのよ」

「とうちゃんのほかのおにいちゃんたちも、どっか連れてってくれたの」

お祖父ちゃんは首を振《ふ》った。

「兄貴たちは、末っ子のことなんか眼中《がんちゅう》になかったんじゃねーか」

「がんちゅう？」

「俺はみそっかすだった、ってことよ」

みそっかすの意味はわからなくてもニュアンスは通じる。それでも、ボクにはうらやましいことにちがいなかった。

⑤「いいなぁお祖父ちゃんは」ボクは思っていたことをそのまま口にした。「おにいちゃんがいっぱいいて」

「よかぁねえよ」お祖父ちゃんは眉の間にシワを寄せた。「兄貴なんていりゃあいいってもんじゃないぞ。悪さしたのがバレてとうちゃんに殴《なぐ》られるのはまだしも、二番目の兄貴にも殴られたからな。ヘタすりゃあ三番目や四番目の兄貴にも」

それは、かなりイヤだ。ボクはお祖父ちゃんに同情した。でも、よくよく考えると、それもこれも自分のせいなのだ。

「お祖父ちゃんがロクなことしてなかったからでしょ」

「そうでもないぞ」お祖父ちゃんが言い返した。「ちっとはいいこともしたぞ」

お祖父ちゃんはちょっとムキになっていた。

「いいことってなによ」

ボクはちょっと疑っていた。

「バアさんの手伝いだ」

強い口調で言いはるお祖父ちゃんは、なんだか子どもみたいだった。

「バアさんといっしょに山に拾いに行ったもんよ、枯《か》れ木をな。ガスなんてねーんだから、あのころ。かまどだから。飯炊《た》くのも風呂《ふろ》わかすのもマキだった。水道もなかったからなー。井戸だったのよ。知ってるか、井戸水ってのは、夏はひゃっこくて冬はあったけぇんだぞ。それでもな、横須賀は他と比べて進んでたんだ。海軍がいたからな。水道がひけたのも早かったし、鉄道が敷《し》けたのも早かった。横須賀駅ができたのが明治二十二年だ。横須賀は東京湾の守りの要《かなめ》だったから、鉄道がなかったらいざというときに物資や軍隊を輸送することができない、ってことだろうな」

どこかの扉《とびら》が開いてしまったようにお祖父ちゃんはしゃべり続けた。

「国道なんかも早くから開通していたな。今の十六号線だ。あれは有事用だから立派だった。有事、ってのは、戦争用ってことだな。横須賀は軍都だったからな」

ぐんとがなんのことかはわからなかった。でも、八歳《さい》の子どもでも、せんそうという言葉は知っている。

⑥「せんそうがあったの」

「あぁ」

二　次の文章を読んで、あとの問いに答えなさい。（一部乱暴な表現がありますが、原文の表現を生かしそのまま掲載《けいさい》しています。）

「オヤジが死んだあとの一家を支《ささ》えたのは海軍※1工廠《こうしょう》で働いていた一番上の兄貴だった。逸見《へみ》は海軍と工員さんの町だった。二番目の兄貴も長男にならって軍艦《ぐんかん》づくりの工員さんになった。

俺《おれ》は大人には逆《さか》らってばかりだったが、一番上の兄貴だけには頭があがらなかった。ちっせぇときに父親を亡《な》くした末っ子の俺にはオヤジがわりだったからだ。俺は一番上の兄貴を『とうちゃん』と呼んでいた。おふくろが『バアさん』で兄貴が『とうちゃん』だ」

『とうちゃん』の話は、うんと小さなころ、お母さんに毎晩読んでもらった絵本みたいに、何度聞いてもあきなかった。

①お祖父《じい》ちゃんとボクは、おとうさんがいないってところが似ているなぁ。本当のおとうさんが死んじゃってもお祖父ちゃんがあんまりさみしくなかったのは、『とうちゃん』がいたからかなぁ。おかあさんが『バアさん』で一番上のおにいちゃんが『とうちゃん』ってなんかおもしろいなぁ。兄弟八人ってどんな感じなのかなぁ……。『とうちゃん』の話を聞きながら、ボクはとりとめのないことを考えていた。それまでなにも考えずに生きてきたボクだったけど、あのころから、いつもなにかしらを考えていた気がする。

「とうちゃんは、休みの日になると釣《つ》りに出かけていた。大家族の晩のおかずを調達できる ② の趣味《しゅみ》だった。ときどき、俺もいっしょに連れて行ってくれた。

安浦《やすうら》の漁師から船を借りて、とうちゃんの手漕《てこ》ぎで沖に向かった。船といっても、二、三人乗ったらいっぱいの小さな※2伝馬船《てんません》だ。

※③

とうちゃんは船を沖合に突《つ》き出ている岩につないで釣りをした。そこらは、ウミウたちの漁場でもあった。黒い羽の鳥たちは、岩から海中に飛び込《こ》んで魚をつかまえていた。俺はウミウに劣《おと》らず潜水《せんすい》が得意だった。海に潜《もぐ》っては、クチバシならぬミツマタでベラやクロダイを突いていた。

ウミウたちの巣は、岩よりもっと沖の猿島《さるしま》の切り立った崖《がけ》の上にあった。崖がウミウのフンで白く染まっていたほどだった。猿島の原生林の緑が痛いくらいに目に沁《し》みた。白い砂浜が陽《ひ》を受けてきらきら光っていた。きれいな砂浜には人っ子一人いない。東京湾《わん》に浮《う》かぶ猿島は砲台《ほうだい》が築かれた要塞《ようさい》だったから、一般人《いっぱんじん》の立ち入りは禁止されていたんだ。

軍都横須賀《よこすか》には、猿島みたいに入っちゃいけない見てはいけない、写真をとったりしたら警察にしょっぴかれる、という場所がいたるところにあった。とうちゃんと吉倉《よしくら》の海岸から伝馬船でワタリガニをとりに出たときは、うっかり軍港内に入りこんじまって、兵隊さんに、撃《う》つぞ！　とおどされて、命からがら逃げ帰ったなんてこともあったな」

青い空を背にした真っ白い富士山、というお気に入りの風景に気分がいいのか、お祖父ちゃんの口はいつもより滑《なめ》らかに動いていた。滑らか過ぎて話が横道にそれてきたので、ボクは「ほかのおにいちゃんやおねえちゃんたちは」と声をはさんだ。ほうだいとか、ぐんこうとかの、よくわからない話よりも、お祖父ちゃんの家族の話が聞きたかったのだ。

楽しい夢でもみているような顔つきでしゃべっていたお祖父ちゃんは話の ④ を折られ、なんだ、というように口を閉じた。

ほかのおにいちゃんやおねえちゃんたちは？　ボクがもう一度たず

キ

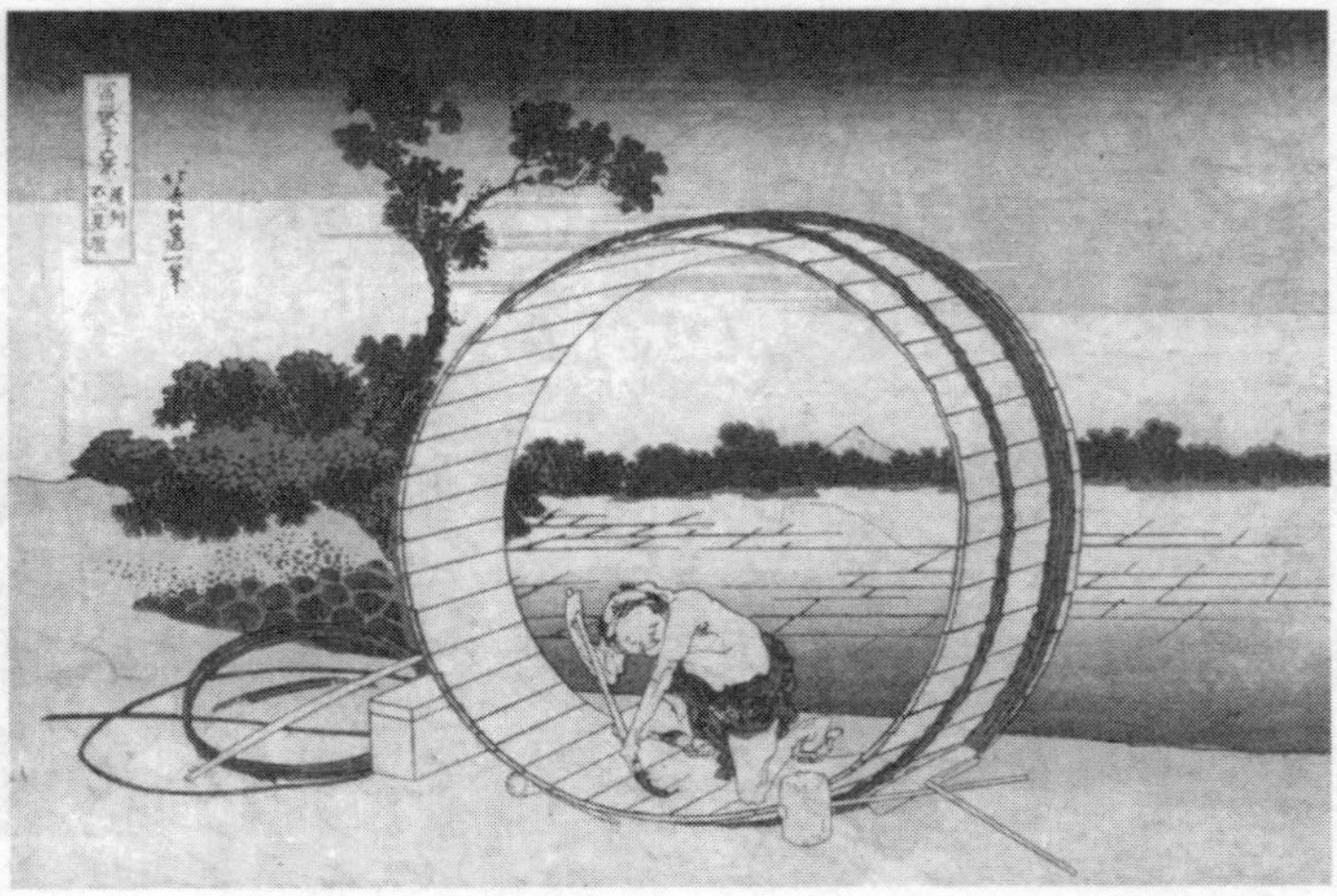

ク

ケ

図は国立国会図書館デジタルコレクションより引用。ただしクの図は東京国立博物館ホームページより引用した。

エ

オ

カ

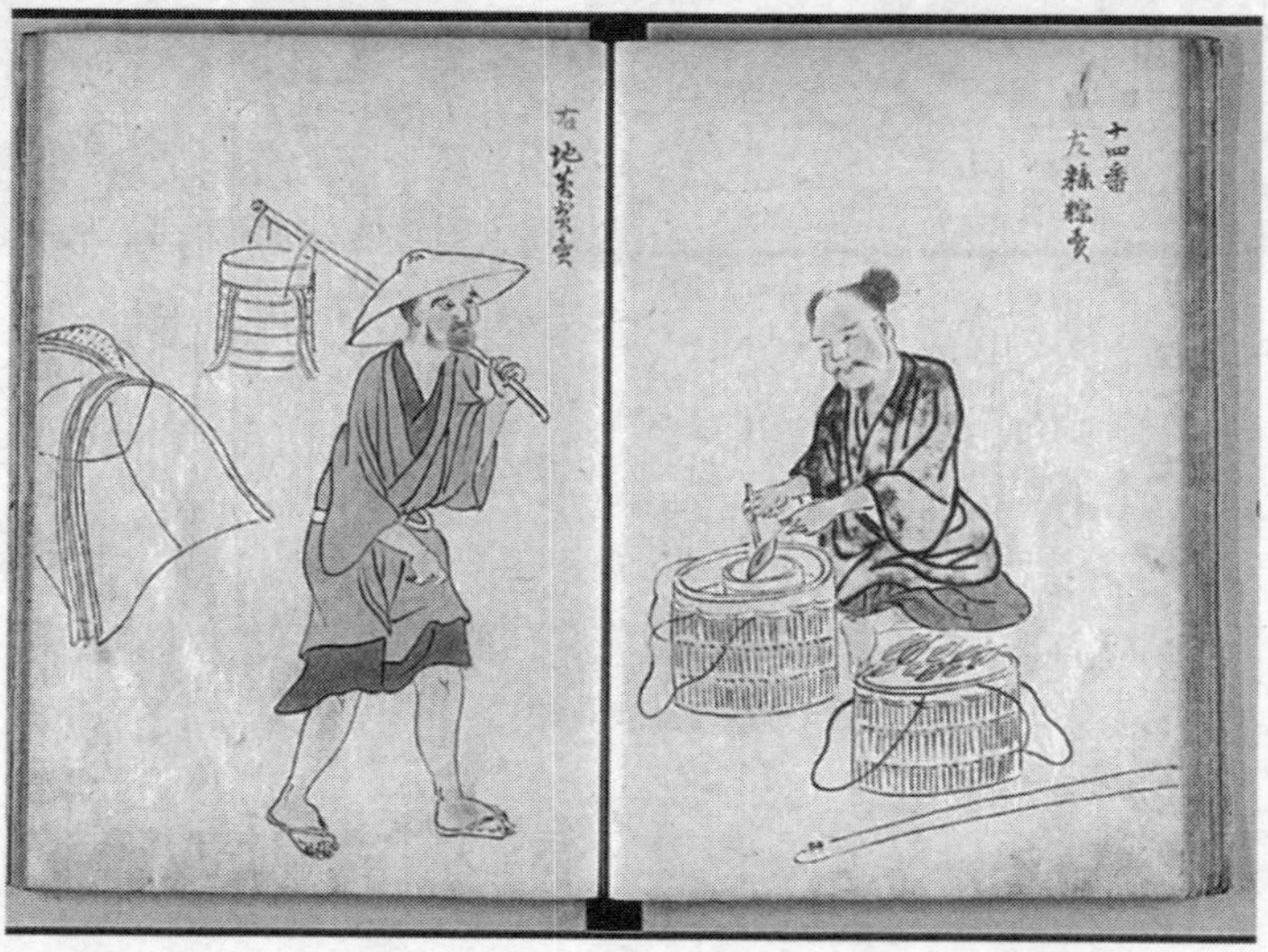

ア

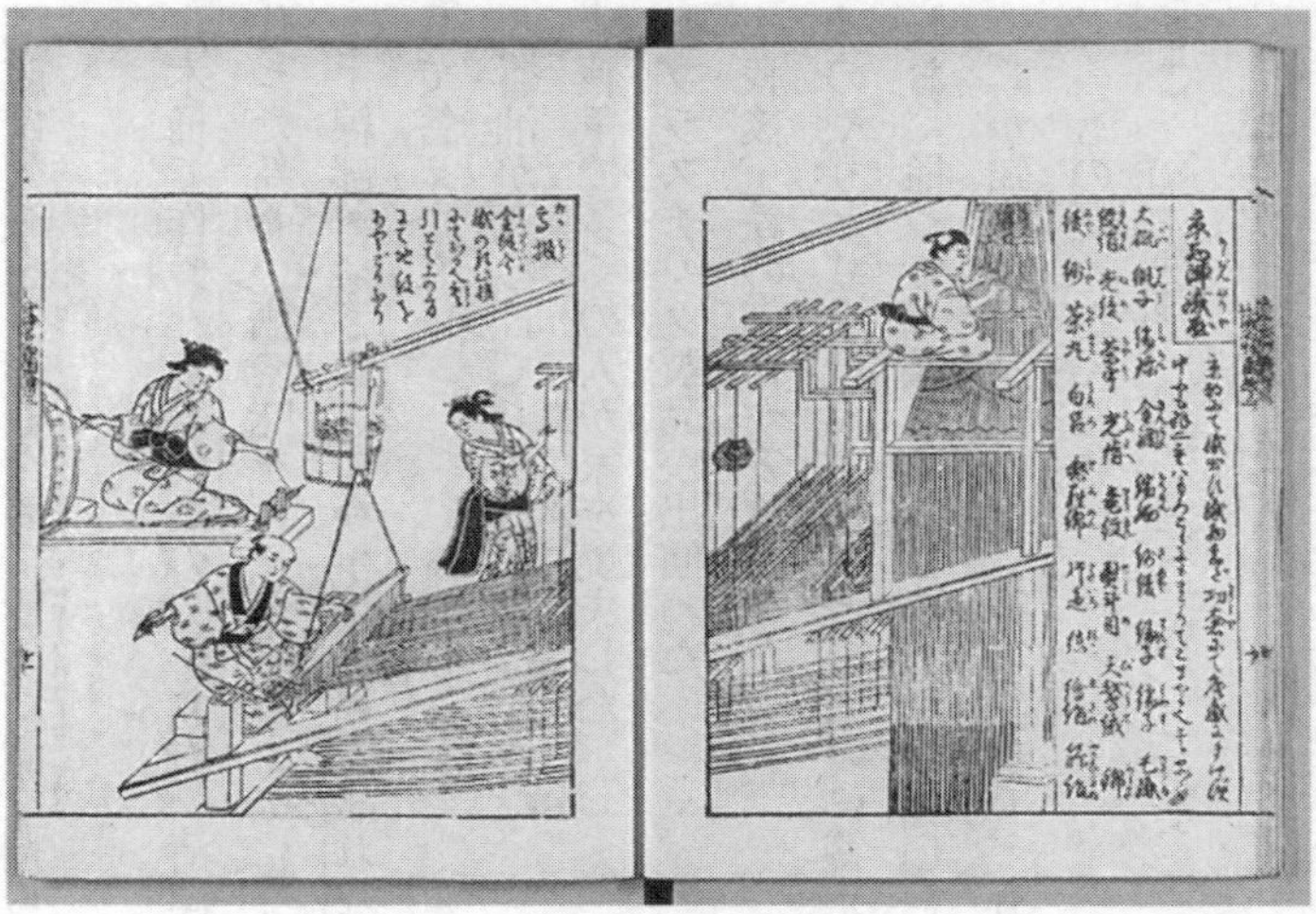

イ

ウ

はできず、飲めるだけでも恵まれているような状況だったから。

イ　戦後、GHQの指導により木桶を使わないよう指導された酒蔵が、木桶からホーロータンクに設備をかえるまで酒が造れなかったから。

ウ　戦後の貧しい時代に、造る過程で欠減する酒はぜいたく品で、酒蔵は欠減をうめるために薄めた酒を造らざるをえなかったから。

エ　木桶で作った本来の酒の味よりも、清潔なホーロータンクで作った新しい酒の味を人々が好むようになったから。

問八　――線部⑧「さまざまな事情」に含まれないものを一つ選び、記号で答えなさい。

ア　醤油が五〇日でできるようになった。

イ　戦争で多くの人が家を焼失した。

ウ　プラスチック製品が出回った。

エ　戦後、鉄の価格が安くなった。

問九　次のやりとりを読んで、あとの問いに答えなさい。

やしお　桶って、温泉にあるのとかおすしを作る時の桶くらいしか知らなかったけど、戦争前まで、もっと生活に密着したものだったんだね。

ゆきこ　①「桶師」の絵って、きっと見たことがあると思うよ。ほら。

やしお　あー、知ってる！　これって、桶を作ってたんだ！

ゆきこ　室町時代に、板を組み合わせて円筒状《えんとうじょう》にし、外側に竹で編んだたがをかける「結桶」が生まれたんだって。

やしお　結桶の登場で、何がそんなに変わったの？

ゆきこ　本文で話題になっているような大きな桶が作れるようになって、お酒を大量生産することができるようになったんだって。

やしお　そうなんだ。じゃあ他にも②桶が大きくなったことで大量生産できるようになったものがきっとあるはずだね。

ゆきこ　調べてみたら、こうして大量生産ができるようになったことで、食生活にも大きな変化があったみたい。私たちが今考えている「日本食」も、桶の大型化なしには生まれていなかったかもしれないね。

やしお　でも、そうして大活躍していた桶も、戦後に衰退してしまったんだね。

ゆきこ　残念だよね。③今、SDGsなんていうことが盛んに言われているように、桶は最先端の知恵なのかもしれないのにね。

(1)　――線部①「桶師」を表す絵として最もふさわしいものをあと(27ページから29ページ)のア～ケより選び、記号で答えなさい。

(2)　――線部②「桶が大きくなったことで大量生産できるようになったもの」としてあてはまらないものを一つ選び、記号で答えなさい。

ア　醤油　イ　味噌　ウ　酢　エ　米

(3)　――線部③「今、SDGs～桶は最先端の知恵なのかもしれない」とゆきこが言うのはなぜですか。本文の内容をふまえて、あなたの考えを五十字以上六十字以内で述べなさい。

ウ　当時は様々な組合が存在することから、人々は用途によって桶を使い分けるなど桶の需要《じゅよう》が大きく、よく売れたということ。

エ　当時は様々な組合が存在することから、分業化することで利益が出ると江戸時代の人々は信じていたということ。

問二　空らん ② にあてはまる語を、本文中より漢字二字でぬき出して答えなさい。

問三　空らん ③-A ～ ③-C にはそれぞれ上にある慣用表現の意味が入ります。その組み合わせとして最もふさわしいものを選び、記号で答えなさい。

①ゆるんだ秩序《ちつじょ》や決まり、気持ちを引きしめること。

②緊張が解けてハメをはずしてしまうこと。また、それまでの秩序がなくなること。

③秩序がなくなること。緊張がゆるんだり年をとって鈍《にぶ》くなったりすること。

ア　A①　B②　C③

イ　A①　B③　C②

ウ　A②　B③　C①

エ　A③　B②　C①

問四　空らん ④ に入るように次の文を正しい順に並べかえ、記号で答えなさい。

ア　場合によっては醤油屋で使われた後に、味噌《そ》屋に行くこともあります。

イ　醤油には塩分があるので、塩の効果で木桶は腐《くさ》りにくく、塩分が固まって隙間《すきま》をうめるためにもれづらくなり、技術の高い桶職人が作った桶であれば、さらに一〇〇年近く使うことができます。

ウ　そうなったら、大桶を一度解体し、ばらした板を削《けず》って組み直し、次は醤油屋に引き取られます。

エ　酒蔵が新しい桶でお酒を醸《かも》しているうちに、二〇年から三〇年たつと木桶からお酒がしみ出すようになってきます。

オ　もちろん、醤油屋から味噌屋に行かないパターンや、醤油屋が新しい桶を作るパターンもあります。

問五　空らん ⑤-A ～ ⑤-D にあてはまる語の組み合わせとして最もふさわしいものを選び、記号で答えなさい。

ア　Aまず　Bもちろん　Cつまり　Dそして

イ　Aそして　Bまず　Cもちろん　Dつまり

ウ　Aつまり　Bもちろん　Cまず　Dそして

エ　Aまず　Bつまり　Cそして　Dもちろん

問六　――線部⑥「クレイジー」とありますが、なぜアメリカはそのように見ていたのですか。最もふさわしいものを選び、記号で答えなさい。

ア　日本の醸造業の悠長さを見て、日本が戦争に負けた要因はこのような楽観的な心理にあると考えたから。

イ　原料を加工し完成までにかかる時間が長すぎるうえ、長期にわたり使われる木桶が不潔に思えたから。

ウ　醤油や酒造りの方法が江戸時代と同じでは、今後日本の醸造業の発展は見込めないと考えていたから。

エ　洗いもせず何十年も使い続ける木桶で造られた醤油や酒を、何の疑問も抱かずに売買することに驚いたから。

問七　――線部⑦「当時は、アルコールであればなんでもいい、という時代でした」とありますが、なぜそのように思われていたのですか。ふさわしいものはA、ふさわしくないものはBと答えなさい。

ア　戦中・戦後の食糧や物資不足のなかで、酒の品質は問うことる画期的な方法でした。五〇日間で完成し、味もそれなりに満足のいくものです。

アミノ酸液を加えて速醸《そくじょう》するというと、現在だとイメージが良くないかもしれませんが、この発明が「日本の醸造業はクレイジーだ、とても原料大豆を支援《しえん》することはできない」といっていたGHQを動かし、醸造してつくる醤油業界に原料大豆をまわしてもらえることになったのでした。この技術のおかげで現在の醤油業界が生き残ることができた、といわれています。

藤井製桶所の上芝雄史さんによると、こういった蔵元が抱《かか》えていた事情以外にも、当時、戦争で失った家を再建したい人が多く、木材が高騰《こうとう》したことも、木桶の減少に影響したといいます。

木材の高騰と逆に、軍需《ぐんじゅ》産業がなくなったことで、鉄が余って安くなりました。こうして戦時中に軍艦《ぐんかん》をつくっていた会社が、次の活路としてホーロータンクをつくるようになったのです（ホーローは、鉄などの金属のまわりをガラスでコーティングしてつくられます）。このホーロータンクも戦後のいっとき多くつくられましたが、現在では一社しか製造するところが残っていません。

生活の道具として使われてきた小さい木桶は、プラスチックが登場してから取って代わられ、生産量がガクンと減りました。

さて、酒蔵から始まる桶づくりのサイクルがとだえたことに加え、そもそもの話として、木桶は一度つくれば一〇〇〜一五〇年もちます。ということは、単純に計算しても、次回の注文は早くて一〇〇年後、ということになります。

手入れが大変、不潔、欠減で損をする、時代遅《おく》れ、というイメージがついてしまった木桶は、すっかり過去の遺物というあつかいになってしまいました。木桶を使い続けていることは、すなわち設備を整える余裕《よゆう》がない証拠《しょうこ》のようなもので、はずかしい、できることなら秘密にしたい、人に見せたくない、という風潮《ふうちょう》になっていきます。

「お金がないから仕方なく木桶を使い続け、機会があれば近代的な設備に変えたい」そう思っている蔵元が、なぜわざわざ高いお金をかけて新しい木桶を注文するでしょうか。

⑤-D なかには、絶対に昔からのつくりを変えたくないという強い思いと誇《ほこ》りを持って木桶を守ってきた蔵元もありましたが、相当の変わり者、少数派とみられていたことは間違いありません。

こうした⑧さまざまな事情が重なって木桶の注文は激減し、桶屋は仕事をうばい合うようになりました。より安くしあげるために質の悪い仕事をする桶屋もあったため、ますます桶のイメージが悪くなり、業界全体が衰退《すいたい》していきます。

藤井製桶所の次男として生まれた上芝雄史さんは戦後生まれですが、木桶の衰退とともに歩んできた人生であった、ともいえます。

「木桶は時代の流れからズレたんですね。第二次世界大戦が終わってからの一〇年で、桶屋の数は一〇〇分の一になりました」

（竹内早希子『巨大おけを絶やすな！ 日本の食文化を未来へつなぐ』より・一部改）

問一 ――線部①「資料によると」とありますが、筆者はこの資料からどのようなことを読み取りましたか。最もふさわしいものを選び、記号で答えなさい。

ア 当時は様々な組合が存在することから、一つの桶を作る上で作業を分担し、素早く多数の注文をさばいていたということ。

イ 当時は様々な組合が存在することから、桶の種類ごとに専門的な職人がおり、それぞれが一つの桶を作り上げていたということ。

した。

第二次世界大戦中、そして戦後と、酒蔵は厳しい状況《じょうきょう》に置かれていました。食べるものがなくて餓《う》え死にする人がたくさんいた時代、米を発酵《はっこう》させてアルコールにするお酒が超《ちょう》ぜいたく品だったことは間《ま》違《ちが》いなく、つくる量を極端《きょくたん》に制限しなければなりませんでした。なんとか酒蔵を絶やさないために、数軒《すうけん》の酒蔵を合併《がっぺい》してほそぼそと製造を続けたところも少なくありません。

戦争が終わり、GHQ《ジーエイチキュー》（連合国最高司令官総司令部）の統治が始まりますが、アメリカからみた日本の醸造《じょうぞう》発酵の世界というのは、ひとことでいうなら「⑥クレイジー」だったようです。

たとえば醤油なら、原料を仕込んでから一年以上経たなければ商品（醤油）ができないという悠長《ゆうちょう》さ。仕込んだ大豆や小麦のうち、四〇パーセントがしぼりかすになってしまう効率の悪さ。さらに、木桶は「不潔」であるとして、極力使わないように、と保健所が指導してまわりました。

そしてもっとも影響《えいきょう》が大きかったのは、酒づくりで起こる欠減《けつげん》の問題でした。

欠減というのは、酒を仕込んで完成するまでの間に蒸発して減ってしまう分のことです（樽で仕込むウイスキーやワインの世界ではこれを「天使の分け前（エンジェルズシェア）」と呼び、お酒がおいしくなるために天使にあげる分、ととらえます）。

「桶が酒を飲む」といわれるくらい、木桶は木の肌で酒を吸います。また、樽と違って密閉されていないため、蒸発して減ってしまう分も加わって、ホーローやステンレスなどのタンクと比べて、欠減が大きくなります。⑤－B 木桶でつくると酒蔵が損をするというわけです。

不潔だのなんだのと言われたうえに損をするんじゃ、割に合わない……、酒蔵が一斉《いっせい》に木桶からホーロータンクに切りかえていきました。

当然、酒の味はがらっと変わります。

当時、消費者から「戦後の酒はうすっぺらい」「味がない」「カドがある」など、さまざまなクレームが寄せられたという記録が残っています。これは一〇年ほど続きましたが、やがて消費者も慣《な》れたのか、クレームも減っていきました。

⑦当時は、アルコールであればなんでもいい、という時代でした。三増酒《さんぞうしゅ》、合成酒といわれる粗悪《そあく》な酒をみんな喜んで飲みました。三増酒は戦時中に生まれたお酒で、米と米麹《こめこうじ》でつくったもろみに、水でうすめたアルコールやぶどう糖を足し、酸味料やうまみ調味料で味を整えたものです。もとのもろみの三倍の量になるので三増酒。こういうお酒がはやりました。

当時の状況からすれば無理もないことですが、日本酒本来のつくり方、味でなくてもいいという人が多かったため、いつしか本来の酒の味が忘れられていったのです。

これは醤油も同じでした。戦時中、食糧難《しょくりょうなん》を乗り切るために脱脂《だっし》大豆《だいず》を塩酸で分解し、これに甘味料《かんみりょう》やカラメル色素を加えた「アミノ酸醤油」が出回ります。また、南の国から入ってくるココヤシのかす（油をしぼった後のもの）で麹をつくり、これと醤油のしぼりかすを使って醤油をつくる「新式醤油」が登場します。いよいよ食糧がなくなってくると、塩水に醤油のしぼりかすで色をつけた「代用醤油」も出回りました。

⑤－C 戦後も、激しい食糧不足は続きます。その時に、今も醤油を主力商品とする食品メーカー キッコーマンの研究員が、醤油のもろみにアミノ酸液を加えて一緒に発酵させる新式二号という製法を発明しました。この醸造方法は、日本の醤油醸造業を救ったといわれ

2024年度 山手学院中学校

【国　語】〈Ａ日程試験〉（五〇分）〈満点：一〇〇点〉

※字数制限のあるものは、句読点および記号も一字とする。

一 次の文章を読んで、あとの問いに答えなさい。

藤井製桶所《せいおけしょ》の上芝雄史《うえしばたけし》さんが持っている①資料によると、明治、大正の頃には輪竹《わだけ》（たがにするための竹）の業者の組合、樽《たる》の底をあつかう業者の組合、フタをあつかう業者の組合があり、さらに樽は樽でも酒樽と醬油《しょうゆ》樽をつくる業者の組合は別々に存在していました。また、木取《きど》り商《しょう》といって、桶専門の材木問屋《ざいもくどんや》さんもいました。

組合が別々にあることからわかるように、かつての桶づくりの仕事は完全に分業化されていました。また、それぞれ専門分野として作業を分担しなければならないほど、桶や樽関連の仕事が多かったことが想像できます。

桶の材料は、桶づくりを依頼《いらい》する造り酒屋や醬油屋が木取り商から買って桶師《おけし》にわたします。桶師は造り酒屋の敷地《しきち》に出入りして桶をつくります。桶師は出職《でしょく》といって道具を持って全国をわたり歩き、桶づくりの「手間」だけでお金をかせぐしくみでした。

ご飯をいれるおひつや洗面桶など生活に使う小さな桶づくりは小仕事《こしごと》といい、こんこん屋、とんとん屋とも呼ばれる町の桶屋さんが担当しました。「　②　から棺桶《かんおけ》まで」といわれるほど、桶は人が一生を通じてつきあう生活必需品《ひつじゅひん》でした。

明治時代の記録を見ると全戸数の一〇〇軒に一軒《けん》が桶屋だったことがわかり、これは二つか三つの町ごとに必ず一軒は桶屋があった、という計算になります（小泉和子編『桶と樽──脇役の日本史』法政大学出版局より）。

赤ちゃんが産湯《うぶゆ》をつかう産湯桶、毎日井戸から水をくむつるべ、水桶、たらい、おひつ、食べ物を入れて運ぶ岡持《おかも》ち、風呂桶《ふろおけ》（浴槽《よくそう》）、洗面器用の小桶、手桶、棺桶、日常のさまざまな場面で桶が使われていましたから、これだけ桶屋があったのも当然かもしれません。

桶を締《し》めるたがについては、今でも使われている慣用句がたくさんあります。

籠《たが》がはずれる　③－Ａ

籠がゆるむ　③－Ｂ

籠をしめる　③－Ｃ

たがはずれたりゆるんだりすると、たちまち桶や樽がばらばらになってしまいますが、昔の人は人間の規律や秩序《ちつじょ》をこれになぞらえたわけで、なんともいいセンスですね。

さて、この頃の木桶の一生には、大きなサイクルがありました。江戸時代、数ある職業の中で、かせぎが良かったのは酒蔵でした。木桶づくりにはお金がかかりますが、まず、お金を持っている酒蔵が新桶を注文します。ここが木桶のサイクルのスタートです。

④

木桶に逆風が吹《ふ》き始めたのは、時代が昭和に入ってからのことです。大桶を使うサイクルが狂《くる》い始めたのです。

⑤－Ａ、スタートの鍵《かぎ》をにぎる酒蔵が、新桶をつくらなくなりま

2024年度

山手学院中学校 ▶解説と解答

算　数　＜Ａ日程試験＞（50分）＜満点：100点＞

解　答

1 (1) 3　(2) $\frac{1}{4}$　2 (1) 4％　(2) 7通り　(3) 1.6cm　3 (1) 75個　(2) 65個　(3) 42個　4 (1) 450円　(2) 13500円　(3) 45個　5 (1) 7分12秒　(2) 13分52秒　(3) 26分24秒　6 (1) 17通り　(2) 4通り　(3) 75通り　7 (1) 9　(2) 50mL　(3) 45秒間

解　説

1 四則計算，逆算

(1) $(7\div12-0.25)\div\frac{1}{2}+7\div3=\left(\frac{7}{12}-\frac{1}{4}\right)\div\frac{1}{2}+\frac{7}{3}=\left(\frac{7}{12}-\frac{3}{12}\right)\div\frac{1}{2}+\frac{7}{3}=\frac{4}{12}\times\frac{2}{1}+\frac{7}{3}=\frac{2}{3}+\frac{7}{3}=\frac{9}{3}=3$

(2) $\frac{7}{3}+1.75=\frac{7}{3}+1\frac{3}{4}=\frac{7}{3}+\frac{7}{4}=\frac{28}{12}+\frac{21}{12}=\frac{49}{12}$より，$\frac{49}{12}\times\left(\frac{9}{20}-\square\right)\div\frac{49}{60}=1$，$\frac{9}{20}-\square=1\times\frac{49}{60}\div\frac{49}{12}=1\times\frac{49}{60}\times\frac{12}{49}=\frac{1}{5}$　よって，$\square=\frac{9}{20}-\frac{1}{5}=\frac{9}{20}-\frac{4}{20}=\frac{5}{20}=\frac{1}{4}$

2 濃度《のうど》，約数と倍数，長さ

(1)　食塩水Ａ，Ｂの重さをそれぞれ300ｇ，100ｇとすると，食塩水Ａ，Ｂに含《ふく》まれる食塩の重さはそれぞれ，300×0.03＝9（ｇ），100×0.07＝7（ｇ）となる。よって，これらを混ぜ合わせてできる食塩水の濃度は，（9＋7）÷（300＋100）×100＝4（％）と求められる。

(2) 44＝2×2×11，46＝2×23より，土地の面積は，（2×2×11）×（2×23）＝2×2×2×11×23（m^2）となる。縦の長さを1m，2m，2×2＝4（m），2×2×2＝8（m），11m，2×11＝22（m），23mにしたときには，条件1，2をみたす横の長さが決まる。しかし，縦の長さを45m以上の整数にすると，条件1をみたせなくなる。よって，条件1，2をみたす土地は，縦の長さが{1m，2m，4m，8m，11m，22m，23m}となる7通りとわかる。

(3)　右の図で，半円の直径の中心をＯとすると，AO＝CO＝4÷2＝2（cm）となる。三角形ABOと三角形DBCは相似であり，相似比は，AO：DC＝2：8＝1：4だから，BO：BC＝1：4とわかる。よって，BCの長さは，$2\times\frac{4}{1+4}=1.6$（cm）と求められる。

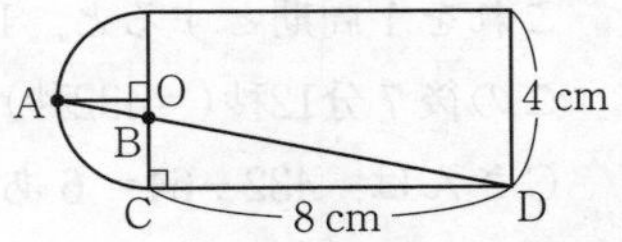

3 図形と規則

(1)　右の図で，1個目の正三角形を作るのに，白と黒のご石を合わせて，9＋3＝12（個）並べている。そして，2個目以降の正三角形を追加していくときには，点線で囲んだ7個ずつを追加していけばよい。よって，正三角形を10個作

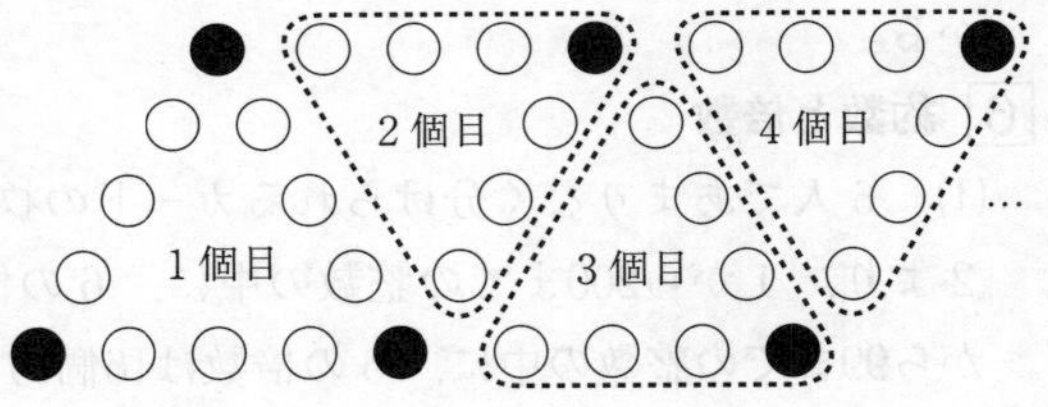

るとき，白と黒のご石は合わせて，12＋７×(10－１)＝75(個)必要である。

⑵　⑴より，白と黒のご石を合わせて460個使うとき，正三角形は，(460－12)÷７＋１＝65(個)できる。

⑶　白と黒のご石の差は，１個目の正三角形では，９－３＝６(個)である。また，２個目以降の正三角形を追加するたびに，差は，６－１＝５(個)ずつ広がっていく。よって，白と黒のご石の差が211個のとき，正三角形は，(211－６)÷５＋１＝42(個)できる。

4　売買損益

⑴　商品の原価の２割増しとなる定価が540円だから，この商品の原価は，540÷(１＋0.2)＝450(円)である。

⑵　商品を100個まとめて仕入れると１割引で仕入れることができるので，このときの仕入れ値は１個あたり，450×(１－0.1)＝405(円)になる。よって，定価で売るときの利益は１個あたり，540－405＝135(円)だから，100個全てが定価で売れたとすると，利益は，135×100＝13500(円)になる。

⑶　定価の１割引で売ると，利益は１個あたり，540×0.1＝54(円)少なくなる。また，かりに売れ残りの，100－95＝５(個)も定価で売ったとすると，利益は，8100＋540×５＝10800(円)となる。よって，１割引で売った個数は，(13500－10800)÷54＝50(個)なので，定価の540円で売ったのは，95－50＝45(個)とわかる。

5　周期算

⑴　36と48の最小公倍数である144秒間に，Ａさんは，144÷36＝４(個)，Ｂさんは，144÷48＝３(個)，合わせて，４＋３＝７(個)の皮をむくことができる。これを１周期とすると，２人で21個の皮をむくのに，21÷７＝３(周期)必要だから，144×３÷60＝７あまり12より，最短で７分12秒かかる。

⑵　Ｃさんは１個の皮をむくのに，60＋４＝64(秒)かかる。48と64の最小公倍数である192秒間に，Ｂさんは，192÷48＝４(個)，Ｃさんは，192÷64＝３(個)，合わせて，４＋３＝７(個)の皮をむくことができる。これを１周期とすると，30÷７＝４あまり２より，４周期を終えたところで２個残り，さらにＢさんが１個を48秒，Ｃさんが１個を64秒でむいて，すべてむき終わる。よって，(192×４＋64)÷60＝13あまり52より，最短で13分52秒かかる。

⑶　36，48，64の最小公倍数である576秒間に，Ａさんは，576÷36＝16(個)，Ｂさんは，576÷48＝12(個)，Ｃさんは，576÷64＝９(個)，合わせて，16＋12＋９＝37(個)の皮をむくことができる。これを１周期とすると，100÷37＝２あまり26より，２周期を終えたところで26個残る。⑴より，この後７分12秒(＝432秒)かけてＡさんとＢさんは合わせて21個の皮をむくことができ，その間にＣさんは，432÷64＝６あまり48より，６個の皮をむき終えている。つまり，２周期と７分12秒でむくことができる個数は，37×２＋21＋６＝101(個)であり，このときＡさんとＢさんは100個目と101個目を同時にむき終える。よって，(576×２＋432)÷60＝26あまり24より，最短で26分24秒かかる。

6　約数と倍数

⑴　６人であまりなく分けられるカードの枚数とは，６の倍数のことである。200÷６＝33あまり２より，１から200までの整数の中に，６の倍数は33個ある。また，99÷６＝16あまり３より，１から99までの整数の中に，６の倍数は16個ある。よって，100以上200以下の整数の中に，６の倍数

は，33－16＝17(個)あるので，考えられるカードの枚数も17通りとなる。

(2)　６人でも，８人でもあまりなく分けられるカードの枚数とは，６と８の公倍数，つまり，24の倍数のことである。200÷24＝８あまり８より，１から200までの整数の中に，24の倍数は８個ある。また，99÷24＝４あまり３より，１から99までの整数の中に，24の倍数は４個ある。よって，100以上200以下の整数の中に，24の倍数は，８－４＝４(個)あるので，考えられるカードの枚数も４通りとなる。

(3)　100以上200以下の整数を，６の倍数あるいは８の倍数であるかどうかで分類すると，右の図のようになる。200÷８＝25より，１から200までの整数の中に，８の倍数は25個ある。また，99÷８＝12あまり３より，１から99までの整数の中に，８の倍数は12個ある。よって，100以上200以下の整数の中に，８の倍数は，25－12＝13(個)ある。すると，太線の内側には，17＋13－４＝26(個)の整数があることになる。ここで，100以上200以下の整数は，200－100＋１＝101(個)ある。したがって，太線の外側，つまり，100以上200以下の，６の倍数でも８の倍数でもない整数は，101－26＝75(個)あるから，６人でも，８人でもあまりなく分けられないカードの枚数も75通りとなる。

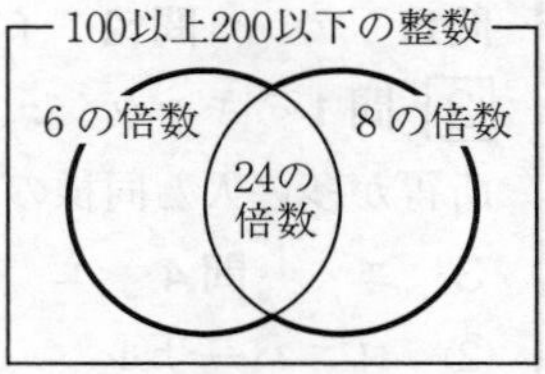

7　グラフ―水の深さと体積

(1)　問題文中の図１，図３より，右の図のように表すことができる。また，問題文中の図２より，イは20cmとわかる。この水そうに，水道Ａだけを使って水を入れていくと，①→②→③の順に水が入っていく。①の容積は，180×20＝3600(cm^3)である。さらに，図２より，①と②の容積の比は，40：(70－40)＝４：３なので，②の容積は，3600×$\frac{3}{4}$＝2700(cm^3)とわかる。よって，アは，2700÷300＝９(cm)となる。

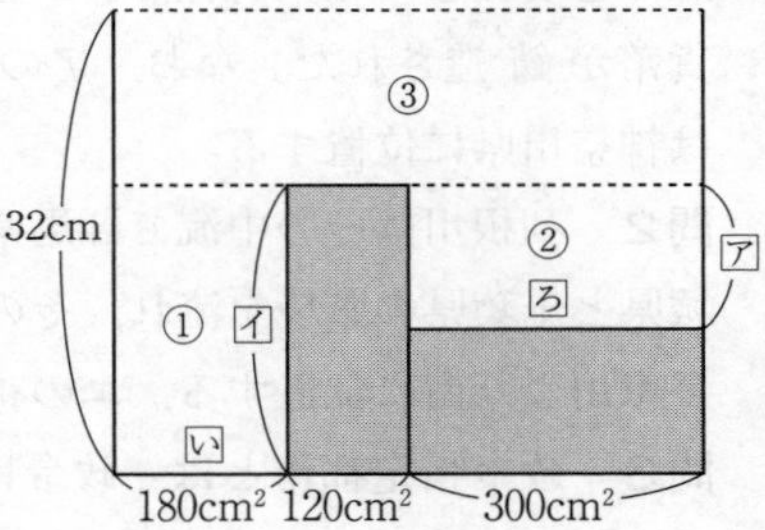

(2)　水そうに，水道Ｂだけを使って水を入れていくと，②→①→③の順に水が入っていく。②と①の容積の合計は，2700＋3600＝6300(cm^3)である。また，図３より，②と①には126秒で水が入っている。よって，水道Ｂから入れる水は，毎秒，6300÷126＝50(cm^3)なので，１cm^3＝１mLより，毎秒50mLとなる。

(3)　①～③の容積の合計は，6300＋(180＋120＋300)×(32－20)＝13500(cm^3)である。水道Ａは125秒間ずっと使ったから，水道Ａで入れた水の体積は，90×125＝11250(cm^3)となる。よって，水道Ｂで入れた水の体積は，13500－11250＝2250(cm^3)なので，水道Ｂは，2250÷50＝45(秒間)使っている。つまり，水道Ａと水道Ｂの両方を使った時間は45秒間である。

社　会　＜Ａ日程試験＞（40分）＜満点：80点＞

解　答

1　**問１**　イ　　**問２**　エ　　**問３**　ア　　**問４**　オ　　**問５**　豊田　　**問６**　(例)　アメリカ

が貿易赤字にならないから。　**問７**　イ　**問８**　八郎潟　**問９**　①　(例)　ほかの産地よりもおそい時期に出荷して，高値で売るため。　②　レタス　**問10**　信濃　**問11**　ア　**問12**　地熱　**問13**　ウ　**問14**　しまなみ海道　**２**　**問１**　１　徳川家康　２　出島　３　目安箱　４　株仲間　５　朱子　**問２**　①　ア　②　西郷隆盛　**問３**　後醍醐天皇　**問４**　ア　**問５**　(例)　土地の所有者が土地の値段(地価)の３％を現金で納める　**問６**　関ヶ原の戦い，ウ　**問７**　イ　**問８**　ア　**問９**　エ　**問10**　インフレーション　**問11**　ア　**問12**　イ　**問13**　田沼意次　**問14**　ア　**問15**　３番目…１　５番目…５　**３**　**問１**　キャッシュレス　**問２**　①　ア　②　(例)　消費税のように所得が少ない人にも所得が多い人と同様の負担があり，所得の少ない人の負担が大きくなること。　③　ウ　**問３**　エ　**問４**　エ　**問５**　①　ゆりかご　②　イ　**問６**　エ　**問７**　①　渋沢栄一　②　ユニバーサル

解　説

１　学校の校外学習や宿泊行事を題材とした地理的分野の問題

問１　Ⅰは埼玉県で，県庁所在地のさいたま市は政令指定都市となっている。武蔵《むさし》国は東京都，埼玉県と神奈川県の横浜市や川崎市の大部分をふくむ地域である。708年にイの秩父《ちちぶ》(埼玉県)から精《せい》錬《れん》の必要のない和銅(自然銅)が産出したことを記念して，元号が和銅に改められ，和同開珎《かいちん》という貨幣が鋳造《ちゅうぞう》された。なお，アの水戸は茨城県，ウの宇都宮は栃木県の県庁所在地で，エの小田原は神奈川県に位置する。

問２　利根《とね》川はその中流で群馬県と埼玉県の県境や埼玉県と茨城県の県境を流れており，下流は茨城県と千葉県の県境を流れ，そのまま太平洋に注いでいる。関東平野を北西から南東へ流れていて，多摩川より南に位置する，エの神奈川県は流域にふくまれない。

問３　政令指定都市とは，政令によって指定された人口50万人以上(実際には一定の条件を満たした人口70万人以上)の都市をいう(ア…×)。なお，2024年２月現在，20都市が政令指定都市に指定されているが，そのうち人口が100万人を超《こ》えるのは11都市のみである。

問４　2025年の日本国際博覧会(大阪・関西万博)は，大阪市の夢洲《ゆめしま》(大阪湾の人工島)で開催される予定である(2024年２月現在)。大阪府の人口は，東京都，神奈川県に次いで全国で３番目に多い(①…×)。また，明石《あかし》海峡大橋は，本州四国連絡《れんらく》橋のうちの神戸—鳴門《なると》ルートの一部で，神戸市と淡路《あわじ》島(どちらも兵庫県)を結ぶ吊り橋である(⑤…×)。

問５　Ⅱは愛知県で，愛知県北部に位置する豊田市は，自動車メーカーのトヨタ自動車の企業城下町として発展したため，自動車産業を中心とした製造業がさかんである。製造業で働く人の約85%が自動車関連産業に従事している。

問６　1970年代以降，日本の輸出は順調に伸び，輸出額が輸入額を上回る輸出超過により貿易黒字が続いた。しかし一方で，対日貿易で輸入超過(貿易赤字)となったアメリカ合衆国との間で貿易摩《ま》擦《さつ》(貿易の不均衡《ふきんこう》問題)が起こり，特に自動車がその最大の品目にあげられた。日本企業は輸出の自主規制をしたり，工場を海外に移転して現地生産を行ったりして，この問題の解決につとめた。現地生産の場合，地元の企業から部品を調達し，地元の人を労働者として雇《やと》い入れるので，その国の経済や雇用《こよう》に貢献《こうけん》でき，それまで輸入していた国が貿易赤字にならないという利点がある。

問７　Ⅲは秋田県で，秋田県の伝統的工芸品である大館《おおだて》曲げわっぱは，日本三大美林の１つである秋田すぎを使ってつくられている(イ…○)。なお，青森のひば，秋田のすぎ，木曽《きそ》(長野県)のひのきを日本三大天然美林，天竜《てんりゅう》(静岡県)のすぎ，尾鷲《おわせ》(三重県)のひのき，吉野(奈良県)のすぎを日本三大人工美林という。

問８　男鹿《おが》半島のつけ根に位置していた八郎潟は，琵琶《びわ》湖(滋賀県)に次いで日本で２番目に大きな湖であったが，大規模な干拓《かんたく》が行われ，湖の大部分が陸地化されて大潟村になった。そのほぼ中央で，北緯40度の緯線と東経140度の経線が交差している。なお，八郎潟は九州の有明海，岡山県の児島湾とともに日本三大干拓地に数えられる。

問９　①　抑制栽培《よくせいさいばい》(高冷地農業)は，露地での栽培よりも遅い時期に収穫《しゅうかく》して出荷する栽培方法で，一般《いっぱん》的には夏でも涼しい気候を利用して，冬や春の野菜を出荷する。ほかの産地の露地栽培のものの出荷量が減って価格が高くなる夏から秋にかけて，「高原野菜」として首都圏《けん》などに出荷し，大きな利益をあげている。なお，日照時間を調整することで花の開花時期を遅らせる電照菊の栽培なども，抑制栽培にふくまれる。　②　Ⅳは長野県である。長野県の八ヶ岳山ろくの野辺山原はレタスやキャベツ，はくさいなどの高原野菜の栽培がさかんで，長野県のレタスの収穫量は全国第１位となっている(2021年)。

問10　日本で最も長い信濃《しなの》川は長野県から流れ出て新潟県に入り，河口付近で越後《えちご》平野を形成して日本海に注ぐ。長野県内を流れる間は千曲《ちくま》川，新潟県に入ると信濃川と呼ばれる。

問11　長野県の中部に位置する諏訪《すわ》湖は，フォッサマグナの西端《たん》にあたる糸魚川《いといがわ》―静岡構造線の断層運動によって生じた断層湖である。西南日本を横断する中央構造線と糸魚川―静岡構造線は，諏訪湖で交わっている(ア…○)。なお，カルデラ湖は火山の噴火《ふんか》によってできたくぼ地に雨水がたまってできた湖，潟湖《せきこ》は海の一部が外海と切り離されてできた湖である(イ，エ…×)。マンモスの化石は，日本では多くが北海道で発見されている(ウ…×)。

問12　Ⅴは大分県である。地熱発電は地下のマグマなどの熱を用いて行われる発電で，大分県には日本最大の地熱発電所である八丁原《はっちょうばる》発電所がある。なお，地熱発電や水力発電，太陽光発電，風力発電のように，自然の力で回復し半永久的にくり返し使えるエネルギーを，再生可能エネルギーという。

問13　Ⅵは広島県である。2023年に広島市で開かれた主要国首脳会議(Ｇ７サミット)には，ウクライナのゼレンスキー大統領がゲストとして参加した。ウクライナの東に接するロシアは，2022年２月にウクライナへ侵攻《しんこう》した(ウ…○)。なお，日本がウクライナから最も多く輸入したものは，たばこである(ア…×)。2023年現在，ウクライナは国際連合には加盟しているが，北大西洋条約機構(NATO)には加盟していない(イ…×)。ウクライナは東ヨーロッパに位置するので，大西洋には面していない。南が黒海に面している(エ…×)。また，ヨーロッパの中で２番目に面積が大きいのはカザフスタンで，ウクライナは３番目である。

問14　本州四国連絡橋のうちの尾道《おのみち》―今治《いまばり》ルートは広島県尾道市と愛媛県今治市を結んでおり，「(瀬戸内)しまなみ海道」の愛称《あいしょう》で呼ばれている。

[2] 各時代の政治や経済についての問題

問１　**１**　1600年の関ヶ原の戦いで勝利した徳川家康は，1603年に征夷大将軍に任命され，江戸に幕府を開いた。　**２**　江戸幕府の第３代将軍徳川家光の時代に，オランダ商館が長崎の出島に移され，鎖国が完成した。　**３**　江戸幕府の第８代将軍徳川吉宗が行った享保の改革では，庶民《しょみん》の意見を政治に反映させるため，「目安箱」という投書箱を設け，小石川養生所《ようじょうしょ》の設立などの成果を上げた。　**４**　江戸幕府の老中田沼意次は，同業者の組合である株仲間を積極的に公認し，商人たちに特権を与《あた》えるかわりに税をとった。一方，老中水野忠邦は天保の改革で株仲間を解散させた。
５　江戸幕府の第５代将軍徳川綱吉は，身分や秩序《ちつじょ》を重んじる朱子《しゅし》学を学問の中心において文治政治をすすめた。寛政の改革を行った老中松平定信も朱子学を重んじ，幕府の学校で朱子学以外の学問を禁じた(寛政異学の禁)。

問２　①　1868年，明治政府は五箇条の御誓文を発表して政治の基本方針を示した(ア…○)。なお，イの五榜《ごぼう》の掲示は，庶民が守るべきこととして明治政府が示した５枚の高札で，その内容は江戸幕府の政策と大きな違いがなかった。ウの十七条憲法は聖徳太子が604年に役人の守るべき心構えを示した法，エの武家諸法度は江戸幕府が大名を統制するために出した法令である。　②　薩摩《さつま》藩(鹿児島県)出身の西郷隆盛は，不平士族らにおしたてられて1877年に鹿児島で西南戦争を起こしたが，徴兵《ちょうへい》令によって組織された政府軍に敗れた。

問３　後醍醐《ごだいご》天皇は，鎌倉幕府の有力御家人であった足利尊氏や新田義貞《にったよしさだ》らの協力を得て1333年に鎌倉幕府をほろぼすと，元号を建武と改め，建武の新政と呼ばれる天皇中心の政治を始めた。しかし，公家中心の政治であったため武士の反発をまねき，対立した尊氏によって天皇は京都を追われ，新政は２年半あまりで失敗に終わった。

問４　明治維新は，イの薩摩藩，長州藩(山口県)，ウの土佐藩(高知県)，エの肥前藩(佐賀県)の４つの藩(薩長土肥)が中心となって進められた。アの会津藩(福島県)は戊辰《ぼしん》戦争(1868～69年)のうちの会津戦争で新政府軍と戦い，敗れて降伏《こうふく》した。

問５　明治政府は1873年に地租改正を行い，地券を持った土地所有者に地価の３％を地租として現金で納めさせるようにした。地租改正によって政府の財政は安定したが，農民の負担は江戸時代と変わらず重かったため，地租改正反対一揆《いっき》が各地で起きた。

問６　関ヶ原の戦いは岐阜県の関ヶ原で1600年に起こり，徳川家康の東軍と石田三成の西軍が戦った(ウ…○)。なお，アは大阪市，イは京都市，エは長篠《ながしの》の戦い(1575年)が起こった場所を示している。

問７　起こった出来事を年代の古い順に並べ替えると，④(承久の乱，1221年)→①(御成敗式目の制定，1232年)→③(1274年の文永の役と，1281年の弘安の役)→②(永仁の徳政令の発布，1297年)となる(イ…○)。

問８　室町幕府の第３代将軍足利義満は1392年に南北朝を合一し，15世紀の初めには日明(勘合《かんごう》)貿易を始めた(ア…○)。なお，京都の東山に銀閣を建てたのは第８代将軍足利義政であり，足利義昭は室町幕府最後(第15代)の将軍である(イ…×)。道元が伝えたのは曹洞《そうとう》宗で，臨済《りんざい》宗を伝えたのは栄西である(ウ…×)。加賀国(石川県)では浄土真宗(一向宗)の信仰で結びついた武士や農民たちが守護大名を倒《たお》し，以後，約100年にわたり自治を行った(加賀の一向一揆)(エ…×)。山城国は京都府の旧国名である。

問９　豊臣秀吉は，文禄《ぶんろく》の役と慶長《けいちょう》の役の２度にわたって朝鮮出兵を行ったが，亀甲《きっこう》船を用いた朝鮮の水軍や民衆の抵抗《ていこう》に合い，出兵は２度とも失敗に終わった(エ…×)。なお，文永・弘安の役は２度にわたる元軍の襲来《しゅうらい》のことで，合わせて元寇《げんこう》と呼ばれる。

問10　物価が上昇を続け，貨幣の価値が下がる現象をインフレーション(インフレ)という。江戸幕府の第５代将軍徳川綱吉は金の量を減らした小判(元禄小判)を大量に発行して財政難を切りぬけようとしたため，インフレーションが起き，物価が上昇した。なお，インフレとは逆に物価が下がり続ける現象をデフレーション(デフレ)という。一般に，好景気のときにはインフレになりやすく，不景気のときにはデフレになりやすい。

問11　老中松平定信は寛政の改革のさい，旗本や御家人の借金を帳消しにするために棄捐《きえん》令を出した(ア…○)。なお，イの禁中並《きんちゅうならびに》公家《くげ》諸法度は江戸幕府が朝廷や公家を統制するために出した法令，ウの宗門改めは江戸幕府が行った宗教政策，エの上知令は水野忠邦が天保の改革で行った政策である。

問12　江戸時代に諸大名の蔵屋敷《やしき》が置かれたイの大阪は，全国各地から年貢米や特産物が集まる経済の中心地として栄え，「天下の台所」と呼ばれた。なお，大阪と「将軍のおひざもと」と呼ばれたアの江戸，ウの京都は，江戸時代の三大都市であったことから，三都と呼ばれた。エの名古屋は，徳川御三家の１つ尾張《おわり》藩の城下町として発達した。

問13　田沼意次は商人の経済力を利用して幕府の財政を立て直そうとしたが，わいろが横行して政治が乱れたとされる。

問14　江戸幕府の政治は，「米公方《くぼう》」(公方は将軍の別称)とあだ名された徳川吉宗が行った享保の改革を代表に，質素・倹約《けんやく》と農村の立て直しによって幕府の財政を安定させようとするものが多かった。一方，田沼意次は商人の経済力に目をつけて，商業に力を入れた政策を行った(ア…○)。

問15　古い順に並べ替えると，４班(徳川綱吉による政治)→２班(新井白石による正徳《しょうとく》の治《ち》)→１班(徳川吉宗による享保の改革)→３班(田沼意次による政治)→５班(松平定信による寛政の改革)→６班(水野忠邦による天保の改革)の順になる。

3　財政や社会保障についての問題

問１　買い物の支払いを現金(キャッシュ)ではなく，クレジットカードや電子マネーなどによって行うことを，キャッシュレス決済という。

問２　①　国に納める税を国税，地方公共団体に納める税を地方税という。また，税を納める義務のある人と実際に負担する人が同じ税を直接税，異なる税を間接税という。自動車税は地方税の直接税である(ア…○)。なお，イの法人税とウの所得税は国税の直接税，エの入湯税は地方税の間接税である。　②　消費税は税率が一律であるため，収入が少ない人ほど収入に対する税負担の割合が大きいことになる。こうした性質は逆進性と呼ばれる。一方，収入(所得)の多い人ほど税率が高くなる所得税などには，累進《るいしん》性があるという。　③　日本の消費税率は10％で，酒類と外食を除く飲食料品と定期購読《こうどく》の新聞代は軽減税率により８％となっている(ウ…○)。なお，アはスウェーデン，イはノルウェー(2024年２月現在ではノルウェーも25％)で，北欧の国の消費税は日本に比べて高い。エはカナダで，州によって異なるが，最も高いところは15％となっている。

問３　国民審査《しんさ》は，最高裁判所の裁判官(長官をふくめ15名)が適任かどうかを国民が審査する制度である(エ…×)。なお，政府系金融《きんゆう》機関(政策金融機関)は政府が出資しているため，予算は閣議により決められ，国会の議決は必要ない。

問４　日本国憲法第26条２項では，「義務教育は，これを無償《むしょう》とする」と定められており，公立の小・中学校については2019年以前から無償である(エ…×)。なお，ここでいう「無償」とは，授業料を徴収しないことを意味する。

問５　①　第二次世界大戦後のイギリスでは，出生から死亡まで生涯《しょうがい》にわたって生活を保障するという意味の「ゆりかごから墓場まで」がスローガン(標語)とされた。　②　公的扶助《ふじょ》(生活保護)を受給すると，税金や介護《かいご》保険料などが減免の対象となるが，光熱費(電気代やガス代など)は対象とならない(イ…×)。

問６　公共サービスは，公的機関(国や地方公共団体)が提供するものである。鉄道の運行状況《じょうきょう》を伝えることは公的機関でなくても可能であり，実際に，民間企業であるテレビ局などが行っている(エ…×)。

問７　①　2024年度から新しく発行される１万円札の肖像《しょうぞう》は，これまでの福沢諭吉から渋沢栄一に変わる。渋沢栄一は明治時代に多くの企業の設立・経営にたずさわったため，「日本資本主義の父」とも呼ばれる。　②　年齢や障がいの有無などにかかわらず，できるだけ多くの人が使いやすくすることをめざした施設や製品などのデザインは，ユニバーサルデザインと呼ばれる。車いすに乗った人でも通りやすいように幅を広くとった駅の自動改札や，右利《き》き・左利きどちらの人でも使えるようにつくられたはさみなどは，その代表的な例である。

理　科　＜Ａ日程試験＞（40分）＜満点：80点＞

解　答

1 (1) (イ), (オ)　(2) (イ)　(3) (ウ)　(4) (ア)　(5) (ウ)　(6) (カ)　(7) (ア)　**2** (1) 3.1　(2) 秒速0.46km　(3) ① (カ)　② (イ)　③ (エ)　④ (ウ)　⑤ 3.0　(4) (ア)　(5) (ア)　**3** (1) (エ)　(2) 水素　(3) (ウ)　(4) (ア)　(5) (ア)　(6) (イ)　(7) (ウ)　**4** (1) (ウ), (エ)　(2) (ア)　(3) 4―(せ)　(4) カ　(5) 8　(6) カ　(7) **鏡Ａ**…ク　**鏡Ｂ**…チ

解　説

1 生物についての問題

(1)　メダカのオスとメスを見分けるときには，背びれとしりびれのちがいを見る。オスの背びれには切れこみがあり，しりびれは平行四辺形に近い形をしている。一方，メスの背びれには切れこみがなく，しりびれは三角形に近い形をしている。

(2)　メダカを飼育している水そうに水草を入れると，水草の光合成によって水中に酸素が供給される。また，食べ残しやメダカのはいせつ物の一部を水草が吸収して水質がよくなり，メダカが産卵する場所になったり休んだりかくれたりする場所にもなる。

(3)　水道水には消毒のための塩素がふくまれていて，メダカによくない。そのため，水道水をメダカの飼育に使用するときには，塩素をのぞくために，バケツなどの容器に入れて１日くらい置いたり(くみ置きという)，ハイポという薬品を入れて塩素を中和したりする。

(4)　直射日光はとても明るいので，けんび鏡で見てしまうと目をいためてしまう。よって，けんび鏡は直射日光の当たらない明るい場所で使用し，光量が不足するときは照明などの光でおぎなうようにする。

⑸　メダカのような魚類の心臓は１心ぼう１心室のつくりになっていて，全身から心臓にもどってきた静脈血（二酸化炭素が多くふくまれる血液）をえらに送り出すはたらきをしている。この静脈血はえらで動脈血（酸素が多くふくまれる血液）に変わり，体の各部に送られる。したがって，(ウ)が選べる。

⑹　池の中の食物連さでは，ミカヅキモのような植物プランクトンから始まって，ミジンコのような動物プランクトン，メダカのような小魚，肉食のヤゴ（トンボの幼虫）のような生物の順に関係がつながっている。

⑺　(ア)のカエルは両生類，(イ)のヘビと(オ)のヤモリはは虫類，(ウ)のタヌキと(エ)のヒトはほ乳類である。魚類，両生類はやわらかい膜《まく》で包まれた卵を水中に産み，は虫類，鳥類は固い殻《から》がついていて乾燥《かんそう》に耐《た》えられる卵を陸上に産む。また，ほ乳類は親と似た姿の子を産む。魚類，両生類は体外受精，は虫類，鳥類，ほ乳類は体内受精である。

2　人工衛星の速さや天気についての問題

⑴　地球の赤道の長さは40000km，地球の直径は，6400×２＝12800（km）なので，円周率は，（円周の長さ）÷（直径）から，40000÷12800＝3.125より，3.1と求められる。

⑵　24時間は，24×60×60＝86400（秒）なので，赤道上のある地点が動く速さは，40000÷86400＝0.462…より，秒速0.46kmとなる。

⑶　Ａさんは，地球の半径と静止衛星の高さの和を半径とする円周上を，静止衛星が24時間で移動すると考えて速さを求めているので，$\frac{(6400+36000)\times 2\times 3.1}{24\times 60\times 60}$＝3.04…より，秒速3.0kmと求めている。また，Ｂさんは，赤道上の地点と静止衛星の速さが，それぞれの回転半径に比例すると考えて速さを求めているので，$\frac{6400+36000}{6400}$×0.46＝3.0475より，秒速3.0kmとなる。

⑷　写真では，日本海の上空に細かい筋状の雲が広がっているので，冬のようすと判断できる。よって，(ア)の１月がふさわしい。冬は，日本の西側のシベリア大陸上にシベリア高気圧，東側の太平洋上またはオホーツク海上に低気圧ができやすくなる。これを「西高東低」の気圧配置という。このような状況《じょうきょう》のときは，大陸から冷たい北西の季節風が吹《ふ》き，この空気が日本海の上を通るときにしめり気をふくむため，日本海の上空に細かい筋状の雲が広がる。

⑸　⑷で述べたように，冬は西高東低の気圧配置になるので，(ア)が選べる。

3　金属の性質についての問題

⑴　１cm^3あたりの重さは，金属の種類によって決まっていて，鉄の方がアルミニウムより重い。また，磁石につく金属は鉄やニッケル，コバルトなど一部の金属だけであり，アルミニウムは磁石につかない。したがって，(エ)があてはまる。

⑵　実験④では，水素が発生する。水素を集めた試験管の口元にマッチの火を近づけると，ポンと音をたてて燃える。また，水素が燃えると水ができるので，試験管の内側に細かな水滴《すいてき》がつく。

⑶　水素は，同体積の空気の0.07倍の重さしかない非常に軽い気体である。そのため，下方置かん法で集めようとしても，うまく集まらない。なお，水素は水にとけにくいので，ふつうは水上置かん法で集める。

⑷　アルミニウムは水酸化ナトリウム水よう液にとけて水素を発生させるが，鉄は水酸化ナトリウム水よう液とは反応しない。

⑸　BTBよう液は，酸性で黄色，中性で緑色，アルカリ性で青色を示す。

⑹　ミョウバンの結しょうは，(イ)の八面体のような形をしている。

⑺　実験④では鉄がとけているので，このとき鉄はほかの物質に変化している。また，鉄は磁石につくが，ほかの物質に変化すると磁石につかなくなると考えられる。よって，(ウ)がふさわしい。

4　光の反射についての問題

⑴　図１で，ｂを入射角，ｃを反射角といい，入射角と反射角の大きさは等しい。すると，ａの角度とｄの角度も等しくなる。

⑵　図１で，鏡を太い矢印の方向に15度かたむけると，ｂの角度が15度小さくなるので，ｃの角度も15度小さくなる。したがって，（ｂ＋ｃ）の角度はかたむける前と比べて，15＋15＝30(度)小さくなる。

⑶　鏡に映る像は，鏡を軸《じく》として線対称《たいしょう》の位置にできる。図２で，しょうたさんは鏡Ａのケから，22－13＝９(マス)だけ前の位置にいるので，その像は鏡Ａのケから，13－９＝４(マス)だけ後ろの位置，つまり，４―㋝に見える。

⑷　図２で，鏡に映ったしょうたさんの像(４―㋝)からかおりさんに直線を引くと，鏡Ａのカを通る。よって，しょうたさんから出てかおりさんに届いた光は，鏡Ａのカで反射している。

⑸，⑹　図２で，黒板の右はし(25―㋒)と鏡Ａのアを結んだ直線を延長すると，９―㋖で㋖の線と交わる。また，９―㋖と黒板の左はし(25―㋦)を結んだ直線は，鏡Ａのカを通る。したがって，かおりさんが黒板の右はしから左はしまですべて見ることができるのは，かおりさんの像が９―㋖(鏡Ａのイの４マス後ろの位置)より鏡Ａに近い位置にできるとき，つまり，かおりさんが17―㋖(鏡Ａのイの４マス前の位置)より鏡Ａに近い位置にいるときである。これは，かおりさんが25―㋖から少なくとも，25－17＝８(マス)進んだときである。このとき，黒板の右はし，左はしから出てかおりさんに届いた光は，それぞれ鏡Ａのア，カで反射している。

⑺　図３で，鏡Ｂによるしょうたさんの像が22―㋤にでき，この像の鏡Ａによる像が４―㋤にできる。すると，４―㋤の像とかおりさんを結んだ直線は，鏡Ａのクを通る。また，鏡Ａのクと22―㋤の像を結んだ直線は，鏡Ｂのチを通る。よって，もう一つの像の光の道筋は，しょうたさん→鏡Ｂのチ→鏡Ａのク→かおりさんとなる。

国　語　＜Ａ日程試験＞（50分）＜満点：100点＞

解　答

一　**問１**　ウ　**問２**　産湯　**問３**　ウ　**問４**　エ→ウ→イ→ア→オ　**問５**　エ　**問６**　イ　**問７**　ア　Ａ　イ　Ｂ　ウ　Ｂ　エ　Ｂ　**問８**　ア　**問９**　⑴　キ　⑵　エ　⑶　(例)　桶は一度つくったら百年以上という長い期間使い続けることができるため，資源をむだづかいすることなく環境保全につながるから。　**二**　**問１**　①　イ　②　オ　③　ウ　**問２**　イ　**問３**　ア　**問４**　イ　**問５**　イ　**問６**　ウ　**問７**　(例)　お祖父ちゃんの兄が戦死したことを知りショックを受け困惑したが，「とうちゃん」たちのことを心配しためらいつつ話をつづけようという気持ち。　**問８**　(例)　自分が苦労して改装した信濃が十日間で沈没したことを思い出し，無念や悔しさで言葉をつづけることができなかったから。　**問９**

ア　問10　それまで　　　三　①～⑧　下記を参照のこと。　⑨　けしいん　⑩　いちもくさん

●漢字の書き取り

三　①　利(く)　②　発揮　③　指図　④　対象　⑤　展覧会　⑥　器械
⑦　険悪　⑧　開放

解説

一　**出典：竹内早希子《たけうちさきこ》『巨大《きょだい》おけを絶やすな！　日本の食文化を未来へつなぐ』**。伝統的な製法を行う醸造《じょうぞう》業に欠かせない木桶《きおけ》について，その働き，現状，歴史などを説明している。

問１　続く部分では，桶が「人が一生を通じてつきあう生活必需《ひつじゅ》品」であったことが説明されている。よって，「桶の需要」の大きさにふれているウが選べる。

問２　後に「人が一生を通じてつきあう」とあるので，空らん②に「産湯《うぶゆ》」を入れて「産湯から棺《かん》桶《おけ》まで」とすると，生まれたばかりの子を洗う湯である「産湯」と，死者を納める木桶である「棺桶」を用いて「一生」を表すことになり，文意が通る。なお，「産湯から棺桶まで」は，20世紀前半にイギリスで提唱された社会保障制度の有名な標語「ゆりかごから墓場まで」と同型の表現になっている。

問３　Ａ　「箍《たが》がはずれる」は，“束縛《そくばく》がなくなってしまりのない状態になる”“外側からの力が失われて，それまでの形が維持《いじ》できなくなる”という意味。　Ｂ　「箍がゆるむ」は，“緊張《きんちょう》感がなくなったり年を取ったりしたために，しまりがなくなる”という意味。　Ｃ　「箍をしめる」は，“ゆるんだ規律や心を引きしめる”という意味。

問４　空らん④の前に「酒蔵が新桶を注文します」とあるので，「酒蔵」の「新しい桶」について説明しているエが最初になる。その次は，「酒蔵」で古くなった桶を修理して使う「醤油《しょうゆ》屋」について説明しているウ，イとなる。そして，「醤油屋」の後の例(ア)や例外(オ)が続く。

問５　Ａ　直前の「大桶を使うサイクルが狂《くる》い始めた」ことについて，続く部分で「スタートの鍵《かぎ》をにぎる酒蔵が，新桶をつくらなくな」ったことが説明されているので，“最初に”という意味の「まず」がよい。　Ｂ　直前の「欠減が大きくな」ることを，続く部分で「損をする」と言いかえているので，前に述べた内容を“要するに”とまとめて言いかえるときに用いる「つまり」がふさわしい。　Ｃ　「戦時中」の「食糧《しょくりょう》難」と「戦後」の「激しい食糧不足」を並べる文脈なので，前のことがらを受けて，さらにつけ加える意味を表す「そして」が合う。　Ｄ　木桶をやめた蔵元《くらもと》だけでなく，当然ながら「木桶を守ってきた蔵元もありました」と述べる文脈なので，“言うまでもなく”という意味の「もちろん」があてはまる。

問６　「クレイジー」は，常人には理解できないさま。そのようすが直後の段落で「悠長《ゆうちょう》」，「不潔」と説明されているので，これらの点をとらえているイが選べる。

問７　**ア**　続く部分で，戦時中や戦後の物資不足について説明されているので，ふさわしい。
イ　前に「酒蔵が一斉《いっせい》に木桶からホーロータンクに切りかえていきました。当然，酒の味はがらっと変わります」とあるが，酒が造れなくなったとは述べられていないので，あてはまらない。
ウ　「三増酒，合成酒といわれる粗悪《そあく》な酒」がつくられたのは，欠減をうめるためではなく物資不足のためなので，合わない。　**エ**　「アルコールであればなんでもいい」という人たちは，酒の

味にはこだわらないので，ふさわしくない。

問８　ぼう線部⑧が，「木桶の注文」が「激減」した事情であることに注意する。アの醤油が五〇日でできるようになったことは，木桶を使うかどうかとは関係がない。

問９　⑴　桶師が描《えが》かれているのはキである。なお，アは機《はた》織り（西陣織《にしじんおり》），イは水車，ウは廻船《かいせん》，エは鋸《のこぎり》をひくようすや鋸の目立てをするようす，オは酒用の米を洗うようす，カは飴売《あめうり》（地黄煎《じおうせん》売と糖粽《あめちまき》売），クは水売（冷水に白玉と砂糖を入れたものを売った），ケは大井川越《こ》えのようす。イ，ウ，エ，キは葛飾北斎《かつしかほくさい》の浮世絵《うきよえ》版画集「富嶽《ふがく》三十六景」に収められており，どれも富士山が描かれている。　⑵　桶が大きくなったことで，醸造製品であるアの醤油，イの味噌《みそ》，ウの酢《す》などは大量生産ができるようになったと考えられる。一方，桶が大きくなっても，エの米の収穫《しゅうかく》量は増えない。　⑶　「木桶は一度つくれば一〇〇～一五〇年もちます」と述べられているように，木桶は長く使うことができる。また，酒蔵で使われていた桶が醤油屋に行き，さらに味噌屋に行くというように，さまざまな用途《ようと》に用いることができる。ゆきこがぼう線部③のように言う理由は，このような点にあると考えられる。

二　**出典：花形《はながた》みつる『徳治郎《とくじろう》とボク』**。「ボク」は，戦前から戦時中にかけての，お祖父ちゃんの家族の話を聞く。

問１　①～③　前でお祖父ちゃんが「俺《おれ》は一番上の兄貴を『とうちゃん』と呼んでいた。おふくろが『バアさん』で兄貴が『とうちゃん』だ」と言っており，それを聞いた「ボク」が「おかあさんが『バアさん』で一番上のおにいちゃんが『とうちゃん』ってなんかおもしろいなぁ」と考えているので，空らん③にはウの「とうちゃん」，空らん②にはオの「バアさん」が入る。また，本文の最初に「オヤジが死んだあとの一家を支えたのは海軍工廠《こうしょう》で働いていた一番上の兄貴だった」とあるので，「本当のおとうさん」である空らん①はイの「オヤジ」となる。

問２　とうちゃんにとっての釣《つ》りは，「趣味《しゅみ》」であるだけでなく，「おかずを調達できる」手段でもあったのだから，ひとつの行為《こうい》でふたつの利益を得ることのたとえの「一石二鳥」が選べる。なお，アの「朝三暮四《ちょうさんぼし》」は，目先の違《ちが》いにとらわれて，本質的に同じであることがわからないこと。ウの「一期一会《いちごいちえ》」は，一生に一度しかない出会い。エの「二束三文」は，数は多くても値段が安いこと。

問３　※③ではお祖父ちゃんが，猿島《さるしま》の風景を目の前に見るかのように語り，そこでの自分と「とうちゃん」の行動を細かく描き出している。このような表現により，お祖父ちゃんにとってその思い出が，年を取ってからもあざやかによみがえるものであることを表している。よって，アがふさわしい。

問４　「話の腰《こし》を折る」は，話の途中で口出しをしたりして，話し続ける気分を相手になくさせてしまうこと。

問５　前に，「ボク」はお祖父ちゃんを「うらやましい」と思っているとある。また，後で，お祖父ちゃんは兄たちから「殴《なぐ》られた」と語っている。よって，これらの点をとらえているイがふさわしい。

問６　直前に「ぐんとがなんのことかはわからなかった。でも，八歳《さい》の子どもでも，せんそうという言葉は知っている」とあり，「ボク」は戦争がどういうものだったかまでは知らないとわかる。よって，ウがあてはまる。

問７　ぼう線部⑦―Ａの「…」は，「三番目と四番目の兄貴は戦争に行って帰ってこなかった」と聞いた「ボク」が，その二人が戦死したことを理解して衝撃《しょうげき》を受け，言葉がとぎれがちになっているようすを表している。また，傍線部⑦―Ｂの「…」は，ほかの兄たちがどうなったのかを，「ボク」がおずおずと聞こうとしているようすを表している。

問８　前に，「戦艦信濃《せんかんしなの》を空母に改装する工事もやった」とある。また，説明に，「竣工《しゅんこう》から沈没《ちんぼつ》まで艦命はわずか十日間であった」とある。そのことを思い出して，お祖父ちゃんは悔《くや》しくなり，「ため息をついた」のだと考えられる。

問９　「ボク」は単純に，お祖父ちゃんは戦争に行かずにすんで「よかったね」と言っている。しかし，お祖父ちゃんは「兵隊になる訓練」を受けており，自分も戦争に行くのが当然だと思っていた。二人の兄だけでなく，お祖父ちゃんの友人や知人にも，戦死した人は多かったはずである。お祖父ちゃんは，自分が生き残ってしまったことに複雑な思いを感じていたが，そのことを「ボク」に説明することは難しかったのだから，アが選べる。

問10　「ボク」が現在から過去を回想していることがはっきりわかるのは，「あのころ」という言葉がふくまれている，「それまでなにも考えずに生きてきたボクだったけど，あのころから，いつもなにかしらを考えていた気がする」という一文である。

三　漢字の書き取りと読み

①　音読みは「リ」で，「利用」などの熟語がある。同訓異字に「効」もあるが，「気が利く」「薬が効く」のように，おもな用例ごと覚える。　②　持っている力を出すこと。　③　指示・命令して人を動かすこと。また，その指示・命令。　④　意識や行為が向けられる相手。　⑤　美術作品などを並べて見せる会。　⑥　器具・道具。「器械体操」は，鉄棒や平均台，つり輪などを用いて行う体操。　⑦　何かよくないことが起こりそうな，危険な感じがするようす。⑧　門や戸を開け放したままにしておくことで，誰《だれ》でも自由に利用したり出入りしたりできるようにすること。　⑨　郵便切手・葉書などが使用済みであることを示すために押《お》す印。　⑩　わき目もふらず懸命《けんめい》に走るようす。

Dr.福井の
入試に勝つ！脳とからだのウルトラ科学

入試当日の朝食で，脳力をアップ！

朝食を食べない学生は，朝食をきちんと食べる学生に比べて成績が悪かった――という研究発表がある。まあ，ちょっと考えればわかると思うけど，朝食を食べないということは，車にガソリンを入れないで走らせようとするようなものだ。体がガス欠になった状態では，頭が十分に働くわけがない。入試当日の朝食はちゃんと食べよう！　朝食を食べた効果があらわれるように，試験開始の２時間以上前に食べるようにするとよい。

では，入試当日の朝食にふさわしいものは何か？

まず，脳の直接のエネルギー源はブドウ糖だけであるから，それを補給するためのご飯やパン，これは絶対に必要だ。また，砂糖や果物の糖分は吸収されやすく，効果が速くあらわれやすいので，パンにジャムをぬったり果物を食べたりするのもよいだろう。

次に，タンパク質。これは脳の温度を上げる作用がある。温度が低いままでは十分に働かないからね。タンパク質を多くふくむのは肉や魚，牛乳，卵，大豆などだが，ここでは大豆でできたとうふのみそ汁や納豆をオススメする。そして，記憶力がアップするDHAを多くふくんでいる青魚，つまりサバやイワシなども食べておきたい。

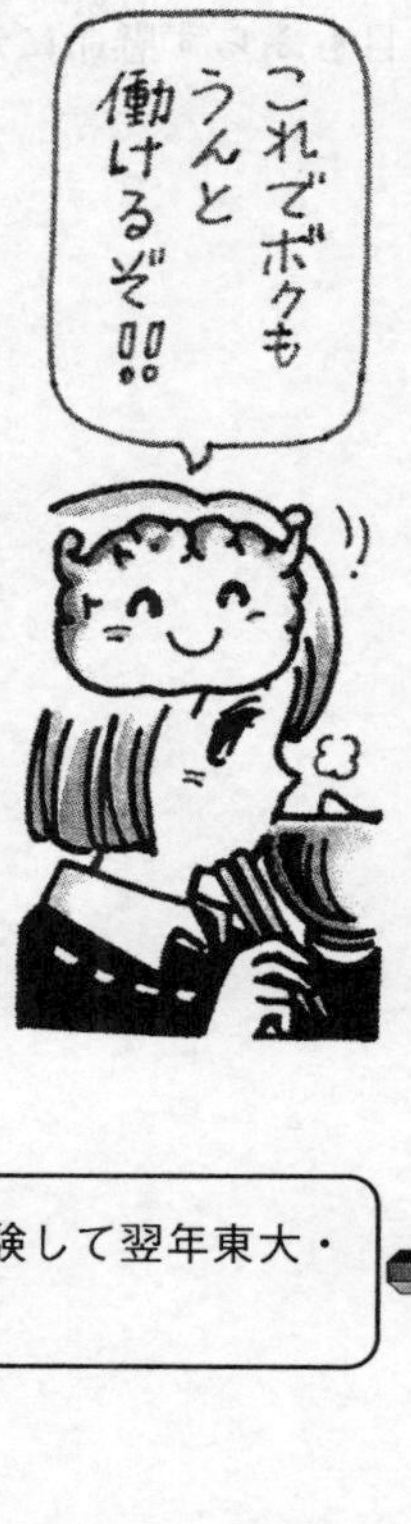

生野菜も忘れてはならない。その中にふくまれるビタミンBは，ブドウ糖を脳に吸収しやすくする働きを持つので，結果的に脳力アップにつながるんだ。

コーヒーや紅茶，緑茶は，カフェインという成分の作用で目覚めをうながすが，トイレが近くなってしまうので，飲みすぎに注意！　試験当日はひかえたほうがよいだろう。眠気を覚ましたいときはガムをかむといい。脳が刺激《しげき》されて活性化し，目が覚めるんだ。

Dr.福井（福井《ふくい》一成《かずしげ》）…医学博士。開成中・高から東大・文Ⅱに入学後，再受験して翌年東大・理Ⅲに合格。同大医学部卒。さまざまな勉強法や脳科学に関する著書多数。

2024年度 山手学院中学校

【算　数】〈特待選抜試験〉(50分)〈満点：100点〉

〔注意〕分数は，それ以上約分できない形にして答えなさい。

1　次の□の中に適する数または記号を書きなさい。

(1)　＋，－，×，÷をそれぞれ1回ずつ使って，$\left(\frac{1}{2}\,\boxed{\text{ア}}\,\frac{1}{4}\right)\boxed{\text{イ}}\left(\frac{1}{6}+\frac{1}{8}\right)\boxed{\text{ウ}}\left(\frac{1}{10}\,\boxed{\text{エ}}\,\frac{1}{12}\right)$を計算したとき，結果が最も大きな数になるのは，ア，イ，ウ，エとあてはめたときです。

(2)　ある自然数に1を足した数と1を引いた数の積が2024でした。ある自然数は□です。

(3)　図のように，同じ大きさの円をすき間なく並べて，外側をひもで囲ったときのひもの長さは91.4 cmです。このとき，円の半径は□cmです。ただし，円周率は3.14とします。

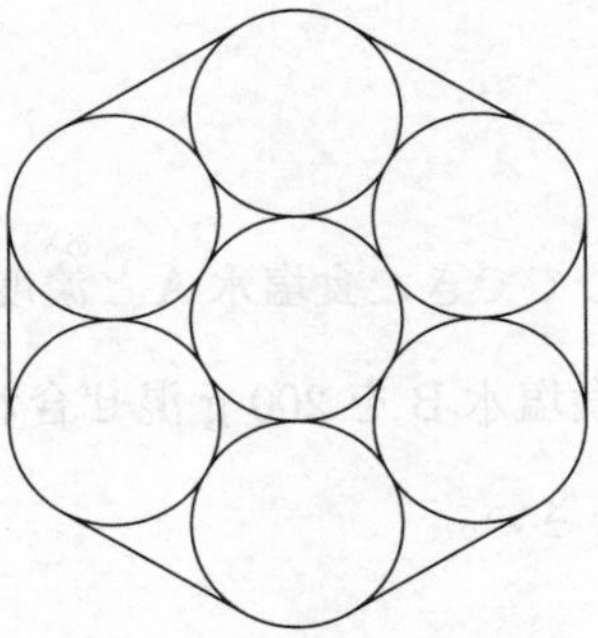

2 次の図の四角形ABCDは，AB ＝ 8 cm，AD ＝ 14 cm，角Dが30° の平行四辺形です。点Eは辺CD上にあり，DEの長さは2 cmです。また，点FはACとBEが交わる点です。このとき，次の各問いに答えなさい。

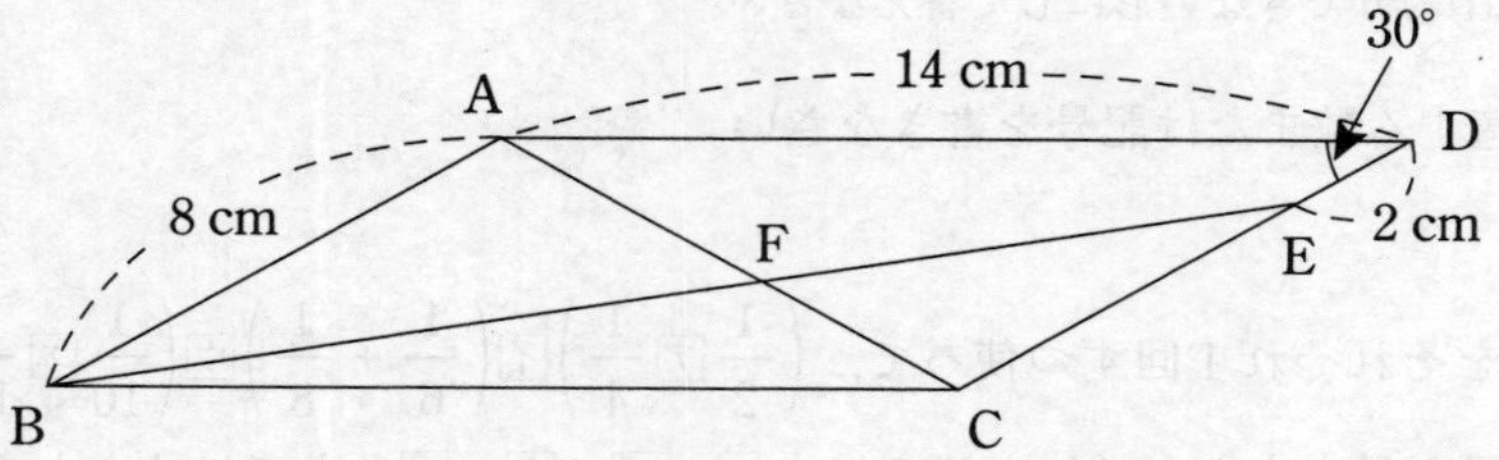

(1) 三角形ABFと三角形CEFの面積の比を最も簡単な整数の比で答えなさい。

(2) 三角形ABFと三角形BCFの面積の比を最も簡単な整数の比で答えなさい。

(3) 四角形AFEDの面積は何 cm^2 ですか。

3 水525 gに食塩75 gを完全に溶かしてできた食塩水Aと濃《のう》度が10 %の食塩水Bがあります。また，食塩水Aを600 gと食塩水Bを200 g混ぜ合わせて食塩水Cを作りました。このとき，次の各問いに答えなさい。

(1) 食塩水Aの濃度は何％ですか。

(2) 食塩水Cの濃度は何％ですか。

(3) 食塩水Cに水を加えて10 %の食塩水Dを作ります。加える水の量は何gですか。

4　円周上に m 個の点を等間隔《かく》にとり，それらの点を次のルールに従って結んだ図形を作ることを考えます。

ルール１　m 個の中から始点となる１点を選ぶ。

ルール２　始点から時計回りに n 個とばして次の点を選び，２点を結ぶ。

ルール３　ルール２で選んだ点を新たな始点とし，ルール２を繰り返し，
ルール１で選んだ始点に戻ると終了となる。

例えば $m = 5$，$n = 1$ のときには下の図のようになり，直線の本数は５本になります。
このとき，次の各問いに答えなさい。

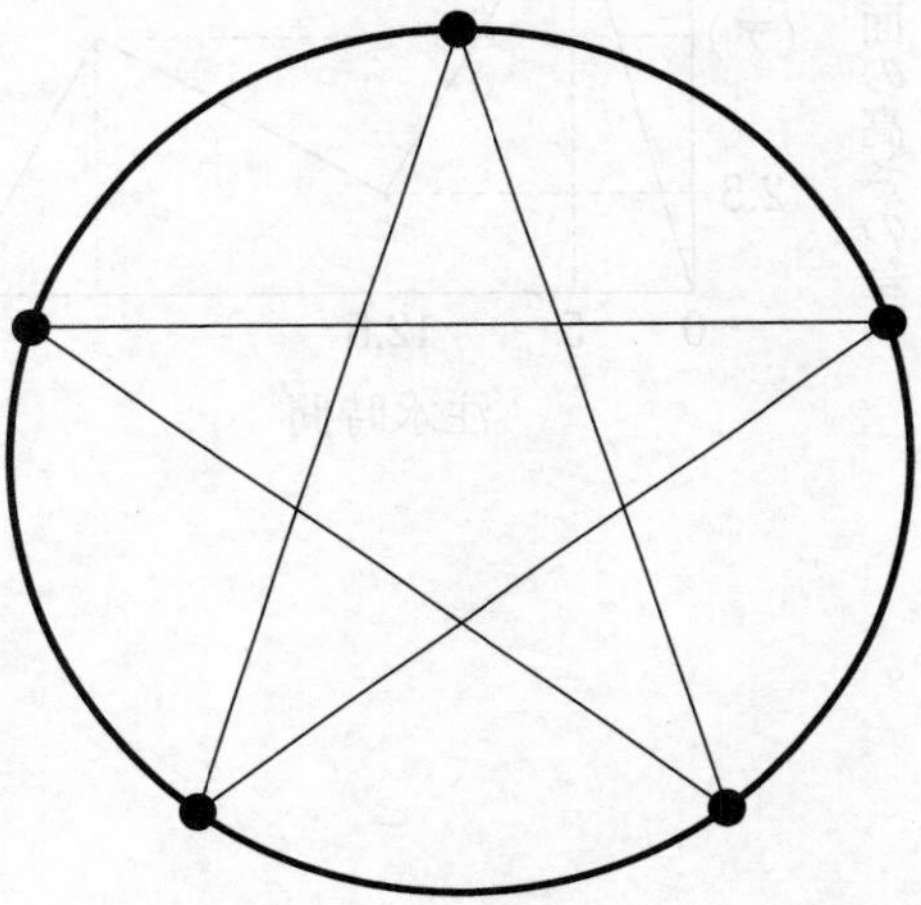

(1)　$m = 12$，$n = 3$ のときの直線の本数は何本ですか。

(2)　$m = 8$，$n = 2$ のときの直線の本数は何本ですか。

(3)　$m = 2024$，$n = 32$ のときの直線の本数は何本ですか。

5 図のような直方体の水そうが，底面に垂直な2枚のしきりA，Bで（あ），（い），（う）の3つの部分に分かれています。しきりBの高さは30 cmです。（あ）と（う）にそれぞれ一定の時間，同じ割合で水を入れていくとき，（あ）と（う）の水面の高さの差と注水時間の関係をグラフに表しました。このとき，次の各問いに答えなさい。ただし，しきりの厚さは考えないものとします。

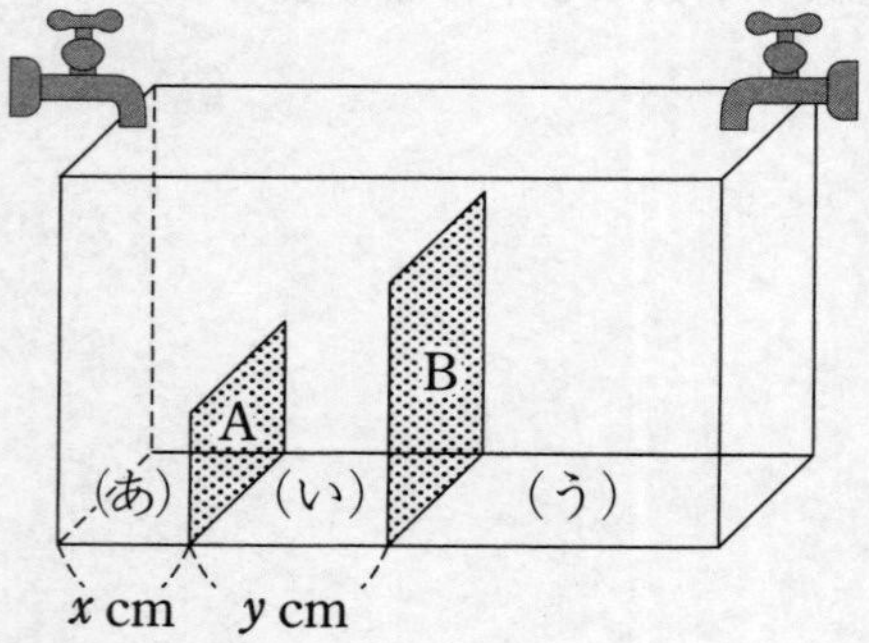

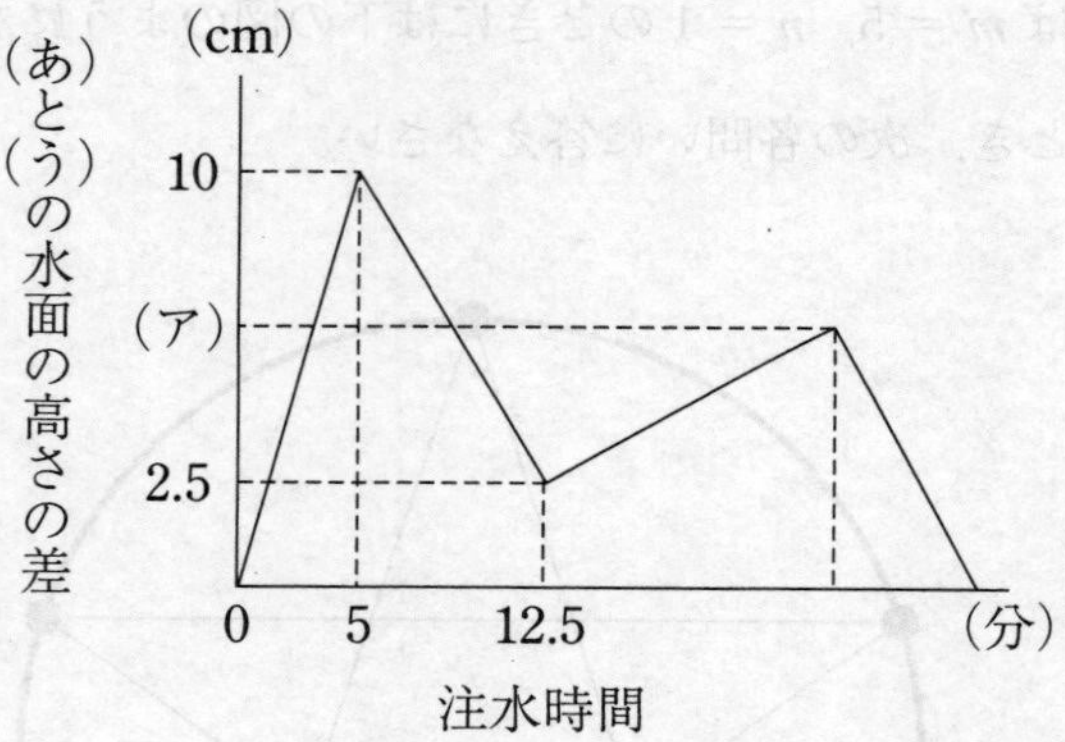

(1) $x:y$を最も簡単な整数の比で表しなさい。

(2) Aのしきりの高さは何cmですか。

(3) （ア）にあてはまる数はいくつですか。

6 国語，算数，社会，理科（各100点満点）の試験の結果について，小学生のＡさんと高校生のお兄さんが次のような会話をしています。

Ａ：先月受けた試験の結果が返ってきたんだけど，不思議なことがあって……

兄：どんなことが不思議だったの？

Ａ：これを見てほしいんだ。

	点数	平均点	標準偏差	偏差値
国語	84	61.2	ア	58.8
算数	84	61.2	15.8	64.4
社会	57	45.8	9.9	61.3
理科	65	42.6	19.8	61.3

国語と算数の点数が同じなのに，偏《へん》差値は算数の方が高いんだ。

しかも平均点は同じなんだよ。どうしてだろう？

兄：確かに不思議だね。偏差値というのは，ある集団の中での自分の立ち位置を示す数値なんだ。平均点と同じ点数の人の偏差値を50として，自分の点数が平均点より高い場合は50より高い偏差値に，平均点より低い場合は50より低い偏差値になるんだ。ただし，点数と平均点が同じだからといって，偏差値が同じになるとは限らないんだ。その理由を偏差値の計算方法から考えてみよう。

$$偏差値 = \frac{10 \times (自分の点数 - 平均点)}{標準偏差} + 50$$

Ａ：「標準偏差」というのは何を表しているの？

兄：標準偏差は，簡単に説明すると「データの散らばり具合」を表す数字なんだ。標準偏差が小さい数の場合は，みんなの取った点数が平均点に近いところに集まっていることを表していて，標準偏差が大きい数の場合は，みんなの取った点数が平均点から遠くに離《はな》れている（＝散らばっている）ことを表しているよ。

Ａ：散らばり具合を数字で表すなんて，なんだかおもしろいね！

兄：国語と算数で点数と平均点が同じなのに，偏差値は算数の方が大きい理由は，[イ]なんだ。

A：なるほど！標準偏差に注目すると偏差値が大きい理由や小さい理由が説明できるんだね。[ウ]社会と理科は点数，平均点，標準偏差がばらばらなのに偏差値が同じだよ。なぜだろう？

このとき，次の各問いに答えなさい。

(1) [ア]にあてはまる数はいくつですか。ただし，小数第2位を四捨五入して答えなさい。

(2) [イ]にあてはまる文章として，適切なものを①～④からすべて選びなさい。

① 一般的に，国語よりも算数が苦手と感じている子どもが多いから

② 算数よりも国語の方が高得点の人が少なかったから

③ 算数よりも国語の方がみんなの取った点数が平均点に近いところに集まっているから

④ 自分の点数と平均点の差が同じ場合，標準偏差が低い方が偏差値も高くなるから

(3) 下線部[ウ]について，このようになる理由を言葉で説明しなさい。
ただし，「標準偏差」，「比」という言葉を必ず用いること。

三 次の――線部について、カタカナは漢字になおし、漢字は読みをひらがなで答えなさい。なお、漢字はていねいにはっきりと書くこと。

①この本はベストセラーになるセイサンがある。

②服をシンチョウする。

③使いやすくてチョウホウしている文具。

④健康のためにトウニュウを飲む。

⑤ロジョウのゴミを拾う。

⑥バッテリーをナイゾウした機器。

⑦つり糸をタらす。

⑧セイコウ雨読を地でいく生活。

⑨江戸に幕府を開いた徳川氏の治世。

⑩雑兵を集めて最後までたたかう。

問八　――線部⑥「学校に下駄をはいていくのは、それでやめた」とありますが、なぜやめたのですか。最もふさわしいものを選び、記号で答えなさい。

ア　シスターがだまっていることで、かえって彼女たちの怒りの激しさが伝わり、下駄で大理石を傷つけるように歩いたとしても、日本がこの戦争で敵をやっつけることができるわけではないと分かったから。

イ　シスターが物言わぬことで、自分を軽蔑《けいべつ》していることがその目からはっきり伝わってきて、自分のはきたいものをはいているだけでそのように思われるなら靴をはいた方がましだと思ったから。

ウ　シスターが自分の足もとだけを見ていることで、本当に空襲で逃げる時の心配をしてくれていることが分かり、目先の不自由さだけで学校の注意をきかずに下駄をはいてきた自分の浅はかさに気づいたから。

エ　シスターが言葉にしなくても、言いつけを守らない自分をとがめていることを感じ、下駄で音高く廊下を歩いていい気になっていた自分が子どもじみたことをしているだけだと気づいたから。

問九　――線部⑦「靴に、じぶんのほうが見はなされたみたいな気がして」と同じ悲しみを表現している部分をここより前から三十四字でぬき出し、はじめと終わりの五字をそれぞれ答えなさい。

問十　本文について述べたものとして最もふさわしいものを選び、記号で答えなさい。

ア　大学生の時、どこかに行ってしまった靴のことが忘れられず、今まではいてきた様々な靴に思いをはせている。

イ　おとなの筆者にとって、子ども時代の記憶はあいまいで、靴だけが人生の思い出の手がかりとなっている。

ウ　おとなになった今、子ども時代の思い出がよみがえり、靴を通して自分の人生を静かに見つめ直している。

エ　気に入った靴が手に入らなかった戦争のつらさを、おとなになっても忘れられず、しみじみ思い出している。

問十一　この作品における「靴」とはどのようなことを象徴《しょうちょう》しているか。〰〰線部Ⅰ～Ⅲを参考にしながら考えて、二十字程度で答えなさい。

C　てらいのない

ア　人の目を引きつける何かがある
イ　人目をひくわざとらしいところがない
ウ　安心して気楽につきあっていけそうだ
エ　これだと一目で気に入る

問三　――線部①「子ネコに狙われた毛糸の玉みたいに」とありますが、ここで使われている比喩《ゆ》として最もふさわしいものを選び、記号で答えなさい。

ア　体言止め　イ　暗喩　ウ　擬《ぎ》人法　エ　直喩

問四　――線部②では「私の靴」を「くさったリンゴ」と同じとみていますが、どういうところが同じなのですか。次の空らんをそれぞれ指定された字数で補って説明しなさい。

リンゴが［(1)二十字以内］のと同様に、「私」の靴も［(2)二十五字以内］ところ。

問五　――線部③「女の子にとってはずいぶんきつい罰則と思える」とありますが、なぜ「きつい罰則」なのですか。五十字程度で説明しなさい。

問六　――線部④「黒曜石の光を放っていて」とありますが、どういうことですか。本文中の表現を使って三十字以内で説明しなさい。

問七　空らん［⑤］にあてはまる語として最もふさわしいものを選び、記号で答えなさい。

ア　宗教　イ　西洋　ウ　日本　エ　過去

のことがなさけなかった。へんなふうに靴が戸棚から消えた記憶《きおく》だけが、小さな傷になって私のなかに残った。

（須賀　敦子『ユルスナールの靴』より）

※1　旧制中学…尋常《じんじょう》小学校から、高等教育機関への進学を望む男子が進学した五年制の学校。

※2　普請…建築・土木の工事。

問一　この話に描かれている時代として最もふさわしいものを選び、記号で答えなさい。

ア　明治　　イ　大正　　ウ　昭和　　エ　平成

問二　══線部A～Cのここでの意味として最もふさわしいものをそれぞれ選び、記号で答えなさい。

A　不幸をかこつ

ア　不幸であることにあきらめを感じている

イ　努力しても不幸からのがれられない

ウ　不幸の連鎖《れんさ》を生み出している

エ　自分の不幸についてぐちをいう

B　息がつまる

ア　呼吸ができず動けなくなる

イ　呼吸と呼吸の間隔《かんかく》が短くなる

ウ　呼吸をおさえて音を立てない

エ　深呼吸してなんとか落ち着く

送ってもらったこともあったが、やがてそのルートもだめになり、あるとき、徴用《ちょうよう》で町内会につとめていた叔母《おば》がサメの皮の靴というのを手に入れてくれた。はくと足がふわりと上がってしまうほど軽い。紐で結ぶ。いちおうは黒い靴だったが、雨が降った日にはいて学校にいくと、ノリがはがれたのだったか、形もなにもぐしゃぐしゃにつぶれてしまった。サメだから、水に出会ったとたん、溶けちゃった、とふざけると、そんなことといって、でも、戦争だからしかたないわ、と叔母はつらそうな顔をした。雨の日ぐらい、下駄で学校に行かせてもらえないものかしらね。叔母の意見を学校につたえると、返事はやっぱり、戦争なんですから、だった。空襲《くうしゅう》で逃《に》げるとき下駄はあぶない、というのが理由らしかったが、だんだん靴が手にはいらなくなるのは、戦争に負けるより心細い気がした。とうとう私は下駄で学校に行った。シスターたちが磨きあげたぴかぴかの人造大理石の廊下を、がたがたと下駄を鳴らして歩くと、なにか弱いものをやっつけたような、野蛮《やばん》な気持になった。ある日、廊下の曲《まが》り角で、むこうのほうからじっと私の足もとを見つめているシスターの目に気づいた。⑥学校に下駄をはいていくのは、それでやめた。

戦争の終わった年は、春から空襲が毎晩つづいたので、いつ逃げても大丈夫《だいじょうぶ》なようにずっと靴をはいたままで寝《ね》た。靴にノミが入りこんで、足がかゆくて目がさめることがあった。でも、ノミのほうが、火事の中をはだしで逃げるよりは、ましに思えた。

戦後三年目に、私が旧制の専門学校を出て女子大に入った年、父が靴を買ってくれた。銀座の裏通りを、上京した父とふたりで歩いていて見つけたのだった。なんの変哲《へんてつ》もない、光沢《こうたく》のある黒い革の、紐で結ぶ式、Cてらいのない中ヒールで、オーストラリア製ということだった。試しにはいてみると、くるぶしの下がきゅっと締《し》まって気持がよかった。Ⅲこの靴があれば、どこまでも歩いていける。そう思うと顔がほてった。いつになったら、日本人にこういう靴が造れるようになるかなあ。そういいながら、父はその靴を包ませてくれた。その晩、私は関西にいる母に電話をかけた。パパに靴を買ってもらったの。

その靴は、しかし、それをはいて外出する機会のないまま、私の目のまえから姿を消してしまった。ある日、授業のあと、空襲で焼けてまだ※2仮普請《かりぶしん》だった寄宿舎《きしゅくしゃ》の部屋に戻ると、靴を入れた箱ごと、戸棚《とだな》から消えていたのだった。あらゆるところを探したが、どろぼうがもっていったのか、だれかが冗談《じょうだん》半分に隠《かく》したのを私が騒《さわ》いだのでいまさら出せなくなったのか、数週間たっても靴はとうとう出てこなかった。いたずらだったのか、どろぼうが入ったのか、そんなことの詮議《せんぎ》は私にとって、もともとどっちでもよかった。靴が失《な》くなったからというよりは、⑦靴に、じぶんのほうが見はなされたみたいな気がして、そまた月曜日がくると、ペタペタと音をさせながら歩いていたという。

そのシスターたちが、なんともすばらしい靴をはいているのに私が気づいたのは、何歳ぐらいのときだったか。細身の黒い革靴で、五センチほどのヒールのついた、紐《ひも》で結ぶ型の、平凡《へいぼん》そのものでありながら、あれこそが靴だ、というような、本質的でどこか高貴さのただようその靴に私はあこがれた。それをはいて、彼女たちは、背をまっすぐのばし、黒い紗《しゃ》のヴェールをすっすっと風になびかせて歩いた。かかとがたてる硬《かた》い音が、顔がうつるくらいにワックスで磨きあげられた木あるいは模造大理石の床《ゆか》をつたって、こつこつと遠くからひびいた。ダンスのレッスンや、ゲームのルールを説明するとき、彼女たちがそっと片手で長い修道服のすそを持ちあげると、漆黒《しっこく》の靴下をつけた細い足首をきっちり包んだ靴が、スカートの下④で黒曜石の光を放っていて、私はいきなり［　⑤　］を見てしまった気持《きもち》になった。あの靴が一生はけるなら、結婚《けっこん》なんてしないで、シスターになってもいい。そう思うほど、私は彼女たちの靴にあこがれ、こころを惹《ひ》かれた。

私を夢中にした靴をはいていた人間は、家にもいた。それは父の末弟にあたる、私とはたった八歳しか離《はな》れていない叔父《おじ》だった。当然、私たちはおなじ屋根の下で暮らしていたわけだが、※1旧制《きゅうせい》中学に通っていた彼は、毎朝、玄関の上がり框《かまち》に腰《こし》かけて、前日の夜、ながい時間をかけてぴかぴかに磨きあげた黒光りのする編み上げ靴をはいた。スニーカーみたいに途中《とちゅう》までは左右の穴に通したままになっている紐を、最後の五センチぐらいは右の手に二本そろえて持ち、ひょいひょいと、二列に並んだ小さな丸い留め金に掛《か》けていく。大きくなったら……うらやましさのあまりB息がつまりそうになりながら、私は思った。大きくなったら、じぶんもあんな靴をはこう。Ⅱはいて、この人みたいに、こわがらないで、どこにでもひとりで行こう。

父が靴を大事にしていることに気づいたのは、もうすこしあとのことではなかったか。彼の靴は、ほとんどみな、おなじ型に造《つく》られていた。銀座の靴屋で誂えていたらしいのだが、イギリス風の、針でぷつぷつ刺《さ》したような模様のある、先端《せんたん》の細い、大きいわりには軽い靴で、母にいいつけられて私や妹が磨こうとすると、すっぽり肘《ひじ》のところまで手が入った。車に乗ることが多いのか、私たちの靴みたいに、泥《どろ》や土くれがついていることはまずなくて、いつもきれいだった。それでも、布でさっとこするだけにしておくと、父は出しなに玄関に立って母に小言をいっている。そして、父が出かけたあと、こんどは母が私たちを呼んで叱った。おまえたち、また手ぬきしたわね。パパはすぐにわかるんだから。

戦争で、靴が店になくなって（ぜんぶ、兵隊さんがはくからだ、とおとなたちは説明した）、最初は上海《シャンハイ》にいた母の兄から村の彼の生家《せいか》で、私たちは、青い実をいっぱいにつけた大きなリンゴの木が一列に植わった裏庭で、花壇《かだん》のふちの石にこしかけ、食事ができるのを待ちながらしゃべっていた。

リンゴが熟すと、おばあさんが籠《かご》にもいで、ひとつずつ、ていねいに地下室の棚《たな》にならべた。積み重ねると、下のが傷《いた》むからねえ。ぼくたちが、おなかをすかせて地下室にリンゴを取りに行くと、いつもおばあさんが、うしろからどなった。くさったのから、食べるんだよ。おばあさんがケチだったせいで、ぼくは子供のとき、リンゴというといつもくさったのしか食べなかったような気がするよ。

　おばあさんのケチが遺伝したのかもしれない。友人のあいだで、その男はケチで通っていた。

一サイズ、大きめのを買いましょう。おとなたちがそう決めるので、②私の靴も、くさったリンゴのようにいつもぶかぶかで、ぴったりのサイズになるころには、かかとの部分がぺちゃんこにつぶれたり、つま先の革がこすれて白くなっていたりした。

　六歳になってミッション・スクールの一年生にあがると、デパートの店員が学校に来て、通学靴のほかに、上靴《うわぐつ》というのを誂《あつら》えさせられた。通学靴はこれといってめずらしいものではなかったが、上靴はやわらかい黒の革製で、横でボタンをぱちんと留める型だった。スナップ式のまるいボタンで、裏側の金具がすぐにつぶれて、バカになってしまう。だらんと横ひもをぶらつかせていたり、足をずるずるひきずって歩いていたりすると、シスターに呼ばれて叱《しか》られた。なんですか、そんなだらしない恰好して。

　上靴の不便なことはそれだけではなかった。土曜日にはこれを家に持って帰って、ぴかぴかに磨《みが》いてこなければならない。クローク・ルームと呼んでいた玄関《げんかん》わきのだだっぴろい部屋に、受持《うけも》ちの先生が待ちうけていて、みんながちゃんと上靴を靴袋《くつぶくろ》に入れて家に持って帰るかどうか見張っていたから、それを学校に忘れて帰ることはなかったのだけれど、私はいつも、月曜日に持って行くのを忘れた。そういうことをちゃんと覚えているのが苦手なのだ。

　月曜日に上靴を忘れるものだから、と二十年あとになってから、五、六年も上級生だった人にいわれたことがある。生徒数の極端《きょくたん》にすくない学校だったから、だれか目立つ子がいると、みんなが覚えていた。月曜日っていうと、あんたは赤い鼻緒の大きなゾウリをはかされて、③学校の廊下《ろうか》をぺたぺた歩いてたよ。二度と上靴を忘れてこないようにと、外国人のシスターたちが考え出したにちがいない。女の子にとってはずいぶんきつい罰則《ばっそく》と思えるのに、私はいっこう気にかけることもなく、

二 次の文章を読んで、あとの問いに答えなさい。

I きっちり足に合った靴《くつ》さえあれば、じぶんはどこまでも歩いていけるはずだ。そう心のどこかで思いつづけ、完璧《かんぺき》な靴に出会わなかったA不幸をかこちながら、私はこれまで生きてきたような気がする。行きたいところ、行くべきところぜんぶにじぶんが行っていないのは、あるいは行くのをあきらめたのは、すべて、じぶんの足にぴったりな靴をもたなかったせいなのだ、と。

下駄《げた》がいけなかったのだろうか。子供のころ、通り雨に濡《ぬ》れたり、水たまりの泥《どろ》がはねたりすると、足にハの字形の赤い模様がついてしまった。また、石ころにつっかけては鼻緒《はなお》を切ったり歯が欠けたりした小さな塗《ぬ》り下駄のせいで、じぶんの足は、完璧な靴に包まれる資格をうしなってしまったのだろうか。

あまり私がよくころぶので、おとなたちは、①初物のソラマメみたいな、右と左がはっきりしない、浅くてぺたんこのゴム靴を買ってくれたこともあった。これならもう、子ネコに狙《ねら》われた毛糸の玉みたいに、やたらころころところばなくなるだろう。

だが、おとなたちの思惑《おもわく》は外れた。水色のゴム靴には木綿《もめん》の裏地がついているのだが、それが歩いているうちにすこしずつ剝《は》がれて、足の下でくるくると巻いてしまったから、彼らが後ろから歩いてくる子供のことをふと思い出してふりかえると、私はとうのむかしに脱《ぬ》いでしまった靴を、片方ずつ両手にぶらさげて歩いていた。靴底がごろごろするくらいなら、はだしのほうがよかった。

五歳《さい》ぐらいのときの、よそいきの服を着て撮《と》った写真がある。どういう機会だったのか写真館で写したもので、軽いふわふわしたオーガンジの夏服を着ている。たよりなさそうに壁《かべ》に寄りそって、からだを斜《なな》めにむけた恰好《かっこう》で写っているのだが、どうして写真屋さんが注意しなかったのだろうか。ほとんど悲しげな目つきで、そばにいるだれかに、写真を撮られるなんて、どうすればいいの、と救《たす》けをもとめているようにもみえる。黒いエナメルの、横でパチンと留《と》める靴。すこし大きめだから、白いソックスをはいた片足をせつなそうにねじまげている。いつも大きめの靴をはかされた。すぐ小さくなるから、といって。

フランスの田舎《いなか》で育った友人が、むかし、こんな話をしてくれた。夏の日にパリから訪ねて行ったヴォージュの山あいの

問六　――線部⑧「そうした文化的に植えつけられている心の癖」と同じことをいっている部分を空らんにあてはまるように本文中より三十六字でぬき出し、はじめの五字を答えなさい。

[　　　　　]こと。

問七　空らん[⑨]には次の各文が入ります。正しい順に並べかえ、記号で答えなさい。

ア　それに対して、日本の子どもには、「お母さんが喜ぶ」など、両親や先生を喜ばすため、あるいは悲しませないためという反応が目立った。

イ　教育心理学者ハミルトンたちは、日本とアメリカの小学校5年生を対象に、成績や勉強に対する意識についての比《ひ》較《かく》研究を行っている。

ウ　アメリカの子どもには、自分の知識が増えるなど、自分のためという反応が多かった。

エ　そのなかで、とくに日米で違《ちが》いがみられたのが、勉強をしたり、良い成績《せいせき》を取ろうとしたりする理由であった。

オ　そうした心理的特徴《とくちょう》は、日常のコミュニケーション様式のみならず、たとえば動機づけにもあらわれている。

問八　――線部⑩「忖度」の意味として最もふさわしいものを選び、記号で答えなさい。

ア　人を喜ばそうとすること　イ　自分の希望を押《お》し殺すこと

ウ　他人の気持ちを推察すること　エ　相手の善意を信じること

問九　――線部⑪「思考停止」とはどのようなことですか。それについて説明した次の文の空らんをそれぞれ指定された字数で補いなさい。

[(1)三十字以内]ので、[(2)二十五字以内]こと。

イ　旅先で男が、どくろに目が留《と》まって、「あなたがこのような姿になったのは、天災や戦乱のせいか、ぜいたくに生きてそんな風になったのか、それとも寿命《じゅみょう》でそうなったのか」と話しかけ、そのどくろを抱いて眠《ねむ》りについた。夜、夢の中にそのどくろが現れて、「さっきあなたが話したのは、すべて生きている人間の苦しみだ。死んだらそんなものはない。あなたは死の世界の話を聞きたいか」と言う。男が聞きたいと答えると、どくろは「死ねば、身分の上下もなければ、忙《いそが》しさに追われることもなく、広い心で無限の時間を満きつできて、これ以上のことはない」と言う。男はその言葉を信じずに、「私が神に頼めば、あなたの体をよみがえらせ、家族や友人にまた会えるがどうだろう」と問いかける。しかしどくろは顔をしかめて「この楽しさを捨てて、人生の苦労をもう一度繰《く》り返すことなどできない」と言った。

ウ　新学期、ケニアから転校してきたピーターは、陽気で人なつっこくよくしゃべる少年で、すぐにクラスの人気者になった。ケニアのことばであるスワヒリ語をクラスではやらせ、町ゆく人だれにでも声をかけあいさつをするピーター。彼からケニアのくらしや占《うらな》いのことを聞かされ、秘密を共有したような気持ちになった。夏休み前のある日、クラスの女の子が行方不明になった。友人関係のトラブルから展望台の上に残されたのだ。ピーターが占いの力で女の子を見つけ出したが、村の外で占いを使うとばちが当たるという言葉のとおり、階段を下りるときにみんなで足をすべらせてしまう。展望台の下では、女の子を残していったクラスメイトやそれぞれの親が来ていて、おたがいに泣いて謝《あやま》り、心のうちを明かした。ピーターは骨折して入院することになったが、看護師や他の患者《かんじゃ》に話しかけ、車いすで元気に動き回っていた。

問四　空らん［⑤］にあてはまる語として最もふさわしいものを、本文中から漢字三字でぬき出しなさい。

問五　空らん［⑥］にあてはまる表現を自分で考えて、十六字以上二十字以内で答えなさい。

問一 ――線部①「生まれ落ちた社会の文化」とありますが、日本はどのような文化ですか。最もふさわしいものを選び、記号で答えなさい。

ア どんなに危険な目にあっても、えんの下の力持ちをほめたたえる文化。
イ 身内の秘密を外には決してもらさず、言わぬが花を美徳とする文化。
ウ 自らを厳しく律し、他人にも情けは人のためならずを実せんする文化。
エ 他者との協調性を重んじ、わたる世間に鬼《おに》はなしを信じる文化。

問二 空らん ②-1 ～ ②-4 にあてはまる語として最もふさわしいものをそれぞれ選び、記号で答えなさい。ただし、記号は一度しか使用しないこと。

ア たとえば　イ つまり　ウ では　エ でも　オ また

問三 ――線部③「アメリカの教科書」、――線部④「日本の教科書」、――線部⑦「中国の教科書」に次の作品をのせるとすれば、どの国の教科書が最もふさわしいと考えられますか。本文の内容をふまえた上でそれぞれ選び、記号で答えなさい。

ア いつも絵を描いていた少年は、大きくなったら画家になるという夢をもっていた。美術学校に通っている年上のいとこ達に、他人のまねをせずに、ひたすら練習にはげむように教えられ、彼はいっそう絵を描くようになる。小学校に上がり、美術の授業があるのを楽しみにしていたが、両親から誕生日にプレゼントされた六十四色のクレヨンを使うことは許されず、みんなと同じ八色のクレヨンで、先生が描いた絵をまねするように教えられる。少年は、うでを組んで、ただ座っていた。先生から、他のみんなと違うことをするのは不公平だけれども、みんなと同じように絵を描いて時間が残っていれば、自分のクレヨンで好きなように描いていいと声をかけられる。少年は、にっこり笑って、絵を描いて、そしていつまでも描きつづけている。

(中略)

実際、頑張る理由として、私たち日本人は、自分にとって大切な人物を喜ばせたいとか、悲しませたくないといった人間関係的な要因をあげることが多い。頑張れないときや成果を上げられないときは、そういう人に対して「申し訳ない」といった思いに駆《か》られる。

スポーツ選手が勝利インタビューなどで、お世話になっている監督《かんとく》やコーチのために頑張った、恩返しができたというようなコメントをする光景をしばしば見かける。そこがいかにも日本的と言える。

私たちは、何事に関しても、絶えず相手の期待を意識して、それを裏切らないように行動しようとするようなところがあるのである。

そのため、人を疑わないだけでなく、嫌《いや》と言いにくいということになりがちである。たとえば、取引相手から、向こうに都合のよい条件を求められたときなど、海外の人なら即座《そくざ》に「それは無理」と言えるが、日本人の場合は相手の期待を裏切りたくないという気持ちが働くため、即座に拒否《きょひ》するということができない。それで不利な契約《けいやく》を結んでしまったりする。人の気持ちにとらわれるあまり、条件面についてじっくり検討する余裕《よゆう》を失ってしまうのである。

日本社会に「⑩忖度《そんたく》」がはびこるのも、相手の期待を裏切りたくないという思いが強いからと言える。

相手の意向を配慮《はいりょ》しつつ行動するのは、私たち日本人の基本的な行動原理となっている。

自分の意向に従って動き、相手を説得するのが基本的な行動原理となっている欧米《おうべい》人には信じがたいことだろうが、私たち日本人にとっては相手が何を期待しているかが重要なのだ。このことも良きにつけ悪《あ》しきにつけ⑪思考停止に陥《おちい》らせる要因と言えるだろう。

(榎本　博明『思考停止という病理《やまい》』より・一部改)

んななか、日本社会にも性善説では対応できないものごとが増えており、さまざまな詐欺《さぎ》行為が膨大《ぼうだい》な数に上っているが、相手を信頼すべきで疑ってはいけないといった思いを無意識のうちに抱《かか》えているため、いとも簡単に騙されてしまうのである。

数年前、大手建設会社が、土地の持ち主を装って不動産売買の詐欺を働く地面師集団に騙され、50億円以上の損害を被《こうむ》るという事件が明るみに出て大きな衝撃《しょうげき》を与えた。

その事件でも、土地の持ち主を装う売り主の身分確認をきちんとしていなかったことが致命《ちめい》的な結果につながっていた。身分確認をしつこくするのは失礼にあたる、そんなことをして気分を害してはいけないといった遠慮《えんりょ》が働いたのだろう。

私たち日本人は、ともすると⑧相手を疑うのは失礼だといった思いに縛《しば》られ、きちんとものごとを検討せずに相手の要求を受け入れてしまいがちである。そうした文化的に植えつけられている心の癖《くせ》を自覚し、しっかり考えて行動する必要があるだろう。

私たち日本人が騙されやすかったり、交渉《こうしょう》において相手のペースに巻《ま》き込《こ》まれやすかったりするのは、前項《ぜんこう》で指摘《してき》したように性善説に立ち、人を疑ってはいけない、相手を信じるべきである、と心に刻まれていることに加えて、相手の期待を裏切りたくないという心理が働いているためでもある。

⑨

教育心理学者臼井《うすい》博は、このハミルトンたちの子どもの達成動機に関する知見は、デヴォスによる日本の大人の達成動機についての知見と一致《いっち》するという。達成動機とは、ものごとを成し遂《と》げたいという心の動きを指す。デヴォスは、日本人が何かを成し遂げたいと思って頑張《がんば》るとき、その心の深層には母子の絆《きずな》があると指摘する。

変わり、味方になってくれたという作品がみられる。

[②-3]、小学校2年生用の「ニャーゴ」では、3匹《びき》の子ネズミが、本来、敵であるおじさんネコのことを無邪気に信じて親切にするため、このネズミたちを食べる機会を狙《ねら》っていたおじさんネコも、その無垢《むく》な行為《こうい》に心を動かされ、子ネズミたちに好意を抱《いだ》くようになる。

同じく小学校2年生用の「きつねのおきゃくさま」では、ひよこをもう少し太らせてから食べようと企《たくら》んでいる狐《きつね》が、親切を装《よそお》っている自分のことをすっかり信じ込み、やさしいお兄ちゃんと慕《した》うひよこの無邪気さに心を打たれ、いつの間にか[⑥]。そして、ついにはひよこの命を狙い襲《おそ》いかかってきたオオカミに立ち向かい、命を落としてまで狐はひよこを守ろうとする。

一方、⑦中国の教科書では、敵はあくまでも敵であり、うっかり同情すると痛い目に遭《あ》うことを諭《さと》し、けっして命を救おうなどとしてはならないことを強調する作品がみられる。

たとえば、小学校3年生用の「尻尾《しっぽ》を振《ふ》る狼《おおかみ》」では、狼が羊を騙《だま》そうとするが、羊は騙されず、最後には「猟師《りょうし》があなたを片付けに来る」と言い残して、狼のそばから離《はな》れていく。

小学校1年生用の「農夫と蛇《へび》」では、ある寒い冬の日、道で凍《こご》える蛇をかわいそうに思った農夫は、自分の懐に蛇を入れて温めてあげたところ、蛇はよみがえって農夫を噛《か》み、農夫は毒に当たって死んでしまう。死ぬ間際《まぎわ》に農夫は「蛇は人間には有害なやつだから、私がやつをかわいそうに思うことはまちがいだ」とつぶやく。

このような中国の教科書の内容をみると、日本人なら、小学校の子どもたちにこんな人間不信を植えつけるような内容を吹き込むなんて、と強い違和感《いわかん》を覚えざるを得ないはずだ。[②-4]、それは私たち日本人が性善説《せいぜんせつ》を当然のように掲《かか》げ、こちらが善意をもって接すれば、どんな相手も善意の人になってくれるはずと信じているからである。

そのように人格形成が行われているため、私たち日本人は、人の善意を裏切るようなことはしにくいし、人を疑うようなこともしにくいのである。

逆に中国の人々は、日本の教科書の内容をみれば、相手を信じて善意をもって接すればどんな敵も悪人も好意的になってくれるなんて甘い、そんな無邪気な態度では容易に騙されて痛い目に遭うだろうと呆《あき》れるに違《ちが》いない。

グローバル化の動きのなかで、物や人が国境を越えて移動するだけでなく、価値観も国境を越えて影響《えいきょう》を与えている。そ年生までの国語の教科書の内容を比較《ひかく》検討している。

その結果、③アメリカの教科書には「自己主張」「自立心・独立心」「強い意志」など、「強い個人」をテーマとする内容が非常に多いのに対して、日本の教科書ではそういったテーマの内容はきわめて少ないことがわかった。

アメリカの教科書の２０９篇《へん》、④日本の教科書の２１１篇を分析《ぶんせき》の対象としているが、「強い個人」というテーマはアメリカでは53篇もあるのに対して、日本ではわずか7篇にすぎなかった。細かく見ていくと、「自己主張」というテーマはアメリカの7篇に対して日本では皆無《かいむ》、「自立心・独立心」というテーマもアメリカの7篇に対して日本では皆無、「強い意志」というテーマはアメリカの15篇に対して日本ではわずか1篇であった。

アメリカの教科書で多く取り上げられている「自己主張」というテーマが、日本の教科書ではまったく取り上げられていない。このように、自己主張をよしとするアメリカ文化と自己主張は慎むべしとする日本文化の対照性が端的にあらわれている。

［②－２］、人間関係の描かれ方が非常に対照的であった。アメリカでは「暖かい人間関係」と「緊張感のある人間関係」が均等に描かれているのに対して、日本ではすべて「暖かい人間関係」になっている。「緊張感のある人間関係」というテーマは、アメリカでは24篇あるのに対して、日本では皆無だった。「暖かい人間関係」というテーマは、アメリカの23篇に対して日本では54篇と非常に多くなっていた。

このように、日本の教科書では、良好な人間関係ばかりが描かれ、対立的な人間関係はまったく描かれていないことがわかる。

人と人が対立するのは当然とみなすアメリカ文化と、人との対立を極力《きょくりょく》避《さ》けようとする日本文化、その［　⑤　］が、ここにも如実《にょじつ》にあらわれている。

「やさしさ、相手の気持ちになって」といったテーマも、アメリカの2篇に対して日本では16篇と非常に差が大きく、このような性質が日本独自の特徴《とくちょう》であることを示している。

また心理学者塘《とも》利枝子は、東アジア4ヵ国の小学校の教科書の分析を行っているが、そのなかの日中の比較結果には両文化にふさわしい人物像の対照性が見事にあらわれている。

日本の教科書では、敵とは知らずに無邪気《むじゃき》に善意を信じて懐《ふところ》に飛び込《こ》んだ結果、本来、敵であったはずの相手の気持ちが

2024年度

山手学院中学校

【国 語】〈特待選抜試験〉（五〇分）〈満点：一〇〇点〉

※選たく問題はすべて記号で答えなさい。
※字数制限のあるものは、句読点および記号も一字とする。

一 次の文章を読んで、あとの問いに答えなさい。

日本で生まれ育つと、当たり前のようになっており、とくに意識しないことも、海外の人と接すると強烈《きょうれつ》に意識せざるを得なくなるということがある。そのひとつが、人を疑わず信頼しようとする心理傾向《けいこう》だ。

私たちは、①生まれ落ちた社会の文化にふさわしい人間につくられていく。これを社会化と言うが、日本に生まれれば日本人らしく自己主張を慎《つつし》み、謙虚《けんきょ》さを身につけ、相手を尊重し、思いやりをもって相手の気持ちを汲《く》み取ろうとするようになるとともに、信頼すれば相手は必ずこちらの気持ちに応《こた》えてくれるはずと信じ、人を疑うのは失礼だといった感覚を身につけていく。

アメリカに生まれれば、アメリカ人らしく説得力を磨《みが》き、堂々と自己主張し、何でもはっきり口にするようになり、また人を警戒《けいかい》し、自己責任において自分の身を守る姿勢を身につけていく。

社会化の主な担《にな》い手は親であるが、その担い手は親ばかりではない。学校教育においても、その社会の求める人物像が示され、その社会を生きるために必要な性質を身につけるように促《うなが》す社会化が行われる。

［②－1］、学校教育において、どのような人物像を理想として社会化が行われているのか。それを端的《たんてき》に示しているのが教科書である。教科書に描《えが》かれている人物像、それは必ずしも人間として描かれるわけではなく、年少児対象の場合は動物であったりもするが、それを検討することで、その社会がどのような人物像を理想としているかを知ることができる。

元官僚《かんりょう》の今井康夫は、豊かな海外生活の体験をもとに日米の文化差に関心をもち、日本とアメリカの小学校1年生から6

2024年度 山手学院中学校 ▶解説と解答

算数 ＜特待選抜試験＞（50分）＜満点：100点＞

解答

[1] ⑴ ア － イ ＋ ウ ÷ エ × ⑵ 45 ⑶ 5 cm [2] ⑴ 16：9 ⑵ 4：3 ⑶ 19cm^2 [3] ⑴ 12.5％ ⑵ $11\frac{7}{8}$％ ⑶ 150 g [4] ⑴ 3本 ⑵ 8本 ⑶ 184本 [5] ⑴ 2：3 ⑵ 15cm ⑶ 5 [6] ⑴ 25.9 ⑵ ④ ⑶ （例） 解説を参照のこと。

解説

[1] 調べ，約数と倍数，長さ

⑴ $\left(\frac{1}{2}\boxed{\text{ア}}\frac{1}{4}\right)\boxed{\text{イ}}\left(\frac{1}{6}+\frac{1}{8}\right)\boxed{\text{ウ}}\left(\frac{1}{10}\boxed{\text{エ}}\frac{1}{12}\right)=\left(\frac{1}{2}\boxed{\text{ア}}\frac{1}{4}\right)\boxed{\text{イ}}\frac{7}{24}\boxed{\text{ウ}}\left(\frac{1}{10}\boxed{\text{エ}}\frac{1}{12}\right)$について，$\boxed{\text{ウ}}$を÷，$\boxed{\text{エ}}$を×とすると，$\left(\frac{1}{2}\boxed{\text{ア}}\frac{1}{4}\right)\boxed{\text{イ}}\frac{7}{24}\div\left(\frac{1}{10}\times\frac{1}{12}\right)=\left(\frac{1}{2}\boxed{\text{ア}}\frac{1}{4}\right)\boxed{\text{イ}}\frac{7}{24}\div\frac{1}{120}=\left(\frac{1}{2}\boxed{\text{ア}}\frac{1}{4}\right)\boxed{\text{イ}}\frac{7}{24}\times\frac{120}{1}=\left(\frac{1}{2}\boxed{\text{ア}}\frac{1}{4}\right)\boxed{\text{イ}}35$となり，$\boxed{\text{イ}}$より右側の計算結果を大きくすることができる。さらに，$\boxed{\text{ア}}$を－，$\boxed{\text{イ}}$を＋とすると，$\left(\frac{1}{2}-\frac{1}{4}\right)+35=\frac{1}{4}+35=35\frac{1}{4}$になり，計算結果が最も大きくなる。

⑵ 自然数とは，1以上の整数のことである。2024を素数の積で表すと，2024＝2×2×2×11×23となる。さらに，2×23＝46，2×2×11＝44より，2024＝46×44となる。よって，46＝45＋1，44＝45－1より，ある自然数は45とわかる。

⑶ 右の図で，外周のひも（太線）は，6つのおうぎ形の弧《こ》と，6本の直線を合わせたものである。六角形ABCDEFは正六角形だから，1つの内角の大きさは，180×（6－2）÷6＝120（度）である。よって，おうぎ形の中心角の大きさは，360－90×2－120＝60（度）なので，6つのおうぎ形の弧の長さの合計は，□×2×3.14×$\frac{60}{360}$×6＝□×6.28（cm）とわかる。また，6本の直線の長さの合計は，（□×2）×6＝□×12（cm）である。したがって，□×6.28＋□×12＝□×（6.28＋12）＝□×18.28＝91.4（cm）より，□＝91.4÷18.28＝5（cm）と求められる。

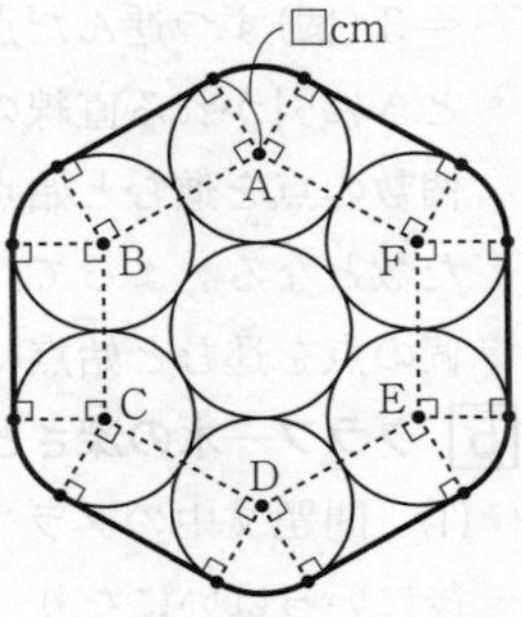

[2] 平面図形―相似，辺の比と面積の比

⑴ 右の図で，三角形ABFと三角形CEFは相似であり，相似比は，AB：CE＝8：（8－2）＝4：3だから，面積の比は，（4×4）：（3×3）＝16：9と求められる。

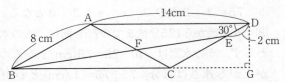

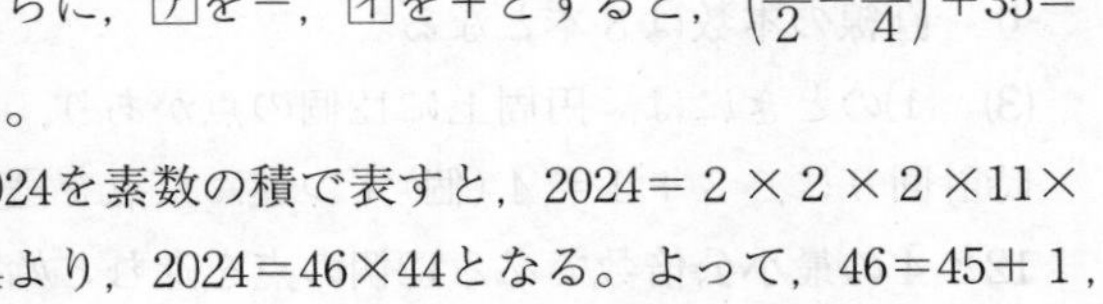

⑵ ⑴より，AF：CF＝4：3となる。三角形ABFと三角形BCFは，AF，CFをそれぞれの底辺としたときの高さが等しいので，面積の比は，底辺の長さの比と等しく4：3とわかる。

⑶ 角DCGの大きさは角ADCの大きさと等しく30度だから，三角形DCGは正三角形を半分にした

形の三角形になる。すると，DGの長さは，8÷2＝4(cm)とわかるので，三角形ACDの面積は，14×4÷2＝28(cm²)となる。よって，三角形FCEの面積は，$28\times\frac{CF}{CA}\times\frac{CE}{CD}=28\times\frac{3}{3+4}\times\frac{3}{4}=$ 9(cm²)だから，四角形AFEDの面積は，28－9＝19(cm²)と求められる。

3 濃度《のうど》

(1) 水525ｇに食塩75ｇを完全に溶《と》かしてできた，525＋75＝600(ｇ)の食塩水Ａの濃度は，75÷600×100＝12.5(％)である。

(2) 濃度が10％の食塩水Ｂ200ｇにふくまれている食塩の量は，200×0.1＝20(ｇ)なので，食塩水Ａを600ｇと食塩水Ｂを200ｇ混ぜ合わせて作った食塩水Ｃの量は，600＋200＝800(ｇ)，ふくまれている食塩の量は，75＋20＝95(ｇ)となる。よって，食塩水Ｃの濃度は，95÷800×100＝$11\frac{7}{8}$(％)と求められる。

(3) 食塩水Ｃに水を加えても，食塩の量は95ｇのままで変わらないから，食塩水Ｄの濃度を10％にするには，その量を，95÷0.1＝950(ｇ)にする必要がある。よって，加える水の量は，950－800＝150(ｇ)である。

4 約数と倍数

(1) m＝12，n＝3のときには，右の図Ⅰのようになり，直線の本数は3本となる。

(2) m＝8，n＝2のときには，右の図Ⅱのようになり，直線の本数は8本となる。

図Ⅰ

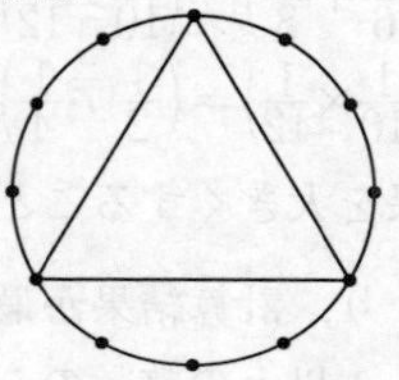

図Ⅱ

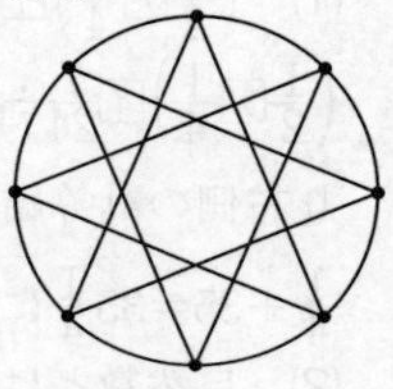

(3) (1)のときには，円周上に12個の点があり，始点から時計回りに，3＋1＝4(個)ずつ進んだ点を選ぶので，12と4の最小公倍数である12個の点を進むと始点に戻《もど》る。そのときに引かれる直線の本数は，12÷4＝3(本)である。また，(2)のときには，円周上に8個の点があり，始点から時計回りに，2＋1＝3(個)ずつ進んだ点を選ぶので，8と3の最小公倍数である24個の点を進むと始点に戻る。そのときに引かれる直線の本数は，24÷3＝8(本)である。このように，mと(n＋1)の最小公倍数の個数の点を進むと始点に戻り，そのときに引かれる直線の本数は，進む点の個数を(n＋1)で割った数となる。よって，m＝2024，n＝32のときには，2024と，32＋1＝33の最小公倍数である6072個の点を進むと始点に戻り，そのときに引かれる直線の本数は，6072÷33＝184(本)となる。

5 グラフ―水の深さと体積

(1) 問題文中のグラフより，右の図の(あ)は5分後，(い)は12.5分後にいっぱいになり，その後，(え)，(う)の順にいっぱいになると考えられる。よって，(あ)と(い)の容積の比は，5：(12.5－5)＝5：7.5＝2：3なので，x：yも2：3となる。

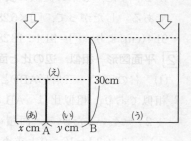

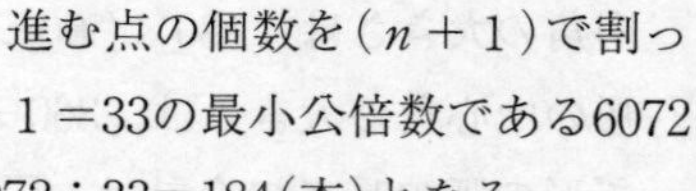

(2) 5分後から12.5分後までの7.5分間に，(あ)の水面の高さは変わらず，(う)の水面は，10－2.5＝7.5(cm)上がるので，(う)の水面が上がる速さは毎分，7.5÷7.5＝1(cm)とわかる。よって，12.5分後の(う)の水面の高さは，1×12.5＝12.5(cm)であり，このとき(あ)と(い)の水面の高さは(う)よりも2.5cm高いから，しきりＡの高さは，12.5＋2.5＝15(cm)と求められる。

(3) しきりＢの高さはしきりＡの高さの，30÷15＝2(倍)なので，(あ)，(い)，(え)の容積の和は，(あ)，

(い)の容積の和の2倍である。よって，(え)がいっぱいになるのは，12.5×2＝25(分後)であり，このとき(う)の水面の高さは，1×25＝25(cm)だから，アにあてはまる数は，30－25＝5(cm)とわかる。

6 表—平均

(1) 問題文中の偏《へん》差《さ》値の計算方法に，国語の点数，平均点，標準偏差，偏差値をあてはめると，$58.8=\frac{10\times(84-61.2)}{ア}+50$となる。よって，$58.8=\frac{228}{ア}+50$，$\frac{228}{ア}=58.8-50=8.8$，ア＝228÷8.8＝25.90…より，25.9と求められる。

(2) ① 問題文では試験と苦手意識の関係が説明されていないので，あてはまらない。 ② 国語で高得点の人が少ない場合でも，みんなの取った点数が平均点の61.2点に近いところに集まっていれば，標準偏差が小さくなる。すると，偏差値の計算方法より，国語の偏差値が算数よりも高くなることがあるから，ふさわしくない。 ③，④ ②で述べたように，みんなの取った点数が平均点に近いところに集まっているほど，標準偏差が小さく(低く)なる。そのため，自分の点数と平均点の差が同じ場合でも，標準偏差が小さいほど偏差値も高くなるので，④が正しい。なお，③は，「算数」と「国語」を逆にすると，正しくなる。

(3) Aさんの社会の偏差値は，$\frac{10\times(57-45.8)}{9.9}+50=61.31\cdots$より，61.3である。また，理科の偏差値は，$\frac{10\times(65-42.6)}{19.8}+50=61.31\cdots$より，61.3である。これらが等しくなるのは，(57－45.8)：(65－42.6)＝1：2，9.9：19.8＝1：2となるから，つまり，理科と社会の，「自分の点数と平均点の差」の比と，「標準偏差」の比が等しいからである。

国 語 ＜特待選抜試験＞（50分）＜満点：100点＞

解 答

一 問1 エ　問2 ②—1 ウ　②—2 オ　②—3 ア　②—4 エ　問3 ③ ア　④ ウ　⑦ イ　問4 対照性　問5 (例) ひよこを食べようという気持ちをなくす(。)　問6 相手を信頼　問7 オ→イ→エ→ウ→ア　問8 ウ　問9 (1) (例) 絶えず相手の期待を意識して，それを裏切らないように行動する　(2) (例) 交渉でもじっくり検討せず要求を受け入れてしまう　二 問1 ウ　問2 A エ　B ア　C イ　問3 エ　問4 (1) (例) 食べるころにはくさってしまっていた　(2) (例) ぴったりのサイズになるころにははき古していた　問5 (例) ほかのみんながぴかぴかの上靴なのに，ひとりだけゾウリをはかされているのは恥ずかしいと思うはずだから。　問6 (例) シスターの靴が宝石のようにぴかぴかに磨き上げられていること。　問7 イ　問8 エ　問9 じぶんの足～だろうか。　問10 ウ　問11 (例) 自分の信念や美意識を持って強く生きていくこと。　三 ①～⑧ 下記を参照のこと。　⑨ ちせい(じせい)　⑩ ぞうひょう(ざっぴょう)

●漢字の書き取り

三 ① 成算　② 新調　③ 重宝　④ 豆乳　⑤ 路上　⑥ 内蔵　⑦ 垂(らす)　⑧ 晴耕

解　説

一 **出典：榎本博明《えのもとひろあき》『思考停止という病理《やまい》―もはや「お任せ」の姿勢は通用しない』**。相手の意向を配慮《はいりょ》しつつ行動するのは日本人の基本的な行動原理となっており，このことが思考停止につながっていると述べている。

問１　続く部分に「自己主張を慎《つつし》み」，「信頼《しんらい》すれば相手は必ずこちらの気持ちに応えてくれるはずと信じ」とあるので，これらの内容を言いかえているエが選べる。「わたる（渡る）世間に鬼《おに》はなし」は，“世間には薄情《はくじょう》な人ばかりではなく情け深い人もたくさんいる”という意味。なお，アの「えん（縁）の下の力持ち」は，“かげで支えている人”という意味。イの「言わぬが花」は，“ありのままにはっきりと言わないほうが，かえって奥《おく》ゆかしさもあるし，さしさわりもない”という意味。ウの「情けは人のためならず」は，“人に情けをかけておけばめぐりめぐって自分によい報《むく》いがある”という意味。

問２　**②―１**　直前の段落では，「親」だけでなく「学校教育」も「社会化」を担《にな》うと述べられている。そして，続く部分では，「学校教育」での「社会化」について，くわしく説明されている。よって，前のことがらを受けて，それをふまえながら次のことを導く働きの「では」が合う。
②―２　アメリカと日本の教科書での，「『自己主張』というテーマ」のあつかい方と，「人間関係の描《えが》かれ方」の「対照性」が，前後で並べられている。よって，あることがらに次のことがらをつけ加える働きの「また」がよい。　**②―３**　続く二つの段落では，直前の段落で取り上げられた「作品」の例について説明されている。よって，具体的な例をあげるときに用いる「たとえば」が入る。　**②―４**　「日本人」は「中国の教科書」の「人間不信を植えつけるような内容」に「違《い》和《わ》感を覚え」るだろうが，それは「性善説」にもとづいているからだと述べる文脈なので，前のことがらに対し，後のことがらが対立する関係にあることを表す「でも」があてはまる。

問３　③，④，⑦　ア　少年は，納得《なっとく》のいかない指示には従わない，「自己主張」のできる「強い個人」である。また，少年と先生の関係は，「緊張《きんちょう》感のある人間関係」である。よって，「アメリカの教科書」であると考えられる。　イ　男はどくろの言うことを信じず，どくろも男の提案を受け入れない。これは，「人間不信を植えつけるような内容」の例があげられている「中国の教科書」のようすにあてはまる。　ウ　ピーターを中心とした「暖かい人間関係」が描かれているので，「日本の教科書」であると判断できる。

問４　「元官僚《かんりょう》の今井康夫は」で始まる段落から，「『やさしさ，相手の気持ちになって』といったテーマも」で始まる段落まででは，アメリカと日本の教科書や文化の「対照性」について説明されている。「対照」は，性質の違《ちが》うものを並べたときの，はっきりした違い。

問５　「きつねのおきゃくさま」が，少し前の「敵とは知らずに無邪気《むじゃき》に善意を信じて懐《ふところ》に飛び込《こ》んだ結果，本来，敵であったはずの相手の気持ちが変わり，味方になってくれたという作品」の例としてあげられていることに注意する。「ひよこをもう少し太らせてから食べようと企《たくら》んでいる狐《きつね》」の「気持ちが変わ」る場合，ひよこを食べようという気持ちをなくすはずである。

問６　傍線《ぼうせん》部⑧は，直接的には直前の一文の，「私たち日本人は，ともすると相手を疑うのは失礼だといった思いに縛《しば》られ」ることを指している。少し前に，これと似た「相手を信頼すべきで疑ってはいけないといった思いを無意識のうちに抱《かか》えている」という表現がある。

問７　空らん⑨の直前では「日本人」の「心理」について述べられているので，この内容を「そうした心理的特徴《とくちょう》」で受けるオが最初になる。また，「日本とアメリカの小学校５年生を対象」とした「比較《ひかく》研究」の話題を始めるイの次は，この「比較研究」を「そのなかで」で受けるエとなる。さらに，エの「理由」について，「アメリカの子ども」の場合を説明するウ，「それに対して，日本の子ども」と説明するアが続く。よって，オ→イ→エ→ウ→アとなる。

問８　直後の一文「相手の意向を配慮しつつ行動するのは，私たち日本人の基本的な行動原理となっている」は，傍線部⑩をふくむ「日本社会に『忖度《そんたく》』がはびこる」と似た内容を述べたものであると推測できる。よって，「相手の意向を配慮」と似た内容のウが選べる。なお，「忖度」は，相手の心や考えを推《お》し量ること。

問９　⑴，⑵　ここでの「思考停止」とは，「取引相手」と交渉《こうしょう》するさいに，「条件面についてじっくり検討する余裕《よゆう》を失ってしま」い，「向こうに都合のよい条件」を受け入れてしまうようなことである。また，日本人がそのように行動する理由については，日本人が「何事に関しても，絶えず相手の期待を意識して，それを裏切らないように行動しようとする」からだと述べられている。

二　出典：須賀敦子《すがあつこ》『ユルスナールの靴《くつ》』。じぶんの足にぴったりな靴と出会えなかったことを嘆《なげ》く「私」が，靴にまつわるさまざまな思い出をつづっている。

問１　最後のほうに「戦争の終わった年は，春から空襲《くうしゅう》が毎晩つづいた」とあることから，この「戦争」は昭和時代の太平洋戦争（第二次世界大戦）とわかる。

問２　**Ａ**　後に「行きたいところ，行くべきところぜんぶにじぶんが行っていないのは，あるいは行くのをあきらめたのは，すべて，じぶんの足にぴったりな靴をもたなかったせいなのだ，と」という嘆きがあり，これが「完璧《かんぺき》な靴に出会わなかった不幸をかこ」つようすにあたると推測できる。よって，嘆きを「ぐち」と表しているエがよい。なお，「かこつ」は，“嘆く”“ぐちを言う”という意味。　**Ｂ**　「息がつまる」は，“呼吸ができなくなる”“極度に緊張を強《し》いられて，息苦しい気分になる”という意味なので，アが選べる。　**Ｃ**　前にある「変哲《へんてつ》もない」は“とくに変わった点もない”という意味なので，これと似ているイがよい。なお，「てらい」は，実際以上によく見せかけること。または，知識や才能をひけらかすこと。

問３　「みたいに」とあるので，「みたいだ（な）」「ようだ（な）」などの，直接たとえを示す言葉を用いた直喩《ちょくゆ》（比喩の一種）である。なお，アの体言止めは，「夜空にいっぱいの星」のように，文や行の末尾《まつび》を体言（名詞）で止める技法。イの暗喩は，「みたいだ」などを使わないたとえの表現。ウの擬人《ぎじん》法は，「台風が暴れる」のように，人でないものを人に見立てて表現する技法である。

問４　⑴，⑵　「ぼく」は，「子供のとき，リンゴというといつもくさったのしか食べなかったような気がするよ」と言っているように，「おばあさんのケチ」のために，食べごろのリンゴを食べさせてもらえなかった。これと同様に，「私」は「おとなたち」のケチのために，「一サイズ，大きめ」の靴ばかりをあたえられていたので，足が成長して「ぴったりのサイズになるころ」には，靴が古くなってしまったのだと考えられる。

問５　「黒の革製《かわせい》」の靴をはいた生徒たちの中に「赤い鼻緒《はなお》の大きなゾウリ」をはいた生徒がいれば，非常に目立つと考えられる。「私」がこのことを恥《は》ずかしいと感じるような性格だったならば，「ずいぶんきつい罰則《ばっそく》」になったはずである。

問６　「黒曜石」は黒色透明《とうめい》のガラス質の火山岩で，光沢《こうたく》があり，縄文《じょうもん》時代にナイフや矢じりなどに用いられたことで知られる。また，上靴を「ぴかぴかに磨《みが》いて」くることを生徒たちに求めたシスターたちは，自分の靴も「ぴかぴかに磨いて」いたはずである。これをふまえ，「シスターの黒い革靴がぴかぴかに磨き上げられていること」のようにまとめる。

問７　前で「私」が「外国人のシスター」の靴を「あれこそが靴だ」と言っていることや，最後のほうの「いつになったら，日本人にこういう靴が造れるようになるかなあ」という父の言葉などから，「私」や父が靴に西洋文化を重ねていることがわかる。よって，イの「西洋」が入る。

問８　学校は「空襲で逃《に》げるとき下駄《げた》はあぶない」という理由で靴で登校するように言ったが，「私」はその言いつけを守らずに下駄で登校している。シスターは，そんな「私」をとがめる気持ちで「じっと私の足もとを見つめてい」たと考えられるので，エがふさわしい。

問９　最初のほうで「私」は，「これまで」の人生で「完璧な靴に出会わなかった不幸」を悲しんで，「じぶんの足は，完璧な靴に包まれる資格をうしなってしまったのだろうか」と自問している。

問10　最初のほうに「完璧な靴に出会わなかった不幸をかこちながら，私はこれまで生きてきたような気がする」とあるように，大人になった「私」は靴にまつわるさまざまな思い出を通してこれまでの自分の人生を振《ふ》り返っているので，ウがあてはまる。

問11　波線部Ⅰ，Ⅲの「どこまでも歩いていける」，波線部Ⅱの「どこにでもひとりで行こう」からは，強く自立的に生きていきたいという「私」の思いが読み取れる。また，「あの靴が一生はけるなら，結婚《けっこん》なんてしないで，シスターになってもいい」とあることから，「私」が靴を信念や美意識の象徴とととらえていることがわかる。

三　漢字の書き取りと読み

①　成功の見こみ。　②　新しくつくりととのえること。　③　使って便利なようす。または，便利なものとして用いること。　④　大豆をすりつぶし，煮立《にた》てたものをこしてつくる乳状の液体。　⑤　道の上。道ばた。　⑥　内部に組みこまれていること。　⑦　音読みは「スイ」で，「垂直」などの熟語がある。　⑧　「晴耕雨読」は，晴れた日は外で田畑を耕し，雨の日は家で読書するというように，自分の思いのままにゆったりと暮らすこと。　⑨　支配者として世を治めること。　⑩　身分の低い兵士。

2023年度 山手学院中学校

【算　数】〈Ａ日程試験〉（50分）〈満点：100点〉

〔注意〕　分数は，それ以上約分できない形にして答えなさい。

1　次の□の中に適する数を書きなさい。

(1)　$(0.1\times100+0.01\div0.001)\div0.01-0.001\div0.01\times10=$□

(2)　$(2.25-$□$)\times\frac{4}{7}-\frac{1}{5}=0.8$

2　次の□の中に適する数を書きなさい。

(1)　Ａさんの今までのテストの平均点は79点ですが，□回目のテストである次のテストで97点とれば，平均点は82点になります。

(2)　時計がちょうど７時12分を示しているとき，時計の長針と短針がつくる小さい方の角の大きさは□度です。

(3)　次の図の四角形ABCDはAB＝10cm，AD＝17cmの長方形です。このとき，斜《しゃ》線部分の面積は，□cm^2です。

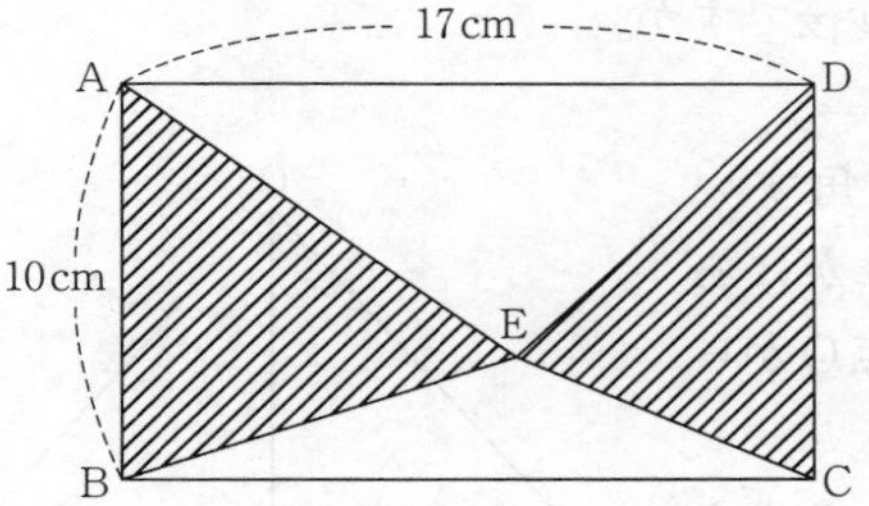

3　100以上300以下の偶数について，次の各問いに答えなさい。

(1)　この偶数は何個ありますか。

(2)　この偶数のうち，３で割り切れる整数は何個ありますか。

(3)　この偶数のうち，３または５で割り切れる整数は何個ありますか。

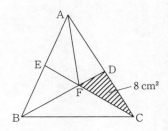

4　右の図で，AD：DC＝5：4，AE＝EB，三角形CDFの面積が8cm^2のとき，次の各問いに答えなさい。ただし，FはBDとCEの交わる点とします。

(1)　三角形ADFの面積は何cm^2ですか。

(2)　三角形BCFの面積は何cm^2ですか。

(3)　BF：FDを最も簡単な整数の比で表しなさい。

5　整数がある決まりにしたがって，次のように並んでいます。

1，2，1，3，2，1，4，3，2，1，5，4，3，2，1，……

このとき，次の各問いに答えなさい。

(1)　初めて10があらわれるのは，左から数えて何番目ですか。

(2)　左から数えて100番目の整数はいくつですか。

(3)　左から数えて100番目までの整数をすべて加えるといくつですか。

6　弟は午前８時40分に家を出て歩いて図書館に向かいました。しばらくして兄は弟が忘れ物をしたことに気づき，自転車で追いかけました。自転車の速さは毎分 110ｍ です。その後，弟も忘れ物に気づき，歩くときの1.5倍の速さで走って取りに戻りました。グラフは弟が家を出てからの時間と，２人の間の距離《きょり》の関係を表したものです。このとき，次の各問いに答えなさい。

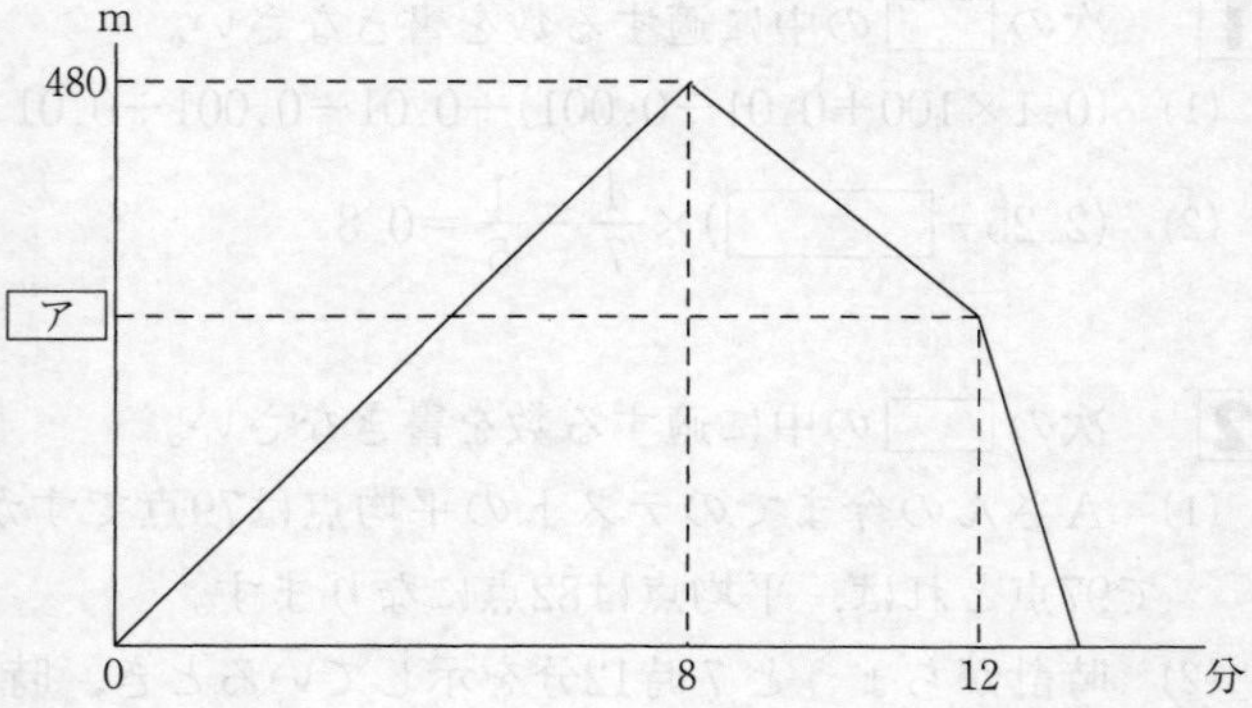

(1)　兄が家を出た時刻は午前何時何分ですか。

(2)　グラフの ア にあてはまる数はいくつですか。

(3)　２人が出会うのは，兄が家を出発してから何分何秒後ですか。

7　右の図のようなすべての辺の長さが等しい三角すいOABCがあります。点Ｐは三角すいの頂点のいずれかにあり，１秒ごとに隣《となな》り合う点に移動します。点Ｐが頂点Ｏから出発するとき，次の各問いに答えなさい。

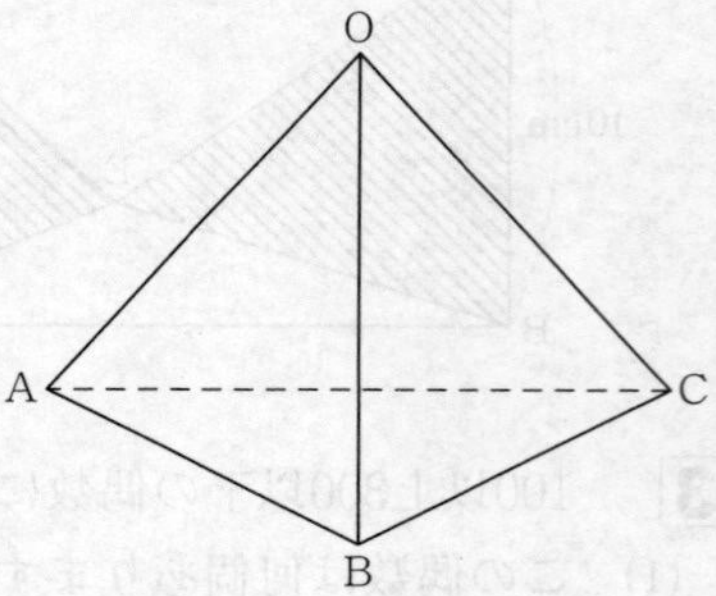

(1)　点Ｐが出発してから３秒後に点Ａ，Ｂ，Ｃ，Ｏにあるような移動の仕方はそれぞれ何通りですか。

(2)　点Ｐが出発してから４秒後に点Ｏにあるような移動の仕方は何通りですか。

(3)　点Ｐが出発してから５秒後に点Ｏにあるような移動の仕方は何通りですか。

【社　会】〈A日程試験〉(40分)〈満点：80点〉

1　次の文章を読み，表1～5を見て，あとの問いに答えなさい。なお文章中と表1～5の同じ記号，番号の空らんには同じ言葉が入ります。

日本は(a)明治時代以降，工業化をすすめ，その経済力を背景に，世界の国々と(b)貿易を行ってきました。現在では多くの農水産物が輸入され，そのことで(c)私たちの食生活は多様性に富んでいます。一方，食料の多くを輸入にたよることにはさまざまな問題もあります。

具体的に見てみましょう。下の表1・2，次のページの表3は私たちの生活に欠かせない穀物〈 A 〉に関連したものです。日本の〈 A 〉の生産は1960年代の後半になるまではほぼ100万トンをこえていましたが，外国産のほうが安いなどの理由により，生産量が減少していきました。1980年代以降に米からの転作をすすめたこともあり，〈 A 〉の生産量は少し増えましたが，いぜんとして大部分を輸入にたよっています。

日本の〈 A 〉の輸入先は(1)，カナダ，(2)の3か国で輸入量全体の99%を占めています。国内で生産するよりも安い〈 A 〉を輸入することは合理的ですが，問題点もあります。2022年の2月に始まった(3)による(4)侵攻《しんこう》は〈 A 〉の国際的な価格に大きな影響《えいきょう》をあたえています。このように戦争や天候不順などが原因となり，価格が変動して，安定した食料の供給が難しくなってしまうことがあります。

畜産についても見てみましょう。次のページの表4は〈 B 〉の国内での生産量とその割合です。畜産が(d)北海道，(e)九州地方に集中していることが分かります。一方，次のページの表5は〈 B 〉の肉の日本の輸入先です。令和元年度の肉類の※1自給率は牛肉が35%，豚肉が49%，とり肉が64%でしたが，(f)飼料《しりょう》の自給率を反映させると，牛肉は9%，豚肉は6%，とり肉は8%と自給率は大きく下がってしまいます。

このような状況を改善するため，政府は令和12年度までに※2食料自給率を45%まで上げることを目標にかかげています。食料自給率を上げることは，(g)環境への負担を下げることにもつながります。これからの地球のためにも，まずは私たちの身の回りにある食べ物が，どのようにして作られ，どこから運ばれてきたのかを知ることが大切なのかもしれません。

※1　重量ベース(生産量や輸入量に使われる「重さ」を用いて，国産品の割合を示したもの)

※2　カロリーベース(国内で消費される各食品のカロリーの合計と，そのうちの国産品のカロリーの合計を求め，国産品の割合を示したもの)

表1　〈 A 〉の生産量上位5か国(2019年)

	万トン	%
中国	13360	17.5
インド	10360	13.5
(3)	7445	9.7
(1)	5258	6.9
フランス	4060	5.3
世界合計	76498	100.0

表2　〈 A 〉の輸出量上位5か国(2019年)

	万トン	%
(3)	3187	17.7
(1)	2707	15.0
カナダ	2281	12.7
フランス	1996	11.1
(4)	1390	7.7
世界合計	18017	100.0

表３　日本の〈 Ａ 〉の輸入先(2019年)

	万トン	％
(１)	252.1	47.3
カナダ	183.2	34.4
(２)	88.9	16.7
合計	533.1	100.0

表５　〈 Ｂ 〉の肉の輸入相手国(2020年)

	％
(２)	45.4
(１)	42.2
カナダ	5.0
その他	7.4

輸入計60万トン

表４　日本国内の〈 Ｂ 〉の生産量とその割合(2021年)

	万	％
北海道	53.6	20.6
鹿児島	35.1	13.5
宮崎	25.0	9.6
熊本	13.5	5.2
岩手	9.1	3.5
全国	260.5	100.0

※出題の都合上，単位は省略されています。

〈矢野恒太記念会『日本のすがた2022(日本国勢図会ジュニア版)』をもとに出題者が作成。〉

問１　表１～５中と文中の(１)～(４)にあてはまる最もふさわしい国名を次の中から選び，記号で答えなさい。

ア．アメリカ　　イ．イギリス　　ウ．ウクライナ

エ．ウルグアイ　　オ．オーストラリア　　カ．ブラジル

キ．ベラルーシ　　ク．ロシア

問２　文中と表１～３の〈Ａ〉にあてはまる最もふさわしい穀物名を答えなさい。

問３　文中と表４・５の〈Ｂ〉にあてはまる最もふさわしいものを次の中から選び，記号で答えなさい。

ア．肉用牛　　イ．肉用若鳥

ウ．羊　　エ．豚

問４　下線部(a)について，次のページの４つのグラフは2019年度の日本の代表的な工業地帯・工業地域(京浜・中京・阪神・東海)のいずれかの生産額の割合を示したものです。Ｂ・Ｃの工業地帯・工業地域の説明として最もふさわしいものをア～エの中からそれぞれ１つずつ選び，記号で答えなさい。

ア．古くからせんい工業や，陶磁器を中心としたよう業がさかんであったが，第二次世界大戦後，四日市の石油化学工業などを中心に重化学工業が急速に発展した。中でも豊田の自動車工業を中心に，機械工業の占める割合が高いのが特ちょうである。

イ．第一次世界大戦後に，沿岸部のうめ立て地に大きな工場や火力発電所が作られ，臨海工業地帯として発展した。第二次世界大戦後の長い期間，日本第一の総合工業地帯として発展していたが，近年ではその地位は下がっている。

ウ．二大工業地帯の中間にあり，さらに水力による電力や豊富なわき水などによる工業用水が豊かで，地元の資源をもとに発展してきた。輸送機械や食料品工業に加え，豊かな水資源を活用した紙・パルプなどの産業もさかんである。

エ．明治時代のぼう績業から始まり，重工業が発達してきた。第二次世界大戦前には日本最大の工業地帯となったが，近年ではその地位は下がっている。他の工業地帯・地域と比べると，生産額に占める中小工場の割合が大きい。

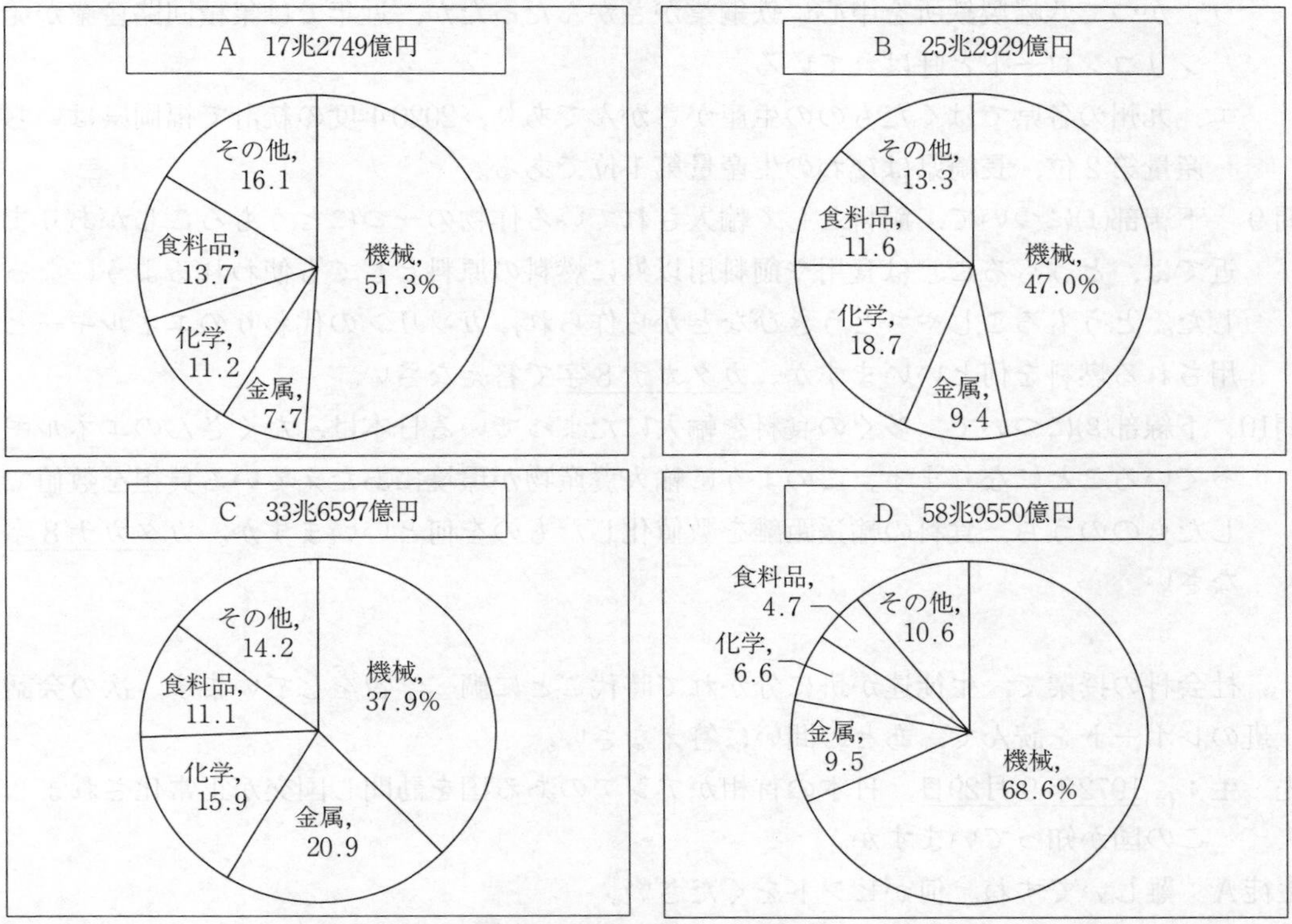

〈矢野恒太記念会『日本のすがた2022(日本国勢図会ジュニア版)』をもとに出題者が作成。〉

問５　下線部(b)について，日本の貿易に関して説明した文としてまちがっているものを次の中から１つ選び，記号で答えなさい。

ア．日本は石油・液化ガスなどのエネルギー資源や，鉄鉱石などの工業原料の多くを輸入にたよっている。

イ．日本は原料を輸入し，それを加工して工業製品として輸出する加工貿易がさかんである。

ウ．日本の最大の貿易相手はEUであり，日本とEU間で貿易をめぐる問題が生じたことはない。

エ．日本の主な貿易港の中では，近年成田国際空港が輸出入の合計額第１位である。

問６　下線部(c)について，食生活が豊かになる過程で，米の消費量が少なくなりました。その結果，1970年頃から休耕や転作をすすめ，農家に補助金を支給する政策を行ってきました。農家の意欲を下げてしまうことや，市場での競争力が下がってしまうことを理由に，2018年に廃止《はいし》されたこのような政策を何といいますか。解答らんに合わせて漢字２字で答えなさい。

問７　下線部(d)について，もともとは泥炭地《でいたんち》で農業に向いていなかったが，客土による土地改良と米の品種改良で，北海道有数の米の産地となった平野の名前を答えなさい。

問８　下線部(e)について，九州地方の説明として正しいものを次の中から１つ選び，記号で答えなさい。

ア．九州北部には高くて険しい九州山地が走っている。その多くは火山であるため，九州北部には火山灰でおおわれたシラス台地が広がっている。

イ．九州地方の気候は，千島海流と日本海流が近海を流れるため全体的に温暖である。九州北部は日本海に面しているが，夏に雨が多い気候である。

ウ．かつて八幡製鉄所を中心に鉄鋼業がさかんだったが，近年では集積回路産業が発達し，シリコンロードと呼ばれている。

エ．九州の各県ではくだものの生産がさかんであり，2020年度の統計で福岡県はいちごの生産量第２位，長崎県はびわの生産量第１位である。

問９　下線部(f)について，飼料として輸入されている作物の一つにとうもろこしがあります。最近では，とうもろこしは食用や飼料用以外に燃料の原料としても使われるようになってきました。とうもろこしやさとうきびなどから作られ，ガソリンの代わりのエネルギーとして使用される燃料を何といいますか。カタカナ８字で答えなさい。

問10　下線部(g)について，多くの食料を輸入にたよっている日本は，たくさんのエネルギーを使っていることになります。このように輸入農産物が環境にあたえている負担を数値であらわしたもののうち，食料の輸送距離《きょり》を数値化したものを何といいますか。カタカナ８字で答えなさい。

2　社会科の授業で，生徒達が班に分かれて時代ごとに調べ学習をしています。次の会話文や各班のレポートを読んで，あとの問いに答えなさい。

先　生：(a)1972年９月29日，日本の首相がアジアのある国を訪問し国交が正常化されました。どの国か知っていますか。

生徒Ａ：難しいですね。何かヒントをください。

先　生：２つヒントを出します。１つ目は両国の友好の証《あかし》として，その国から日本へ初めて２頭のパンダがおくられました。２つ目は，2008年８月と2022年２月にこの国の首都で(b)オリンピックが行われました。

生徒Ｂ：ということは，北京オリンピックなので中国のことですね。

先　生：正解です。それでは，今日の授業は時代ごとにグループに分かれ，日本と中国のつながりについて調べ，レポートにまとめましょう。

＜１班＞

①　聖徳太子(厩戸王)は小野妹子に国書を持たせ，中国に使いとして送った。

②　朝鮮半島では，新羅が中国と結んで百済を滅《ほろ》ぼした。中大兄皇子は百済からの助けの求めに応じて朝鮮半島に大軍を送ったが戦いに敗れた。これを白村江の戦いという。

③　中国にならい，(c)大宝律令が制定された。この翌年，中国に使いを送った。

＜２班＞

○　朝鮮で甲午農民戦争がおこり，これをしずめるために【X】中国が朝鮮に兵を送ると，日本も同様に兵を送った。その後も，両国ともに兵を引かなかったために戦争が始まった。日本は各地で勝利し，【X】中国との間で(d)下関条約が結ばれた。

＜３班＞

○　日本の関東軍は奉天郊外《ほうてんこうがい》の柳条湖で南満州鉄道を爆破《ばくは》し，これを中国のしわざとして戦いを始め，満州を占領《せんりょう》した。これを(e)満州事変という。

○　日本は中国の南に勢力を広げようとし，北京郊外の盧溝橋で日本と中国の両軍が衝突《しょうとつ》したことをきっかけに(f)日中戦争が始まった。

＜４班＞

④　中国の都にならい完成した平安京に都が移された。

⑤　(g)最澄と空海が中国にわたり，それぞれが日本に帰国した後に宗派を開いた。

⑥　菅原道真が意見したことなどによって，日本は長らく続けていた中国への使いを停止した。その後，彼は九州の(　１　)に流された。

⑦　平清盛は大輪田泊を改修して，中国との貿易を行った。

＜５班＞

○　【Y】中国の都にならい完成した平城京に都が移された。

○　大仏開眼《かいげん》供養《くよう》が行われ，インドや【Y】中国から来た僧をふくめて１万人が参加した。

○　暴風雨等のために，【Y】中国より何度も日本へわたることに失敗した(　２　)は，６度目にしてようやく日本にわたることができた。

＜６班＞

○　(h)足利義満は，幕府の収入を増やそうと考え中国との(i)貿易を行った。

○　嵐《あらし》にあったポルトガル人を乗せた中国船が種子島に流れ着き，日本に(j)鉄砲を伝えた。

＜７班＞

○　日本には100あまりの国があり，中にはみつぎ物を持って定期的に楽浪郡に使いを送る国があった。

○　中国の皇帝《こうてい》より，日本のある国の王が(k)金印を授《さず》けられた。

○　日本の国王である帥升等《ら》が奴隷《どれい》160人を中国の皇帝に献上《けんじょう》した。

○　邪馬台国の女王が中国の皇帝から金印等を授かり，「(　３　)」の称号《しょうごう》を受けた。

＜８班＞

○　【Z】中国が高麗を使いとして日本に従うよう要求してきたが，幕府８代執権である北条時宗はこれを拒否《きょひ》した。そのため【Z】中国は，日本に(l)２度襲来《しゅうらい》した。

＜９班＞

○　(m)第一次世界大戦中，日本は中国に対して二十一か条の要求をした。

＜10班＞

○　讃《さん》・珍《ちん》・済《せい》・興《こう》・(n)武《ぶ》と記された日本の５人の王が，計13回にわたり中国に使いを送った。

＜11班＞

○　幕府は，(o)キリスト教の布教に関係のないオランダと中国だけに長崎での貿易を許した。

問１　下線部【X】，【Y】，【Z】が示している中国の王朝名として正しいものを，次の中からそれぞれ１つ選び，記号で答えなさい。

ア．後漢　　イ．清　　ウ．明　　エ．魏　　オ．宋

カ．元　　キ．隋　　ク．秦　　ケ．唐

問２　下線部(a)について，この日付から50年後までの出来事として最もふさわしいものを次の中から１つ選び，記号で答えなさい。

ア．鳩山一郎首相が，日ソ共同宣言に調印し，日本とソ連両国の国交が正常化した。

イ．佐藤栄作首相が，首相を退任した後にノーベル平和賞を受賞した。

ウ．吉田茂首相が，サンフランシスコ平和条約を結んだ。

エ．岸信介首相が，新しい日米安全保障条約を結んだ。

問３　下線部(b)について，1964年にアジアで初めてとなる東京オリンピックが行われました。東

京オリンピックが行われるよりも前の出来事として，最もふさわしいものを次の中から１つ選び，記号で答えなさい。

ア．株や土地の価格が急上昇《きゅうじょうしょう》し，バブル景気となった。

イ．公害問題がおきたことで，公害対策基本法が制定された。

ウ．日本国憲法が公布され，その半年後に施行《しこう》された。

エ．第四次中東戦争がきっかけで，第一次石油危機がおこった。

問４　下線部(c)について，大宝律令の内容として正しいものを次の中から１つ選び，記号で答えなさい。

ア．雑徭は国司の命令で国の土木工事などにつく労役で，年間で働く日数は限られていた。

イ．租は１段《たん》の田につき，稲を二束《そく》二把《わ》おさめるものであった。二束二把とは，収穫《かく》量の約30％の税である。

ウ．政府は，毎年つくる戸籍に人々を登録し，その戸籍にもとづいて６歳以上の男女に口分田をあたえた。

エ．成年男子は３～４人につき１人の割合で兵士として集められ，その中には都を警備する衛士や東北を守る防人などの兵役の義務があった。

問５　１班のレポート①～③について，「大化の改新」が行われたのは次のア～エのどの時期ですか。正しいものを１つ選び，記号で答えなさい。

ア．①の前　　イ．①と②の間　　ウ．②と③の間　　エ．③の後

問６　下線部(d)について，次の[語群]は下関条約が結ばれた前後の出来事です。下関条約が結ばれた後の出来事はいくつあるか，下の中から１つ選び，記号で答えなさい。

[語群]

三国干渉　　大日本帝国憲法の制定　　民撰議院設立の建白書の提出

廃藩置県　　日比谷焼きうち事件

ア．１つ　　イ．２つ　　ウ．３つ

エ．４つ　　オ．５つ

問７　下線部(e)と(f)の間に，日本では五・一五事件がおこり，犬養毅首相が暗殺されました。これにより８年続いた◯◯政治(内閣)が終わり，軍人や役人等からなる内閣がつくられました。○○に入るふさわしい語句を，漢字２字で答えなさい。

問８　下線部(g)について，最澄と空海の説明として正しいものを次の中から１つ選び，記号で答えなさい。

ア．最澄は，比叡山に延暦寺を建て浄土宗を広めた。

イ．最澄は，書道にすぐれ弘法大師《こうぼうだいし》と呼ばれた。

ウ．空海は，嵯峨天皇から教王護国寺(東寺)をあたえられた。

エ．空海は，高野山に金剛峯寺を建て日蓮宗を広めた。

問９　文中の(１)にあてはまる語句を，漢字で答えなさい。

問10　４班のレポート④～⑦について，「白河上皇による院政」が行われたのは次のア～エのどの時期ですか。正しいものを１つ選び，記号で答えなさい。

ア．④と⑤の間　　イ．⑤と⑥の間　　ウ．⑥と⑦の間　　エ．⑦の後

問11　文中の(２)にあてはまる人物名を，漢字で答えなさい。

問12　下線部(h)について，足利義満のころの北山文化の説明として正しいものを次の中から１つ選び，記号で答えなさい。

ア．金閣がつくられた。

イ．『日本書紀』が編さんされた。

ウ．平等院鳳凰堂がつくられた。

エ．『奥の細道』がつくられた。

問13　下線部(i)について，足利義満が中国と行った貿易の説明として正しいものを次の中から１つ選び，記号で答えなさい。

ア．倭寇と区別するため，正式な貿易船に朱印状を持たせた。

イ．輸出品としては，銅銭やいおうなどがある。

ウ．琉球王国に依頼《いらい》し，南蛮貿易を行った。

エ．日本が臣下となり，中国にみつぎ物をして，中国からはみつぎ物よりも高価な返礼品があたえられる貿易の形式であった。

問14　下線部(j)について，次の[語群]のうち，鉄砲が用いられた乱や戦いはいくつあるか，正しいものを下の中から１つ選び，記号で答えなさい。

[語群]

応仁の乱　　長篠の戦い　　壇ノ浦の戦い

藤原純友の乱　　関ヶ原の戦い　　保元の乱

ア．１つ　　イ．２つ　　ウ．３つ

エ．４つ　　オ．５つ　　カ．６つ

問15　下線部(k)について，金印が志賀島で発見された時は1784年であるが，そのころ政治の権力をにぎっていたのはだれか，正しいものを次の中から１つ選び，記号で答えなさい。

ア．徳川家光　　イ．田沼意次　　ウ．水野忠邦　　エ．徳川慶喜

問16　文中の(３)にあてはまる語句を，漢字で答えなさい。

問17　下線部(l)について，次の絵は文永の役の様子をえがいたものです。幕府軍は相手に苦戦したといわれています。苦戦した理由はさまざまなことが考えられますが，この絵から読み取れる理由を２つ説明しなさい。

※国立国会図書館デジタルコレクションより引用

問18　下線部(m)について，第一次世界大戦中とその前後の日本についての説明として，まちがっているものを次の中から１つ選び，記号で答えなさい。

ア．第一次世界大戦が始まる前，日本各地で米騒動がおこった。

イ．第一次世界大戦後，日本では関東大震災がおこった。

ウ．第一次世界大戦中，日本は輸出が輸入を上回り大戦景気となった。

エ．第一次世界大戦後，日本は国際連盟に加盟した。

問19　下線部(n)について，「武」に関係する鉄剣が発見された埼玉県の古墳として正しいものを次の中から１つ選び，記号で答えなさい。

ア．高松塚古墳　　イ．江田船山古墳

ウ．稲荷山古墳　　エ．大仙古墳

問20　下線部(o)について，米将軍と呼ばれた人物はキリスト教に関係のない漢訳洋書の輸入を許可しました。この将軍が行ったこととして，正しいものを次の中から１つ選び，記号で答えなさい。

ア．禁中並公家諸法度を制定した。

イ．生類あわれみの令を制定した。

ウ．囲米を行った。

エ．公事方御定書を制定した。

3　次の太郎《たろう》くんとお父さんの会話を読み，あとの問いに答えなさい。

太郎くん：最近，ニュースで「持続可能な開発目標」っていう言葉をよく聞くね。

お父さん：よくニュースを見ているんだね。「持続可能な開発目標」は，アルファベットを使って(　1　)とも表現されているね。簡単にいうと，(　2　)年までに達成をめざす全人類共通の(　3　)の目標のことだよ。

太郎くん：(　1　)はどういう背景で作られたのかな？

お父さん：2015年，アメリカのニューヨークにある(a)国際連合の本部で「国連持続可能な開発サミット」が開かれた。このサミットでは，21世紀の国際目標として2000年に採択《さいたく》された「国連ミレニアム宣言」などの振《ふ》り返りが行われ，その課題をいっそう具体的にしたんだよ。

太郎くん：15年間も過ぎたけれど，解決できていない課題が多く残っていたんだね。

お父さん：そうだね。そして(　1　)は，2016年１月１日に正式に発効となった。

太郎くん：(　1　)の目標って，どういうものがあるの？　日本に住んでいるぼくにとっては，こういう目標と自分とは，あまり関係ないように感じるなぁ。

お父さん：たとえば，(b)「貧困をなくそう」・「飢餓《きが》をゼロに」など，発展途上国《とじょうこく》と先進国との間にある豊かさの差をなくそうとする目標がある。他には，(c)「すべての人に健康と福祉《ふくし》を」・「ジェンダー平等を実現しよう」など，すべての人の人権を尊重しようとする目標もあるよ。その他の目標もそうだけれど，(　1　)は今の日本にも大きく関係しているよ。

太郎くん：そうなんだね。

お父さん：他には，(d)労働や経済などに注目した「働きがいも経済成長も」・「産業と技術革新の基盤《きばん》をつくろう」という目標や，(e)世界平和に注目した「平和と公正をすべての人に」

という目標もある。残りの目標は自分で調べてね。

太郎くん：ぼくも中学生になったら，（ １ ）と自分には大きな関わりがあることが分かってくるんだね，勉強がんばろう。

問１　文中の(１)にあてはまる最もふさわしい語句をアルファベット４字で答えなさい。

問２　文中の(２)にあてはまる最もふさわしいものを次の中から１つ選び，記号で答えなさい。

ア．2025　　イ．2030　　ウ．2035　　エ．2040

問３　文中の(３)にあてはまる最もふさわしいものを次の中から１つ選び，記号で答えなさい。

ア．7　　イ．17　　ウ．27　　エ．37

問４　下線部(a)について，以下の問いに答えなさい。

① 国際連合の安全保障理事会は，15の国で構成されていますが，その中で「拒否権《きょひけん》」を持っている常任理事国は何か国ありますか。解答らんにあてはまるように算用数字で答えなさい。

② 国際連合の総会によって設立され，教育や栄養指導など，子どもたちの権利や命を守る活動を行っている機関はどれですか。最もふさわしいものを次の中から１つ選び，記号で答えなさい。

ア．UNICEF《ユニセフ》　　イ．UNHCR　　ウ．UNESCO《ユネスコ》　　エ．WTO

問５　下線部(b)について，以下の問いに答えなさい。

① 先進国と発展途上国との間にある経済格差(貧富の差)から生じる問題のことをなんとよびますか。漢字４字で答えなさい。

② ある国の経済発展などを目的として発展途上国へ行う援助《えんじょ》のことをなんといいますか。次の中から１つ選び，記号で答えなさい。

ア．オンブズマン制度　　イ．CTBT

ウ．ODA　　エ．ユニバーサルデザイン

問６　下線部(c)について，この内容を保障するために，日本国憲法には以下のような条文があります。(A)と(B)にあてはまる最もふさわしい語句を漢字で答えなさい。

第14条　すべて国民は，法の下に平等であって，人種，信条，（ Ａ ），社会的身分，又《また》は門地により，政治的，経済的又は社会的関係において，差別されない。

第25条　すべて国民は，健康で（ Ｂ ）的な最低限度の生活を営む権利を有する。

問７　下線部(d)について，1999年に「ディーセントワーク」という考え方を提言した国際連合の機関はどれですか。最もふさわしいものを次の中から１つ選び，記号で答えなさい。

ア．SNS　　イ．PKO　　ウ．NGO　　エ．ILO

問８　下線部(e)について，この内容を保障するために，日本国憲法には以下のような条文があります。(C)と(D)にあてはまる最もふさわしい語句を漢字で答えなさい。

第９条　１項《こう》

日本国民は，正義と秩序《ちつじょ》を基調とする国際平和を誠実に希求し，国権の発動たる（ Ｃ ）と，（ Ｄ ）による威嚇《いかく》又は（ Ｄ ）の行使は，国際紛争《ふんそう》を解決する手段としては，永久にこれを放棄《ほうき》する。

【理　科】〈**Ａ日程試験**〉（40分）〈満点：80点〉

1　次の文は，水族館に行ったときのたろうさんとお父さんの会話の記録です。文を読んで後の問いに答えなさい。なお，後に出てくるすべての絵は実際の大きさに関係なく，すべて同じくらいの大きさでかかれています。

たろう：魚がたくさんいるけど，みんな同じような形をしているね。でも，あの平べったい魚はわかりやすいね。あれはエイでしょ？

父　　：そうだね。あのエイはホシエイっていうみたいだね。

たろう：あっちはサメだね。背《せ》びれが大きいから見たらわかるね。

父　　：そうだね。あれはメジロザメだね。エイやサメの仲間は見つけやすいね。そういえば，エイやサメは，メダカやタイのようないっぱん的な魚の仲間とは異《こと》なる特ちょうが多くあるんだよ。

たろう：魚ならみんな同じような特ちょうなんじゃないの？

父　　：じゃあ，少しエイやサメについて話をしてみよう。エイとサメは親せきのような関係だと言われている。まず，エイとサメではどこがちがうかわかるかな？

たろう：エイは平たくて，サメは背びれが肉厚で立ってる，というところが特ちょうになるんじゃないかな？

父　　：そう見えるよね。でもちがうんだよ。例えば，エイもサメも，どちらもいっぱん的な魚と同じようにエラで呼吸《こきゅう》をしているんだけど，エイやサメのエラは少し異なり，エラ穴《あな》が左右で４対か５対あいているんだよ。では，次の２枚《まい》の絵を見てみよう。一方はノコギリエイ，もう一方はノコギリザメだよ。ちがいがわかるかな？

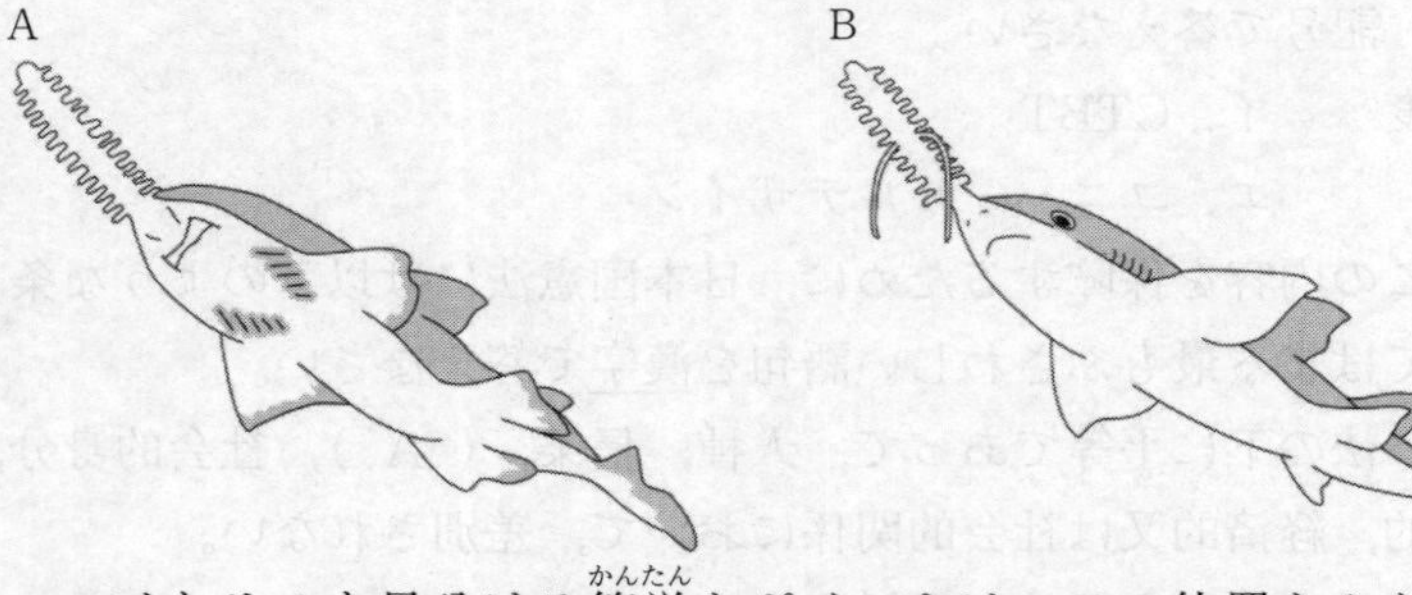

父　　：エイとサメを見分ける簡単《かんたん》なポイントはエラの位置なんだよ。サメはいっぱん的な魚と同様にエラは体の横にあるんだけど，エイのエラは体の下の部分にあるんだよ。

たろう：じゃあ，この２枚の絵のうちノコギリエイは（　あ　）の絵になるね。

父　　：そういうことだね。

(1)　文中の（あ）に入る記号を，ＡまたはＢで答えなさい。

(2)　次のページの動物を　①いっぱん的な魚の仲間，②エイの仲間，③サメの仲間，④魚以外に分け，記号で答えなさい。

(ア)　オオセ

(イ)　シノノメサカタザメ

(ウ)　アカエイ

(エ)　シャチ

(オ)　ザトウクジラ

(カ)　オタマジャクシ

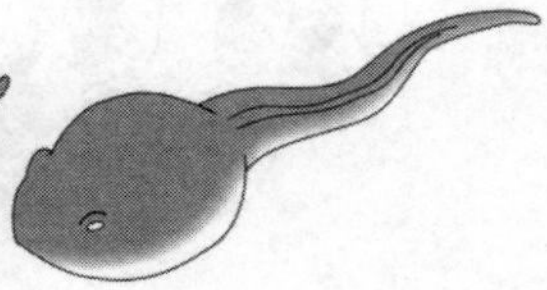

(キ)　イタチザメ

(ク)　アジ

父　　：では，エイやサメがもっている，いっぱん的な魚とは異なる特ちょうについて考えてみよう。エイやサメの体の表面は，さわってみるとカエルのようにぬるっとしていてやわらかい感しょくをしているよ。

たろう：でも，よく聞く「さめはだ」って言葉はザラザラのことだよね。

父　　：そうだね。ある種類のエイやサメの皮《ひ》ふをかんそうさせると，ザラザラになっておろし金《がね》の代わりにワサビをおろすことに使えるんだよ。

たろう：そうなんだ。すごいね。

父　　：他にもエイやサメがもつ，いっぱん的な魚とは異なる特ちょうについて考えてみよう。メダカはどのように産まれてくるかわかるかい？

たろう：(い)親のメダカが卵《たまご》を産んで，そこから子どものメダカが出てくるんだよね。

父　　：そうだね。でも，エイやサメの仲間はちがうものが多いんだ。この水族館でさっき見たホシエイは，卵を産み落とさずに子のエイを直接，複数ひき産むんだよ。他にも大型でおとなしいサメで知られるシロワニも，ホシエイと同じく，子のサメを直接，複数ひき産むんだよ。このように，エイやサメの仲間には卵を産み落とさない仲間がいるんだ。

たろう：でも，チョウザメって卵産むんでしょ？　キャビアっていう高級食材になるんでしょ？

父　　：実は，チョウザメはサメの仲間ではないんだよ。形がサメに似ているので，そういう名前になったようだけれど，メダカやタイの仲間なんだよ。エイやサメの仲間ではないので，卵を産むことに全く不思議はないんだよ。

(3)　下線部(い)について，次の絵の中からメダカの卵の絵を選び，記号で答えなさい。

(ア)

(イ)

(ウ)

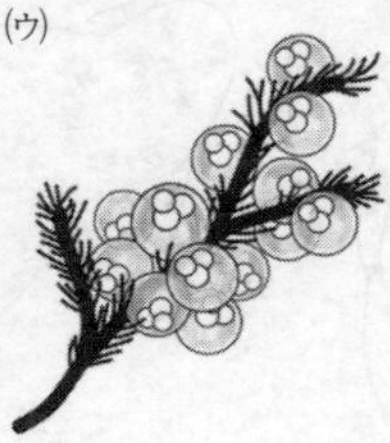

(エ)

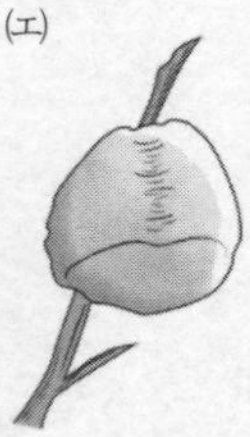

(オ)

(4)　文中から，エイやサメの仲間がもつ，いっぱん的な魚と異なる特ちょうは「卵を直接産み落とさない点」と「エラ穴が４対か５対あいている点」だということがわかります。しかし，他にも異なる特ちょうがあることが文中からわかります。それはいっぱん的な魚にある「あるもの」がエイやサメの仲間にはないという点です。この特ちょうについて，次の(　)に言葉を入れて答えなさい。

エイやサメの仲間には(　　)がない点

たろう：じゃあエイやサメは卵を産まないんだね。

父　　：そうとも言いきれないんだよ。「卵を産み落とさない」という「魚の仲間としては例外的な特ちょう」をもっているエイやサメだけど，その中でもさらに例外的に卵を産み落とす仲間もいるんだよ。

　例えば，コモンカスベというエイは卵を産むし，トラザメやナヌカザメといったサメの仲間も，「人魚のさいふ」と呼《よ》ばれる，ここに展示されている(右の写真の)ような卵を産み落とすんだよ。

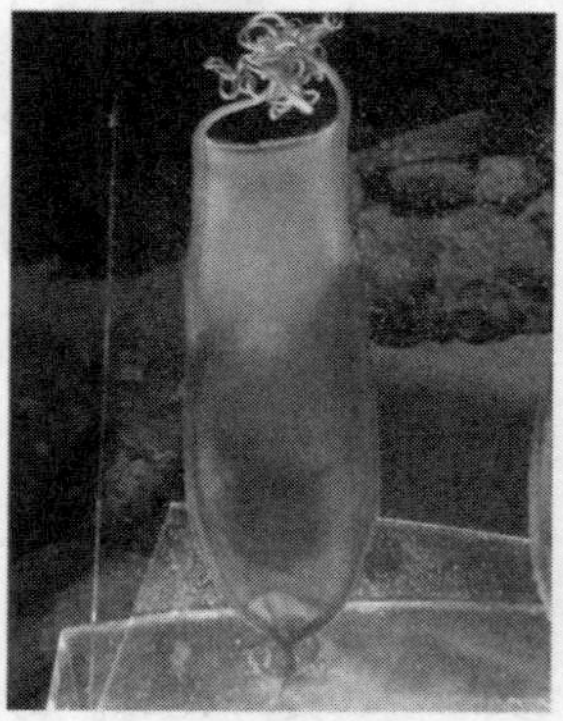

〈ナヌカザメの卵〉

たろう：変わった形の卵だね。中の赤ちゃんが動いているのが見えるよ。それにしてもエイやサメの仲間って不思議だね。卵を産み落としたり，直接赤ちゃんを産んだりするんだね。

父　　：エイやサメ以外の魚にも卵を産まない魚はいるよ。さっき，たろうが言ったとおりメダカは卵を産み落とすというけれど，メダカの仲間のグッピーという魚は直接，子を産むんだ。他にも海で釣《つ》れるカサゴという魚も直接，子を産むよ。

たろう：そうなんだ。知らなかったよ。魚の仲間はみんな同じ特ちょうだと思っていたのに，たくさんの例外があるんだね。生物って面白いね。もう少し水族館で魚をしっかり観察したくなってきたよ。

(5)　下の①②で説明されている魚の仲間の特ちょうについて，その仲間の生き方と異なる例外的な特ちょうを，次の(例題)(例題の答え)のように答えなさい。

(例題)

ホシエイは海水でくらし，魚などを食べ，子を直接産む。

（例題の答え）

子を直接産む点。

① ハイギョはたん水でくらし，肺《はい》で呼吸《こきゅう》し，卵を産み落とす。

② ウツボは肉食性で，するどい歯があり，胸《むな》びれはなく，おびれを使って泳ぐ。

2 太陽・地球・月について，次の文を読み，後の問いに答えなさい。図1は太陽の周りを回る地球と，地球の周りを回る月の，地球の北極上空から見た様子を簡単《かんたん》に表しています。月はア～クのどこかにあるものとします。

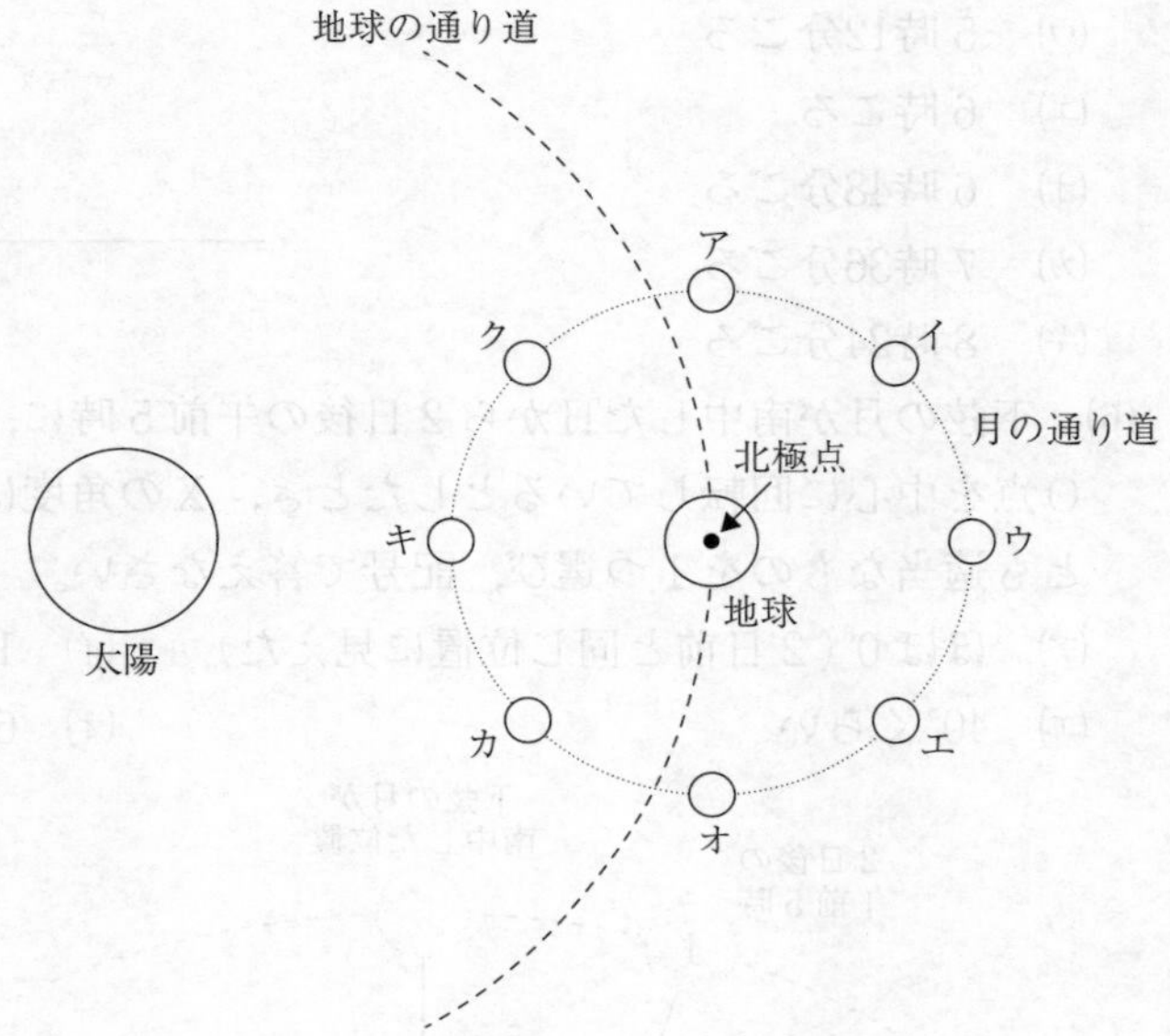

図1

(1) 図1において，上弦《じょうげん》の月は，月がどの位置にあるときに観察されますか。図1の位置から1つ選び，記号で答えなさい。

(2) 上弦の月が西の地平線にしずむ時刻《じこく》を次の中から1つ選び，記号で答えなさい。

(ア) 0時　(イ) 3時　(ウ) 6時
(エ) 9時　(オ) 12時　(カ) 15時
(キ) 18時　(ク) 21時

太陽を中心とした地球と月の動きを簡単に表すと，図2のようになっています。ただし，図中の記号は，地球と月の同じ日の位置を表しています。例えば，地球の位置がAの位置にあるとき，同じ日に月もAの位置にあることを示しています。

(3) 地球の自転の方向を(あ)・(い)のいずれかの記号で答えなさい。ただし，←---- は地球の通り道で，←── は月の動きを表しています。

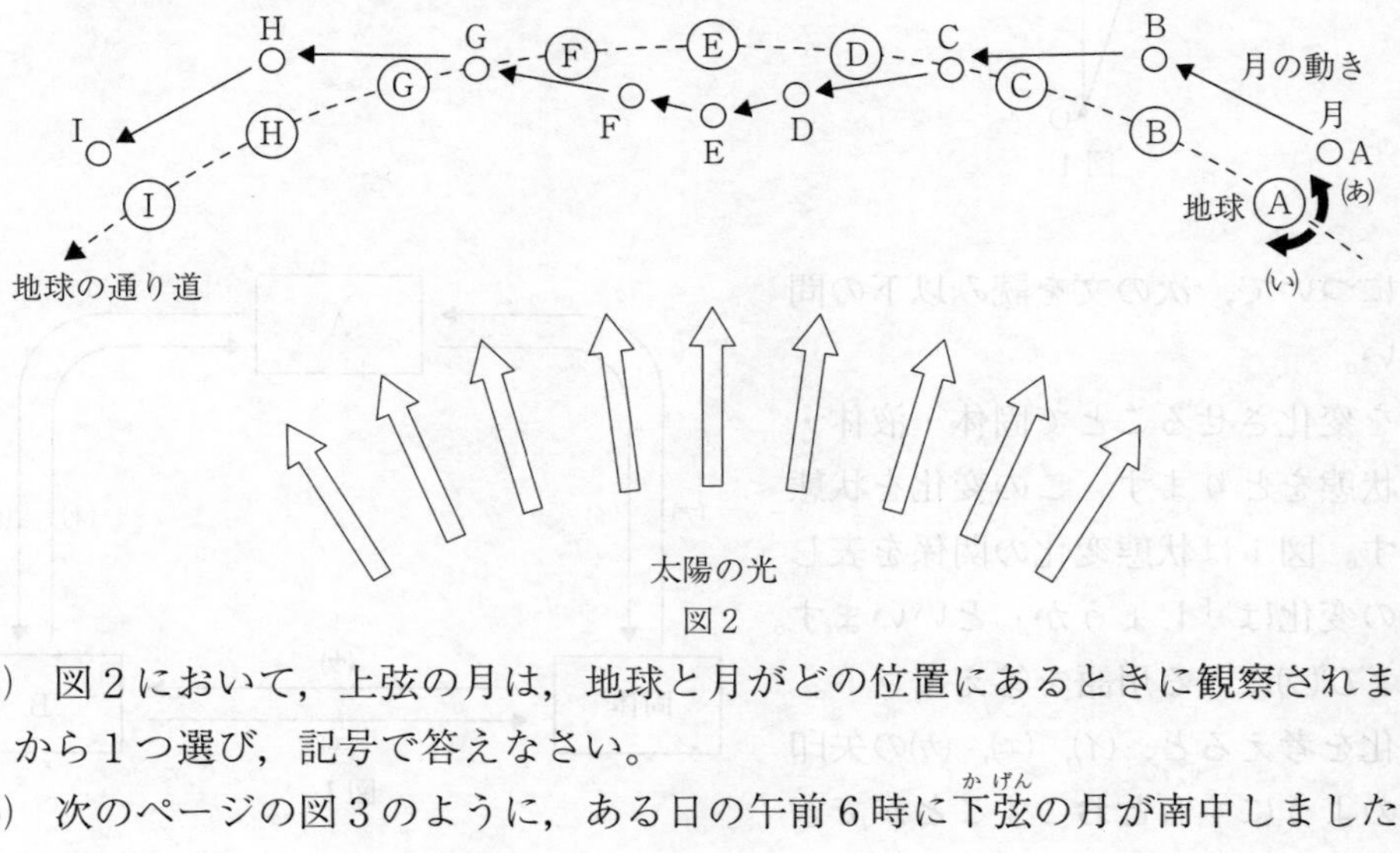

図2

(4) 図2において，上弦の月は，地球と月がどの位置にあるときに観察されますか。図2の位置から1つ選び，記号で答えなさい。

(5) 次のページの図3のように，ある日の午前6時に下弦《かげん》の月が南中しました。3日後の月が南中するのはおよそ何時ごろになりますか。次の中から1つ選び，記号で答えなさい。

(ア)　3時36分ごろ
(イ)　4時24分ごろ
(ウ)　5時12分ごろ
(エ)　6時ごろ
(オ)　6時48分ごろ
(カ)　7時36分ごろ
(キ)　8時24分ごろ

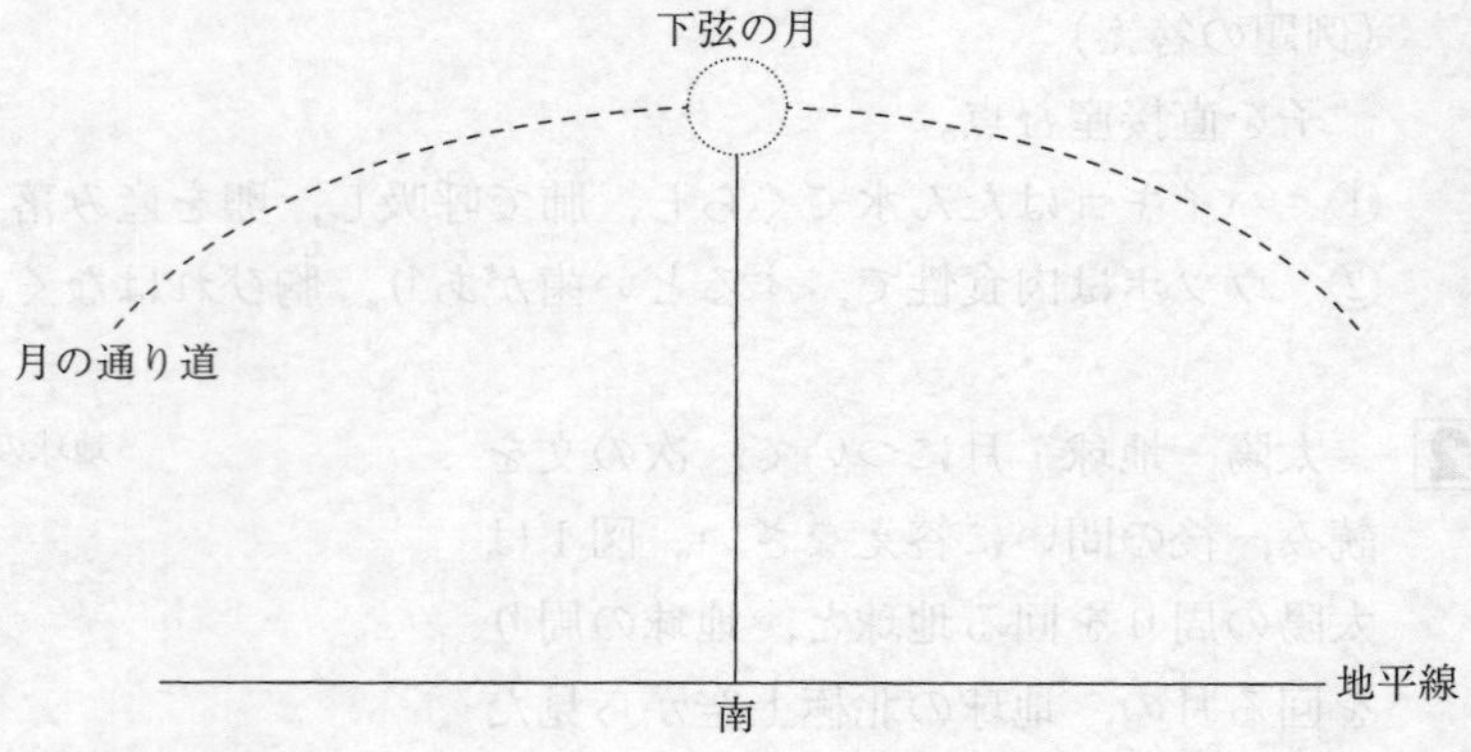

図3

(6)　下弦の月が南中した日から2日後の午前5時に，月が図4のJの位置に見られました。月はO点を中心に回転しているとしたとき，Xの角度はおよそ何度になりますか。次の中からもっとも適当なものを1つ選び，記号で答えなさい。

(ア)　ほぼ0°（2日前と同じ位置に見えた）　(イ)　10°くらい　(ウ)　20°くらい
(エ)　40°くらい　(オ)　60°くらい　(カ)　70°くらい

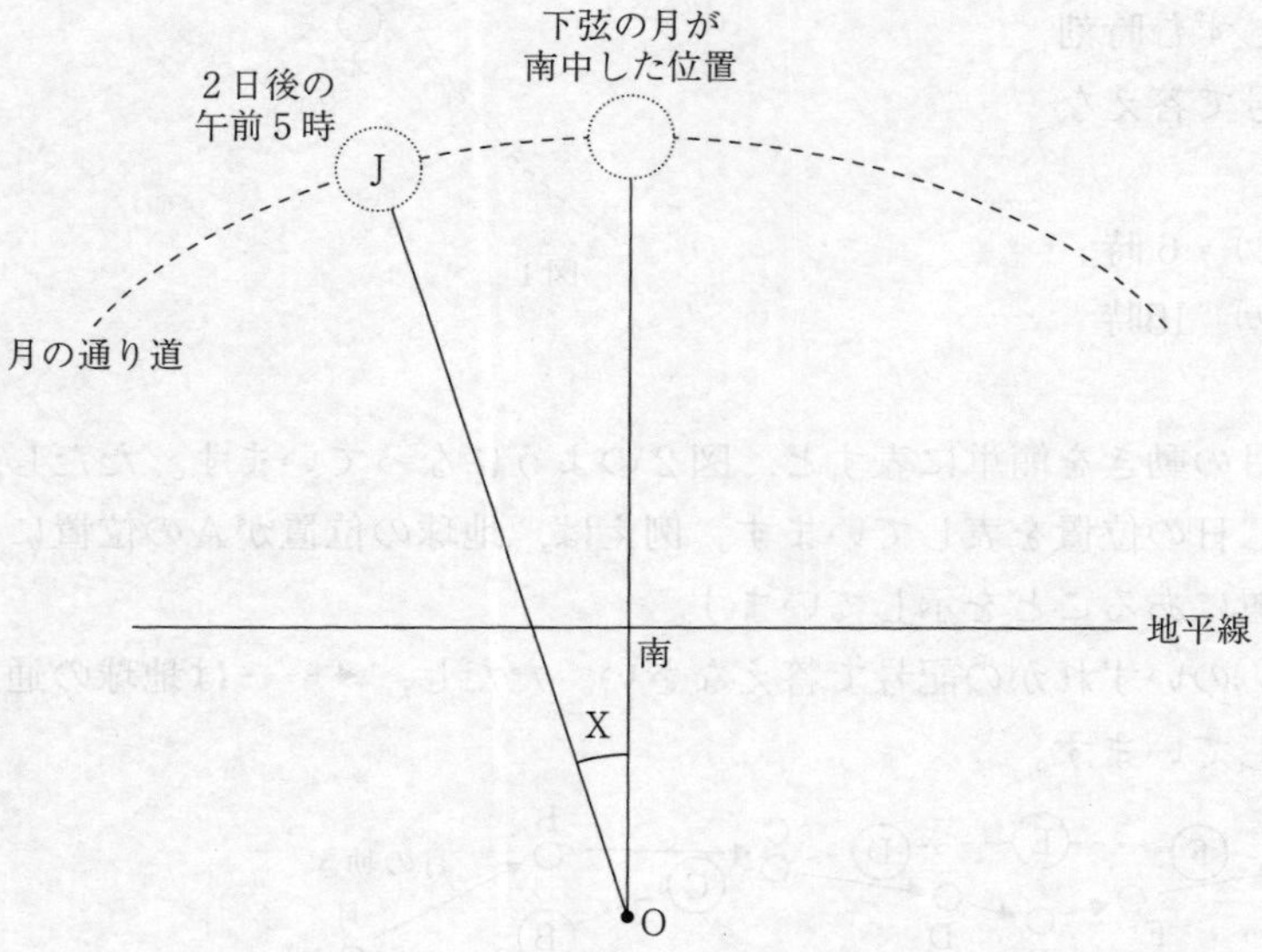

図4

3　物質の三態について，次の文を読み以下の問いに答えなさい。

物質は温度を変化させることで固体・液体・気体の3つの状態をとります。この変化を状態変化といいます。図1は状態変化の関係を表したもので，(ア)の変化は「しょうか」といいます。

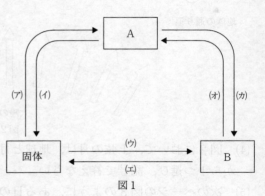

図1

(1)　図1のAおよび(ウ)に入る用語を答えなさい。

(2)　水の状態変化を考えると，(イ)，(エ)，(カ)の矢印の変化は，どのようにするとおこすことができますか。６文字以内で書きなさい。

図２のように，氷で満たされたビーカーに温度計を設置し，以下の実験を行いました。

〈実験１〉

図２のビーカーを室温に置いておくと，しだいに①氷がとけていった。その後，(い)氷が水にうかんでいる状態になり，やがて(う)全ての氷がとけて水になった。このとき，②ビーカーの表面には水てきがついていた。

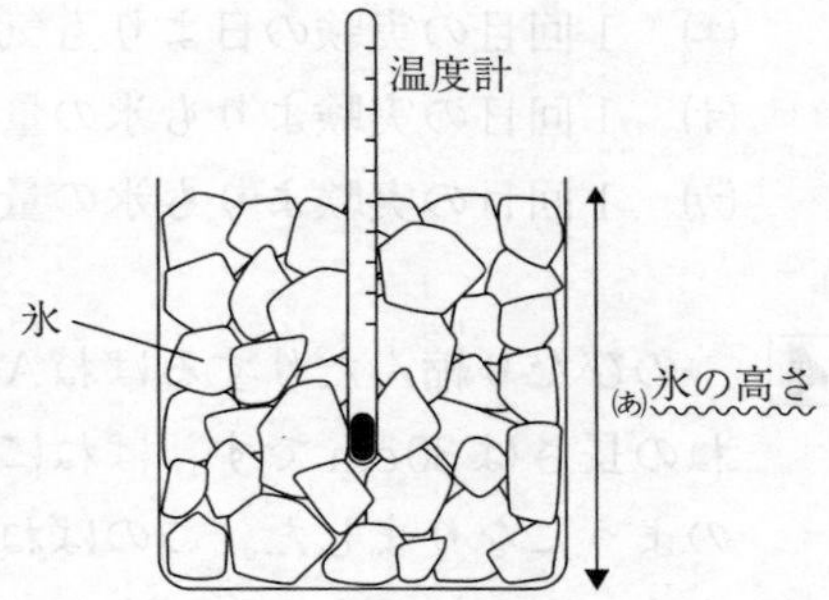

図２

〈実験２〉

新しく用意した図２のビーカーをガスバーナーで加熱すると，しばらくして水はふっとうし，水面から少しはなれたところで③湯気が観察できた。そのときの時間と水温の変化の関係は表１のようになった。

表１

時間[分]	0	3	6	9	12	15	18	21
水温[℃]	0	0	16	40	64	88	100	100

(3) 〈実験１〉〈実験２〉について，下線部①～③の現象は，どの状態変化に当てはまりますか。図１の(ア)～(カ)より選び，記号で答えなさい。ただし，同じものを何度選んでもよいものとします。

(4) 図２および〈実験１〉の波線部(あ)～(う)において，実験を始めたときの氷の高さ(図２の(あ)の高さ)と，(い)のときの水面の高さ，(う)のときの水面の高さの関係を以下の例のように表しなさい。

【解答例】　あ＝いくう

(5) 〈実験２〉について，表１のデータを元にグラフを作成することにしました。温度変化は一定の割合《わりあい》で行われるとして，予想される０～６分と，15～18分のグラフを解答らんに記入しなさい。ただし，下の【解答例】のように，「０℃から温度が上がり始めるところ」と，「温度が100℃にちょうどなるところ」に点を打つこととし，グラフは直線で記入すること。定規は使わなくてよいが，線はていねいに書きなさい。また，グラフの一部をぬき出したため，縦《たて》じくや横じくの数字は０から始まらない場合があります。

【解答例】

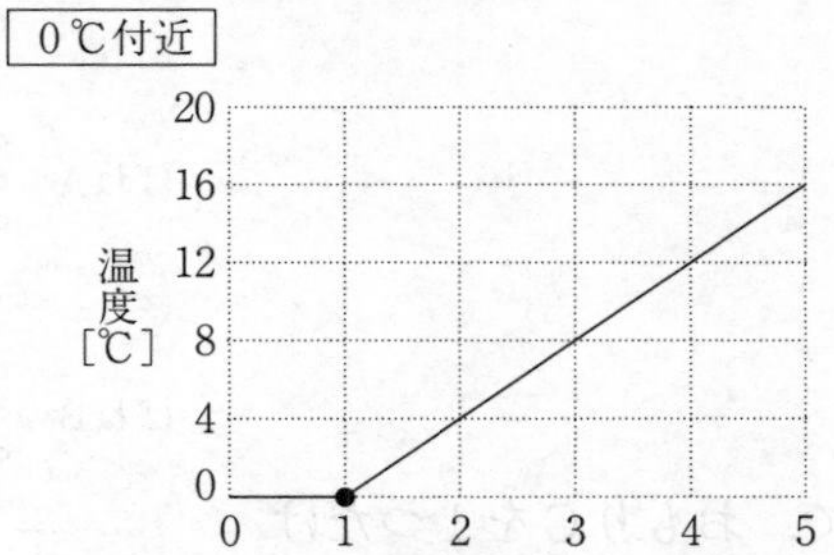

(6) 同じ実験を別の日に行うと，ふっとうする温度が100℃ではなく98℃でした。このように，水は100℃よりも低い温度でふっとうする場合があります。その理由として最も適当なものを次の中から１つ選び，記号で書きなさい。ただし，実験の手順に誤《あやま》りはなかったものとします。

(ア)　１回目の実験の日よりも気圧が高かったから。

(イ)　１回目の実験の日よりも気圧が低かったから。

(ウ)　1回目の実験の日よりも気温が高かったから。

(エ)　1回目の実験の日よりも気温が低かったから。

(オ)　1回目の実験よりも氷の量が多かったから。

(カ)　1回目の実験よりも氷の量が少なかったから。

4　のびたり縮《ちぢ》んだりするばねAとばねBがあります。おもりをつるさないときのそれぞれのばねの長さは30cmです。ばねにつるすおもりの重さとばねの長さの関係はそれぞれ下のグラフのようになりました。このばねA，ばねBに，おもりCをぶら下げていったときのことを考えます。なお，ばねA，ばねBの重さと体積は考えないものとします。また，おもりCは1辺5cmの立方体です。

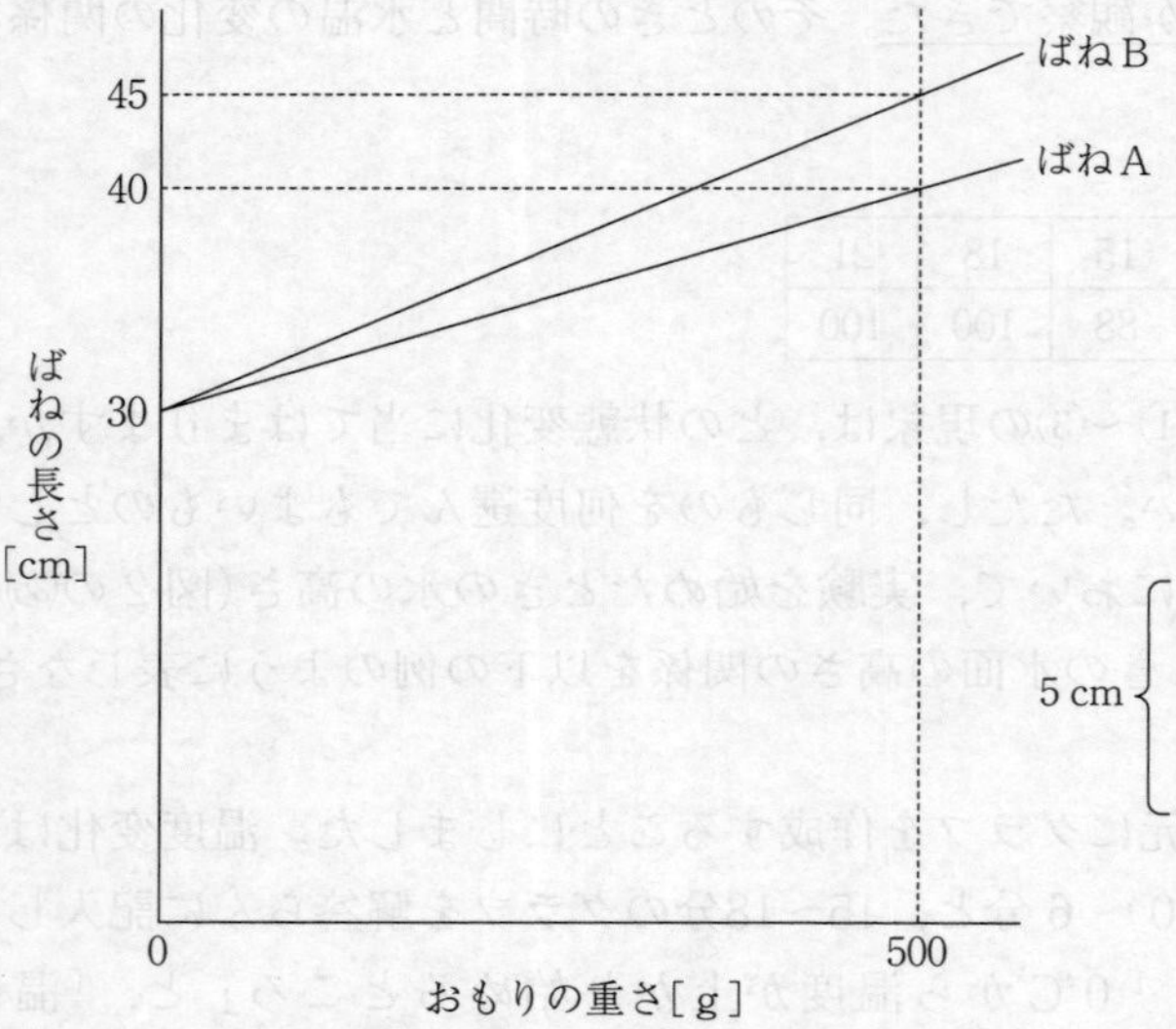

おもりの重さとばねの長さの関係

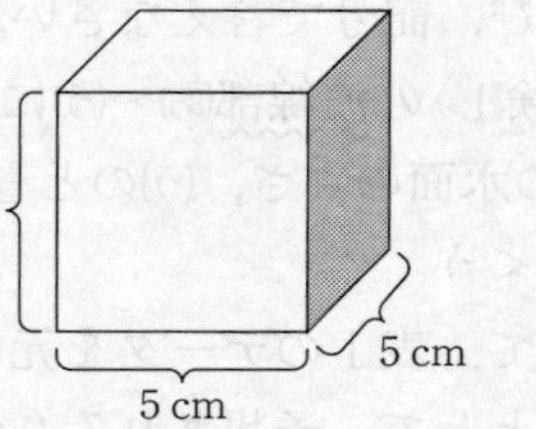

おもりC

(1)　図1のように，ばねAにおもりCを1つだけつるしたところ，ばねAの全体の長さが34cmになりました。おもりCの重さは何gになるか答えなさい。

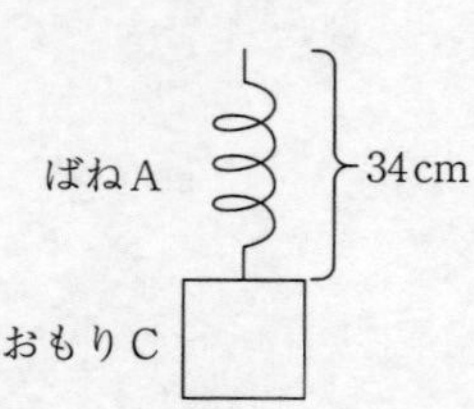

図1

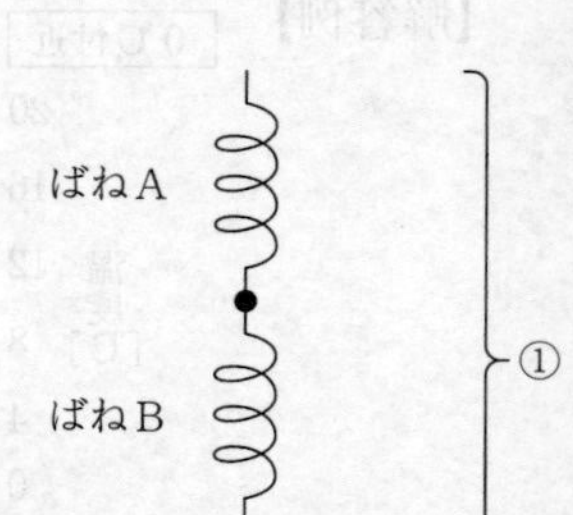

図2

(2)　図2のように，ばねAとばねBをつないで，おもりCを1つだけつるしました。ばねAの上からおもりCの下までの長さ①は何cmになるか答えなさい。

(3)　次のページの図3のように，ばねAとばねBとおもりCを2つつないで，つるしました。ばねAの上から一番下のおもりCの下までの長さ②は何cmになるか答えなさい。

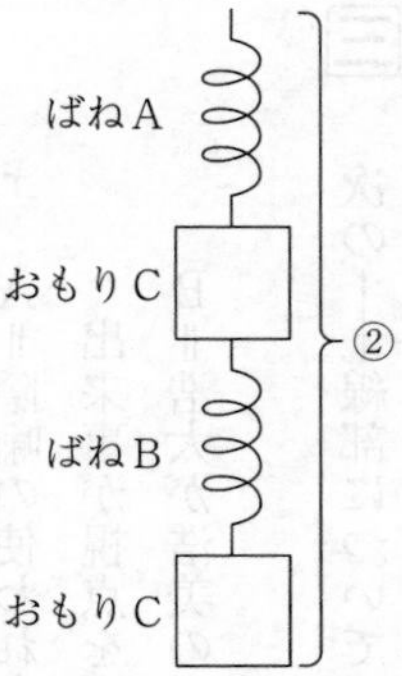

図３

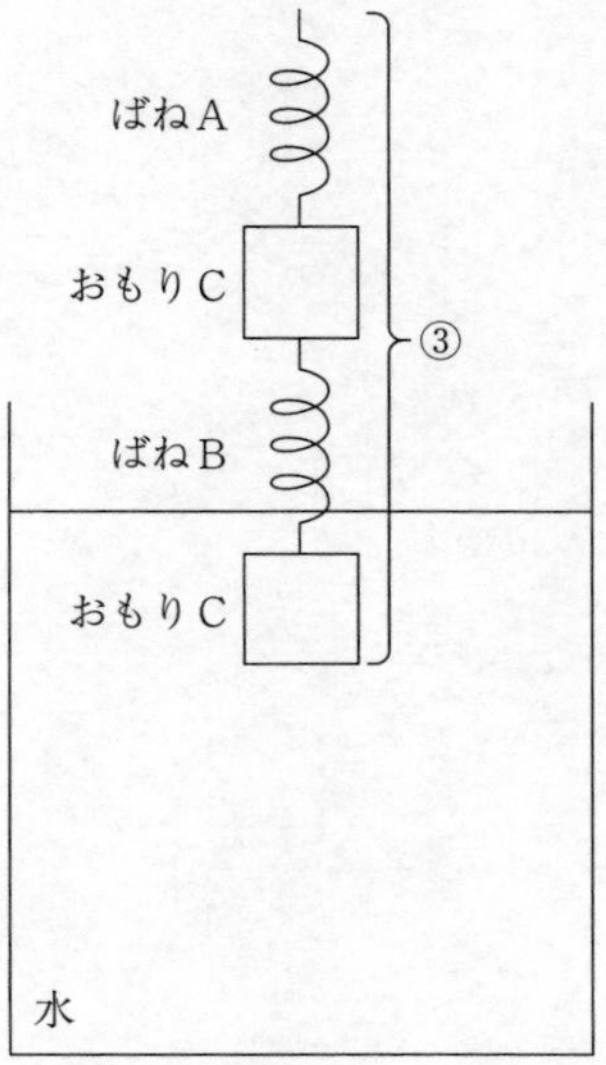

図４

(4)　図４のように，(3)の状態から下のおもりＣだけを水にしずめ，容器の底からはなれるようにつるしたときの全体の長さ③は何 cm になるか答えなさい。ただし，小数点以下第二位まで答えなさい。また，水の重さは１cm^3 あたり１ｇとします。

(5)　図５のように(4)の状態から，両方のおもりＣを水にしずめ，容器の底からはなれるようにつるしたときの全体の長さ④は何 cm になるか答えなさい。ただし，小数点以下第二位まで答えなさい。また，水の重さは１cm^3 あたり１ｇとします。

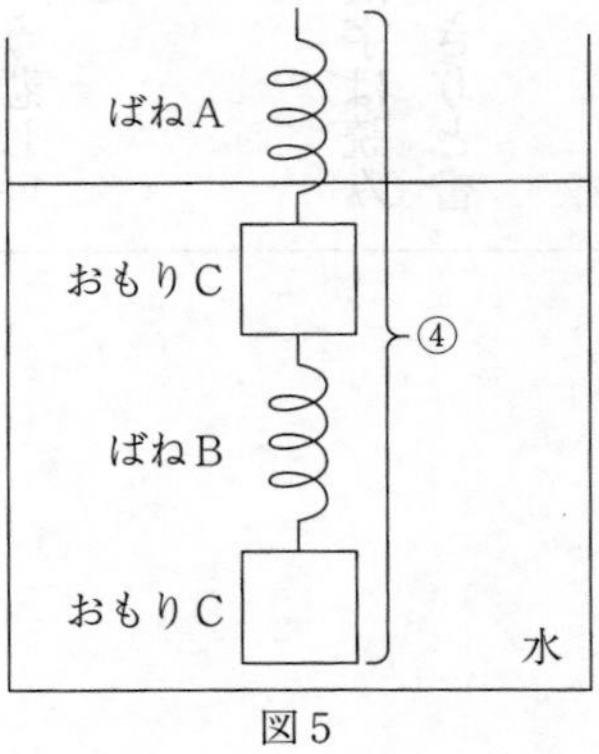

図５

(6)　図６のように，ばねＡ，ばねＢ，おもりＣを長さ 80cm の箱にいれて，両はしを固定したとき，ばねＡの長さ⑤は何 cm になるか答えなさい。ただし，おもりＣと箱との間のまさつは考えないものとします。

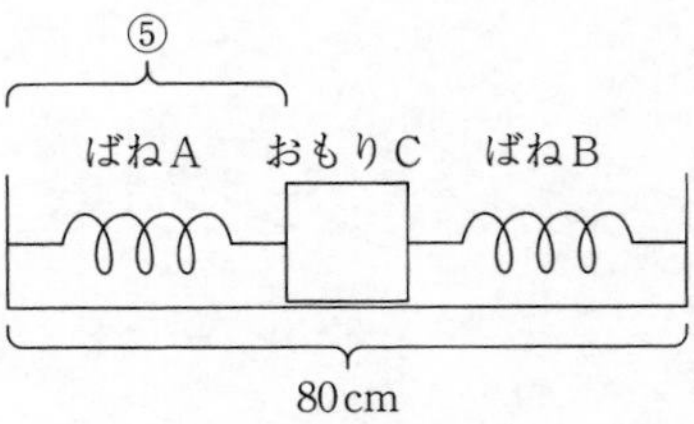

図６

ふ

エ　Ａ＝隠喩《いんゆ》の使われ方がたくみで、飼い猫の死という悲しい出来事が視点をずらして劇的に表現されている
Ｂ＝浩太が浩美の「背中から落ちていた」描写

三　次の――線部について、カタカナは漢字になおし、漢字は読みをひらがなで答えなさい。なお、漢字はていねいにはっきりと書くこと。

① 赤字ローカル線のソンゾクが危ぶまれる。
② アルバムを見てカンショウ的な気分になる。
③ 巨大な山城をキズく。
④ ナマズが暴れるのは地震のゼンチョウではない。
⑤ 政治家のキョシュウが気にかかる。
⑥ 犬も歩けばボウに当たる。
⑦ 有人月面タンサを目指す。
⑧ ゲントウの雪山で正月をむかえる。
⑨ その考えは机上の空論だ。
⑩ 展覧会が閉幕する。

で、それを三年も過ぎてしまったこと。

問六 ――線部⑥「何だ、急に」とありますが、父がこのように言ったことから、どのようなことが分かりますか。最もふさわしいものを選び、記号で答えなさい。

ア 兄弟に共通する「浩」の字に母親から一字をとった名前を浩美自身は気に入っていなかったが、この名前をずっと好きだった浩太が亡くなるときに浩美に急激な変化が現れ、父が思わずおどろいてしまったこと。

イ 兄弟それぞれに両親から一字ずつとってつけた浩美という名前を、本人が気に入ってくれていたと知ってうれしかったが、浩太が亡くなるタイミングで突然打ち明けられたため、父は素直に喜べなかったということ。

ウ 兄弟に共通する「浩」の字に母親から一字をとった浩美という名前に、家族の結びつきがよく表れていると最期に浩太が心の中で強く思ったことが浩美には感じ取れた一方で、父には伝わっていなかったということ。

エ 兄弟それぞれに両親から一字ずつとってつけた名前には家族の結びつきがよく表れていると思うが、この家族が浩太をうしなった悲しみを乗りこえるには、これから長い時間が必要だと父は思っているということ。

問七 この文章を読んだ生徒たちが話し合っています。

みどり：タイトルが「みとりねこ」ってなっているのが、最初はどういうことだか分からなかったけれど、浩太の［(1)］という気持ちが書かれているところを読んで、ああなるほどと思ったよ。

さき：浩美を自分の弟のように見つめている、浩太の優しさだね。

まなぶ：そうか、とてもせん細なところがある浩美を悲しませないようにと、自分が猫又になっていつまでも生き続けてみとる側になるのが浩太の使命だったんだな。だけど浩太は［(2)］、最期はみとられていくんだね。

やしお：［(3)-A］から、なんか感情移入しちゃったよ。

ゆきこ：そうね、やしおさんの言っていることは［(3)-B］によく表れていると思うわ。

(1) 空らん［(1)］にあてはまる表現を本文中より二十五字でぬき出し、はじめの五字を答えなさい。

(2) 空らん［(2)］にあてはまる表現として最もふさわしいものを選び、記号で答えなさい。

ア 猫又になることをあきらめられないまま
イ 家族みんながそろうのを待って
ウ 浩美の成長を見届け安心して
エ 生まれ変わりを信じながら

(3) 空らん［(3)-A］・［(3)-B］にあてはまる表現の組み合わせとして最もふさわしいものを選び、記号で答えなさい。

ア A＝小さな段落が続きスピード感とリズムが生まれることによって、猫の死が際立たされている
B＝「おっと、背中ががら空き」「高速を使って家まで一時間」が、独立した一行で書かれていること

イ A＝同じ場面を前半は飼い猫の視点から後半は飼い主の視点から、思いが重なるように映し出されている
B＝浩太の「喉が鳴りだ」すシーン

ウ A＝会話文が多く用いられ、飼い猫に対する家族ひとりひとりの思いが明確な言葉に投影されている
B＝「もうこれが最後だろうな」「行きなさい」などのせり

昌浩が抜けてるわよ、とお母さんが混ぜっ返す。

「兄貴は頼んできたら兄貴にしてやってもいいや」

兄もきっと、頼んできたら弟にしてやると言うだろう。

「だから、また兄貴に昌浩ってつけて、俺に浩美ってつけてよ」

「ああ、まあ、いいけど……。」

何で今そんなことを言いだしたのかと父は怪訝《けげん》な顔のままだった。

（有川ひろ『みとりねこ』より）

※1 ダイアナ…浩太より先に桜庭家に引き取られた猫だったが、先に亡くなっている。

問一 ――線部①「そう頼んだ」とありますが、浩美は母に、何のために、どういうことを頼んだのですか。空らんにあてはまるように三十字以内で答えなさい。

〔　　　　〕ことを頼んだ。

問二 空らん ②-1 と ②-2 にあてはまる語の組み合わせとして最もふさわしいものを選び、記号で答えなさい。

ア 1 いそいそと　2 ぬけめなく
イ 1 うきうきと　2 いとおしく
ウ 1 おずおずと　2 せわしなく
エ 1 そわそわと　2 さりげなく
オ 1 はきはきと　2 ほこらしく
カ 1 わくわくと　2 やかましく

問三 ～～線部③-A・③-Bの表現について、ここでの意味として最もふさわしいものをそれぞれ選び、記号で答えなさい。

A 尻目に
ア 他の人のおめでたい出来事にちゃっかり便乗して調子づくさま。
イ 自分のうらやましい気持ちを気づかれまいとして横目で見るさま。
ウ ほほえましい様子に同調・共感しながら目尻を下げて眺めるさま。
エ その場の様子をちらっと見てあとは構わず自分の行動を進めるさま。

B 三寒四温
ア 冬の終わりのころに、寒い日が三日続いたあとに暖かい日が四日続くこと。
イ 三月から四月にかけて、急激に寒さがやわらぎ気温が上がっていくこと。
ウ 春一番が吹いたあとの三、四日間、寒暖差の大きい不安定な天気が続くこと。
エ 季節の変わり目に、気温が平年より三度低かったり四度高かったりすること。

問四 ――線部④「どうやらダイアナを捕まえていった老いが、浩太も捕まえにきたらしい」とありますが、これは具体的にどのようなことを表していますか。二十字以内で答えなさい。

問五 ――線部⑤「浩太の書類はもう届かない」とありますが、これはどういうことですか。最もふさわしいものを選び、記号で答えなさい。

ア 浩太に書類を届ける猫の郵便屋さんを春まで待たなければならないのを忘れて、油断していたこと。
イ 浩太には書類が家に届けられるのを待っていられるだけの時間が、もう残されていないということ。
ウ 浩太が待ち望んでいた不死の猫又になるための書類は、はじめから存在していなかったということ。
エ 浩太に書類が届く期限はさつきちゃんから聞いた二十歳まで

ふと大きな手が頭をなでた。喉《のど》を指先がくすぐった。そのまま耳の後ろを掻《か》く。

喉が鳴りだした。

やめてくれよ、そんなに気持ちよくしたら眠っちゃうだろ。もう目覚めることができないのに。

浩太、と浩美の声が呼んだ気がした。

浩美。浩美。ひろみ。

いい名前だよ。友達にからかわれるくらい些細《ささい》なことだよ。昌浩の昌はお父さんから取って、浩美の美はお母さんから。昌浩と浩がお揃《そろ》いで、しりとりで。

ぼくの名前とも浩がお揃い。

こんな家族でしっかり繋《つな》がってる名前なんて他にないよ。

だから、お父さんにいい名前だよって言ってあげなね——

＊

空港には父が車で迎えに来ていた。

高速を使って家まで一時間。

「行きなさい」

父がそう言ってくれたので、ガレージ前で車を降りて走った。

玄関《げんかん》の鍵《かぎ》は開いていた。靴《くつ》を脱《ぬ》ぎ捨《す》てるように上がった。

リビングの一番暖かないい場所に浩太の寝床《ねどこ》を作ってあった。

母が泣き腫《は》らした目で付《つ》き添《そ》っていた。

「……まだ？」

母が頷《うなず》いた。——まだ生きてる。

慄《おのの》くようにそっと近づき、膝《ひざ》を突《つ》き、サバトラ模様の小さな頭をなでた。

喉をくすぐり、耳の後ろを掻いた。——生きている。

「浩太」

呼んだ声はかすれた。浩太もかすれた声でか細く鳴いた。

家族で代わる代わる、ずっとずっとなでていると、浩太の喉も応えるみたいにときどき鳴った。

明け方近く、鳴っていた喉がふと途絶《とだ》えた。

ああ、眠ったのだと思った。——眠りについて、喉は二度と鳴りださなかった。

何故《なぜ》だか悲しくなかった。

ただありがとうと思った。

「浩美を待っててくれたのね」

母の声は穏やかだった。

「浩美の初めてのお仕事が悲しい思い出にならないように」

父が笑った。

「登り猫で、画伯《がはく》猫で、抱っこ猫で、今際《いまわ》のきわは気遣いの猫か。多芸多才だったなぁ」

「お父さん」

どうしてそのときだったのか分からない。だが、突き動かされるように言葉が漏《も》れた。

「俺《おれ》の名前、いい名前だね」

「⑥何だ、急に」

「いい名前だと思って」

まだ温もりの残っている浩太の体をそっとなでる。

「俺、生まれ変わってもお父さんとお母さんの子供になれたらいいな。そんでまた浩美って名前をつけてもらって、浩太を飼えたらいいな」

浩太は二十三歳《さい》になっていた。次の梅雨が来たら二十四歳だ。ここまで生きたのだから、てっきりこのまま猫又になれるものだと思っていた。

⑤浩太の書類はもう届かない。

あーあ、せっかく拇印もたくさん練習したのに。

もうすぐ春。冬将軍と春風がせめぎ合い、気温はなかなか定まらない。

③-B三寒四温のそんな頃、うっかり風邪《かぜ》を引き込んだ。目の瞬膜《しゅんまく》がでろんと出てしまい、お母さんが慌《あわ》てて病院に連れていった。獣医《じゅうい》さんは点滴《てんてき》を打ってくれたが、風邪は長引いて浩太の体力をごっそり削《けず》った。――もう分かる。

もう長くない。

そんな折に、――浩美の初めてのツアーが決まった。

「どこになったの？」

「フランス。モン・サン・ミシェルを回るコースだって」

「よかったじゃない、前から観たがってたものね」

お母さんは明るい声を出したが、少々演技が見え透《す》いている。

「観たかったけどさ。……どうしてこんなときに」

「仕方ないわよ、猫が心配なので行けませんなんて言ったらクビになっちゃうわ」

お母さんはスポイトで浩太の口の端《はし》から水薬を流し込んだ。最初は嫌《いや》がって暴れたものだが、もうされるがままだ。

だって、無駄《むだ》に暴れたら残り時間がどんどん減ってしまう。

「大丈夫《だいじょうぶ》よ、たった一週間じゃない。きっと待っててくれるわよ」

そんなことを言いながら、お母さん自身もそれを信じてはいない。

誰《だれ》も信じていないけど、ぼくはぼくを信じよう。

ぼくは浩美が帰ってくるまで待っていられる。

さあ、行っておいで。二十三年も生きた猫がたったあと一週間くらい待てないことがあるものか。

浩美はまるで今生《こんじょう》の別れのように浩太の毛羽立った毛並《けな》みを長いことなでて、それからツアーに旅立った。

電話は毎日かかってきた。朝となく、夜となく。

時には明け方が近いような時刻に電話のベルが鳴ることもあったが、お母さんはたったの一度もうるさそうな声を出さなかった。

「大丈夫よ、お薬もちゃんと飲んでくれてるわ」

離《はな》れて暮らしている昌浩《まさひろ》も一度様子を見に帰ってきた。

「もうこれが最後だろうな」

名残《なごり》を惜《お》しむように真夜中までいて、車を運転して帰っていった。

一晩。二晩。……今日で何日、

ずっとずっと穏《おだ》やかな眠気《ねむけ》が波のように寄せている。

この波に呑《の》まれたら、きっともう目を覚まさない。

恐《こわ》くはないよ。だってダイアナも行ったところだからね。

いつか誰もが行くからね。お父さんも、お母さんも、昌浩も、――

そして浩美も。

ああ、でも、浩美を看取《みと》ってやれないことは残念だよ。せっかくさつきちゃんが猫又のことを教えてくれたのに。

拇印も上手に押せるようになったのに。

たった一日、浩美よりも長生きできたらそれでよかった。

でも、浩美はもうすっかり大きくなった。大きくなって、丈夫になって、背も家族の中で一番高くなった。もう浩太が登れないくらい。

だからきっと大丈夫。

大きくなって、丈夫になった体で、受け止められる悲しみの量もずいぶん増えたはずだ。

とろとろと眠気の波が寄せる。

ある日、会社から帰ってきた浩美《ひろみ》がお母さんに①そう頼《たの》んだ。浩美が社会人半年目を迎《むか》えた秋のことだ。

「あら、なぁに？　試験でもあるの？」

好き嫌《きら》いがなく何でもよく食べる浩美は、あまりごはんに注文をつけない。リクエストが出るのは、大事な試験の前日に験《げん》を担《かつ》いでトンカツくらいだ。

でも、もう学校は卒業したのに。浩太が首を傾《かし》げると、浩美は種明かしをした。

「うん、仕事の資格の試験があるんだ」

そういえば、最近は大学の試験の時期みたいに夜中にガリガリ勉強していた。

お母さんは腕《うで》によりをかけてトンカツを作った。お皿に残ったとんかつソースで浩太が拇印《ぼいん》を押そうとすると、「止めて止めて」とお母さんが悲鳴を上げて、お父さんと浩美と二人がかりで阻止《そし》された。

そして浩美は翌朝、意気揚々《ようよう》と試験に出かけた。

それから一ヶ月ほどして、郵便を仕分けていたお母さんが「あらっ」と声を上げた。

「これ、合格通知じゃないかしら」

お母さんは ②-1 浩美の帰りを待ち、浩美に精一杯《せいいっぱい》 ②-2 通知を渡《わた》した。

浩美が緊張《きんちょう》した面持ちで封書《ふうしょ》を開く。

お母さんのトンカツが効いたのか、浩美の努力の成果か、結果は見事に合格だった。

わぁっとはしゃぐ親子を③-A尻目《しりめ》に、浩太は通知書類をふんふん嗅《か》いだ。――この書類ははんこは押さないの？

「どうしたの、浩太。読むのか？」

いえいえ、ぼくの書類はなかなか来ないなと思っていただけですよ。

――だが、浩太が興味を持っていると勘違《かんちが》いしたのか、浩美は書類の内容を説明してくれた。

「この資格を持ってたら、海外旅行の添乗員《てんじょういん》ができるようになるんだよ」

「最初の添乗はいつになるの？」

お母さんが問いかけたが、浩美は「さあ」と首を傾げた。

「早い人は一年目でも添乗するみたいだけど」

どこになるのか、いつになるのか、浩美は楽しみに待っているようだった。

冬が来て、※1ダイアナの命日が過ぎて、もうすぐ春。

そんなある日のことだった。

浩美が洗面所で髭《ひげ》を剃《そ》っていた。

おっと、背中ががら空き。

ジャンプで飛びつき、一気に駆《か》け登ろうとして、――あれれ。

気がつくと、ぽてっと背中から落ちていた。振《ふ》り向《む》いた浩美が驚《おどろ》いたように見下ろしている。

失敗失敗、今日はちょっと調子が悪いみたい――決まりの悪さでそそくさと退散する。

しかし、その日を境に、浩太が浩美の背中を駆け登ることはもうなくなった。何度挑戦《ちょうせん》しても登りきらずに止まってしまう。

それだけではなく、テーブルにも一息には登れなくなった。一回椅《い》子《す》に飛び乗って中継《ちゅうけい》しないといけなくなった。

④どうやらダイアナを捕《つか》まえていった老いが、浩太も捕まえにきたらしい。

おやおや、これは――ちょっと油断してたぞ、だってさつきちゃんは二十年も生きたら化けるって言ってたから。

表現について説明したものとして最もふさわしいものを選び、記号で答えなさい。

ア　経済成長はＧＤＰの伸び率で計ってきたが、ここでは「　」がつくことによって、これからは人間の幸せや健康の度合いで計るべきだと筆者が提案する表現になっている。

イ　経済成長とは本来人間の幸せのために行われることを目指すべきものだが、ここでは「　」がつくことによって、その実現の困難さを強く印象づける表現になっている。

ウ　経済成長とは国が産業を大きく盛りたてることで成り立つものだが、ここでは「　」がつくことによって、国ではなく各企業が利益を得ているだけだと警告する表現になっている。

エ　経済成長は需要と供給が拡大することで達成できるがここでは「　」がつくことによって、現在の資本主義経済のあり方に対する筆者の批判的な考えを表現している。

Ｂ　ここでの「経済成長」にあてはまるものをすべて選び、記号で答えなさい。

ア　商品を過剰《かじょう》に生産して、必要以上に消費する。

イ　太りすぎで病気になり、病院やスポーツジムに通う。

ウ　食品ロスが増えると、その処理をする事業が必要になる。

エ　余分な出費を減らして、自治体の財政を立て直す。

オ　地球環境の持続可能性を重視し、リサイクルを推進する。

問九　――線部⑨「いきなり経済や資本主義の話になって」とありますが、筆者が「経済や資本主義の話」をしたのはなぜだと考えられますか。最もふさわしいものを選び、記号で答えなさい。

ア　経済や資本主義の仕組みの中ではさまざまな産業がからみ合っており、食べものも例外なく作られ加工された商品としてその価値を認めるべきだから。

イ　経済や資本主義の視点では自然の恵みや人の健康の価値が重視されないということが、現在の農業と食料の問題を生み出す要因になっているから。

ウ　経済や資本主義は人間と自然が幸せになるために必要不可欠なものであるにもかかわらず、政治がその成長をはばんでいるという矛盾《むじゅん》をかかえているから。

エ　経済と資本主義のシステムは私たちが生まれる以前から存在しているもので、人間にとって自然環境とほとんど変わらないものになっているから。

問十　～～線部Ａ・Ｂのここでの意味として最もふさわしいものをそれぞれ選び、記号で答えなさい。

Ａ「しのぎを削り」

ア　技術を上達させ

イ　互いに影響し合い

ウ　同じような物が乱立し

エ　はげしく争い

Ｂ「カラクリ」

ア　構造　イ　計略　ウ　歯車　エ　機械

二　次の文章を読んで、あとの問いに答えなさい。

「ぼく」（＝浩太《こうた》）は、生後間もなく捨てられたところを桜庭《さくらば》家に拾われた飼《か》い猫《ねこ》である。二十年以上生きれば妖怪《ようかい》の「猫又《ねこまた》」になってずっと生き続けることができ、猫又になるためには書類に印を押す手続きが必要だと思い込んでいた。そうして、印を押《お》す練習をしながら書類が家に届く日をずっと待ち望んできた。

イ　農業と食料について多くの人が持っている自然や生命といった温かいイメージを、いつまでも伝統として残さなければならないという責任感を強調する効果。
ウ　現代の農業や食料の多くは人工的で不健康なものであるのが実態なのに、自然で健康的な正反対のイメージを持たれているということを示す効果。
エ　筆者と読者とが共有する農業や食料に対する温かいイメージが、生産現場の実情とはかけはなれたものになっていることの残念さを強くうったえかける効果。

問二　空らん ② にあてはまる語として最もふさわしいものを選び、記号で答えなさい。
ア　動物園　　イ　動物工場
ウ　動物学校　エ　動物病院

問三　――線部③「現在の農業と食料システム」とありますが、どのようなものだと筆者は述べていますか。最もふさわしいものを選び、記号で答えなさい。
ア　自然のありさまを無視して、商品的価値のある物を大量に作り出すもの。
イ　人の手ではなく機械を使って、簡単に価値の高い商品を作り出すもの。
ウ　人々の豊かな暮らしを支えるために、商品の種類と量を増加させるもの。
エ　非効率的であっても、質がよく価値のある商品を安定して供給するもの。

問四　――線部④「食べものが『商品』となり」とありますが、具体的にどういうことですか。次の文の空らん(1)・(2)をそれぞれ指定された字数で補って説明しなさい。

かつて人々は (1)（二十字以上二十五字以内） ていたが、産業革命以後、自分たちの土地を失ったため自分たちで食べものを作れずに、 (2)（十字以上十五字以内） ようになったということ。

問五　――線部⑤「入会地」について述べたものとしてふさわしくないものを一つ選び、記号で答えなさい。
ア　自給自足の生活を送るための資源となる環境。
イ　子孫の代まで利用できるように管理された自然。
ウ　資源を使って利益を得るために大切にされた土地。
エ　地域の人々がルールを守って使う共有の財産。

問六　空らん ⑥-1 ・ ⑥-2 ・ ⑥-3 にあてはまる語の組み合わせとして最もふさわしいものを選び、記号で答えなさい。
ア　1　そして　　2　だから　3　けれども
イ　1　ところが　2　また　　3　なぜなら
ウ　1　ところが　2　つまり　3　しかも
エ　1　そして　　2　だから　3　ところが
オ　1　ところが　2　だから　3　つまり
カ　1　そして　　2　しかも　3　なぜなら

問七　――線部⑦-1「『使用価値』」・⑦-2「『交換価値』」とありますが、次の(1)～(3)について、「使用価値」にあたるものはア、「交換価値」にあたるものはイとそれぞれ答えなさい。
(1)　古いギターだが、祖母がくれたものなので修理して弾く。
(2)　伝統工芸品の包装を若者向けのものにして客層を広げた。
(3)　入学祝いにもらって長年愛用してきた古い時計を質《しち》に入れた。

問八　――線部⑧「『経済成長』」について、次のA・Bの各問いに答えなさい。
A　経済成長という語に「　」をつけて表現していますが、このるために作るモノとでは、違《ちが》ってくるということです。自分で使うためにモノを作るときには、空腹を満たして元気になるとか、寒さを防ぐとか、長く使えるとか、役に立つことが重要でしょう(経済学では⑦-1「使用価値」といいます)。そのモノを作るための資源や知恵《ちえ》やスキルを自分が持ち続けることも大切です。

対して「商品」としてモノを作るときには、売って利潤を得ることが第一目的です。儲けるために作っているのですから、いくらで売っていくら儲けられるかが重要になります(経済学では⑦-2「交換《こうかん》価値」といいます)。

(中略)

結果として現在では、大多数の人たちが買い食いする「商品」を供給するために、農業は、自分たちが食べるモノを育てるというより、売るための「商品作物」を生産する産業へと変わってきました。そして、この農産物を原料として使う製造業、さらには流通・小売業、外食産業、商社や金融《きんゆう》業など、農と食に関わるさまざまな産業が発展してきました。現在ではもっとたくさんの産業が絡《から》み合って、私たちに日々の食を提供しています。

このような、さまざまな企業と産業が構成する食料供給体制は「資本主義的食料システム(capitalist food system)」(Holt-Giménez, 2017)といわれています。そして、このシステムを構成する企業たちはそれぞれ利潤を求めてAしのぎを削《けず》り、産業や政府は成長を目指す、資本主義経済のBカラクリで動いているのです。

この経済のカラクリの中では、人などの幸せや自然環境は、お金で計る企業の損得勘定《かんじょう》には含《ふく》まれず、むしろ何かの対策をとるために費用(コスト)になる、マイナス要素になってしまいました。国の※1GDPには、人と自然を破壊することでもお金が動けば経済成長としてプラスに計上されるほどです。『肥満の惑星《わくせい》(Planet Obesity)』という本は、経済成長をGDPで計っていると、人や地球が不健康になればなるほど⑧「経済成長」することになると指摘《してき》しています。

(中略)

逆に、自分が家庭菜園で有機栽培した野菜を、自分で料理して、おいしく健康な食生活をすることは、人と自然がハッピーにはなれても、GDPには計上されず経済成長につながらないのです。

それが、生まれる前から私たちがその中で生きている、資本主義経済のシステムです。

食べものの話から、⑨いきなり経済や資本主義の話になってちょっとビックリかもです。食べものって、個人の好みや文化だし、もっと柔《やわ》らかい話だと思っていたのに、経済や政治に関係あるなんて、と。でも、お金がないと食べられないように、私たちが日々食べているモノは、この経済と政治の仕組みの中で、いろんな企業や産業が絡み合って作られ加工され私たちの口まで届けられます。私たちが食べるモノに関わるいろんなルールや貿易協定を決めているのは政府です。そして、そのすべてが基づいている、いわば今の世界のオペレーティング・システムが「資本主義」なのです。

(平賀緑『食べものから学ぶ世界史』より・一部改)

※1 GDP…国内総生産。国内の経済活動を量的に計る指標の一つ。

問一 ――線部①「『農は自然の恵み』『食は生命の糧』」とありますが、どのような表現効果があると考えられますか。最もふさわしいものを選び、記号で答えなさい。

ア だれもがいだいている農業や食料に対するイメージは過去のもので、現在ではまるで異なるものになってしまったというショックを伝える効果。

ったことに原因がありそうです。

お金がないと食べられないって、当たり前でしょうか。今日のご飯どうすると聞かれたら、コンビニで買うとか、学食で食べようとか、考える人が多いと思います。ときには家で料理をしたり、家族が作ってくれたご飯を食べたり。でもその食材はスーパーや生協などで購《こう》入《にゅう》する。最近はテイクアウトしたりネット注文したりするかも。つまり、現在では「買い食い」が当たり前になっているといえるでしょう。

でも、人類の歴史をふり返ると、これは比較的新しい現象です。毎日の食を確保することは、狩猟《しゅりょう》採集の古代から現在まで生きるために必須《ひっす》な行為です。ただ、食べるために働くことの意味が変わりました。

かつて世界のほとんどの地域で大多数の人たちは、自然に近い農村に住み、自分たちの食べるモノ、着るモノ、使う道具などを、基本的には自分たちで作って、食べたり着たり使ったりしていました。労働とは、自分や家族が使用するモノを自分たちで作ること。田畑を耕し、種をまいて作物を育て、家畜の世話をして、その収穫《しゅうかく》物を料理して食べ、その残骸《ざんがい》やふん尿を土に戻《もど》して地力を保つ。そのための資源は、自分の田畑か借りた土地か、村が共同で使う野山や川や海など周りの自然環境でした。

このような、生活のためにみんなで管理して利用するみんなの資源を日本では⑤入会地《いりあいち》と呼んだり、英語では「コモンズ(commons)」と呼んだりします。

自然環境とは共有財産で、そこで生活し、その資源で自分たちが生きていくために必要なもの。だからこそ、この生活の基盤《きばん》を護《まも》るためにいろんなルールが決められていました。みんなの財産といっても、だれもが好き勝手に使えたわけではありません。自然を利用させてもらいながらも子孫の代まで維持《いじ》できるよう、土の力を回復するために堆肥《たいひ》を入れたり、木を植え山の手入れをしたり、魚を捕《と》る時期や量を制限したりして、環境を持続させていたのです。

⑥-1　２００〜３００年ほど前から、多くの人たちが農村を離《はな》れ、都市部の工場や商店で働き始めました。自分の土地も村の共有財産も失い、自力では食べるモノ・使うモノを作れない。⑥-2、他者(＝資本家)の土地や工場で、決められた時間、決められた仕事をして(＝賃労働)、その稼《かせ》いだお金で食品や必要なモノを買う。⑥-3賃金を得るために労働して、そのお金で、食べたり、着たり、使ったりするモノを買うようになりました。

現在では当たり前かもしれませんが、賃労働という、他の人に雇《やと》われて、生活とは切り離された工場や会社に行って働いて、その代わりに賃金を受け取るという労働の形は、資本主義社会に入り産業革命のころに始まった新しい働き方でした。

すると、この労働者たちが必要とするモノを代わりに供給する産業が形成されます。モノを買う「消費者」が集まった「市場《しじょう》」向けに、売って儲けるために「商品」を製造する産業、その商品を流通したり小売りしたりする産業などが作られていったというわけです。食べるモノも、自分で栽培する・育てるモノから、企業《きぎょう》など他の人たちが製造した「食べられる商品＝食品」へと変わりました。

ここでポイントは、「商品」とは、市場で他の人に売って利潤を得るために生産するモノであって、自分で使うために作るモノではないということ。そして、自分で使うために作るモノと、売って利潤《りじゅん》を得

2023年度 山手学院中学校

【国　語】〈A日程試験〉（五〇分）〈満点：一〇〇点〉

※字数制限のあるものは、句読点および記号も一字とする。

一　次の文章を読んで、あとの問いに答えなさい。

①「農は自然の恵《めぐ》み」「食は生命の糧《かて》」など、聞いたことあると思います。たぶん「農業」というと、自然豊かな緑の大地に鶏《にわとり》や豚《ぶた》や牛が放たれ、黒々とした豊かな土壌《どじょう》の畑に青々とした作物が育つイメージを持つでしょう。日本では稲《いね》が整然と並んだ水田や里山を思い浮《う》かべる人が多いかも。そして「食」というと、おいしい、健やか、まごころという温かいイメージや、和食など伝統や文化として語られることが多いでしょう。

残念ながら、現在の農業や食料の生産現場は、そんなのどかな姿ではありません。

地平線まで広がる畑で農薬や化学肥料や遺伝子操作した種子を使って、大きな機械を石油で動かして、売って儲《もう》けるために大豆やトウモロコシなど一つの作物だけを大量に栽培《さいばい》する（＝単一栽培、モノカルチャー）。その穀物をエサに、鶏や豚や牛は「　②　」とも言われる狭《せま》い空間に押《お》し込《こ》められて、日に当たることも外の風に吹《ふ》かれることもほとんどなく短い生涯《しょうがい》を終えて、肉や乳製品や卵や羽毛が大量生産される。

こんな工業的農業・食料生産のために、石油や化学薬品やプラスチックや水やエネルギーを大量に使って、二酸化炭素やメタンやふん尿《にょう》などを大量に排出《はいしゅつ》しています。

近年は、病気でもないのに家畜《かちく》に抗生《こうせい》物質を使いすぎたことから、薬が効かない耐性菌《たいせいきん》ができたり、鳥インフルエンザ、狂牛病《きょうぎゅうびょう》、豚インフルエンザ、豚コレラと、家畜の病気が次々と発生したりと、畜産業も大変な状況です。そして、病気が発生する度に、大量の生命が無益に廃棄《はいき》されています。「鳥インフルエンザ　殺処分」というキーワードでネットニュースを検索《けんさく》してみてください。２０２１年の初めにも日本で９００万羽もの鶏が殺され捨てられた記事がみつかるでしょう。これはほんの一例です。同じ動物を大量に「密」に飼うことは、病原体の温床《おんしょう》となりかねません。

こうして、③現在の農業と食料システムは、地球環境《かんきょう》と人の健康と地域社会を破壊《はかい》している一大要因だと批判されるほどになってしまいました。

それでも、まだ世界には充分《じゅうぶん》に食べることができない人が数億人もいるから、アジアやアフリカなど新興国で肉や油の需要《じゅよう》増加が見込まれるから、２０５０年までに世界人口が90億人に増えるからなどの理由から、農業生産をより大規模に、より近代的に、より拡大していくことが必要といわれています。

ではそうやって生産した食料で、世界の人たちがハッピーになれたかといえば、残念ながらそうでもありません。まだまだ飢餓《きが》に苦しむ人がいる一方、食べ過ぎや肥満で寿命《じゅみょう》を縮めたり、心臓や脳の血管が破れて命を落としたり、いわゆる生活習慣病になったりと、食生活が由来の不健康で苦しんでいる人も多い。みんな、健康に生きたいと願っているのに。「バランスのとれた食事」もわかっているはずなのに。

なぜ、自然の恵みである農や生命の糧である食が、これほど地球も人も不健康にしてしまう状態になったのでしょうか？　それは、④食べものが「商品」となり、資本主義経済の仕組みに組み込まれてしま

2023年度 山手学院中学校 ▶解説と解答

算　数　＜Ａ日程試験＞（50分）＜満点：100点＞

解　答

1 (1)　1999　(2)　$\frac{1}{2}$　**2** (1)　６回目　(2)　144度　(3)　85cm^2　**3** (1)　101個　(2)　34個　(3)　48個　**4** (1)　10cm^2　(2)　18cm^2　(3)　９：４　**5** (1)　46番目　(2)　６　(3)　545　**6** (1)　午前８時48分　(2)　280　(3)　５分24秒後　**7** (1)　Ａ　７通り　Ｂ　７通り　Ｃ　７通り　Ｏ　６通り　(2)　21通り　(3)　60通り

解　説

1 **四則計算，逆算**

(1)　(0.1×100＋0.01÷0.001)÷0.01－0.001÷0.01×10＝(10＋10)÷0.01－0.1×10＝20÷0.01－1＝2000－1＝1999

(2)　$(2.25-\square)\times\frac{4}{7}-\frac{1}{5}=0.8$より，$(2.25-\square)\times\frac{4}{7}=0.8+\frac{1}{5}=0.8+0.2=1$，$2.25-\square=1\div\frac{4}{7}=1\times\frac{7}{4}=\frac{7}{4}$　よって，$\square=2.25-\frac{7}{4}=2\frac{1}{4}-\frac{7}{4}=\frac{9}{4}-\frac{7}{4}=\frac{2}{4}=\frac{1}{2}$

2 **平均とのべ，時計算，面積**

(1)　今までのテストの回数を□回として図に表すと，右の図１のようになる。図１で，斜線《しゃせん》部分と太線で囲んだ部分の面積は，どちらもテストの合計点を表すから，㋐と㋑の部分の面積は等しくなる。また，㋑の部分の面積は，(97－82)×１＝15(点)なので，㋐の部分の面積も15点となり，□＝15÷(82－79)＝５(回)と求められる。よって，次のテストは，５＋１＝６(回目)である。

図１

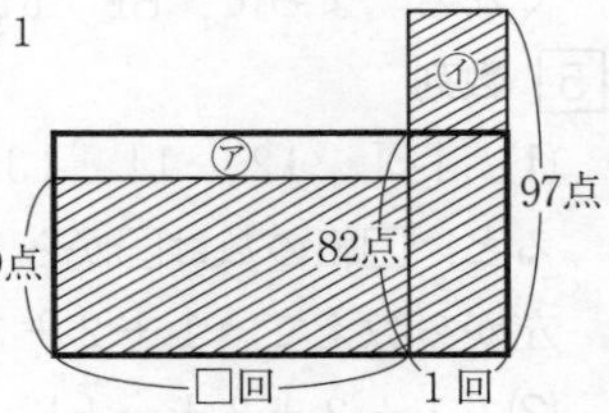

(2)　長針は１分間に，360÷60＝６(度)，短針は１分間に，(360÷12)÷60＝0.5(度)動くから，長針は短針よりも１分間に，６－0.5＝5.5(度)多く動く。また，７時ちょうどに長針と短針がつくる大きい方の角の大きさは，30×７＝210(度)で，そこから長針は12分で，5.5×12＝66(度)短針に近づく。よって，７時12分の長針と短針がつくる小さい方の角の大きさは，210－66＝144(度)となる。

(3)　右の図２のように，点Ｅを通りABとADにそれぞれ平行な線を引く。すると，４つの長方形ができて，それぞれが対角線で二等分される。よって，斜線部分の面積は，長方形ABCDの面積の$\frac{1}{2}$とわかる。したがって，斜線部分の面積は，$10\times17\times\frac{1}{2}=85(cm^2)$と求められる。

図２

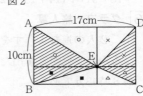

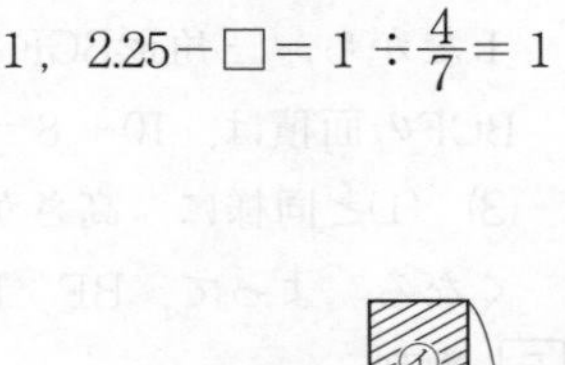

3 **整数の性質，集まり**

(1)　１以上300以下の偶数《ぐうすう》は，300÷２＝150(個)あり，１以上99以下の偶数は，99÷２＝49余り１

より，49個ある。よって，100以上300以下の偶数は，150－49＝101(個)ある。

⑵　２と３の公倍数は最小公倍数である６の倍数だから，偶数のうち３で割り切れる整数は６の倍数になる。１以上300以下の６の倍数は，300÷６＝50(個)あり，１以上99以下の６の倍数は，99÷６＝16余り３より，16個ある。よって，この偶数のうち３で割り切れる整数は，50－16＝34(個)ある。

⑶　２と５の公倍数は最小公倍数である10の倍数だから，この偶数のうち５で割り切れる整数は，300÷10＝30，99÷10＝９余り９より，30－９＝21(個)ある。また，２と３と５の公倍数は最小公倍数である30の倍数になり，この偶数のうち３でも５でも割り切れる整数は，300÷30＝10，99÷30＝３余り９より，10－３＝７(個)ある。よって，この偶数のうち３または５で割り切れる整数は，34＋21－７＝48(個)とわかる。

4　平面図形―辺の比と面積の比

⑴　高さの等しい三角形の面積の比は，底辺の長さの比と等しいので，(三角形ADFの面積)：(三角形CDFの面積)＝AD：DC＝５：４になる。よって，三角形ADFの面積は，８×$\frac{5}{4}$＝10(cm^2)である。

⑵　右の図のように，CEを延長して，点Ａ，Ｂから直線CEに垂線AG，BHを引く。すると，CFを底辺とみると，(三角形BCFの面積)：(三角形ACFの面積)＝BH：AGとなる。ここで，BH：AG＝BE：AH＝１：１だから，三角形BCFと三角形ACFの面積は等しい。よって，三角形BCFの面積は，10＋８＝18(cm^2)となる。

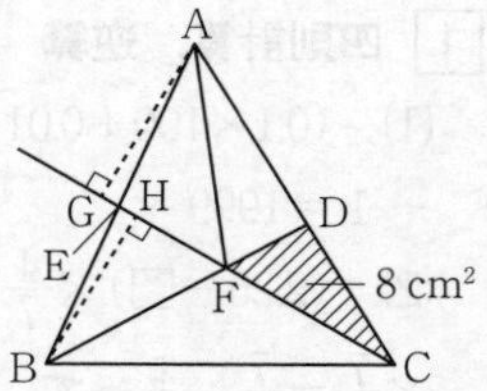

⑶　⑴と同様に，高さが等しいから，三角形BCFと三角形CDFの面積の比と，BFとFDの比は等しくなる。よって，BF：FD＝(三角形BCFの面積)：(三角形CDFの面積)＝18：８＝９：４とわかる。

5　数列

⑴　{1}，{2，1}，{3，2，1}，{4，3，2，1}，…を，１組，２組，３組，４組，…とすると，□組の数は□から１まで□個ある。よって，初めての10は10組の１番目にあらわれるから，左から数えて，１＋２＋３＋…＋９＋１＝(１＋９)×９÷２＋１＝46(番目)である。

⑵　１＋２＋３＋…＋13＝(１＋13)×13÷２＝91より，左から100番目の整数は，100－91＝９より，14組の９番目の整数なので，14－９＋１＝６とわかる。

⑶　13組目までの各組の整数の和はそれぞれ，１，２＋１＝３，３＋３＝６，４＋６＝10，５＋10＝15，６＋15＝21，７＋21＝28，８＋28＝36，９＋36＝45，10＋45＝55，11＋55＝66，12＋66＝78，13＋78＝91である。よって，求める整数の和は，(１＋３＋６＋10＋15＋21＋28＋36＋45＋55＋66＋78＋91)＋(14＋13＋12＋…＋６)＝455＋(14＋６)×９÷２＝455＋90＝545となる。

6　グラフ―旅人算

⑴　２人の進むようすをグラフに表すと，右の図のようになるから，兄が家を出た時刻は，午前８時40分＋８分＝午前８時48分である。

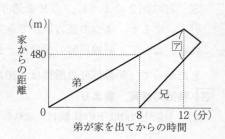

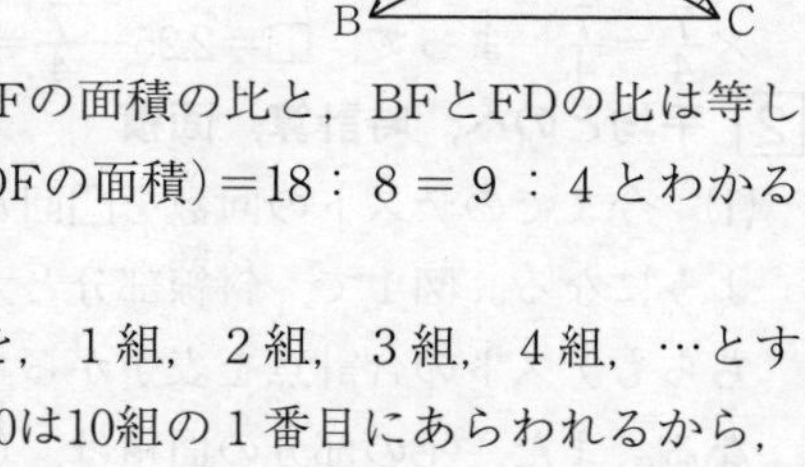

⑵　右の図より，弟は８分で480m進むので，弟の歩く速さは毎分，480÷８＝60(m)になる。よって，弟は12分で，60×12＝720(m)進み，兄は，12－８＝４(分)で，110×４

＝440(m)進むから，ア にあてはまる数は，720－440＝280(m)とわかる。

(3)　弟の走る速さは毎分，60×1.5＝90(m)なので，２人は12分後から１分間に，90＋110＝200(m)ずつ近づく。すると，２人が280m近づくのにかかる時間は，$280\div200=1\frac{2}{5}$(分)，つまり，$60\times\frac{2}{5}=24$(秒)より，１分24秒と求められる。よって，２人が出会うのは，兄が家を出発してから，４分＋１分24秒＝５分24秒後である。

7　場合の数

(1)　点Ｐが出発してから３秒後に点Ａにある移動の仕方は，右の図１より，７通りある。同様に，３秒後に点Ｂ，Ｃにある移動の仕方もそれぞれ７通りある。一方，３秒後に点Ｏにある移動の仕方は，右の図２より，６通りある。

図１

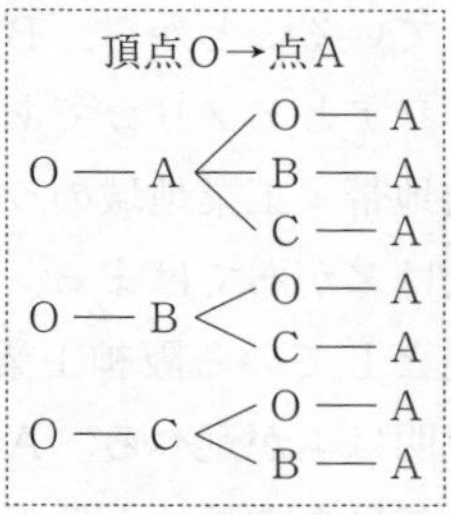

図２

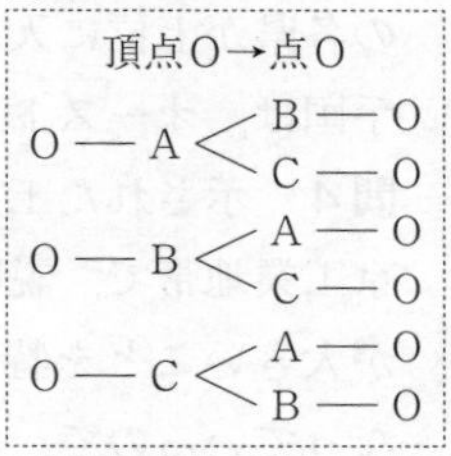

(2)　点Ｐが出発してから４秒後に点Ｏにあるには，３秒後に点Ａ，Ｂ，Ｃにあるように移動する必要がある。よって，このときの移動の仕方は，７×３＝21(通り)ある。

(3)　点Ｐが３秒後に点Ａにあるとき，４秒後に，点Ｂ，Ｃ，５秒後に点Ｏと移動すればよいので，移動の仕方は，７×２＝14(通り)ある。同様に，３秒後に点Ｂ，Ｃにあるときも，それぞれ14通りずつある。また，点Ｐが３秒後に点Ｏにあるとき，４秒後に，点Ａ，Ｂ，Ｃ，５秒後に点Ｏと移動するから，移動の仕方は，６×３＝18(通り)ある。よって，このときの移動の仕方は，14×３＋18＝60(通り)ある。

社　会　＜Ａ日程試験＞（40分）＜満点：80点＞

解　答

1　問１　１　ア　２　オ　３　ク　４　ウ　問２　小麦　問３　ア　問４　Ｂ　イ　Ｃ　エ　問５　ウ　問６　減反(政策)　問７　石狩(平野)　問８　エ　問９　バイオエタノール　問10　フードマイレージ　**2**　問１　Ｘ　イ　Ｙ　ケ　Ｚ　カ　問２　イ　問３　ウ　問４　ア　問５　イ　問６　イ　問７　政党　問８　ウ　問９　大宰府　問10　ウ　問11　鑑真　問12　ア　問13　エ　問14　イ　問15　イ　問16　親魏倭王　問17　１つ目…(例)　元軍は集団で戦い，日本軍(幕府軍)は一騎打ち戦法で戦ったから。　２つ目…(例)　元軍は，火薬を用いた武器(てつはう)を使用したから。　問18　ア　問19　ウ　問20　エ　**3**　問１　SDGs　問２　イ　問３　イ　問４　①　５(か国)　②　ア　問５　①　南北問題　②　ウ　問６　Ａ　性別　Ｂ　文化　問７　エ　問８　Ｃ　戦争　Ｄ　武力

解　説

1　食料を題材とした地理の問題

問1　**1**，**2**　日本の小麦の輸入先は，アメリカ，カナダ，オーストラリアの順に多く，最も輸入量の多いアメリカだけで，輸入量全体の半分近くを占《し》めている。統計資料は『日本国勢図会』2022／23年版による(以下同じ)。　**3**，**4**　2022年２月24日，ロシアはウクライナへの軍事侵攻《しんこう》を開始した。両国とも小麦の生産量・輸出量が多いことから，この侵攻によって小麦の国際価格が急激に上がっている。

問2　問１の解説を参照のこと。

問3　表４より，北海道の生産量が最も多く，ついで鹿児島県，宮崎県，熊本県といった九州地方の各県が上位に入っていることから，Ｂは肉用牛があてはまる。なお，日本の牛肉のおもな輸入相手国は，オーストラリアとアメリカである。

問4　示された工業地帯・工業地域のうち，最も生産額の大きいＤは日本最大の工業地帯である中京工業地帯で，説明はアがあてはまる。Ｄについで生産額の大きいＣは，比較《ひかく》的，金属工業の割合が大きいことを特色としている阪神工業地帯と判断でき，中小工場が多いことが特徴《とくちょう》のひとつになっているので，説明はエが選べる。ＡとＢのうち，生産額の大きいＢは，戦後は日本最大の工業地帯であったが，近年はその地位が低下している京浜工業地帯で，説明はイがふさわしい。残るＡは東海工業地域で，説明はウとなる。

問5　日本の貿易は，かつては欧米諸国との貿易がさかんであったが，近年はアジア地域の経済成長などを背景に，中国を中心としたアジア諸国との貿易が中心になっている。よって，ウがまちがっている。

問6　日本人の食生活が洋風化したことなどから米の消費量が減少した結果，日本国内で米が余るようになったため，政府は1970年頃から米の作付面積を減らす減反《げんたん》政策を行うようになった。しかし，手厚い補助は農家の意欲の低下や市場での競争力の低下を招くとして，減反政策は2018年に廃止された。

問7　石狩平野は石狩川の中・下流域に形成された北海道最大の平野である。水はけが悪く，栄養分の少ない泥炭《でいたん》地が広がっていたため農業には不向きであったが，客土と米の品種改良によって日本有数の米の産地になった。

問8　ア　シラス台地はシラスとよばれる火山灰土が堆積《たいせき》してできた，九州南部に広がる台地なので，正しくない。　イ　九州地方の近海を流れるのは，暖流の日本海流(黒潮)と対馬海流である。千島海流(親潮)は千島列島沿いに南下し，北海道の東部から東北地方の太平洋側を流れる寒流なので，正しくない。　ウ　シリコンロードとよばれるのは東北自動車道沿いに集積回路の工場が立地している東北地方なので，正しくない。九州地方はシリコンアイランドとよばれている。　エ　九州地方のくだものの生産について，正しく説明している。

問9　バイオエタノールとは，とうもろこしやさとうきびなどを原料としてつくられる再生可能エネルギーである。地球温暖化防止対策や石油の代替《だいたい》エネルギーとして注目されており，バイオエタノールを自動車の燃料として利用する取り組みは，アメリカやブラジルなどを中心に世界各国で進められている。

問10　食料の輸送量に輸送距離をかけ合わせた数値を，フードマイレージという。食料の輸入にともなう環境への影響を数値で表したもので，数値が大きいほど環境に負担を与《あた》えているといえる。食料自給率の低い日本は，ほかの国と比べてフードマイレージが非常に大きくなっている。

2 各時代における日本と中国の関係を題材とした歴史の問題

問１ Ｘ 朝鮮で起こった甲午《こうご》農民戦争(東学党の乱)をしずめるために送られた日本と清(中国)の軍隊が衝突《しょうとつ》し，1894年に日清戦争が始まった。この戦いでは日本が勝利をおさめ，1895年に下関条約が結ばれた。 Ｙ 平城京は唐(中国)の都長安を手本として奈良に造営され，710年に元明天皇によって藤原京から遷都《せんと》された。また，平城京には聖武天皇により東大寺と大仏がつくられたが，大仏の開眼《かいげん》供養《くよう》(完成の儀式，752年)のさいにはインドや唐から多くの僧が招かれた。 Ｚ 鎌倉幕府の第８代執権北条時宗のとき，元(中国)の皇帝フビライ＝ハンは日本をその支配下におこうとして何度も使者を送ってきたが，時宗がこれを強く断ると，1274年(文永の役)と1281年(弘安の役)の２度にわたって大軍を送り，北九州に攻《せ》めてきた(元寇《げんこう》)。

問２ 佐藤栄作は1964年から1972年まで内閣総理大臣を務めた人物で，その間に日韓基本条約の締《てい》結《けつ》(1965年)や沖縄の本土復帰(1972年)などを実現させた。また，1967年に国会答弁のなかで「非核三原則(核兵器を持たず，つくらず，持ち込ませず)」を提唱したことなどが評価され，首相退任後の1974年に日本人として初めてノーベル平和賞を受賞したので，イがふさわしい。なお，アは1956年，ウは1951年，エは1960年のできごと。

問３ 日本国憲法は1946年11月３日に公布，翌47年５月３日に施行《しこう》されたので，ウがふさわしい。なお，アは1986～91年，イは1967年，エは1973年のできごと。

問４ 雑徭《ぞうよう》とは１年に60日を限度として国司のもとでつく労役のことで，男子にのみ課されていた。したがって，アが正しい。なお，イについて，租は収穫量の３％の稲を国司に納める税である。ウについて，口分田は６年ごとにつくられる戸籍《こせき》にもとづき，６歳以上の男女に与えられていた。エについて，防人《さきもり》は東北ではなく九州の防備に３年間つく兵役。

問５ ①の小野妹子が隋《ずい》(中国)に派遣されたのは607年，②の白村江《はくすきのえ》の戦いが起こったのは663年，③の大宝律令が制定されたのは701年のできごと。大化の改新は，飛鳥時代の645年に，中大兄皇《なかのおおえのおう》子《じ》(のちの天智天皇)が中臣鎌足《なかとみのかまたり》らの協力を得て，皇室をしのぐほどの権力をふるっていた蘇我《そがの》蝦夷《えみし》・入鹿《いるか》父子を倒し，天皇を中心とする中央集権国家体制の確立をめざした一連の政治改革のこと。したがって，イが正しい。

問６ 下関条約は日清戦争の講和条約で，1895年に結ばれた。「三国干渉《かんしょう》」は，日本が下関条約で手に入れた遼東《リャオトン》半島を，ロシア・フランス・ドイツが清に返還するよう求めたできごと。また，「日比谷焼きうち事件」は，日露戦争の講和条約であるポーツマス条約(1905年)において，日本が賠償《ばいしょう》金を得られなかったことに不満を持つ人々が起こした事件である。したがって，イが正しい。なお，「大日本帝国憲法の制定」は1889年，「民撰《みんせん》議院設立の建白書の提出」は1874年，「廃藩《はいはん》置県」は1871年のできごと。

問７ 1932年５月15日，海軍の青年将校らが首相官邸や日本銀行，警視庁などをおそい，犬養毅《いぬかいつよし》首相を暗殺した。この五・一五事件をきっかけに政党政治が終わり，軍部の政治に対する発言権が増すことになった。なお，政党政治とは，議会で多数を占める政党が内閣を組織して行う政治のことで，本格的な政党政治は，1918年に組織された原敬《はらたかし》内閣から始まった。

問８ ア 最澄《さいちょう》は比叡《ひえい》山(滋賀県)に延暦《えんりゃく》寺を建て，天台宗を広めた。浄土宗を開いたのは法然。 イ 書道にすぐれ，弘法大師とよばれたのは空海である。 ウ 空海についての説明として正しい。 エ 空海は高野山(和歌山県)に金剛峯《こんごうぶ》寺を建て，真言宗を広めた。日蓮宗(法華宗)を開いたのは日蓮。

問９　菅原道真は宇多天皇に重用され，醍醐《だいご》天皇のときには右大臣にまでなったが，藤原氏の策略によって大宰府《だざいふ》に左遷《させん》された。大宰府は，筑前《ちくぜん》国(現在の福岡県)に置かれた軍事・外交および九州地方の内政を担当する地方行政機関である。

問10　1086年，白河天皇は位を子の堀河天皇に譲《ゆず》り，上皇となって政治を行った。院とよばれる上皇の住まいで行われたこうした政治を院政という。④は794年，⑤は９世紀初め，⑥は894年(遣唐使の停止)・901年(菅原道真の左遷)，⑦は12世紀後半のできごとについて説明しているので，ウが正しい。

問11　唐の高僧である鑑真《がんじん》は，日本の招きに応じて来日を決意するが，何度も渡航に失敗し失明するなどの苦労を重ねた末，６度目の航海でようやく目的を果たした。来日後は，東大寺で多くの僧に仏教の正しい教えを伝え，平城京に唐招提《とうしょうだい》寺を建てた。

問12　室町幕府の第３代将軍足利義満のころは，義満が京都の北山に建てた金閣に代表される北山文化が栄えた。金閣は外壁《がいへき》に金箔《きんぱく》がほどこされた３層の建物で，義満の死後，子の義持により鹿苑《ろくおん》寺とされた。なお，イの『日本書紀』は奈良時代の天平文化，ウの平等院鳳凰《ほうおう》堂は平安時代の国風文化，エの『奥の細道』は江戸時代前期の元禄《げんろく》文化のもの。

問13　足利義満は，明(中国)の臣下として貢《みつ》ぎ物をさし出す朝貢《ちょうこう》の形式をとって貿易を始めた。この日明貿易は，正式な貿易船と倭寇《わこう》(日本の武装商人団・海賊《かいぞく》)を区別するために勘合《かんごう》(符《ふ》)という合い札を用いたことから，勘合貿易ともよばれる。なお，アについて，朱印状とよばれる許可状を用いた朱印船貿易は，豊臣秀吉の時代に始まり，江戸幕府の初代将軍徳川家康のころまで行われた貿易である。イについて，銅銭(明銭)は日明貿易の輸入品。輸出品には硫黄《いおう》のほか，刀剣や銅，漆《しっ》器《き》などがあった。ウについて，南蛮《なんばん》貿易とは，戦国時代から安土桃山時代にかけて南蛮(スペイン・ポルトガル)と日本との間で行われた貿易である。琉球《りゅうきゅう》王国(沖縄)では，室町時代から戦国時代にかけて中継《なかつぎ》貿易がさかんに行われていた。

問14　1543年，種子《たねが》島(鹿児島県)に中国船が流れ着き，乗っていたポルトガル人によって日本に鉄砲が伝えられた。「語群」にある乱・戦いのうち，応仁の乱は1467年，長篠《ながしの》の戦いは1575年，壇ノ《だんの》浦《うら》の戦いは1185年，藤原純友《すみとも》の乱は939年，関ヶ原の戦いは1600年，保元の乱は1156年のこと。したがって，鉄砲が用いられた戦いは，鉄砲が伝来したあとに起こった長篠の戦いと関ヶ原の戦いの２つである。

問15　江戸幕府の第８代将軍徳川吉宗が行った享保《きょうほう》の改革(1716～45年)のあと，18世紀後期に江戸幕府の老中を務めた田沼意次《おきつぐ》は，商人の経済力を利用した積極的な経済政策を行った。したがって，イが正しい。なお，アの徳川家光は江戸幕府の第３代将軍，ウの水野忠邦《ただくに》は天保の改革(1841～43年)を行った江戸幕府の老中，エの徳川慶喜《よしのぶ》は江戸幕府の第15代将軍である。

問16　中国の歴史書『魏志《ぎし》』倭人《わじん》伝には，３世紀の日本に邪馬台国《やまたいこく》という強い国があり，女王の卑《ひ》弥呼《みこ》が30あまりの小国を従えていたことや，239年に魏(中国)に使いを送って，皇帝から「親魏倭王」の称号《しょうごう》や金印，銅鏡などを授けられたことなどが記されている。

問17　絵は元寇のようすをえがいた「蒙古襲来絵詞《もうこしゅうらいえことば》」で，左側が元軍，右側が日本の御家人である。この絵から，元軍が集団戦法をとっているのに対し，幕府の御家人は一騎《いっき》打ちで戦おうとしていることがわかる。また，絵の中央上部には，当時の日本にはまだなかった「てつはう(火薬)」とよばれる武器による攻撃がえがかれている。

問18　第一次世界大戦中の1918年，日本が好景気で物価が上がっていたところへ，シベリア出兵をあてこんだ米商人が米の買い占めや売りおしみを行ったため，米の価格が急上昇して国民の生活が苦しくなった。同年８月，富山県の漁村の主婦らが米屋に押しかけて米の安売りなどを求める事件が新聞で報道されたため，同じような騒《さわ》ぎが自然発生的に全国に広がり，政府は軍隊まで出動させてこれをしずめた。これを米騒動《そうどう》といい，第一次世界大戦中のできごとであるから，アがまちがっている。

問19　1968年，埼玉県行田《ぎょうだ》市にある稲荷山《いなりやま》古墳から，「ワカタケル大王」と刻まれた鉄剣が出土した。ワカタケル大王は倭の五王のうちの「武」(雄略《ゆうりゃく》天皇)のことと推定され，熊本県の江田船山古墳から出土した大刀《たち》にも同じ文字が刻まれていることから，５世紀(古墳時代)には大和政権が関東から九州にまで勢力を広げていたことが証明された。なお，アの高松塚古墳は奈良県，エの大仙《だいせん》古墳は大阪府にある古墳。

問20　新田開発による米の増産や米価の調節を行ったことなどで米将軍ともよばれた徳川吉宗は，享保の改革のなかで，裁判を公正に行うための基準を示した公事方御定書《くじかたおさだめがき》を制定した。したがって，エが正しい。なお，アは徳川家康，イは第５代将軍徳川綱吉，ウは老中松平定信が行ったこと。

3「持続可能な開発目標」を題材とした問題

問１～問３　「持続可能な開発目標」とは，2015年に国連総会で採択された，2030年までに達成すべき世界共通の17の目標のことで，アルファベットを用いて「SDGs」と表現される。

問４　①　安全保障理事会は，アメリカ・イギリス・フランス・ロシア・中国の５つの常任理事国と10の非常任理事国から構成されている。常任理事国には，１か国でも反対すると議決が成立しない拒否権が認められている(五大国一致《いっち》の原則)。　②　UNICEF(国連児童基金)は，すべての子どもたちの権利や成長を守るための活動を行う機関で，世界の人々の募金や各国の拠出金《きょしゅつきん》をもとに活動している。なお，イは国連難民高等弁務官事務所，ウは国連教育科学文化機関，エは世界貿易機関の略称。

問５　①　北半球に多い先進国と，南半球に多い発展途上国との間の著《いちじる》しい経済格差にもとづく政治的・経済的諸問題の総称を南北問題という。　②　発展途上国の経済・社会の発展や福祉の向上のために先進国の政府機関が行う援助を，ODA(政府開発援助)という。なお，アのオンブズマン制度は，中立的な立場から公的機関を監視・検証したり，問題の解決をはかる制度。イのCTBTは，包括《ほうかつ》的核実験禁止条約の略称。エのユニバーサルデザインは，すべての人が安全に使いやすいように考えられた建築(施設)や製品などのデザインのこと。

問６　**A**　日本国憲法は，平等権について第14条で「すべて国民は，法の下に平等であって，人種，信条，性別，社会的身分又は門地により，政治的，経済的又は社会的関係において，差別されない。」と規定し，法の下の平等を保障している。　**B**　日本国憲法は，生存権について第25条で「すべて国民は，健康で文化的な最低限度の生活を営む権利を有する。」と規定している。

問７　ディーセントワークは，「働きがいのある人間らしい仕事」と訳され，ILO(国際労働機関)が提唱した考え方である。なお，アのSNSはソーシャルネットワーキングサービス，イのPKOは国連平和維持活動，ウのNGOは非政府組織の略称。

問８　**C，D**　日本国憲法は第９条１項で「日本国民は，正義と秩序《ちつじょ》を基調とする国際平和を誠実に希求し，国権の発動たる戦争と武力による威嚇《いかく》又は武力の行使は，国際紛争を解決する手段としては，永久にこれを放棄《ほうき》する。」とし，戦争の放棄を明確に定めている。

理　科　＜Ａ日程試験＞（40分）＜満点：80点＞

解　答

1 (1) A　(2) ① (ク)　② (イ)，(ウ)　③ (ア)，(キ)　④ (エ)，(オ)，(カ)　(3) (ウ)　(4) うろこ　(5) ① 肺で呼吸する(点)　② 胸びれがない(点)　2 (1) オ　(2) (ア)　(3) (あ)　(4) G　(5) (キ)　(6) (エ)　3 (1) A 気体　(ウ) ゆう解　(2) (例) 温度を下げる　(3) ① (ウ)　② (カ)　③ (カ)　(4) あ＞い＝う　(5) 解説の図を参照のこと。　(6) (イ)　4 (1) 200 g　(2) 75cm　(3) 84cm　(4) 77.75cm　(5) 75.25cm　(6) 36cm

解　説

1 魚についての問題

(1) サメとエイの見分け方は，エラ穴が体の横にあるのがサメで，体の下にあるのがエイと述べられているので，エラ穴が体の下にあるAがノコギリエイとわかる。

(2) 複数のエラ穴があり，エラ穴が体の横にあるオオセとイタチザメがサメの仲間，エラ穴が体の下にあるシノノメサカタザメとアカエイがエイの仲間である。アジはエラ穴でなくエラぶたがあり，エラは左右で１対なのでいっぱん的な魚の仲間に分けられる。また，シャチとザトウクジラはほ乳類，オタマジャクシは両生類なので魚以外となる。

(3) メダカの卵は直径が１mmほどで，水に流されないように付着毛《ふちゃくもう》という毛で水草などにからみつくようになっている。

(4) いっぱん的な魚の体の表面はうろこでおおわれている。しかし，エイやサメの仲間の体の表面は，カエルのようにぬるっとしていてやわらかいとある。このことから，いっぱん的な魚の仲間とちがって，うろこがないことがわかる。

(5) ① 魚の仲間はふつうエラで呼吸するが，ハイギョは肺で呼吸する点が異なっている。② 魚の仲間にはふつう胸びれ，腹びれ，背びれ，しりびれ，おびれがあるが，ウツボには胸びれがない点が異なっている。

2 月についての問題

(1) 月が地球と太陽の間にあるキの位置が新月になる。月は北極上空から見て反時計まわりに公転するので，キの月から反時計まわりに90度ずれたオの位置にあるときに上弦《じょうげん》の月となる。

(2) 上弦の月は，日がしずむ18時ごろに南中するので，月がしずむのはそのおよそ６時間後の午前０時ごろになる。

(3) 地球の北極上空から見た場合，地球の自転の方向は，地球や月の公転の方向と同じ反時計回りになっている。

(4) 地球から見て，月が太陽と地球の間の位置から反時計回りに90度動いたところにあるときが上弦の月なので，Gが選べる。

(5)　同じ時刻に観察される月は１日におよそ12度ずつ東の方向に動いて見えるので，月が南中する時刻は毎日約48分ずつおそくなっていく。よって，３日後には，48×３＝144(分)おそくなるので，下弦の月から３日後の月が南中するのは，午前６時＋144分＝午前８時24分ごろになる。

(6)　(5)で述べたように，月は１日におよそ12度ずつ東に動いて見えるので，２日後の午前６時には，12×２＝24(度)東に見える。また，月は１時間におよそ15度ずつ西に動いて見えるので，２日後の午前５時にはさらに15度東に動いたところに月が見える。よって，Xの角度はおよそ，24＋15＝39(度)となるので，(エ)が適する。

3　物質の状態変化についての問題

(1)　「しょうか」は，固体が直接気体になること(またはその逆の変化)をいう。よって，図１の(ア)の変化が「しょうか」であることからＡは気体，Ｂは液体とわかる。また，(ウ)の固体から液体への変化はゆう解という。

(2)　水の状態変化を考えると，(イ)は気体の水蒸気から固体の氷への変化，(エ)は液体の水から固体の氷への変化，(カ)は気体の水蒸気から液体の水への変化であり，全て物質の温度を下げることでおこる。

(3)　①　氷がとけるのは，固体から液体への状態変化である(ウ)のゆう解である。　②　ビーカーの表面についた水てきは，空気中に含《ふく》まれていた水蒸気が冷たいビーカーで冷やされて，液体の水となって出てきたものなので，気体から液体への状態変化である(カ)のぎょう縮(液化)となる。

③　湯気は空気中にうかんだ細かい水てきなので，気体の水蒸気が冷やされて液体の水に変化した(カ)のぎょう縮である。

(4)　水は固体の氷になると体積が1.1倍に大きくなる。よって，氷だけのときの高さである(あ)が最も高くなっている。氷が水にうかんでいる(い)では，氷のうち膨張した分の体積だけが水面上に出てうかんでいるので，水面の高さは水だけのときの高さの(う)と同じになる。

(5)　表１で，６分から15分の間では，時間が３分経つごとに水温が24℃上昇《じょうしょう》しているので，１分あたり，24÷３＝８(℃)温度変化していることになる。ここで，６分のときの水温が16℃だったことから，16÷８＝２(分間)で０℃から16℃になったとわかるので，４分までが０℃となる。よって，０℃付近のグラフは右上の図①のようになる。また，15分のときに88℃であることから水温が100℃に達するのは，その，(100－88)÷８＝1.5(分後)の，15＋1.5＝16.5(分)のときとわかるので，100℃付近のグラフは右上の図②のようになる。

図①
0℃付近
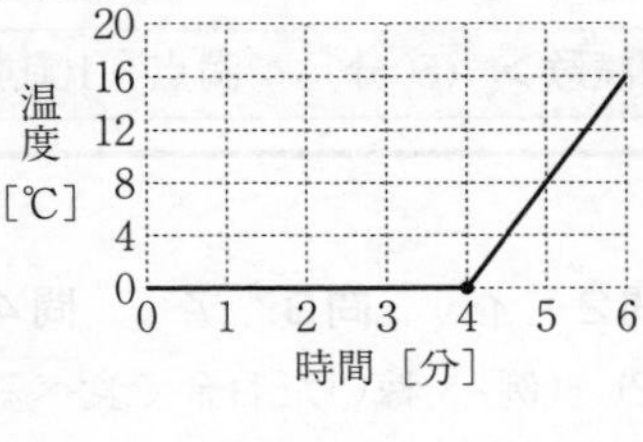

図②
100℃付近
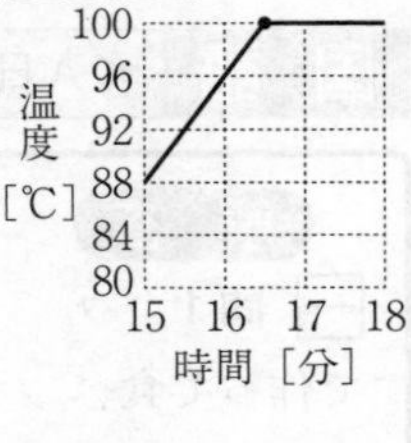

(6)　水がふっとうして気体となって飛び出すことには，空気が水面を押《お》さえつけている力(気圧)が関係している。ふっとうする温度が100℃でなく98℃と低かったことから，水が水面から飛び出すのに必要な力が100℃のときより小さかったことになる。よって，１回目の実験の日よりも気圧が低かったことが原因であると考えられる。

4　ばねについての問題

(1)　ばねＡの全体の長さが34cmになったので，ばねＡは，34－30＝４(cm)のびている。ばねＡは

500ｇで，40－30＝10(cm)ののびるので，おもりＣの重さは，$500\times\frac{4}{10}=200$(ｇ)となる。

⑵　⑴より，おもりＣは200ｇなので，ばねＡにもばねＢにも200ｇの力がかかっている。また，ばねＢは500ｇで，45－30＝15(cm)ののびる。よって，ばねＡの長さは34cm，ばねＢの長さは，$30+15\times\frac{200}{500}=36$(cm)となる。したがって，ばねＡの上からおもりＣの下までの長さは，34＋36＋５＝75(cm)となる。

⑶　ばねＡの下にはおもりＣが２個つるされているので，200×２＝400(ｇ)の力がかかり，ばねＢの下にはおもりＣが１個だけなので200ｇの力がかかっている。よって，ばねＡの長さは，$30+10\times\frac{400}{500}=38$(cm)，ばねＢの長さは36cmとなるから，ばねＡの上から一番下のおもりＣの下までの長さ②は，38＋５＋36＋５＝84(cm)となる。

⑷　下のおもりＣは水の中に入っているので，押しのけた，$5\times5\times5=125$(cm^3)分の水の重さである125ｇの浮力《ふりょく》を水から受けている。よって，ばねＡにかかる力は，400－125＝275(ｇ)，ばねＢにかかる力は，200－125＝75(ｇ)となるから，ばねＡの長さは，$30+10\times\frac{275}{500}=35.5$(cm)，ばねＢの長さは，$30+15\times\frac{75}{500}=32.25$(cm)となる。以上より，全体の長さは，35.5＋５＋32.25＋５＝77.75(cm)と求められる。

⑸　おもりＣは２個とも水中にあるため，それぞれが125ｇの浮力を受ける。よって，ばねＡにかかる力は，(200－125)×２＝150(ｇ)，ばねＢにかかる力は，200－125＝75(ｇ)となるから，ばねＡの長さは，$30+10\times\frac{150}{500}=33$(cm)，ばねＢの長さは32.25cmとなる。以上より，全体の長さは，33＋５＋32.25＋５＝75.25(cm)となる。

⑹　図６のとき，ばねＡとばねＢには同じ大きさの力がかかっている。また，そののびの合計は，80－(30＋５＋30)＝15(cm)となる。同じ力を加えたときのばねＡとばねＢののびの比は，10：15＝２：３なので，ばねＡののびは，$15\times\frac{2}{2+3}=6$(cm)とわかり，ばねＡの長さは，30＋６＝36(cm)と求められる。

国　語　＜Ａ日程試験＞（50分）＜満点：100点＞

解　答

一　**問１**　ウ　**問２**　イ　**問３**　ア　**問４**　⑴　(例)　自分たちの食べるものを自分たちで作って食べ　⑵　(例)　稼いだお金で食べるものを買う　**問５**　ウ　**問６**　オ　**問７**　⑴　ア　⑵　イ　⑶　イ　**問８**　**Ａ**　エ　**Ｂ**　ア，イ，ウ　**問９**　イ　**問10**　**Ａ**　エ　**Ｂ**　ア　二　**問１**　(例)　大事な試験の験を担ぐために，夕食にトンカツを出してもらう(ことを頼んだ。)　**問２**　エ　**問３**　**Ａ**　エ　**Ｂ**　ア　**問４**　(例)　浩太も老いて死ぬ時期が近くなったこと。　**問５**　ウ　**問６**　ウ　**問７**　⑴　たった一日　⑵　ウ　⑶　イ　三　①～⑧　下記を参照のこと。　⑨　きじょう　⑩　へいまく

●漢字の書き取り

三　①　存続　②　感傷　③　築(く)　④　前兆　⑤　去就　⑥　棒　⑦　探査　⑧　厳冬

解　説

一 **出典は平賀《ひらが》緑《みどり》の『食べものから学ぶ世界史―人も自然も壊《こわ》さない経済とは？』による。**農業や食料の生産現場の実際の状況《じょうきょう》とそのような状況をつくった資本主義経済のしくみを解説している。

問１　続く部分で，現在の農業や食料の状況が説明されている。それは，多くの人が持つイメージとは正反対の，「工業的」で「地球も人も不健康にしてしまう」ものだというのである。よって，ウがふさわしい。なお，エは「筆者と読者とが共有する」という部分が誤り。

問２　肉や乳製品や卵や羽毛を大量生産するための場所なので，「工場」という表現が合う。

問３　前の部分で，「売って儲《もう》けるため」の作物が「工業的」に「大量生産」され，鶏《にわとり》や豚《ぶた》や牛も狭《せま》い空間に押《お》しこめられている現状が説明されている。

問４　(1)，(2)　少し後に，「かつて世界のほとんどの地域で～食べたり着たり使ったりしていました」とある。それに対して，空らん⑥をふくむ段落では，「自分の土地も村の共有財産も失い，自力では食べるモノ・使うモノを作れな」くなった後は，労働して「稼《かせ》いだお金で食品や必要なモノを買う」ようになったと述べられている。ぼう線部④は「食べもの」について述べているので，これらの部分を食べものに関してまとめる。

問５　「入会地《いりあいち》」については，直前で，自分たちが使用するものをつくるために「村が共同で使う野山や川や海など周りの自然環境《かんきょう》」，「生活のためにみんなで管理して利用するみんなの資源」だと述べられている。また，直後の段落では，「入会地」のような生活の基盤《きばん》を護《まも》るためにいろんなルールが決められていたこと，自然を子孫の代まで維持《いじ》できるよう管理していたことが説明されている。

問６　直前の段落では，人々が自然に近い農村で生活をしていたことが述べられているが，空らん⑥－１の直後では，多くの人たちが農村を離《はな》れて都市部で働き始めたと述べられているので，前のことがらを受けて，後に対立することがらを述べるときに用いる「ところが」があてはまる。そして，自力では食べるモノ・使うモノがつくれなくなったために，働いて稼いだお金で食品や必要なモノを買うようになった，という文脈なので，空らん⑥－２には，前のことがらを理由・原因として，後にその結果をつなげるときに用いる「だから」が合う。空らん⑥－３の前後では，「他者(＝資本家)の～買う」と述べた後で，「賃金を得るために労働して～買う」ようになったと言い換《か》えているので，前に述べた内容を“要するに”とまとめて言い換えるときに用いる「つまり」がふさわしい。

問７　自分で使うさいの価値が「使用価値」であり，売って儲けるさいの価値が「交換《こうかん》価値」である。　(1)　自分自身にとっての価値を上げる行動なので「使用価値」である。　(2)，(3)　売って儲けることを考えているので「交換価値」にあたる。

問８　**Ａ**　筆者は，GDPで計られる経済成長は，「お金が動」くと「プラスに計上され」，「人や地球が不健康に」なっていても経済成長とされたり，逆に「人と自然がハッピーになれても」経済成長とはされなかったりすると述べている。経済成長をそのような数値で計ることに対する批判的な考えから，「　」をつけたのだと考えられる。　**Ｂ**　アは，商品をたくさん生産してたくさん消費するので，多くのお金が動くことになる。イは，病院やスポーツジムに通うことでお金が動くので，「経済成長」にあてはまる。また，ウも，食品ロスの処理をする事業を行うことでお金が動くので，「経済成長」といえる。

問９　ぼう線部④をふくむ段落では，「自然の恵《めぐ》みである農や生命の糧《かて》である食」が「地球も人も不健康にしてしまう状態になった」のは，食べものが「商品」として資本主義経済の仕組みに組みこまれてしまったことに原因があるのではないかと述べられ，そこから「資本主義」の話になっている。よって，イがふさわしい。

問10　**Ａ**「しのぎを削《けず》る」は，“実力の近い者どうしがはげしく争う”という意味。　**Ｂ**「カラクリ」は，“仕組み”という意味。

二　**出典は有川《ありかわ》ひろの『みとりねこ』による。**浩美《ひろみ》の家で飼われている猫《ねこ》の浩太《こうた》は，妖怪《ようかい》の猫又《ねこまた》になってずっと生き続けたいと思っていた。ところが，あるときから急に体のおとろえを感じ始める。

問１　浩美は，ふだんは「あまりごはんに注文をつけない」が「大事な試験の前日に験《げん》を担《かつ》いでトンカツ」をリクエストすると書かれている。お母さんと浩美の「試験でもあるの？」「うん，仕事の資格の試験があるんだ」というやりとりや，この後お母さんがトンカツをつくったことから，この日も大事な試験の験を担ぐためにトンカツをリクエストしたことがわかる。

問２　空らん②－１には，浩美の試験結果の通知が届いた後の，お母さんの落ち着かないようすを表す言葉が入るので，「そわそわと」がふさわしい。また，空らん②－２には，結果が気になりながらも平気なふりをするようすを示す言葉があてはまるので，「さりげなく」がよい。

問３　**Ａ**「尻目《しりめ》に」は，ちらりと見るものの，問題にしないようす。　**Ｂ**「三寒四温」は，寒い日が三日ぐらい続いた後，暖かい日が四日ぐらい続くこと。

問４　「ダイアナを捕《つか》まえていった老い」とは，ダイアナが老いて死んでしまったことを表している。浩太は，浩美の背中を駆《か》け登れなくなったり，テーブルに一息に登れなくなったりしたことで，自分自身の老いを感じ，もうすぐ自分も死ぬのではないかと考えているのである。

問５　直後に「あーあ，せっかく拇印《ぼいん》もたくさん練習したのに」とあるように，浩太はずっと待っていた書類がもう自分に届くことはないことを感じている。そして，二十三歳《さい》になったのに届かないということは，そのような書類はそもそもなかったのだと思い知っているのである。

問６　＊より前の部分は浩太の視点から描《えが》かれていて，その最後の部分に，浩太が浩美に対して「お父さんにいい名前だよって言ってあげなね」と心のなかで伝えた言葉がある。浩美にはこの思いが届いたので，「俺《おれ》の名前，いい名前だね」という言葉が漏《も》れたのである。一方，父はぼう線部⑥のように言っているので，浩太の心の声が届いていなかったということがわかる。

問７　⑴　浩太が息を引き取る直前に，「たった一日，浩美よりも長生きできたらそれでよかった」とあり，浩太が猫又になって生き続けようとしたのは，浩美の最期《さいご》をみとるためだったことがわかる。　⑵　浩太が眠気《ねむけ》の波に呑《の》まれそうになっている場面で，「浩美はもう～増えたはずだ」と自分が死んでしまってもその悲しみを受け止められるぐらい浩美が成長したことを実感している。
⑶　問６でみたように，本文は＊より前は浩太の視点から，後は浩美の視点から描かれている。浩美が浩太をなで，浩太の喉《のど》が鳴りだす場面は，両方の視点から描かれているので，浩太と浩美両方の気持ちが読者に伝わりやすくなっている。

三　**漢字の書き取りと読み**

①　引き続いて存在すること。　②　心を痛め，悲しい気持ちになること。　③　音読みは「チク」で，「建築」などの熟語がある。　④　あることが起きる前ぶれ。　⑤　ある地位や役職から去ることと，そこにとどまること。　⑥　木や竹，金属などのまっすぐで細長い形状のも

の。　⑦　未知の物事についてくわしく調べること。　⑧　寒さが厳しい冬。　⑨　机の上。「机上の空論」は，頭だけで考えた，実際には役に立たない考え。　⑩　行事などが終わること。

Dr.福井の
入試に勝つ！脳とからだのウルトラ科学

試験場でアガらない秘けつ

キミたちの多くは，今まで何度か模擬試験（たとえば合不合判定テストや首都圏模試）を受けていて，大勢のライバルに囲まれながらテストを受ける雰囲気を味わっているだろう。しかし，模擬試験と本番とでは雰囲気がまったくちがう。そういうところでも緊張しない性格ならば問題ないが，入試独特の雰囲気に飲みこまれてアガってしまうと，実力を出せなくなってしまう。

試験場でアガらないためには，試験を突破するぞという意気ごみを持つこと。つまり，気合いを入れることだ。たとえば，中学の校門前にはあちこちの塾の先生が激励《げきれい》のために立っている。もし，キミが通った塾の先生を見つけたら，「がんばります！」とあいさつをしよう。そうすれば先生は必ずはげましてくれる。これだけでもかなり気合いが入るはずだ。ちなみに，ヤル気が出るのは，TRHホルモンという物質の作用によるもので，十分な睡眠をとる，運動する（特に歩く），ガムをかむことなどで出されやすい。

試験開始の直前になってもアガっているときは，腹式呼吸が効果的だ。目を閉じ，おなかをふくらませるようにしながら，ゆっくりと大きく息を吸う。ここでは「ゆっくり」「大きく」がポイントだ。そして，ゆっくりと息をはく。これをくり返し何回も行うと，ノルアドレナリンという悪いホルモンが減っていくので，アガりを解消することができる。

よく「手のひらに“人”の字を書いて飲みこむことを3回行う」とアガらないというが，そのようなおまじないを信じて実行し，自分に暗示をかけてもいいだろう。要は，入試に対するさまざまな不安な気持ちを消し去って，試験に集中できるようなくふうをこらせばいいのだ。

Dr.福井（福井《ふくい》一成《かずしげ》）…医学博士。開成中・高から東大・文Ⅱに入学後，再受験して翌年東大・理Ⅲに合格。同大医学部卒。さまざまな勉強法や脳科学に関する著書多数。

2023年度 山手学院中学校

【算　数】〈特待選抜試験〉（50分）〈満点：100点〉

〔注意〕分数は，それ以上約分できない形にして答えなさい。

1　次の□の中に適する数を書きなさい。

(1)　$4 \times 4 \times 3.14 - 31.4 \times 0.75 + 0.157 \times 30 =$ □

(2)　次の図の四角形ABCDはAB = 7 cm，AD = 15 cmの長方形で，P，Q，R，S，T，Uは辺上の点で，TR = 3 cm，QU = 5 cmです。このとき，四角形PQRSの面積は□ cm^2 です。

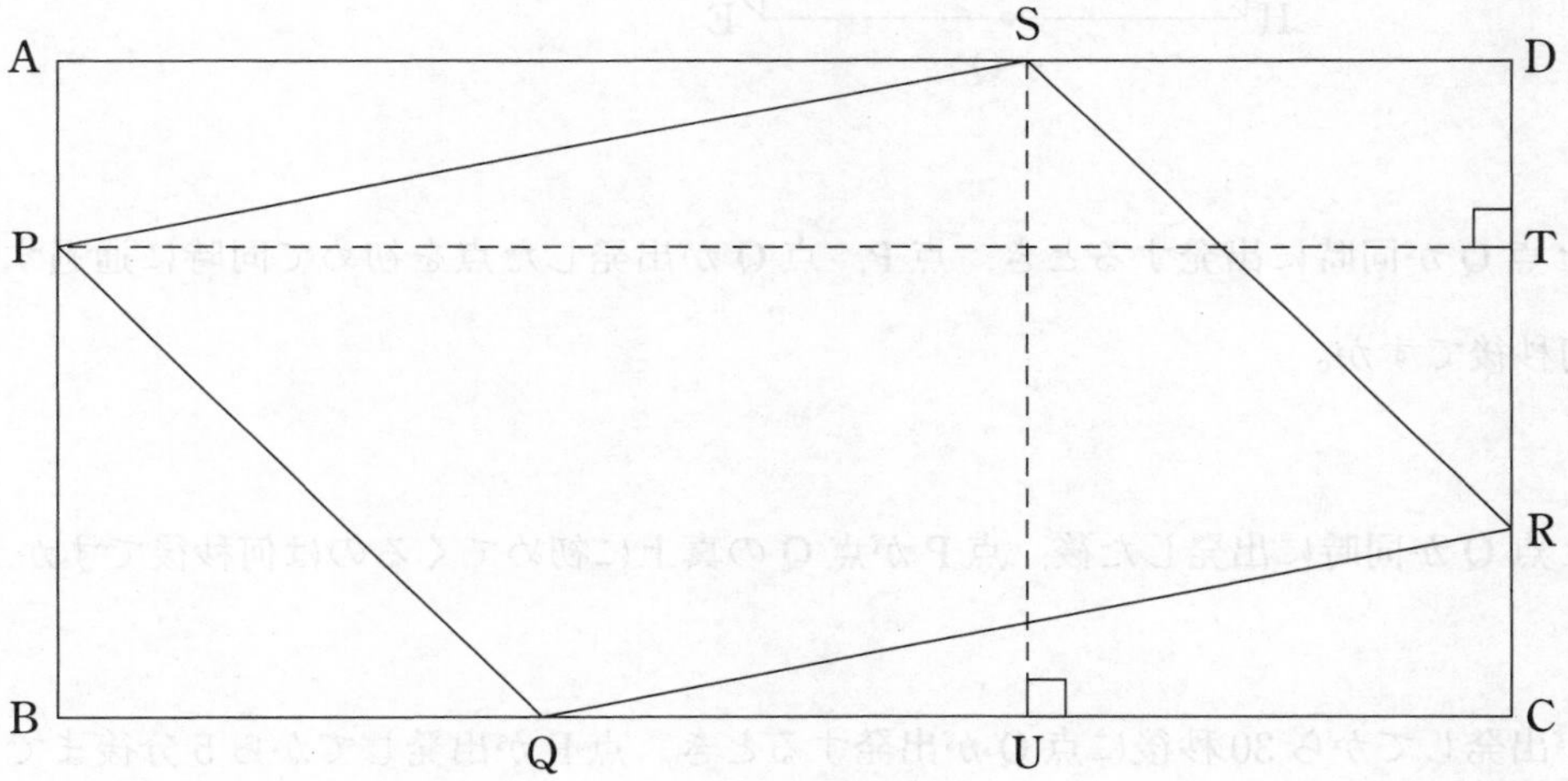

(3)　3円切手と7円切手がそれぞれたくさんあります。

どちらの切手も必ず使うとすると，はらうことができない金額は，

1円，2円，3円，4円，5円，6円，7円，8円，9円の他に，

□円があります。ただし，あてはまる数を小さい順にすべて答えなさい。

また，解答らんに単位を書く必要はありません。

2 次の図は，1辺が15 cmの立方体です。はじめに点Pと点Qはそれぞれ点Aと点Eにあります。点Pは毎秒3 cmの速さで，A→B→C→D→A→B→…と動き，点Qは毎秒5 cmの速さで，E→H→G→F→E→H→…と動くものとします。

このとき，次の各問いに答えなさい。

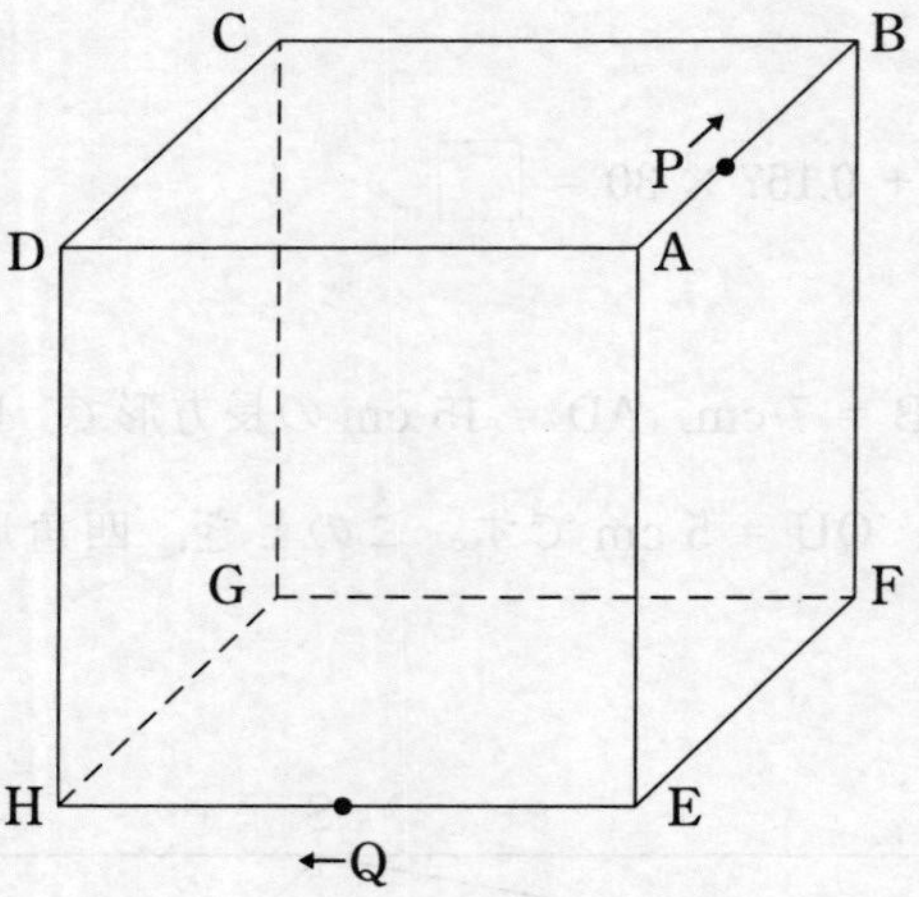

(1) 点Pと点Qが同時に出発するとき，点P，点Qが出発した点を初めて同時に通過するのは何秒後ですか。

(2) 点Pと点Qが同時に出発した後，点Pが点Qの真上に初めてくるのは何秒後ですか。

(3) 点Pが出発してから30秒後に点Qが出発するとき，点Pが出発してから5分後までに，点Pが点Qの真上にくるのは何回ありますか。ただし，回数は点Pが出発した後から数えるものとします。

3 赤玉3個，白玉3個，黒玉2個の合計8個の玉があります。
このとき，次の各問いに答えなさい。

(1) 8個の玉を1列に並べるとき，並べ方は何通りですか。

(2) 2個の黒玉が隣《とな》り合うように並べるとき，並べ方は何通りですか。

(3) どの2個の赤玉も隣り合わないように並べるとき，並べ方は何通りですか。

4 次の図の三角形ABCで，Pは辺AB上の点，Qは辺AC上の点，RはPQ上の点です。
また，三角形APRの面積と三角形BPRの面積の比は3：1，三角形AQRの面積と三角形CQRの面積の比は2：3，三角形ABCの面積と三角形RBCの面積の比は3：1です。

このとき，次の各問いに答えなさい。

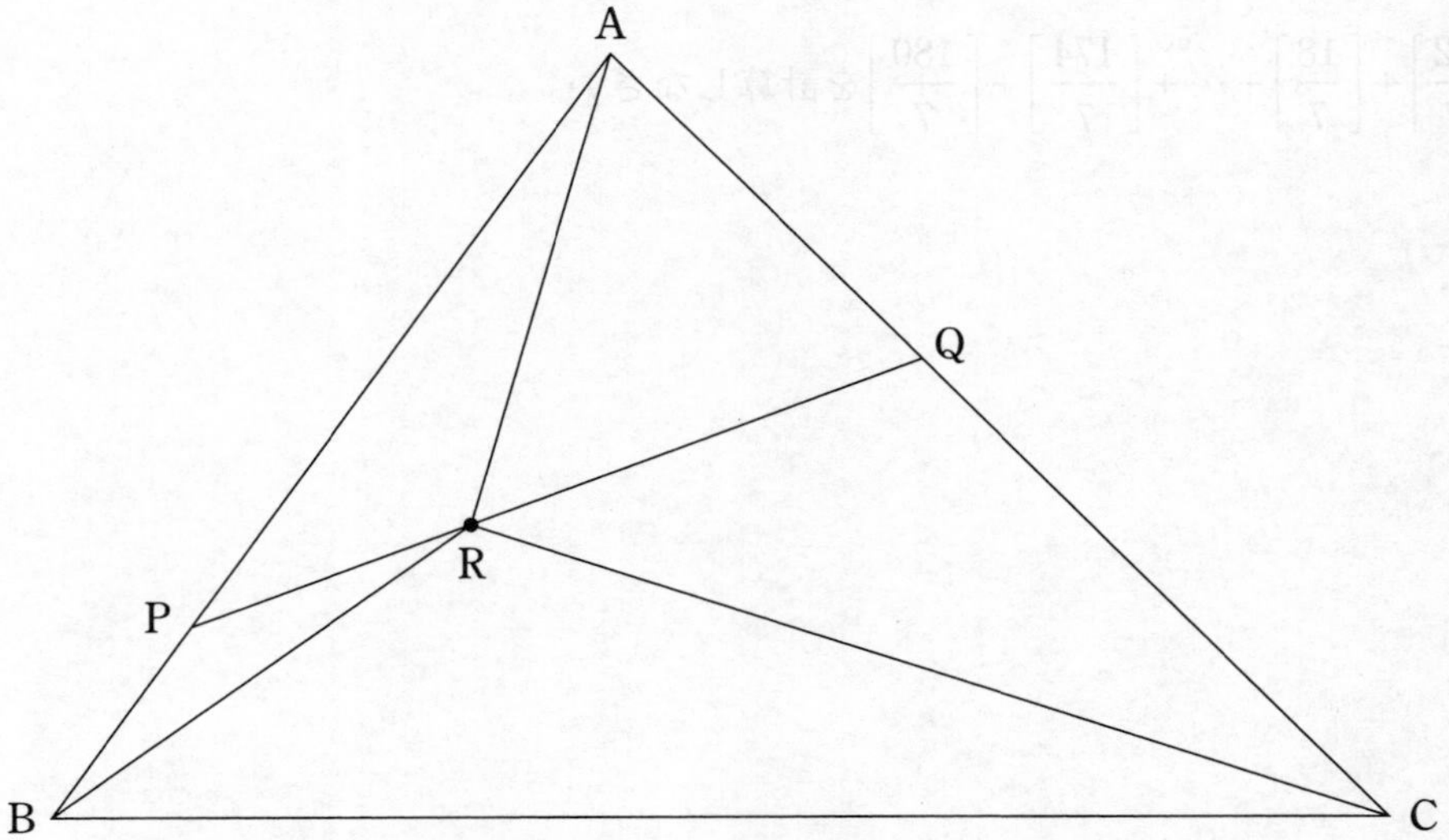

(1) AP：PBを最も簡単な整数の比で表しなさい。

(2)　三角形ABCの面積と三角形APQの面積の比を最も簡単な整数の比で表しなさい。

(3)　PR：RQを最も簡単な整数の比で表しなさい。

5　次の各問いに答えなさい。

(1)　$\frac{6}{7}+\frac{12}{7}+\frac{18}{7}+\cdots+\frac{174}{7}+\frac{180}{7}$ を計算しなさい。

Aの整数部分を［A］と表すこととします。例えば，［3.14］= 3，［5］= 5です。

このとき，

(2)　$\left(\frac{6}{7}-\left[\frac{6}{7}\right]\right)+\left(\frac{36}{7}-\left[\frac{36}{7}\right]\right)$ を計算しなさい。

(3)　$\left[\frac{6}{7}\right]+\left[\frac{12}{7}\right]+\left[\frac{18}{7}\right]+\cdots+\left[\frac{174}{7}\right]+\left[\frac{180}{7}\right]$ を計算しなさい。

6 赤または白のぼうしをかぶった9名の生徒が円形に座っています。その他に先生が1名います。9名の生徒は，それぞれ自分を除いた生徒8名のぼうしの色を見ることはできますが，自分がかぶっているぼうしの色は知りません。次の先生と生徒の会話を読んで，各問いに答えなさい。

先生 「赤のぼうしの人が見えますか。」

全員 「はい。」

先生 「9名の生徒のみなさんは赤または白のぼうしをかぶっていますが，白のぼうしをかぶっている人数は赤のぼうしをかぶっている人数より多いです。」

…※

(1) 赤のぼうしをかぶっている人数と白のぼうしをかぶっている人数はそれぞれ何人ですか。次のA～Jから考えられるものをすべて選び，記号で答えなさい。

A： 赤のぼうし9人，白のぼうし0人

B： 赤のぼうし8人，白のぼうし1人

C： 赤のぼうし7人，白のぼうし2人

D： 赤のぼうし6人，白のぼうし3人

E： 赤のぼうし5人，白のぼうし4人

F： 赤のぼうし4人，白のぼうし5人

G： 赤のぼうし3人，白のぼうし6人

H： 赤のぼうし2人，白のぼうし7人

I： 赤のぼうし1人，白のぼうし8人

J： 赤のぼうし0人，白のぼうし9人

(2) ※の続き

先生 「自分のぼうしの色が分かりますか。」

全員 「分かりません。」

以上のことから，赤のぼうしをかぶっている人数と白のぼうしをかぶっている人数はそれぞれ何人ですか。上のA～Jから選び，記号で答えなさい。ただし，理由も書きなさい。

三 次の――線部について、カタカナは漢字になおし、漢字は読みをひらがなで答えなさい。なお、漢字はていねいにはっきりと書くこと。

①リーダーは公平ムシでなければならない。

②セイゼンと並ぶ隊列を見てため息がもれる。

③メロンやスイカはセイカに旬《しゅん》をむかえる。

④パーティーのショウタイジョウが届いた。

⑤コウシンの育成がこの会社の課題だ。

⑥カネンセイのガスがもれ出す。

⑦待てばカイロのひよりあり。

⑧成人式のヨソオい。

⑨発破をかけられ奮起した。

⑩説明を割愛する。

問七　――線部⑦「今度、あなたのお母さんも連れていらっしゃい」とありますが、ここでの「ひいおじいちゃん」の心情として最もふさわしいものを選び、記号で答えなさい。

ア　すき焼きに関する会話で「お母さん」の気持ちを理解した「ひいおじいちゃん」は、「ぼく」をきっかけにして「お母さん」が実家とつながりを持とうとしていると感じている。

イ　「ぼく」が「おばあちゃん」の気持ちを察してぱっと電話をかわったのを見た「ひいおじいちゃん」は、「ぼく」の気遣《きづか》いで家族が再び分かり合えるのではないかと思っている。

ウ　家族の会話を聞いていた「ひいおじいちゃん」は、家族の中に受《う》け継《つ》がれているものがあることを読み取り、「ぼく」が家族を再び結びつける希望になると感じている。

エ　「ひいおじいちゃん」は半日一緒に過ごしてみて「ぼく」の穏《おだ》やかな性格を理解し、「お母さん」も「ぼく」の言うことなら聞くのではないかと思っている。

問八　空らん ⑧ にあてはまる表現として最もふさわしいものを選び、記号で答えなさい。

ア　お母さんに電話しよう

イ　メモ帳に書いておこう

ウ　外をながめてみよう

エ　ひいおじいちゃんと相談しよう

問九　――線部⑨「涼しい風がさあっと吹きこんできた」とありますが、この表現はどのようなことを暗示していますか。「立春」という語を必ず用いて、五十字以内で説明しなさい。

問五　――線部⑤「立春」とありますが、一般的《いっぱん》に「立春」の前日に行われる行事として最もふさわしいものを選び、記号で答えなさい。

ア　ひなまつり　イ　おはか参り　ウ　初もうで　エ　豆まき

問六　――線部⑥「うつむいていたおばあちゃんが顔を上げ、ぼくににっこり笑いかけた」とありますが、ここまでの「おばあちゃん」の気持ちの変化を説明したものとして最もふさわしいものを選び、記号で答えなさい。

ア　「ぼく」の「お母さん」が家族ですき焼きを食べる大切な日を外食で済ませていることに腹立たしさを感じ、周囲を困らせないよう怒《いか》りをおさえようとしている。

イ　「ぼく」の「お母さん」が小さい頃から続けていた家族のルールを変えていることから想像以上の距離《きょり》感を抱き、その悲しみからのがれることができずにいる。

ウ　「ぼく」の「お母さん」が家族の記念日に食べるものを覚えていないことを悲しんだが、「ぼく」を責めても解決しないと自分に言いきかせている。

エ　「ぼく」の「お母さん」が立春に食べるメニューを変えたところにすれ違《ちが》いを感じたが、家族の習慣を変えていないことを前向きにとらえようとしている。

問三　――線部③「ほんの少し□を寄せた」について、次の各問いに答えなさい。

(1)　空らん□にあてはまる体の部位をひらがな二字で答えなさい。

(2)　ここでの「ひいおじいちゃん」の気持ちとして最もふさわしいものを選び、記号で答えなさい。

ア　人任せにせずに、メモ帳を早くプレゼントするべきだったと自分を責める気持ち。
イ　紙に書きとめておく習慣をきちんと教育していない「ぼく」の母親に腹を立てる気持ち。
ウ　書くことの重要性をわかっていながら、それを実践《じっせん》できていないことを残念に思う気持ち。
エ　書きとめるだけでなく、それをためておくことの重要性を伝えるべきだったと後悔《こうかい》する気持ち。

問四　空らん［④］にあてはまる「ひいおじいちゃん」の発言として最もふさわしいものを選び、記号で答えなさい。

ア　このメモ帳が必要ないと思えるように、これから一生懸命《いっしょうけんめい》勉強してください。
イ　自分の頭で考えたことは、あなたの財産です。残しておかないともったいない。
ウ　お母さんに聞かれたら、ひいおじいちゃんに買ってもらったと必ず伝えるように。
エ　恐竜ばかりでなく、気候についても興味をもってメモする習慣をつけなさい。

なくて？」

「はい。あなたが」

ひいおじいちゃんはまじめな顔で即答《そくとう》した。ぼくもつられて、まじめに応えた。

「わかりました。連れてきます」

「よろしく頼みます」

後で、［　⑧　］。お母さんに話したいことがいっぱいあるから、うっかり忘れてしまわないように。

おばあちゃんがほがらかな笑い声を上げた。おじいちゃんは受話器の反対側に耳をくっつけて、会話を聞きとろうとしている。ぼくはお尻《しり》を浮《う》かせ、鍋をのぞいた。あたたかい湯気があたって、おでことほっぺたがじんわりと汗《あせ》ばんだ。

ふと、ひいおじいちゃんが立ちあがった。窓辺に近づき、真っ白く曇《くも》ったガラス戸をゆっくりと開け放つ。

⑨涼《すず》しい風がさあっと吹きこんできた。すっきりと澄《す》んだ冷たい空気を、ぼくは胸いっぱいに吸いこんだ。雨はもう上がったようだ。ひいおじいちゃんの頭上に広がる夜空に、細い月が静かに光っている。

（瀧羽　麻子『博士の長靴』より）

問一　——線部①「ひいおじいちゃんは迷わず窓際のテーブル席に寄っていった」とありますが、なぜですか。本文全体をふまえ二十字以内で説明しなさい。

問二　空らん［②-A］～［②-D］にあてはまる語として最もふさわしいものを選び、それぞれ記号で答えなさい。ただし、記号は一度しか使えないものとします。

ア　ちらちら　イ　きびきび　ウ　ことこと　エ　ふうふう　オ　ちびちび　カ　ぽかぽか

ふうっと息を吐《は》く音が、耳もとに吹きかけられた。

「電話、どうして出ないの。何度もかけたのに」

「あ」

リュックに入れたまま、部屋に置きっぱなしだ。

「ごめん、忘れてた」

「まあ、そんなことだろうと思ったけど。どう、そっちは？　順調？」

「うん。順調」

昼間と同じ返事が、昼間よりも自然に、口から出た。すぐそばに立っているおばあちゃんと目が合った。

「おばあちゃんにかわるね」

お母さんがなにか言う前に、ぼくは急いで受話器を引き渡《わた》した。

「もしもし？」

おばあちゃんは両手で受話器をぎゅっと握《にぎ》りしめている。

「うん、いい子にしてる……ううん、とんでもない……」

おじいちゃんも席を立って、ぼくたちのほうにいそいそと寄ってきた。片手でおばあちゃんのひじをつつき、もう片方の手で自分の胸を指さしている。

「ちょうどすき焼きを食べてたところ……そうそう、立春だから」

ぼくは食卓《しょくたく》に戻《もど》った。

ひとり残ったひいおじいちゃんが、おかわりをよそっている。豆腐《とうふ》やねぎはよけて、牛肉だけを器用につまみあげていく。迷いのない手つきを見ていたら、ぼくも急に食欲がわいてきた。よく考えたら、まだそんなに食べてない。

お箸をとり直したぼくに、ひいおじいちゃんが突然《とつぜん》言った。

「⑦今度、あなたのお母さんも連れていらっしゃい」

「ぼくが？」

聞き返したのは、逆じゃないかと思ったからだ。ぼくが、お母さんを連れてくる？　お母さんが、ぼくを連れてくるんじゃ

　ぼくはあわてて首を横に振った。

「ひいおじいちゃんに、メモ帳を買ってもらったし」

「へえ、父さんが？」

　ひいおじいちゃんはもぐもぐと口を動かしつつ、浅くうなずいた。口の中に食べものが入っているせいで返事ができないのかと思ったら、また次の肉をほおばっている。特に説明する気はないようだ。

「あと、長靴も」

　さっき家に帰ってきて、玄関《げんかん》で長靴を脱《ぬ》いでいるときに、「よかったら、これからも使って下さい」とひいおじいちゃんが言ってくれたのだった。

「持って帰ってもいいし、とりあえずここに置いておいてもいいし」

　少し考えて、ぼくは答えた。

「じゃあ、置いときます」

　うちにはぴったりのサイズの長靴が一足ある。それに、ここに置いておけば、次に来たときもまたこれをはいてひいおじいちゃんと散歩ができるだろう。左右をそろえ、ひいおじいちゃんをまねて、靴箱《くつばこ》の手前に置いてみた。大きな深緑と、小さめの青。並んだ二足は、サイズのせいか親子っぽく見えた。

「長靴？　玲に？」

　おじいちゃんが首をかしげたとき、どこかで聞き慣れない電子音が響《ひび》き出した。

「あら、電話」

　おばあちゃんが立ちあがった。壁際の棚に置かれた電話機のボタンが、ちかちか点滅《てんめつ》していた。

　電話をとったおばあちゃんは、こっちを振り向いた。

「玲くん、お母さんよ」

　ぼくが受話器を耳にあてるなり、「玲、大丈夫《だいじょうぶ》？」とお母さんはせかせかと言った。

「大丈夫だよ」

「そう、よかった」

おばあちゃんが目をふせた。

ぼくはひやりとした。もしかして、よけいなことを言っただろうか。長年守ってきたルールを勝手に変えられて、気を悪くしたかもしれない。

「あの、ごめんなさい。ほんとはすき焼きを食べるんだって、ぼく知らなくて」

言ってしまってから、まずい、とまたもやあせる。これじゃ理由になってない。ぼくが知らなくたって、お母さんはちゃんと知っていたはずだ。

顔がひりひり熱い。どうしたらいいのかわからなくなって、取り皿の底に沈《しず》んだ肉のかけらをお箸《はし》でつつく。うちにはすき焼き鍋もない、というのは言い訳になるだろうかと考えていたら、

「いいでしょう、どっちでも」

と、ひいおじいちゃんがぼそりと言った。

「どっちも、肉だ」

「だな」

おじいちゃんがぷっとふきだした。

「大事なのは、祝おうっていう気持ちだもんな?」

テーブルの上でおばあちゃんの手に自分の手を重ねたのが、ぼくからも見えた。⑥うつむいていたおばあちゃんが顔を上げ、ぼくににっこり笑いかけた。

「成美も……お母さんも、忘れないでお祝いしてくれてたのね」

「そもそもうちだって、全部が全部、昔のままってわけでもないしな」

おじいちゃんが言う。以前は、子どもたちにプレゼントをあげるという習慣もあったそうだ。うらやましい。

「年寄りだけじゃ、どうもなあ。クリスマスなんかも、子どもらが小さい頃は気合が入ったもんだけど」

「ね。だけど今年は、玲くんになにか用意しておけばよかった」

「ああ、そうだな。ごめんな、気が回らなくて」

「いいよ」

「はあ、そりゃ奥が深いね」

おじいちゃんが首をすくめ、正面に向き直った。ひとまずひきさがることにしたようだ。

じゅうじゅうとにぎやかな音を立てている鍋から肉をひときれつまんで、目の前にかざす。

「そろそろ、いいんじゃないか」

「いけそうね」

おばあちゃんも鍋をのぞきこんだ。ひいおじいちゃんとぼくの取り皿に、香ばしく色づいた肉を一枚ずつ放りこむ。

「ちょっとおなかを空けておいてね、お赤飯もあるの。今日は⑤立春だから」

「玲、立春って知ってるか？」

おじいちゃんが言った。

「うん。一年のはじまりだよね？」

「お、よく知ってるな。若いのに」

「お母さんが教えてくれたから」

おばあちゃんとおじいちゃんが、ちらっと目を見かわした。

「うちでは毎年お祝いしてるのよ。昔から、すき焼きとお赤飯を食べる決まりでね」

「うちは、焼肉を食べに行くよ」

ぼくは甘辛《あまから》い肉をかじった。やわらかくて、おいしい。

「立春に？」

「うん、当日じゃないけど。二月のはじめのほうの、土曜か日曜に」

近所の焼肉屋さんで、満腹になるまで食べまくる。叔父さんが一緒の年も、ふたりだけの年もある。どっちにしてもお母さんはじゃんじゃん注文する。食べきれないんじゃないかとぼくが言っても、聞き入れない。日頃《ひごろ》は慎重《しんちょう》なわりに、ときたま強気になるのだ。お店を出るときには、立ちあがるのがしんどいくらいにおなかが重たくなっている。

お祝いなんだからぱあっといかなきゃ、というのがお母さんの言い分で、それでぼくも立春の由来を知ったのだった。

「そう……焼肉……」

昼と同じでおじいちゃんとおばあちゃんが隣《となり》どうしに座り、向かいにぼくとひいおじいちゃんが並んだ。テーブルの真中に置いたカセットコンロの上に、黒く光る鉄鍋《てつなべ》がでんとのっている。

「いただきます」

四人で手を合わせ、まずは取り皿に卵を割り入れた。めいめい自分の分をかきまぜていると、「そうだ、父さん」とおじいちゃんが言った。

「今日も電話に出なかっただろ。散歩のとき」

卵が足りなくなりそうだったから、買ってくるように頼みたかったらしい。何度かけてもつながらず、結局おじいちゃんが買いに走ったそうだ。

「スマホ、また家に置いてったの？　それとも、気づかなかっただけ？」

「ああ、うん」

「置いてったんだね？」

おじいちゃんが口をとがらせる。鍋に牛肉を入れながら、おばあちゃんも口を挟《はさ》んだ。

「お出かけのときには、なるべく持ち歩いて下さいね。いざってときに連絡《れんらく》がつかないと困りますから」

「ああ、うん」

卵を念入りにかきまぜる手を休めずに、ひいおじいちゃんは答えた。明らかに気持ちがこもっていない。聞いてないな、とおじいちゃんが不服そうにぼやき、

「玲も一緒《いっしょ》に行ったんだって？　雨の中、ごくろうさん」

と、ぼくに話を振った。

「あれが父さんにとっちゃ、絶好のお出かけ日和《びより》なんだよ。あんまり晴れてるとつまんないらしい。変わってるだろ」

ぼくとひいおじいちゃんをかわりばんこに見て、にやっと笑う。

「な、父さん。雲が多いほどいいんだよな？」

「多けりゃいいってもんでもない」

ひいおじいちゃんがめんどくさそうに答えた。

ぼくが言い訳すると、ふうむ、とひいおじいちゃんは相槌《あいづち》とため息の中間のような声をもらした。再びメモ帳を開き、ぱらぱらとページをめくっている。

言い訳っぽい、とひいおじいちゃんもあきれたのだろうか。それとも、またなにか新しい考えがひらめいて、そっちに気をとられているのか。ぼくはぬるくなったココアを飲み干し、ひさしのほうを見上げた。いつのまにか小鳥はいなくなっていた。

喫茶店を出たら、雨は小降りになっていた。

「ちょっと寄っていってもいいですか」

商店街の途中《とちゅう》でひいおじいちゃんが足をとめた。

これまた古そうな、こぢんまりとした文房具《ぶんぼうぐ》屋さんだった。ぼくもひいおじいちゃんについて中に入った。狭《せま》い。こまごました商品が店中にごちゃごちゃと置かれているせいで、よけいに狭く感じるのかもしれない。

ぼくがきょろきょろしているうちに、ひいおじいちゃんは奥《おく》のほうへずんずん進んでいった。棚《たな》に並んだ、いろんな種類のノートの中から、今使っているのと同じメモ帳を手にとる。新しいものを買っておくのだろう。毎日あの勢いで書きまくっていたら、あっというまに使いきってしまいそうだ。

お会計をすませて、おもてに出た。軒先《のきさき》で傘を開こうとしているぼくに、ひいおじいちゃんが受けとったばかりの四角い包みを差し出した。

「これを、あなたに」

「へっ？」

ぼくはぽかんとした。

「これなら、なくさないでしょう」

ひいおじいちゃんはきっぱりと言い、ぼくの手に包みをぐいと押しつけた。

「　④　」

夕ごはんは、すき焼きだった。

「それ、いつも持ち歩いてるんですか？」

「はい。書きとめておくと、忘れないでしょう。思いついたことや、気になったことや、後で調べるべきことや」

ひいおじいちゃんは指を折って数えあげた。

「それに、書くこと自体が、頭の整理にもなります」

「ああ、お母さんもそう言います」

もしや、お母さんはひいおじいちゃんからそう教わったんだろうか。

「あなたのお母さんは、たくさん書くでしょうね」

ひいおじいちゃんがふっと微笑《ほほえ》んだ。目尻《めじり》が下がると、おじいちゃんにちょっとだけ似ている。考えてみれば、笑ったところをこれまであんまり見たことがなかった。

「とても勉強熱心だから」

ひいおじいちゃんは真顔に戻ってつけ足した。自分がほめられたわけじゃないのに、なぜだか照れくさくなってきて、ぼくは口ごもった。

「ええと、そういう、ちゃんとしたメモ帳じゃないけど……チラシとか、いらない紙の裏とかに……」

ひいおじいちゃんがぼくをじっと見た。

「あなたも？」

「え？」

「あなたも、書いてますか？」

はい、とできれば答えたかった。ひいおじいちゃんの笑顔をまた見たかった。でも、うそをつくわけにもいかない。

「ううん、あんまり」

ぼくは正直に答えた。

ひいおじいちゃんが③ほんの少し□を寄せた。表情がほとんど変わらないので、なにを考えているのかよくわからないと思っていたけれど、注意深く観察すればそうでもないかもしれない。

「書いていても、なくしちゃったりするから」

があるので、食糧《しょくりょう》が足りない中でも、かろうじて残った種なんかを食べてしのげたのではないかという説もある。陸地より被害《ひがい》はましだったはずの海で、水にもぐって魚をつかまえていたという説もある。

考えこむように腕《うで》を組んでいるひいおじいちゃんに、ぼくはたずねてみた。

「どうしてだと思いますか？」

こんなところでこんなことを話せるなんて思ってもみなかったから、うれしい。ぼくがいつもいつも恐竜の話をしているせいか、最近はお母さんも叔父さんもちょっと飽《あ》きてきたようで、反応が鈍《にぶ》いのだ。ひいおじいちゃんは「立派な学者さん」だし、ぼくの知らない新しい仮説を教えてくれるかもしれない。

わくわくして返事を待っていたら、ひいおじいちゃんはのんびりと答えた。

「さあ、どうしてでしょうねえ」

お母さんがよくやるみたいに、ぼくに自力で考えさせようとしているわけでも、叔父さんがときどきやるみたいに、ぼくをじらして話を盛りあげようとしているわけでもなさそうだった。ぼくの落胆《らくたん》が伝わったのか、

「不勉強で面目《めんぼく》ない。わたしはどうも、生物には疎《うと》くて」

と、ひいおじいちゃんは謝った。

「しかし、中生代の末というのは、非常に興味深い時代ですね。そこで地球全体の気候ががらっと変わってしまったことは、ほぼ間違《まちが》いない」

自分で言って、自分でうんうんとうなずいている。ひいおじいちゃんにとって「興味深い」のは、恐竜じゃなくて気候の変化なのだ。

しばらく会話がとぎれた。ぼくはココアを飲みながら、恐竜のことを考えていた。ひいおじいちゃんはコーヒーを飲みながら、たぶん気候のことを考えていたはずだ。カップを置き、メモ帳を手もとに引き寄せる。

「中生代の気候変動……」

新しいページに文字を書きつけている。

「なぜ鳥類は、環境の激変に順応できたのか……」

ひいおじいちゃんがメモ帳を閉じるのを待って、ぼくは聞いてみた。

広げた。庭でも持っていたやつだ。また同じように、細かい字を熱心に書きこんでいる。ぼくのほうは、やることもないので外を眺《なが》めた。窓ガラスは濡《ぬ》れていない。ひさしが張り出しているせいだろう。壁《かべ》との境目、春にはツバメが巣を作りそうな隅《すみ》っこに、なぜか黄色いボールがひっかかっている。

そのボールがぴくりと動いたので、あっと声を上げかけた。

よく見たら、ボールじゃない。鳥だ。公園にいたのと同じ種類だろうか。雨宿りしているのかもしれない。

十分ほどで、コーヒーとココアが運ばれてきた。ひいおじいちゃんがメモ帳を閉じてテーブルの端《はし》に押しやった。小鳥に気をとられていたぼくも、まっすぐに座り直した。大きめのカップにたっぷり注がれたココアは、どろりと濃《こ》くて熱い。②-A息を吹《ふ》きかけ、少しずつ飲む。体が②-Bとあたたまってくる。ひいおじいちゃんもコーヒーを②-Cと飲んでいる。ミルクも砂糖も入れていない真っ黒な液体は、いかにも苦そうだ。

ぼくが②-Dと小鳥のほうを気にしていたら、ひいおじいちゃんも首をめぐらせて、ひさしを見上げた。

「鳥ですね」

軽く身を乗り出し、窓に顔を近づける。

「ああそうか、あなたは恐竜《きょうりゅう》が好きなんでしたっけ」

いきなり言われて、ぼくはびっくりした。

そういえば昼ごはんのとき、そんな話をした。ひいおじいちゃんは聞いているふうに見えなかったのに、耳に入っていたのだろうか。それにしても、頭の中で鳥と恐竜がすんなりとつながるなんて、さすがだ。

小鳥に視線を向けたまま、ひいおじいちゃんはひとりごとのように続けた。

「どうして鳥類だけが生き延びられたんでしょうね」

ぼくが調べた限り、その理由はいまだに解明されていないようだ。

白亜紀《はくあき》の終わりに恐竜を含《ふく》めて多くの生物が絶滅《ぜつめつ》したのは、巨大《きょだい》な隕石《いんせき》が落ちてきて地球がめちゃくちゃになってしまったためだと考えられている。火事や津波《つなみ》が起き、衝撃《しょうげき》によって巻きあがった塵《ちり》で日光もさえぎられた。地上の植物が枯《か》れ、動物も死に、恐竜たちは食べるものに困るようになった。

鳥は飛ぶことができたおかげで有利だったという説がある。少しでも環境《かんきょう》のいい場所に移動してえさを探せる。くちばし

二 次の文章を読んで、あとの問いに答えなさい。

小学二年生の「ぼく」(玲《れい》)は、父親を亡くしている。母親が出張のため、「ぼく」は三日間、母方の祖父母とひいおじいちゃんの家に預けられることになった。なお、「ぼく」の母親とその両親(「ぼく」の祖父母)は年に一、二回会う程度で足が遠のいてしまっている。次の場面は、「ぼく」が祖父母の家に着いた後の場面である。

長靴《ながぐつ》をはき、傘《かさ》を片手に持って、ぼくとひいおじいちゃんは並んで歩いた。家々の間を抜《ぬ》けて坂を下り、駅前の商店街を過ぎ、広々とした公園をぐるっと一周した。

ひいおじいちゃんはほとんど喋《しゃべ》らなかった。なにか話しかけたほうがいいかなとも思ったけれど、慣れてしまえばそんなに気まずくなかった。横並びだと目が合わないからかもしれない。知らない町の景色はもの珍《めずら》しくて、たいくつもしなかった。うちの近所では見たことのない、黄色っぽい羽のかわいい小鳥も発見した。

ひいおじいちゃんの天気予報は正しかった。公園を出てすぐ、ぽつぽつと雨が降り出した。

「少し休憩《きゅうけい》しましょうか」

ひいおじいちゃんの意見にぼくも賛成した。おばあちゃんが長靴の爪先《つまさき》に詰《つ》めものをしてくれて、試しばきしたときよりぐっと歩きやすくなったとはいえ、足がくたびれてきた。それに寒い。

商店街まで戻《もど》り、古めかしい喫茶店《きっさてん》に入った。ひいおじいちゃんがドアを押《お》し開ける。ちりん、とベルが鳴った。

店内にはコーヒーのにおいがほんのり漂《ただよ》っている。お客さんは誰《だれ》もいない。薄暗《うすぐら》くて静かで、ぼくの知っている食べもの屋さんとはまったく雰囲気《ふんいき》が違《ちが》う。たまにお母さんと行くファミレスとも、叔父《おじ》さんが連れていってくれるファストフード店とも。

「いらっしゃいませ。お好きな席にどうぞ」

カウンターの内側から、白髪頭《しらがあたま》の店員さんがしゃがれ声で言った。①ひいおじいちゃんは迷わず窓際のテーブル席に寄っていった。向かいあわせに置かれたふたりがけのソファに、ひとりずつ座る。

ひいおじいちゃんはブレンドコーヒー、ぼくはココアを頼《たの》んだ。注文を終えると、ひいおじいちゃんは手もとにメモ帳を

やしお　子どものうちは、他の人から言われたことをただ頭に入れるだけでも、うれしかったり、ありがたかったりすると本文にもAの文章にもあって、なるほどと思ったよ。ぼくも大人の言うことをしっかり聞いて、他人に馬鹿にされないようにいろいろな知識を身につけたいな。

ゆきこ　不幸や困難に行きあたったり、長年愛読していた本の内容を間違って理解していたりしても、いつでも学び直せるのが人生だって聞いて安心したな。知ることは楽しいことだし、周りの大人に聞けば教えてくれるから、積極的に学ぶことが大事だってことがよく分かったよ。

さき　Bの文章を読むと、学問は不必要だとか、ものごとを知ることによって生じる苦悩といった偉人《いじん》の言葉が紹介されているね。私も、知らないでいた方が幸せなことや考えすぎて疲れたこともあるけれど、無学で無知のままだと気楽で良いということではなくて、やっぱりその恐ろしさも認識しなくちゃね。

ア　みどり・まなぶ　　イ　みどり・やしお　　ウ　みどり・ゆきこ
エ　みどり・さき　　オ　まなぶ・やしお　　カ　まなぶ・ゆきこ
キ　まなぶ・さき　　ク　やしお・ゆきこ　　ケ　やしお・さき
コ　ゆきこ・さき

③　「努力して勉強した結果」を表す故事成語として最もふさわしいものを選び、記号で答えなさい。

ア　五十歩百歩《ごじっぽひゃっぽ》　　イ　百聞《ひゃくぶん》は一見《いっけん》にしかず　　ウ　蛍雪《けいせつ》の功《こう》　　エ　他山《たざん》の石

「バカもん！　人生の半ばを過ぎてしまったのに、こんなザマでいると、一生もいい加減な読書のために棒《ぼう》にふらないでもないぞ、怖《おそ》るべし、怖るべし、とこの詩は解するんだ。自戒《じかい》の詩なんじゃ。わかったか」

これにはギャフン、でありました。

（半藤　一利『歴史探偵　忘れ残りの記』より）

※1　劉邦…中国の漢王朝を創始した人物。

※2　虞…項羽の恋人。

※3　憂患…心配して心をいためること。

※4　顰蹙を買う…不快感を与えるようなことをして嫌われること。

①　――線部「夏目漱石」の作品として最もふさわしいものを選び、記号で答えなさい。

ア　蜘蛛《くも》の糸　イ　三四郎《さんしろう》　ウ　銀河鉄道の夜　エ　暗夜行路

②　それぞれの文章の内容を理解して発言している二人の組み合わせとして最もふさわしいものを選び、記号で答えなさい。

みどり　本文にもAの文章にも、自分でものごとを考えることが大事だって書かれているね。でも、自分が知りたいことを考えることに喜びがあるというのと、苦労や失敗を通して自分でものごとを考えるようになるというのと、どちらの考えが私に合っているのか、それこそ自分で考えていかなくちゃね。

まなぶ　Aの文章には、自分で考えることの意味や目的が、大きな仕事、世界のためになるような仕事をすることだとはっきり書かれているな。Bの文章で挙がっている、歴史に名を残した人は、結局はみんなすごい勉強家なんだな。おれもちゃんとテストで百点をとって、将来は偉《えら》くなるぞ。

B

世界最高の史書は何か？　と問われたら、司馬遷《しばせん》の『史記《しき》』と答えることを常としている。とくに「遊侠《ゆうきょう》列伝」と「刺客《しかく》列伝」はピリリと辛《から》い人物たちがつぎつぎに登場してきて、いつ読んでもじつに楽しい。

先日もその「項羽本紀《こううほんぎ》」を読むともなしにパラパラしていたら、項羽の少年時代の、あまりにも豪快《ごうかい》なセリフにゆき当って、思わずギョッとなった。

「書ハ以《もっ》テ名姓《めいせい》ヲ記スニ足ルノミ」

中国では、古くから学問のことを読書といった。少年項羽は、要するに、苗字《みょうじ》が書ければ十分、学問などほとんど必要がない、といい放ったのである。

それはまあ、※1劉邦《りゅうほう》と天下争覇《そうは》を戦いつづけた豪勇無双《ごうゆうむそう》の項羽のこと、幼いころはそんな不敵なことを考えたこともあるのであろう。が、「力は山を抜き」とか、※2「虞《ぐ》や、虞や、汝《なんじ》をいかんせん」とかの、後世にも残る名言の詩をよんだ男のこと、やっぱり長じては猛勉強、つまりあまたの本を読んだにちがいないのである。

ところが、その数日後のことである。こんどはうんと時代が下がる宋《そう》の時代の詩人蘇東坡《そとうば》の「石蒼舒《せきそうじょ》の酔墨堂《すいぼくどう》」という詩で、同じ意の詩句を発見したのである。これには、もう一度、ウヘェーと腰の蝶番《ちょうつがい》が外れるほどびっくりさせられた。

「人生、字を識《し》るは※3憂患《ゆうかん》の始め、姓名、粗《ほ》ぼ記さば、以《もっ》て休《や》む可《べ》し」

訳せば《いいかい、下手《へた》な学問をすることは憂患の始めであって、文字なんてものは、せいぜい自分の姓名を書ければそれで十分。つまらぬことに苦労するに及ばんよ》ということか。

ところが、さらにその数日後、偶然とはいえ夏目漱石の最晩年の漢詩に行き当ったではないか。

「人間五十今過半　愧為読書誤一生」

瞬間、「漱石先生よ、お前さんもか」と思わず叫《さけ》んでしまった。項羽や蘇東坡と同じく、読書は下らぬと先生もいっているのかいな、と思ったからである。「人間《じんかん》五十、いま半《なか》ばを過ぐ。愧《は》ずらくは、読書のため、一生を誤るを」と読んだゆえに、どうしても解釈はそこにゆきつく。

が、数日後、先輩の漢学の先生に得々としてそのことを語ったら、大いに※4顰蹙《ひんしゅく》を買ってしまった。

ア　自分が真剣に知りたいと思って得た知識は、喜びと共に成長を助けてくれるものとなる。

イ　知らないことがあったときにすぐに事典で調べることで、調べる喜びを味わうことができる。

ウ　知識がないと思われたくないという自尊心によって、人は知識を欲して博識になれる。

エ　植物学者の牧野富太郎氏は、人間が新たなことを知る喜びを子供と共有することができていた。

オ　人工物は知りたいという気持ちによって解明できるが、人間の心は簡単に知ることはできない。

問七　本文と次のA・Bの文章を読んで、生徒たちが話し合っています。

A

人のつくった知識をありがたがって丸覚えするというのは、子どもの時はしかたないことだが、いつまでも自分自身の力で考えられなければ、人間としてこの世に生まれてきた意味は小さい。

では、人間が自分の頭で考えるようになるためには何が必要か。

まず体を動かすということ。そしてもうひとつは、不幸とか、貧困とか、失敗とか、そういう辛い境遇《きょうぐう》から逃げないことだ。

困難な状況の中にいないと、頭は必死になって考えることをしない。美味《おい》しいものを食べ、快適な生活をして、いい学校に通って、いい成績を上げているうちは、ものを考えるチャンスが少ない。例えば、家が貧しくて、どうもこのままでは大学に行けないかもしれないという状況《じょうきょう》に直面したとする。そこで本当に力がある人は、どうすればいいかということを本気で考える。金持ちのお坊《ぼっ》ちゃんがヘラヘラしている間に、ものすごい苦労をして人間力もつける。

苦労や失敗が少ないというのは幸せなことではある。しかし、幸せは、人間を育てるのにプラスにはたらくことはすくない。不幸や災難がやってきた時にこそ、人間は自分の中の眠《ねむ》っている力が目を覚まし、大きなことをするようになる。

（外山　滋比古「知ること、考えること」（『何のために「学ぶ」のか』所収）より）

ア　消極的な理由から知識を得ることには苦しみばかりが伴ううえに、意地悪く説明を求められたときに知った振りをし続けなければならなくなるから。
イ　借物の知識によって他人に受け入れられたり自分自身を高く評価しようとしたりしても、大切なときに何かの手助けになることはないから。
ウ　必要な知識だけを効率的に選んでいけば、どんな方面にでも博識になるだけでなく、批評を加え自分の立場で話ができるようになるから。
エ　着飾った知識でも他人からたたえられるのは魅力的であるが、結果的には自分の知識を周囲の人たちに借り出されてしまうから。

問五　――線部⑤「私が指図をすべきことではないのです」とありますが、筆者がこのように述べるのはなぜですか。最もふさわしいものを選び、記号で答えなさい。
ア　筆者が指図をしてしまったら、本人が本当に知りたいものではないものについて調べたり考えたりすることになり、本人を成長させることにならないから。
イ　筆者が指図をしたところで、自分の専門分野のアドバイスばかりになってしまって、それ以外の問題に対しては有効なアドバイスができないから。
ウ　筆者が指図をしたとしても、文章を読んでいる読者には直接伝わらないので、読者自身が調べたほうが時間も労力も使わずにはやく先に進めるから。
エ　筆者が指図をすることにより、いままで分からなかったなぞや疑問があっというまに解けてしまい、勉強や研究をする楽しみが半減してしまうから。

問六　本文で述べられている内容としてふさわしいものはA、ふさわしくないものはBと答えなさい。

ウ　知りたいという子供の思いに大人がこたえることが重要なのであって、子供が必要としている以上の知識はわざわざ伝えないほうがよいというもの。

エ　子供は成長の段階にしたがっていろいろなことを覚えればいいので、小学校三年生では虫の名前だけを知っていればじゅうぶんであるというもの。

問二　――線部②「試験のために勉強をする」とありますが、この行為について筆者が説明した部分を「～ようす。」につながるよう本文中より二十五字でぬき出しなさい。

問三　――線部③「そういう傾向」とありますが、どのような傾向ですか。最もふさわしいものを選び、記号で答えなさい。

ア　知らねばならないという義務感から受動的・機械的に知ろうとする傾向。

イ　知りたいという明確な意欲や、知る喜びにもとづいて知ろうとする傾向。

ウ　知るということのためだけに先生に質問して知ろうとする傾向。

エ　知らないことを積極的に調べることで、知ることの喜びを知る傾向。

問四　――線部④-A「案外恐ろしい」、――線部④-B「もっと恐ろしい」について、次の各問いに答えなさい。

A　なぜ「案外恐ろしい」のですか。「未知」・「喜び」という二語を必ず用いて説明しなさい。

B　「もっと恐ろしい」とありますが、筆者がこのように述べるのはなぜだと考えられますか。最もふさわしいものを選び、記号で答えなさい。

出来たものなら、それはたとえ本から得たものでありましょうとも、あるいは幼い子供から教えられたものでありましょうとも、必ず自分のものになって、それが素朴な要求であればこそ喜びを伴い、またそれが今すぐに役に立たないものであるにしても、いつかは必ず、形をかえて自分の成長に役立ったというはっきりした証拠《しょうこ》を見せてくれるにちがいありません。

先程、本当に知りたいことを改めて考えて頂きたいと申しまして、その内容については私が指図をすべきではないといったのですが、そのことで最後に一言だけつけ加えさせて頂きますと、知りたいと思って、それがかなり面倒《めんどう》なことのように見えましても、その気になりさえすれば案外簡単に分《わか》ることもあります。ラジオのスイッチをひねることは、ラジオについての知識を持っていることではありません。それは聞くために、定められたところをひねることが出来ることです。けれどもその構造を知ることもその気になれば決して不可能ではありません。人間が作ったことは分らないことはまずあり得ませんが、簡単に知ることが出来そうで厄介《やっかい》なのは、人間の心です。他人の気持も勿論《もちろん》そうですが、自分自身のことは一番よく知らなければならないのに一番知ることの困難なことだと思います。

（串田 孫一『考えることについて』より）

※1 カリテ…カルテ。ここでは広く記録されたものを言う。

※2 胴乱…採集した植物を入れる円筒状《えんとうじょう》の容器。

※3 虚栄…外見をかざって自分を実質以上に見せようとすること。

※4 ブレーズ・パスカル…フランスの思想家。

問一 ――線部①「彼はまだ小学校の三年生、ただ名前を知ればよいのです」とありますが、この表現にこめられた筆者の思いはどのようなものだと考えられますか。その説明として最もふさわしいものを選び、記号で答えなさい。

ア 子供のいたずら好きな無邪気《むじゃき》さと物の名前を知ろうとする好奇心とは一体のもので、大人はそれらを区別して優しく説明するのが望ましいというもの。

イ 物の名前を覚えるだけで子供はその全てを知ったかのように思うが、大人はそれだけでは不十分でものごとの本質まで知らないといけないというもの。

れでも全くの無関心な状態に比べればいいでしょうけれども、しかしそうして知識を得る時には喜びはなくてむしろ苦しみがあるばかりだと思います。④-Bそれよりももっと恐ろしいことは、知っている振りをするために、なるべく苦労の少い手段を選んで、知った振りをするのに必要な知識だけを手許、口先へ用意して置こうという態度です。私の知っている若い方々の中には、話をしていると実に博識だと思われる人がいます。文学についても、美術や演藝《えんげい》その他の藝術についても、政治についても国際情勢についても実によく知っているように見えるのです。そして知っているだけでなしに、それらに対して批評もしますし、またそれに対する自分の立場もあるらしく見受けられるので、話をきいていますと、私などは少し恐ろしくなって来ます。けれども少しこちらが意地悪く訊ねかえしてみるとか、もう少し詳《くわ》しい説明を求めたりしますと、ところどころあやしいことが出て来ます。つまり簡単に申しあげれば、それらの沢山《たくさん》の知識の大部分はいわば借物だったのです。知識だけでなく、それらの人の使う言葉の多くが借物だったのです。それは特に学術的な用語、あるいは哲学《てつがく》用語といえるような単語の場合、それが目立って感じられます。この知識の借物ということはなかなか魅力《みりょく》のあることでありまして、はでな衣裳《いしょう》を着て自分を飾《かざ》ることと少しも変りありません。しかしそれは、この頃のように、そのために至極《しごく》便利なダイジェスト式の本が出ていますと、比較《ひかく》的時間もお金もかからずに出来ることで、これもまた前に申しあげた事典類とともに、悪く利用しますとかなり危険なものだといえます。この借物の知識ででも自分の身を飾る魅力というのは、恐らく人間の心の中に根強く巣を造っている自尊心、※3虚栄《きょえい》の心によるものと思われます。※4ブレーズ・パスカルがこの虚栄心についていった有名な言葉をここに引かせて頂くことにします。

「虚栄は人間の心に深く喰《く》い込《こ》んでいるもので、兵士も従卒《じゅうそつ》も料理人も人足《にんそく》も、それぞれ自慢《じまん》して自分の崇拝《すうはい》者を得ようとする。哲学者さえ同じことを望む。栄誉《えいよ》を否定する論者も、よく論じたという栄誉は得たいと願う。またそれを読む人も、それを読んだという栄誉を得ようとする。そしてこれを書いている私も、恐らく同じ欲望を持っているだろう。また恐らくこれを読む人も……」

厳密に考え始めますと、これはむずかしいことになりましょうが、虚栄のための知識、あるいは自分の身を飾るための知識は、いざとなったら何の役にも立たないということをここで思い切って申しあげまして、本当に知りたいと思うことを改めて考えて頂きたいのであります。大きなことでも小さなことでも、具体的な現実の問題でも、抽象《ちゅうしょう》的なことでもそれは構いません。⑤私が指図をすべきことではないのです。もしそういうことがあって真剣《しんけん》にそれを知ろうとして獲得することの詩人の尾崎喜八さんが、昔、あの植物学者の牧野富太郎氏をかこむ植物同好会の人々と採集に行かれた時の文章に次のような箇所《かしょ》があります。それは、先生、これは何ですか、これは何と申しますかと、次々に訊ねられる時牧野博士はそれをたちどころに説明されることなのですが、それに続いて、次のような文章があります。「先生が日本の植物に対して百の※1名称《めいしょう》を断ぜられるとしても、僕《ぼく》はただ先生の記憶の強大さ、知識の広さに驚《おどろ》くだけである。植物学者としての先生の大いなるカリテから見れば、それは当然な事のように思われる。しかし一人の可憐《かれん》な小学生が――腰《こし》に小さい風呂敷《ふろしき》包の辨当《べんとう》を下げ、肩から小さい※2胴乱《どうらん》をつるした子供が、何か小指の先ほどの植物を探して来て『先生これ何ですか』と訊《き》いた時、『これは松』といいながら、その子の頭へ片手を載《の》せられた時の、あの温顔《おんがん》の美しさを僕は忘れない」

私はこの一節が非常に好きなのです。そこには、知るということ、そのための人間同志に通う暖かいものが感じられます。ただ人間としてこれだけのものは知って置かなければならない、このくらいのことは知っていないと馬鹿《ばか》にされる、そういう気持《きもち》で本を読んだり、学校へ通って勉強をする、それも確かに必要なことなのですが、そこで、もし一方は教える他方はそれを教わるという関係だけならば、それは全く機械的なものになって、遂《つい》には②試験のために勉強をするという、今ではあたり前のことになってしまった現象も生まれて、③知ることによって快さや喜びが伴《ともな》って来るような、極《ご》く素朴《そぼく》な姿があまり見られなくなってしまいました。私自身にしましてもそういう傾向《けいこう》は確かにあるのですが、自分の知らないことでも、もう誰《だれ》かは必ず知っている、もっと手取《てっと》り早いい方をすれば、大概《たいがい》のことは本に書いてあると思ってしまって、特に知ろうとしないのです。さまざまの事典と名のつく本が出ることは、それに誤りがない限り実にありがたいことなのですが、これだけ手許《てもと》に持っていれば必要な時にその知識をそこから引き出せるという考え、④-Aこれは案外恐《おそ》ろしいことではないかと思います。昔の人は私たちより知識の持ち方は少《すくな》かったと思います。また、その知識も誤っていたことが多いかも知れません。コロンブス以前の、大多数の人々は別の大陸があるかも知れないということは恐らく考えなかったでしょうし、このようにして人間の発見や発明が一般《いっぱん》の人たちにも知識を殖《ふ》やして行ったことも事実であります。しかし、知ることと、知らされることとの違《ちが》いを考えてみて頂きたいのです。私は、少くも今日ここでお話をしている限りでは、知るということの中には、知りたいという意慾《いよく》がはっきりしている場合を考えています。これだけのことを知っていないと笑われるとか、現代人としての常識に欠《か》けているといわれそうな、ただそのために知るのであれば、外部からの強制的な力によって知ることを努力しているに過ぎません。そういう人は自分はどうでもよいのです。笑われる、馬鹿にされるという理由だけで動いているのです。そ

2023年度 山手学院中学校

【国　語】〈特待選抜試験〉（五〇分）〈満点：一〇〇点〉

※選たく問題はすべて記号で答えなさい。
※字数制限のあるものは、句読点および記号も一字とする。

一 次の文章を読んで、あとの問いに答えなさい。

これからまた暫《しば》らくのあいだ、私どもの周囲にはいろいろな花が咲《さ》いたり、飛び交《か》う蝶《ちょう》の姿が見られるようになります。私が、多少普通《ふつう》の人よりもそういうものに関心を持っていることを知って、近所の子供たちが、時々虫などをつかまえて来て私にその名を訊《たず》ねるのです。こんな大きな蛾《が》がいたよ。小父《おじ》さんこれなんていうの？　彼《かれ》は少し手に負えないいたずらっ子で、うちの生垣《いけがき》の竹の棒を抜《ぬ》いて、野球のバットにしていたこともありますし、木のぼりをして枝を折ることも専門家です。その子が水色の、大きな蛾を一匹《ぴき》つかまえて来まして、その一枚の翅《はね》をつまんで私に名前を訊ねるのです。「そんな風につまんでいるとばたばたあばれて翅の粉をみんな落してしまう、蛾でも蝶でも、こういう風に持たなくちゃあ」そういって私はまず持ち方を教え、それからその蛾はオオミズアオ、あるいはユウガオビョウタンという名であることを教えます。どうも忘れそうなので、紙にその名を書いて渡《わた》します。この蛾の幼虫がどんな形をして、どんな植物の葉を食べるか、幸《さいわ》いにして私はそれを知ってはいましたけれど、①彼はまだ小学校の三年生、ただ名前を知ればよいのです。というより、彼が知らないと思ったのはその名前だけなのです。

「知識の獲得《かくとく》には、ある不思議な快さと喜びがある」という古い言葉がありますが、この平素はいたずらの専門家である彼も、確かに満足の色を顔に浮《うか》べて帰って行きます。私はこういう風にして幼いものから何かを訊ねられた時、たとえ自分が手を離《はな》したくない仕事をしている時でも、少《すく》しもいやな顔は見せないようにして、そうしてその名を知らない時、あいまいな時には、その子供と一緒《いっしょ》に本をしらべるようにしています。

2023年度

山手学院中学校

▶解説と解答

算　数　＜特待選抜試験＞（50分）＜満点：100点＞

解　答

1 (1)　31.4　(2)　60cm²　(3)　11, 12, 14, 15, 18, 21　2 (1)　60秒後　(2)　7.5秒後　(3)　37回　3 (1)　560通り　(2)　140通り　(3)　200通り　4 (1)　3：1　(2)　10：3　(3)　5：16　5 (1)　$398\frac{4}{7}$　(2)　1　(3)　385　6 (1)　F, G, H　(2)　G

解　説

1 計算のくふう，面積，調べ

(1)　$A \times C + B \times C = (A + B) \times C$となることを利用すると，$4 \times 4 \times 3.14 - 31.4 \times 0.75 + 0.157 \times 30 = 16 \times 3.14 - 3.14 \times 10 \times 0.75 + 3.14 \times 0.05 \times 30 = 16 \times 3.14 - 7.5 \times 3.14 + 1.5 \times 3.14 = (16 - 7.5 + 1.5) \times 3.14 = 10 \times 3.14 = 31.4$

(2)　下の図1で，○，▲，□，×の印をつけた三角形はそれぞれ合同になる。すると，四角形PQRSから斜線《しゃせん》部分を除いた部分の面積は，$(7 \times 15 - 3 \times 5) \div 2 = 45$(cm²)とわかる。よって，四角形PQRSの面積は，$45 + 3 \times 5 = 60$(cm²)となる。

図1

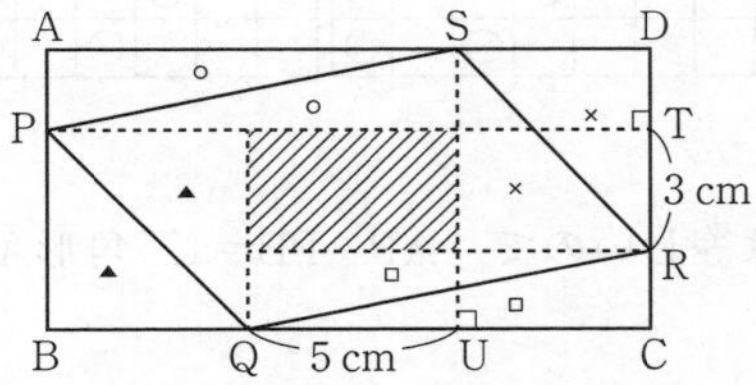

図2

		3円切手							
		1枚	2枚	3枚	4枚	5枚	6枚	7枚	…
7円切手	1枚	10	13	16	19	22	25	28	
	2枚	17	20	23	26	29	32	35	
	3枚	24	27	30	33	36	39	42	
	⋮								

(3)　どちらの切手も1枚ずつ使って，はらうことができる最も小さい金額は，$3 + 7 = 10$(円)である。また，3円切手と7円切手ではらうことができる金額をまとめると，上の図2のようになる。これより，10～19円のうち，3円切手と7円切手ではらうことができない金額は，図2にある金額以外，つまり，11円，12円，14円，15円，18円とわかる。一方，20～29円ではらうことができないのは，21円のみである(ただし，21円は3円切手7枚，もしくは7円切手3枚で作ることができるが条件に当てはまらない)。30円以上は，10円の倍数に表の数，もしくは21円を加えることですべて作ることができる。よって，どちらの切手も必ず使うとき，はらうことができない金額は，1～9円の他に，11円，12円，14円，15円，18円，21円である。

2 図形上の点の移動，旅人算

(1)　点Pと点Qが1周するのにかかる時間はそれぞれ，$(15 \times 4) \div 3 = 20$(秒)，$(15 \times 4) \div 5 = 12$(秒)である。20と12の最小公倍数は60だから，求める時間は，60秒後となる。

(2)　点Pが点Qの真上にくるのは，点Pと点Qが合わせて，$15 \times 4 = 60$(cm)進んだときである。

よって，点Pと点Qは1秒間に，3＋5＝8(cm)ずつ近づくので，初めて点Pが点Qの真上にくるのは，60÷8＝7.5(秒後)と求められる。

(3)　点Pは30秒で，3×30＝90(cm)動くから，90÷15＝6より，1周して点Cにいる。これより，点Qが出発してから，(15×2)÷8＝3.75(秒後)に点Pが真上にきて，その後，7.5秒ごとに真上にくるとわかる。すると，点Qが出発してから，60×5－30＝270(秒後)までに，(270－3.75)÷7.5＝35余り3.75より，1＋35＝36(回)真上にくる。よって，点Qが出発する前の30秒間にも1回あることに注意すると，点Pが点Qの真上にくるのは，1＋36＝37(回)ある。

3　場合の数

(1)　8個の玉を並べる8か所のうち，赤玉3個をおく場所の選び方は，$\frac{8\times7\times6}{3\times2\times1}$＝56(通り)ある。残りの5か所のうち，白玉3個をおく場所の選び方は，$\frac{5\times4\times3}{3\times2\times1}$＝10(通り)ある。最後に，残りの2か所のうち，黒玉2個をおく場所の選び方は1通りしかないから，8個の玉の並べ方は，56×10×1＝560(通り)ある。

(2)　2個の黒玉を1個と考えて，7個の玉を1列に並べればよい。7か所のうち赤玉3個をおく場所の選び方は，$\frac{7\times6\times5}{3\times2\times1}$＝35(通り)あり，残りの4か所のうち白玉3個をおく場所の選び方は，$\frac{4\times3\times2}{3\times2\times1}$＝4(通り)ある。よって，さらに残りの1か所に黒玉1個(＝2個)を並べるので，このときの並べ方は，35×4×1＝140(通り)ある。

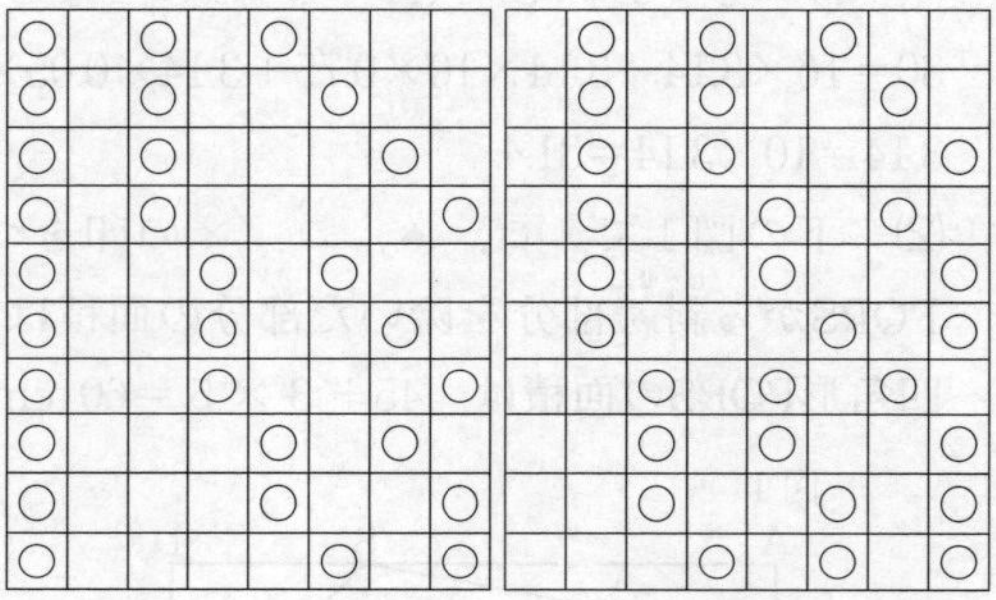

(3)　どの2個の赤玉も隣《とな》り合わない並べ方は，右の図のように20通りある。そして，(1)より，白玉3個の並べ方は10通りあり，残りに黒玉2個の並べ方は1通りだから，このときの並べ方は，20×10×1＝200(通り)ある。

4　平面図形─辺の比と面積の比，消去算

(1)　高さが等しい三角形の底辺の長さの比と面積の比は等しいので，AP：PB＝(三角形APRの面積)：(三角形BPRの面積)＝3：1となる。

(2)　(1)と同様に考えると，AQ：QC＝(三角形AQRの面積)：(三角形CQRの面積)＝2：3である。ここで，三角形ABCの面積を1とすると，三角形APQの面積は，$1\times\frac{AP}{AB}\times\frac{AQ}{AC}=1\times\frac{3}{3+1}\times\frac{2}{2+3}=\frac{3}{10}$とわかる。よって，三角形ABCの面積と三角形APQの面積の比は，1：$\frac{3}{10}$＝10：3と求められる。

(3)　三角形RBCの面積は三角形ABCの面積の$\frac{1}{3}$なので，三角形BPRの面積と三角形CQRの面積の和は，三角形ABCの面積の，$1-\frac{3}{10}-\frac{1}{3}=\frac{11}{30}$になる。すると，三角形APRの面積と三角形BPRの面積をそれぞれ③，①，三角形AQRの面積と三角形CQRの面積をそれぞれ$\boxed{2}$，$\boxed{3}$として式に表すと，右の図のア，イのようになる。イの式を3倍にすると下の式のようになり，これらの式の差を求めると，$\boxed{9}-\boxed{2}=\boxed{7}$にあたる面積が，$\frac{11}{10}-\frac{3}{10}=\frac{8}{10}=\frac{4}{5}$だから，$\boxed{1}$にあたる面積は，$\frac{4}{5}\div7=\frac{4}{35}$とわかる。よって，三角形AQRの面積は，$\frac{4}{35}\times2$

③＋$\boxed{2}$＝$\frac{3}{10}$…ア
①＋$\boxed{3}$＝$\frac{11}{30}$…イ
⇩
③＋$\boxed{2}$＝$\frac{3}{10}$…ア
③＋$\boxed{9}$＝$\frac{11}{10}$…イ×3

$=\frac{8}{35}$，三角形APRの面積は，$\frac{3}{10}-\frac{8}{35}=\frac{1}{14}$となるので，PR：RQ＝(三角形APRの面積)：(三角形AQRの面積)$=\frac{1}{14}:\frac{8}{35}=5:16$と求められる。

5 数列，約束記号

(1) 分子の数は6の倍数だから，分数は，180÷6＝30(個)ある。よって，$\frac{6}{7}+\frac{12}{7}+\frac{18}{7}+\cdots+\frac{180}{7}=\left(\frac{6}{7}+\frac{180}{7}\right)\times 30\div 2=\frac{2790}{7}=398\frac{4}{7}$となる。

(2) $\left[\frac{6}{7}\right]=0$，$\left[\frac{36}{7}\right]=5$より，$\left(\frac{6}{7}-\left[\frac{6}{7}\right]\right)+\left(\frac{36}{7}-\left[\frac{36}{7}\right]\right)=\left(\frac{6}{7}-0\right)+\left(\frac{36}{7}-5\right)=\frac{6}{7}+\frac{1}{7}=\frac{7}{7}=1$となる。

(3) $\frac{6}{7}$，$\frac{12}{7}$，$\frac{18}{7}$，…，$\frac{174}{7}$，$\frac{180}{7}$のそれぞれの小数部分を取り出すと，$\frac{6}{7}$，$\frac{5}{7}$，$\frac{4}{7}$，$\frac{3}{7}$，$\frac{2}{7}$，$\frac{1}{7}$，0，$\frac{6}{7}$，$\frac{5}{7}$，…と7個ごとに$\left\{\frac{6}{7}, \frac{5}{7}, \frac{4}{7}, \frac{3}{7}, \frac{2}{7}, \frac{1}{7}, 0\right\}$をくり返すことがわかる。よって，30÷7＝4余り2より，$\frac{6}{7}$から$\frac{180}{7}$までの小数部分の和は，$\left(\frac{6}{7}+\frac{5}{7}+\frac{4}{7}+\frac{3}{7}+\frac{2}{7}+\frac{1}{7}+0\right)\times 4+\frac{6}{7}+\frac{5}{7}=\frac{95}{7}=13\frac{4}{7}$となる。[A]は，AからAの小数部分を引いたものなので，求める和は，(1)で求めた値から$13\frac{4}{7}$を引いた，$398\frac{4}{7}-13\frac{4}{7}=385$となる。

6 推理

(1) 赤のぼうしをかぶっている人は少なくとも1人以上はいるが，赤のぼうしが1人の場合は，赤のぼうしをかぶっている人は赤のぼうしの人が見えない。また，白のぼうしをかぶっている人数は赤のぼうしをかぶっている人数より多いので，赤のぼうしは4人以下になる。よって，考えられるものは，F，G，Hである。

(2) Fの場合，白のぼうしをかぶっている人からは，「赤のぼうし4人，白のぼうし4人」が見えている。このとき，先生の発言から白のぼうしの人の方が多いので，白のぼうしの人は「自分は白」と判断できる。また，Hの場合，赤のぼうしをかぶっている人からは「赤のぼうし1人，白のぼうし7人」が見えている。(1)で述べたように，赤のぼうしが1人の場合は考えられないので，「自分が赤」と判断できる。よって，FとHはあてはまらないから，Gとわかる。

国語 ＜特待選抜試験＞(50分)＜満点：100点＞

解答

一 問1 ウ　問2 外部からの強制的な力によって知ることを努力している(ようす。)　問3 ア　問4 A (例) 未知の世界を探究して，新たな知識を得るという喜びがなくなってしまうから。　B イ　問5 ア　問6 ア A　イ B　ウ B　エ A　オ A　問7 ① イ　② エ　③ ウ　二 問1 (例) 一番気候の変化を観察しやすいから。　問2 A エ　B カ　C オ　D ア　問3 (1) まゆ　(2) ウ　問4 イ　問5 エ　問6 エ　問7 ウ　問8 イ　問9 (例) 立春を境に冬から春となるように，「ぼく」の家族にも新しく良いことが起こるのではないかということ。

三 ①～⑧ 下記を参照のこと。　⑨ はっぱ　⑩ かつあい

●**漢字の書き取り**

三 ① 無私　② 整然　③ 盛夏　④ 招待状　⑤ 後進　⑥ 可燃性
⑦ 海路　⑧ 装(粧)(い)

解 説

一 **出典は串田孫一《くしだまごいち》の『考えることについて』所収の「知ることについて」による。**筆者は，自分が知りたいと思って何かを知ることは，喜びをともなうすばらしいことだと述べている。

問１　直後に「彼《かれ》が知らないと思ったのはその名前だけなのです」とある。筆者は，自分が知っていることを全部教えるのではなく，その子供が知りたいと思ったことに答えるのが重要だと考えていることがわかる。

問２　続く部分に注目する。筆者は，「知ることと，知らされることとの違《ちが》い」を説明している。ぼう線部②は，知りたいという気持ちではなく，「これだけのものは知って置かなければならない」という気持ちからの行動である。筆者はそのような状態を「外部からの強制的な力によって知ることを努力している」と述べている。

問３　同じ段落のこれより前の部分に注目する。「人間として～これくらいのことは知っていないと馬鹿《ばか》にされる」というような気持ちから，教わる側にまわって「機械的」に知ろうとすることが増えていると述べられている。

問４　**A**　筆者はぼう線部②をふくむ一文で，知らないことを知りたいと思って知ることで，「快さや喜び」が得られると述べている。しかし，自分の知らないことでも誰《だれ》かが必ず知っていると思って知ろうとしない場合，そのような「快さや喜び」は感じられないのである。　**B**　続く部分に注目すると，「もっと恐《おそ》ろしい」のは，「知っている振《ふ》りをするために」必要な知識だけを用意する態度だとある。筆者はブレーズ・パスカルの言葉を引用した後に，そのような「虚栄《きょえい》のための知識，あるいは自分の身を飾《かざ》るための知識は，いざとなったら何の役にも立たない」と述べている。

問５　「大きなことでも小さなことでも，具体的な現実の問題でも，抽象《ちゅうしょう》的なことでも」自分が「本当に知りたいと思うこと」を知ろうとして獲得《かくとく》することができたら，喜びが得られ，いつか必ず自分の成長に役立つと述べられている。しかし，指図されてしまうと，本当に知りたいことではなくなってしまうのである。

問６　**ア**　ぼう線部⑤をふくむ段落に，自分が知りたいと思って知ることによって喜びが得られ，それは成長に役立つと述べられているので，合う。　**イ**　四つ目の段落で，筆者は事典について，「ありがたい」ものだが，手許《てもと》に持っていればいつでも調べられるという考えはよくないと述べている。よって，ふさわしくない。　**ウ**　筆者は，知っていると思われたいという自尊心により身につけた知識は借物であることが多く，本当の知識ではないので，「いざとなったら何の役にも立たない」と述べているので，合わない。　**エ**　三つ目の段落で牧野富太郎《まきのとみたろう》氏について述べられた文章を引用している。小学生に質問された牧野氏がやさしい顔をして答えていたとあり，これに対して筆者は，知るときの「人間同志に通う暖かいもの」が感じられると述べていることから，ふさわしい。　**オ**　本文の最後に筆者は，人間がつくったものについては知りたいという気になれば知ることができるが，簡単に知ることができないのは「人間の心」であると述べているので，正しい。

問７　①　夏目漱石《なつめそうせき》の作品にはほかに『吾輩《わがはい》は猫《ねこ》である』『坊《ぼ》っちゃん』などがある。なお，『蜘蛛《くも》の糸』は芥川龍之介《あくたがわりゅうのすけ》，『銀河鉄道の夜』は宮沢賢治《みやざわけんじ》，『暗夜行路』は志賀直哉《しがなおや》の作品である。
②　Ａの文章では，本文と同じように自分自身の頭で考えることの大切さが述べられていて，さらに，人は困難な状況《じょうきょう》のなかで必死に考えられるようになると説明されている。よって，みどりの発言が合う。また，Ｂの文章では，学問は必要以上にしなくていいというような偉人《いじん》の言葉が紹《しょう》介《かい》されているので，さきの発言も合う。　③「蛍雪《けいせつ》の功」は，苦労して勉強にはげんだ成果のこと。

二　出典は瀧羽麻子《たきわあさこ》の『博士《はかせ》の長靴《ながぐつ》』による。「ぼく」(玲《れい》)は，母親の出張中に祖父母の家に預けられる。そこでひいおじいちゃんと散歩をしたり，みんなで立春のすき焼きを食べたりしながら，いろんな話をする。

問１　ひいおじいちゃんは「立派な学者さん」であり，「気候の変化」に興味を持っている。よって，天気の変化を観察しやすい窓際《まどぎわ》の席に座《すわ》ったと考えられる。

問２　**Ａ**　熱いココアに息を吹《ふ》きかけるようすを表す言葉なので，「ふうふう」が合う。　**Ｂ**　体があたたまってくるようすを表す言葉なので，「ぽかぽか」があてはまる。　**Ｃ**「ぼく」がココアを「少しずつ飲む」のと同じように「ひいおじいちゃんも」コーヒーを飲んでいるのだから，「ちびちび」が合う。　**Ｄ**「ぼく」が外にいる小鳥を気にして，何度も目をやっているようすを表す「ちらちら」がふさわしい。

問３　(1)　ひいおじいちゃんの表情を見て「ぼく」が言い訳していることから，「ぼく」は自分の言葉でひいおじいちゃんがきげんを悪くしてしまったのではないかと感じたことが読み取れる。よって，“不快な気持ちなどから顔をしかめる”という意味の「まゆを寄せる」とするのがよい。
(2)　ひいおじいちゃんの「あなたも，書いてますか？」という問いかけに「はい」と答えられれば，ひいおじいちゃんの笑顔を見られると「ぼく」はわかっていた。よって，「あんまり」書いていないという答えを聞いたひいおじいちゃんは，残念に思ったと推測できる。

問４　ひいおじいちゃんは，思いついたことや気になったことなどを何でもメモしている。そして，問３(2)でみたように，「ぼく」があまり書いていないことを残念に感じている。よって，「ぼく」にも自分の考えを書いてほしいという思いから，メモ帳をあげたのだとわかる。

問５　一般《いっぱん》的に，春の始まりである立春の前日の節分に，豆まきが行われる。

問６　前書きにあるように，「ぼく」の母親と祖父母はあまり会わなくなっていた。「ぼく」から立春に焼肉を食べているという話を聞いて「目をふせた」ようすからは，おばあちゃんが，すき焼きとお赤飯という立春のメニューが変わっていることをさびしく思う気持ちが読み取れる。しかし，その後おじいちゃんが「大事なのは，祝おうっていう気持ちだもんな？」と言い，おばあちゃんも「成美も……お母さんも，忘れないでお祝いしてくれてたのね」と言っているので，娘《むすめ》が昔からの家族の習慣を続けていることをうれしく思ったことがわかる。

問７「ぼく」から話を聞いて家族の習慣が受け継《つ》がれていることをみんながわかったうえに，おばあちゃんとお母さんとの話もはずんでいるようである。そこから，ひいおじいちゃんは，「ぼく」がはなれかけていた家族の心を結びつけてくれたように感じたと考えられる。

問８　続く部分に「うっかり忘れてしまわないように」とある。ひいおじいちゃんは，思いついたことなどを「忘れない」ためにメモ帳に書いていると話していた。「ぼく」は，もらったメモ帳で，ひいおじいちゃんと同じことをしようと思ったのである。

問9 「ぼく」の母親と祖父母は，これまであまり会っていなかったが，今回「ぼく」が祖父母の家に来たことをきっかけに電話でも話がはずんでいる。ぼう線部⑨は，家族の間にさわやかな風が吹き，これからいい関係が始まることを暗示していると考えられる。

三 漢字の書き取りと読み

① 自分だけが得をしようとする気持ちのないこと。 ② きちんと整っているようす。 ③ 夏の暑い盛《さか》りのころ。 ④ 客としてよんでもてなすことを記した書状。 ⑤ 後から進む人。後輩《こうはい》。 ⑥ 燃えやすい性質。 ⑦ 航海すること。 ⑧ 「装」の音読みは「ソウ」「ショウ」で，「仮装」「衣装」などの熟語がある。「粧」の音読みは「ショウ」で，「化《け》粧《しょう》」などの熟語がある。 ⑨ 強い言葉をかけて，相手を奮い立たせること。 ⑩ おしみながら捨てたり省略したりすること。

2022年度　山手学院中学校

〔電　話〕(045) 891－２１１１
〔所在地〕〒247-0013　神奈川県横浜市栄区上郷町460
〔交　通〕JR根岸線―「港南台駅」より徒歩12分
「大船駅」よりバス「山手学院入口」

【算　数】〈Ａ日程試験〉(50分)〈満点：100点〉

1　次の□の中に適する数を書きなさい。

(1)　$\left(0.625-\frac{3}{4}\times0.5\right)\times\left(\frac{2}{5}+0.49\div\frac{7}{8}\right)=\square$

(2)　$2022\div\left(\frac{4}{5}-\frac{\square}{500}\right)\times\left(0.25+\frac{1}{12}\right)=1000$

2　次の□の中に適する数を書きなさい。

(1)　木が何本かあります。ある池の周りに沿って等間かくに木を植えていきます。間かくを５ｍにすると木は12本余り，間かくを３ｍにすると木は８本足りなくなります。このとき，池の周りの長さは□ｍです。

(2)　原価が700円の商品を100個仕入れて，３割増で定価をつけて売ったところ70個売れました。残りの商品を定価の２割引ですべて売ると利益はあわせて□円です。

(3)　$\boxed{0}$，$\boxed{1}$，$\boxed{2}$，$\boxed{3}$，$\boxed{4}$，$\boxed{5}$の６枚のカードがあります。このカードから２枚抜き出して２桁《けた》の整数を作るとき，３の倍数は□通りできます。

3　食塩水Ａ，Ｂ，Ｃがあります。Ａの量は，Ｃの量の２倍で，濃度はＡが15％，Ｂが５％，Ｃが９％です。また，３つの食塩水をすべて混ぜ合わせると11％の食塩水が600ｇできます。このとき，次の各問いに答えなさい。

(1)　ＡとＣをすべて混ぜ合わせると何％の食塩水ができますか。

(2)　Ｂは何ｇですか。

(3)　ＡとＢを混ぜ合わせて９％の食塩水をできるだけ多く作るとき，食塩水は何ｇできますか。

4　開園前，450人の行列ができているテーマパークがあります。開園後，毎分27人ずつがこの行列に加わります。入園ゲートを６か所開けると，開園してから50分後にゲートに並ぶ人がいなくなりました。このとき，次の各問いに答えなさい。ただし，どのゲートも１分間に通過できる人数は同じものとします。

(1)　開園してから50分間で入園した人数は何人ですか。

(2)　ゲート１か所につき，１分間に通過できる人数は何人ですか。

(3)　開園してから11分以内にゲートに並ぶ人がいなくなるようにするためには，ゲートを最低何か所開ければよいですか。

5　Ａ地点からＢ地点まで行くバスが30分おきに出ています。太郎さんが同じ道をＢ地点からＡ地点まで自転車で走ると２回バスとすれ違いました。右のグラフはそのときの様子を表したものです。バスと自転車の速さの比は７：３です。このとき，次の各問いに答えなさい。

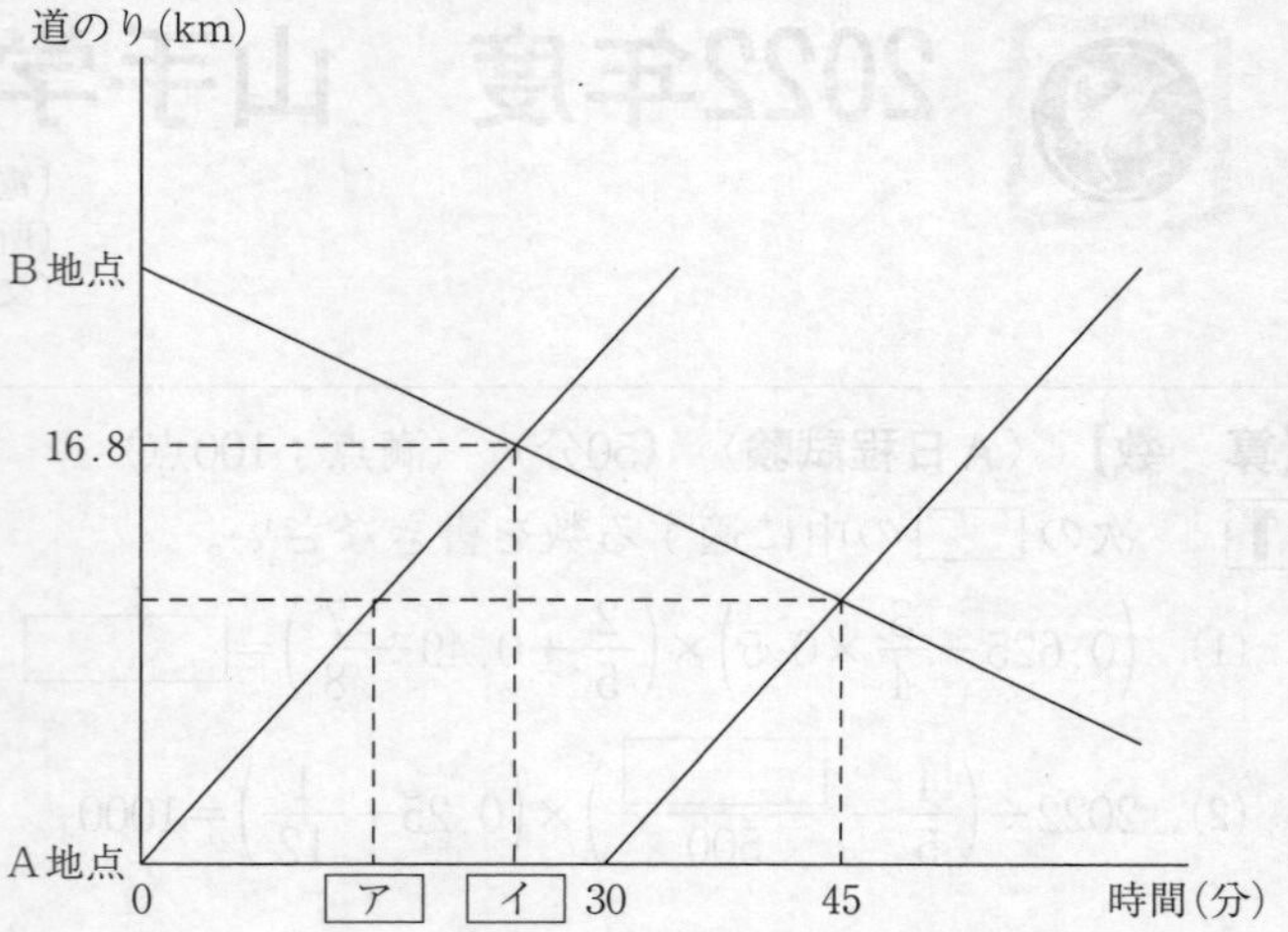

(1)　［ア］，［イ］に適する数を答えなさい。

(2)　バスの速さは時速何 km ですか。

(3)　Ａ地点からＢ地点までの道のりは何 km ですか。

6　底面の半径が２cm，高さが６cm の円すいＡと底面の半径が４cm，高さが12cm の円すいＢがあります。このとき，次の各問いに答えなさい。ただし，円周率は3.14とします。

(1)　ＡとＢの体積の差は何 cm^3 ですか。

(2)　それぞれの円すいを底面の円の直径を通り，底面に垂直な面で切ったときのＡとＢの切断面の面積の比を最も簡単な整数で表しなさい。

　次の図のようにＢを固定し，Ａを図の矢印の向きに秒速0.5cm の速さで動かします。はじめＡとＢは３cm はなれています。ただし，２つの円すいの頂点と底面の円の中心は，つねに同じ直線上にあるように動きます。

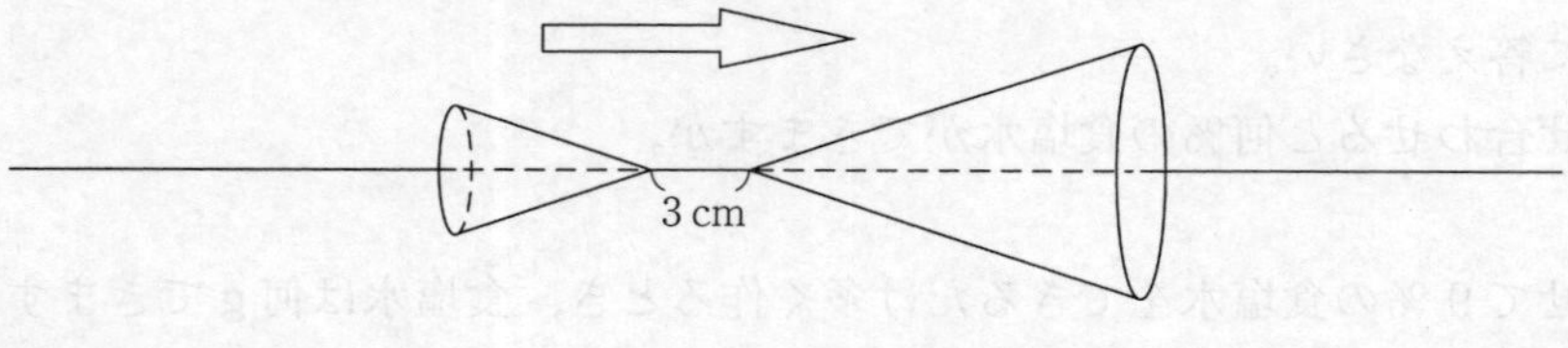

(3)　36秒後のＡとＢの重なった部分の体積は何 cm^3 ですか。

7　右の図のように，ご石を正三角形の形に並べます。図は１辺にご石を４個並べた図です。このとき，次の各問いに答えなさい。

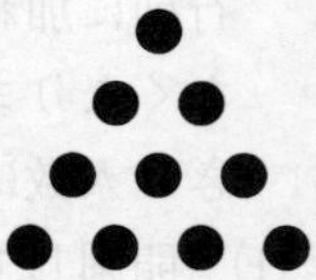

(1)　１辺のご石が９個のとき，ご石は全部で何個並んでいますか。

(2)　ご石が全部で190個並ぶとき，正三角形の１辺のご石は何個ですか。

(3)　次に右の図のように，ご石を正六角形の形に並べます。図は１辺にご石を３個並べた図で，全部で19個のご石が並んでいます。全部で721個のご石が並ぶとき，正六角形の１辺のご石は何個ですか。

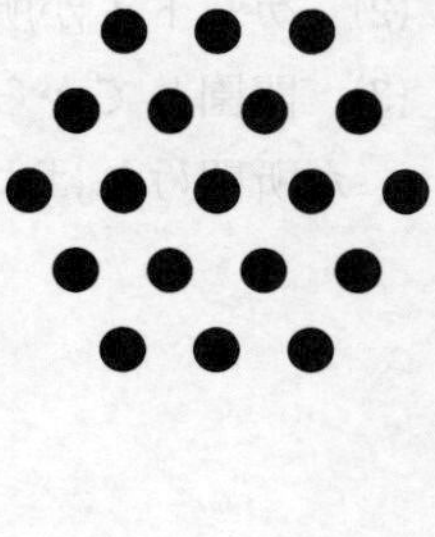

【社　会】〈Ａ日程試験〉　(40分)〈満点：80点〉

1　次の文を読んで，あとの問いに答えなさい。

日本列島は，太平洋側につきだす弓のような形をしていて，その形にそって背骨のように(a)山地や山脈が連なっています。(b)火山も多く，その周辺では噴火《ふんか》により火山灰や溶岩《ようがん》がふき出したり，火砕流《かさいりゅう》が発生したりすることで，人々の生命が危険にさらされることもあります。一方で，(c)国立公園の半分以上が火山と関係していることからも分かるように，火山は日本の美しい景観を生み出しています。

さらに，日本は海に囲まれた島国で，多くの島々から成り立っています。(d)日本列島の近海の海底には浅くて平らな大陸棚《だな》が広がっているところが多くあります。太平洋側の大陸棚の先には水深が8000ｍを超《こ》える海溝《かいこう》があります。

そして，日本にはたくさんの(e)平野があります。その多くは，日本列島に連なる山々から流れ出す川が上流で山を削《けず》り，土砂を下流まで運ぶことによってつくられました。また，川や海沿いの平地よりも一段高くなっている土地は台地と呼《よ》びます。(f)関東地方には，武蔵野《むさしの》台地や下総《しもうさ》台地などがあります。

問１　下線部(a)について，「日本アルプス」に含《ふく》まれる山脈としてふさわしくないものを次の中から１つ選び，記号で答えなさい。

ア．木曽山脈　　イ．越後山脈
ウ．飛騨山脈　　エ．赤石山脈

問２　下線部(b)について，あとの問いに答えなさい。

①　阿蘇山のように，噴火によって火口の中央部が落ちこんでできた，くぼ地を何と言いますか。カタカナ４字で答えなさい。

②　下のグラフは，日本の太陽光，風力，地熱のいずれかの※発電設備容量を表したものです。グラフ中のア～ウのうち，太陽光を示すものとして正しいものを１つ選び，記号で答えなさい。

※発電設備容量…どれくらい発電できるか，設備の性能を数字で表したもの。

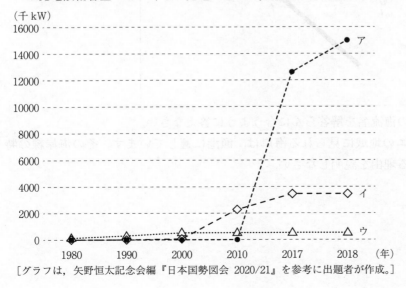

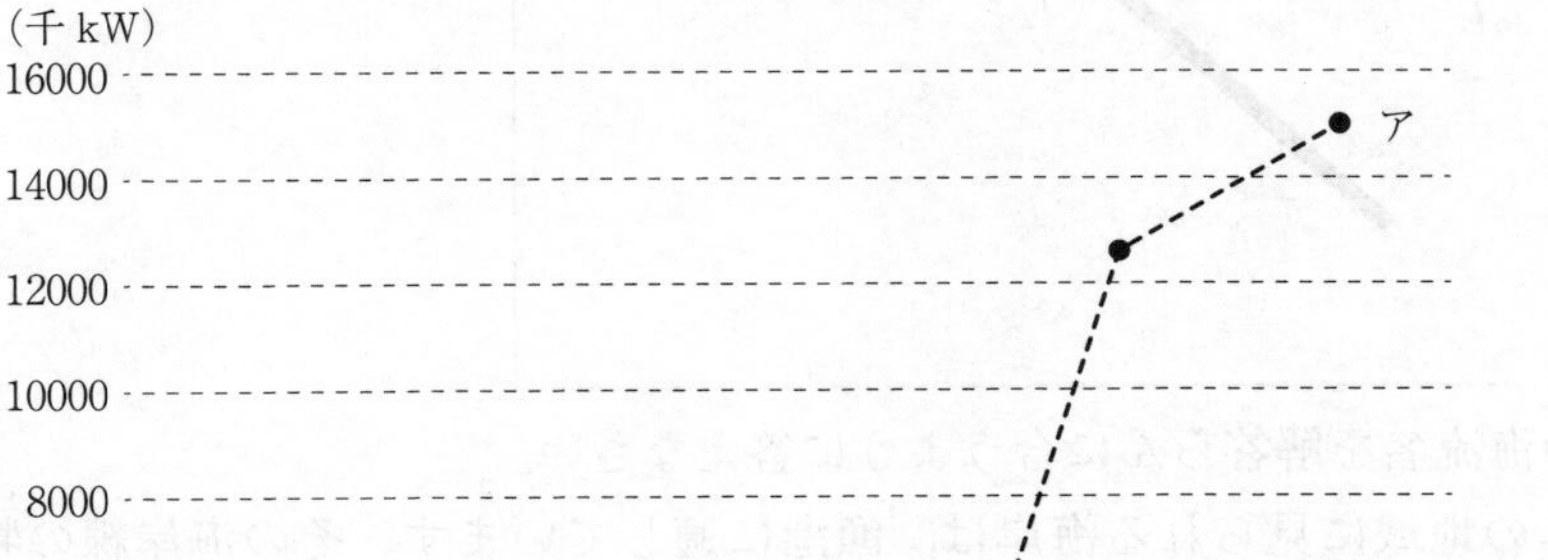

［グラフは，矢野恒太記念会編『日本国勢図会 2020/21』を参考に出題者が作成。］

③　②のグラフ中の「△」は，他の発電方式に比べて発電設備容量が増えていません。日本国内で増えていない理由として，正しいものを次の中から１つ選び，記号で答えなさい。

ア．設備を開発する場所に国立公園や温泉などがあり，住民が反対しているため。

イ．設備容量を増やすと，二酸化炭素などの温室効果ガスが大量に発生するため。

ウ．季節や天気によって発電量が安定しないため。

エ．発電後に発生する廃棄《はいき》物の安全な処理方法が決まっていないため。

問３　下線部(c)について，国立公園を管理している国の機関名として正しいものを次の中から１つ選び，記号で答えなさい。

ア．文部科学省

イ．内閣府

ウ．環境省

エ．観光庁

問４　下線部(d)について，下の地図を見てあとの問いに答えなさい。

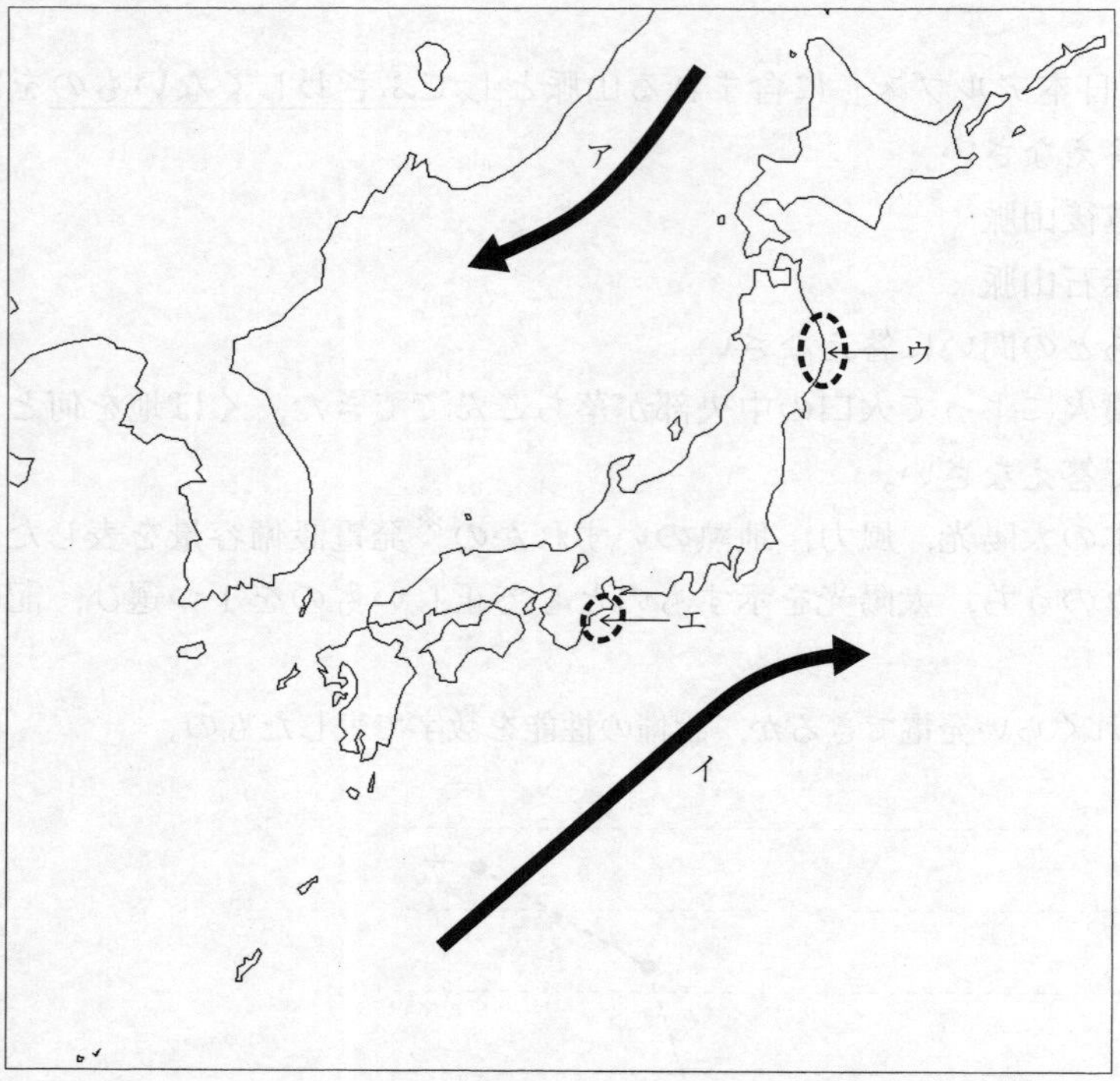

①　図中ア・イの海流名を解答らんに合うように答えなさい。

②　図中のウ・エの地域に見られる海岸は，漁港に適しています。その海岸線の特徴《とくちょう》と漁港に適している理由を説明しなさい。

問５　下線部(e)について，地図Ａは濃尾平野付近に流れこむ川を表しており，地図Ａ中の□の地域を拡大したものが下の地図Ｂです。これらを見て，あとの問いに答えなさい。

［地図Ａ］

［地図Ｂ］

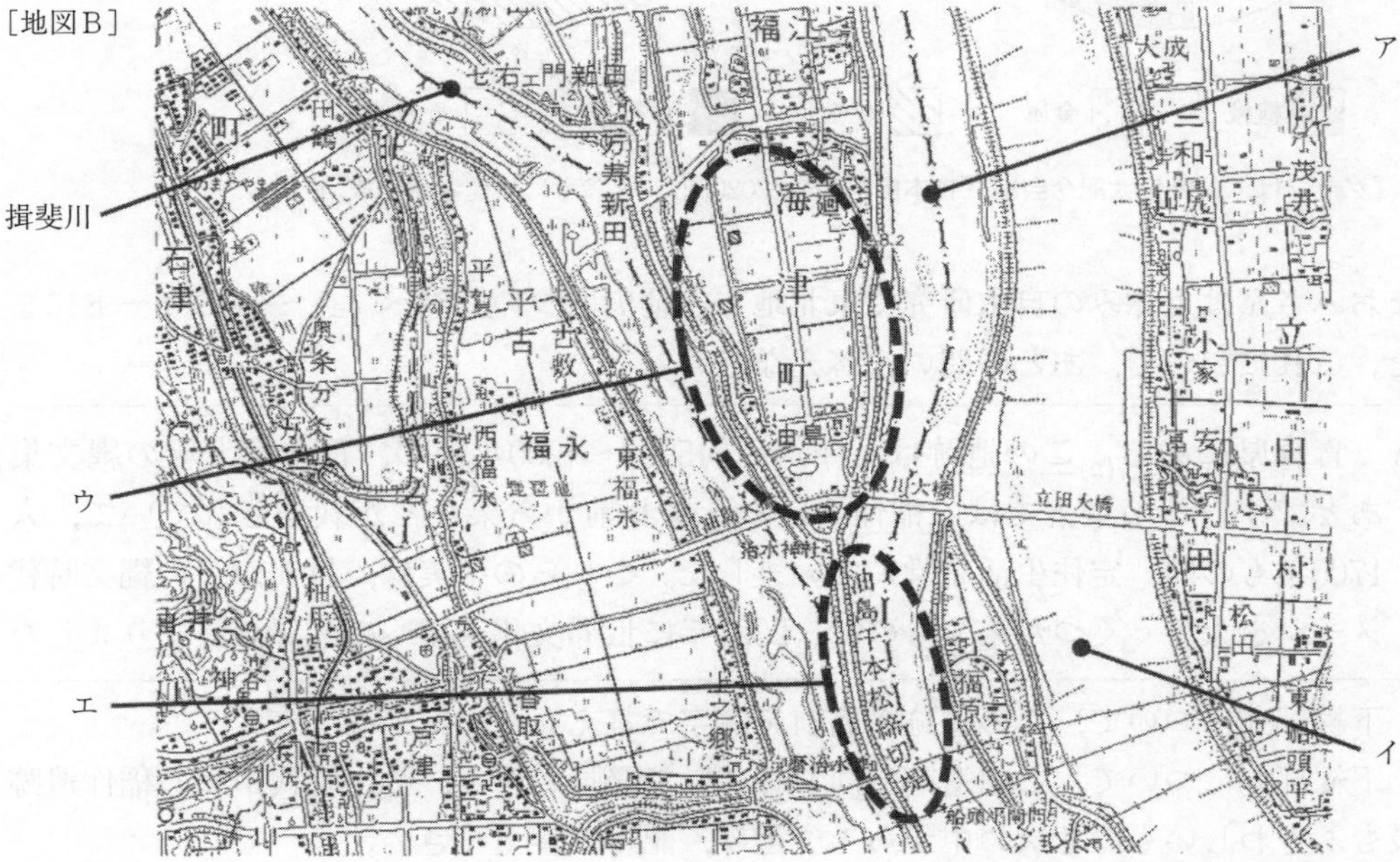

［国土地理院「1：50000桑名」より］

①　地図Ａを参考にしながら地図Ｂ中のア・イの河川名をそれぞれ漢字で答えなさい。

②　地図Ｂ中のウに見られる，町や村の周りが高い堤防《ていぼう》で囲まれた土地を何と言いますか。漢字２字で答えなさい。

③　地図Ｂ中のエに見られる，油島千本松締切堤は，この地域の水害を防ぐため，江戸時代につくられました。この堤防の役割について説明しなさい。

問６　下線部(f)について，次のページのグラフは京葉工業地域，中京工業地帯，東海工業地域，阪神工業地帯のいずれかの製造品出荷額等の構成（2017年）を表しています。京葉工業地域を表すグラフとして，最もふさわしいものを次の中から1つ選び，記号で答えなさい。

ア.

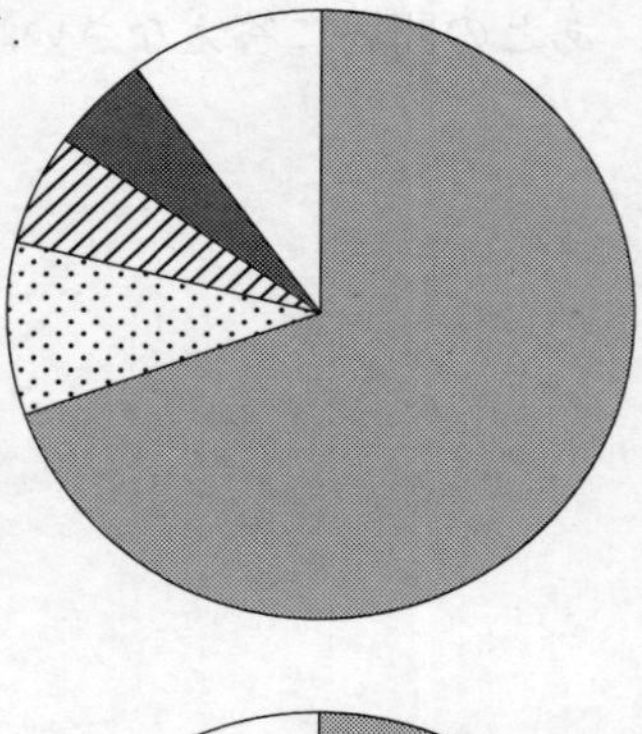

イ.

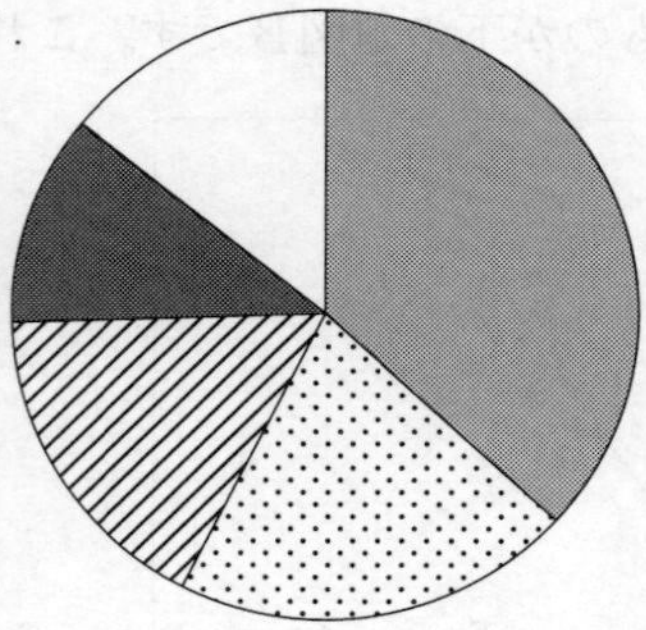

ウ.

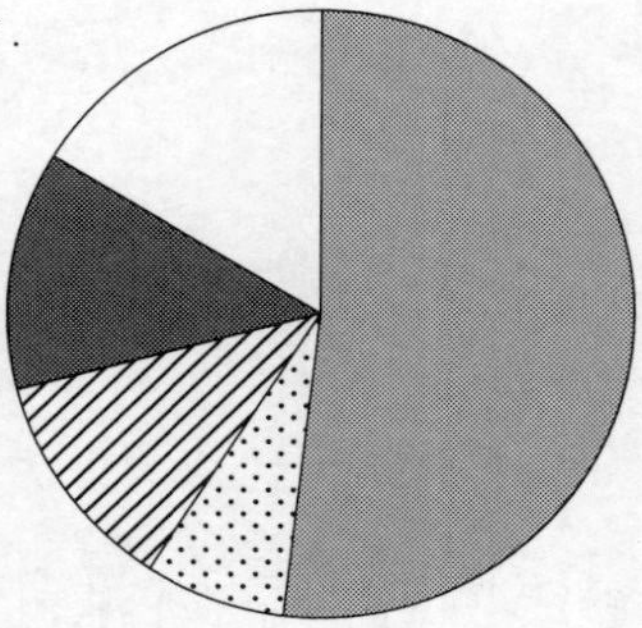

エ.

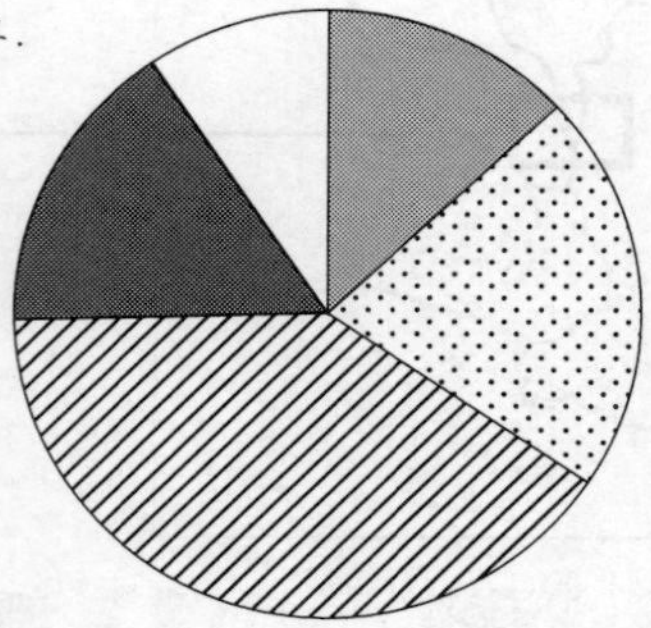

機械　金属　化学　食料品　その他

［グラフは，矢野恒太記念会編『日本国勢図会 2020/21』を参考に出題者が作成。］

2　なおみさんは夏休みの自由研究で東北地方の歴史について調べ，A～Hのカードにまとめました。これについて，あとの問いに答えなさい。

> A　青森県にある(a)この遺跡《いせき》は，今から約5900～4200年前の，日本最大級の縄文集落のあとです。この集落では，(b)稲作が伝わるより前から栗《くり》などが栽培されていて，人々は1700年もの間，定住生活を営んでいました。これらの事実は，以前からの縄文時代のイメージを大きくくつがえすもので，2021年に世界文化遺産への登録が決まりました。

問1　下線部(a)について，この遺跡の名前を漢字で答えなさい。

問2　下線部(b)について，この遺跡と同じ青森県で発見された，弥生時代中頃の稲作遺跡として最もふさわしいものを次の中から1つ選び，記号で答えなさい。

ア．板付遺跡　　イ．垂柳《たれやなぎ》遺跡

ウ．登呂遺跡　　エ．吉野ケ里遺跡

> B　(c)大宝律令を成立させた朝廷は，東北地方へもその支配をひろげようとしました。これに抵抗《ていこう》した人々を，朝廷は(　1　)と呼びました。朝廷は724年に現在の宮城県に多賀城を築き，政治・軍事の中心にしましたが，その後も(　1　)の抵抗が続きました。9世紀の初め，坂上田村麻呂が(　1　)の族長阿弖流為《あてるい》らを降伏《こうふく》させ，支配の中心地として現在の岩手県に胆沢《いさわ》城を築きました。

問３　下線部(c)について，大宝律令にもとづく制度の説明としてまちがっているものを次の中から１つ選び，記号で答えなさい。

ア．天皇を中心とした地方制度が整い，全国に国・郡・里が設置された。

イ．公地公民を原則として，全国規模の戸籍《こせき》がつくられた。

ウ．６歳以上の男女に口分田が支給され，死んだら朝廷に返すことにした。

エ．調や庸を都まで運ぶ役目は馬借と呼ばれ，成人男性の義務だった。

問４　文中の空らん(１)に最もふさわしい語句を，漢字で答えなさい。

Ｃ　朝廷の力が弱まってくると，東北地方では安倍氏や清原氏のような豪族《ごうぞく》の力が強まり，ほぼ独立した勢力をもつようになりました。朝廷は源頼義をつかわし，清原氏にも協力させて，安倍氏をほろぼしました。その後20年ほどして，今度は清原氏の中で争いがおき，源義家を味方につけた清原清衡が勝利しました。(d)清衡はこれを機に藤原氏を名乗り，平泉を中心に約100年にわたり，なかば独立した勢力をもったのです。

問５　下線部(d)について，この出来事とほぼ同じ頃におきた出来事を，次の中から１つ選び，記号で答えなさい。

ア．菅原道真の意見がとりいれられて，遣唐使が中止された。

イ．藤原道長が，天皇の母方の祖父となって，政治の実権をにぎった。

ウ．摂関政治は終わりをむかえ，白河上皇が院政を始めた。

エ．源頼朝が平家打倒の兵をおこしたが，初戦は石橋山で大敗した。

Ｄ　(e)全国の武士が２つの朝廷のどちらかに味方をして争っていたころ，東北地方でも有力な武将が戦いをくり広げ，当時の東北の統治機関の長である「奥州(　２　)」を名乗る武将が４人も並び立つ事態となりました。奥州(　２　)の職名は後に奥州探題に変わり，最終的に争いを制した斯波《しば》(大崎)氏が，代々この役職につくようになりました。

　いっぽうこのころはアイヌとの交易が増えてきた時期で，北海道と日本海側の海運を結ぶ港として，現在の青森県西部の(　３　)が全盛期をむかえました。

問６　下線部(e)について，この時代の出来事の説明として最もふさわしいものを次の中から１つ選び，記号で答えなさい。

ア．守護の権限がしだいに強くなり，後に守護大名と呼ばれるようになった。

イ．明と国交を回復して勘合貿易が始まり，銅銭や生糸，陶磁器《とうじき》などが輸入された。

ウ．出雲阿国という女性が始めた歌舞伎踊りや浄瑠璃《じょうるり》など舞台《ぶたい》芸能が流行した。

エ．商人たちによる自治が行われてきた堺が，有力な武将の直轄地《ちょっかつち》とされた。

問７　文中の空らん(２)には，当時将軍を補佐した役職と同じ役職名が入ります。その役職名として最もふさわしいものを次の中から１つ選び，記号で答えなさい。

ア．管領　　イ．執権　　ウ．所司代　　エ．太政大臣

問８　文中の空らん(３)にあてはまる港の名前として最もふさわしいものを次の中から１つ選び，記号で答えなさい。

ア．大輪田泊　　イ．出島　　ウ．十三湊　　エ．松前

問９　カードＣとＤに書かれている時代の間に，世界でおこった出来事の説明として最もふさわ

しいものを次の中から１つ選び，記号で答えなさい。

ア．イギリスで産業革命が始まり，世界最大の帝国《ていこく》となった。

イ．ユーラシア大陸の６割もの広さを統一する，モンゴル帝国が登場した。

ウ．アメリカでは，リンカーン大統領が奴隷《どれい》の解放を宣言した。

エ．琉球王国が成立し，中国と周辺国との間をむすぶ貿易を始めた。

E　山形県酒田の本間家は，「本間様には及びもせぬが，せめてなりたや殿《との》様に」とうたわれるほどの財力をほこった日本最大級の地主でした。

もとは商人だった本間家は，西まわり航路の交易で利益をあげ，米の売買や(f)東北の諸大名にお金を貸し付けた利益をもとに，土地を買い集めていったのです。

いっぽうで，最上川の水の利用や庄内藩の藩政改革にも功績をあげ，(g)ききんの際に領民を保護する仕組みもつくりました。(h)戊辰戦争がおこると，旧幕府側についた庄内藩は本間家から大量のお金を借りて武器を買い集め，領内に新政府軍が侵入《しんにゅう》することを許さず，最後まで抵抗しました。本間家は新政府側から賠償《ばいしょう》金の支払いを求められました。

問10　下線部(f)について，諸藩と同じく商人からの借金に苦しんだ幕府は，旗本や御家人の借金を帳消しにする法令を出しました。この法令として最もふさわしいものを，次から１つ選び，記号で答えなさい。

ア．上知令　　イ．棄捐《きえん》令　　ウ．定免《じょうめん》法　　エ．人返しの法

問11　下線部(g)について，江戸時代のききんについての説明としてまちがっているものを次の中から１つ選び，記号で答えなさい。

ア．江戸時代を通じて，年貢率は一定で，ききんの年でも変わらなかった。

イ．天明のききんのさなか，田沼意次は老中をやめさせられた。

ウ．松平定信は，名大名にききんに備えて米をたくわえさせる，囲い米の制をしいた。

エ．大塩平八郎が，天保のききんで困っている人を救おうとして，乱をおこした。

問12　下線部(h)について，この戦争が始まるまでにおきた次の出来事を，年代の古い順に並べ替え，記号で答えなさい。

ア．王政復古の大号令　　イ．薩英戦争

ウ．薩長同盟の成立　　エ．大政奉還

問13　カードEで書かれている本間家は，その後所有する耕地のほとんどを手放すことになりました。そのきっかけとなった出来事を，次から１つ選び，記号で答えなさい。

ア．1873年からの地租改正　　イ．1946年からのGHQによる改革

ウ．1991年からのバブル崩壊《ほうかい》　　エ．2008年からのリーマンショック

F　福島県は(i)自由民権運動がさかんな地域で，自由党の活動がとくに活発でした。1882年，「自由党撲滅《ぼくめつ》」を公言する薩摩出身の三島通庸《みちつね》が福島県の(j)県令になると，大規模な道路建設を開始し，強制的に農民を工事に動員しました。それまで三島は，山形各地の県令をつとめ，産業育成や道路建設などの開発事業で成果をあげてきた人でした。

三島は福島県議会の反対意見を聞かず，工事への動員を拒否《きょひ》した農民から代わりにお

金を徴収したり，反対する者を逮捕《たいほ》したりしました。逮捕された者の釈放《しゃくほう》を求める農民が警察署を取り囲む事件がおきたのを機に，三島は福島の自由党員約2000人をいっせいに逮捕しました。このような形で(k)民権運動に対する政府の弾圧《だんあつ》が強まる中，経済の悪化も重なると，自由党員の中には，三島の暗殺をくわだてた加波山《かばさん》事件や困窮《こんきゅう》する農民を集めた秩父《ちちぶ》事件のように，武力での戦いを選ぶ者も現れるようになり，運動の統制をとることができなくなっていきました。

問14　下線部(i)について，自由民権運動の活動家たちは，自分たちで憲法の私案を多数作成しました。次の資料のうち，自由党の植木枝盛がつくった憲法案として最もふさわしいものを1つ選び，記号で答えなさい。なお，資料は現代の言葉づかいになおしています。

[資料]

ア．第3条　天皇は神聖なもので侵《おか》してはならない
　　第4条　天皇は国の元首であって，国の統治権をもつ
　　第29条　※臣民は，法律の範囲《はんい》内で言論，集会，結社の自由をもつ
　　　　※君主が支配する国民のこと

イ．一．政治は広く会議を開き，みんなの意見を聞いて決めよう
　　一．これまでの悪いしきたりを改めよう
　　一．知識を世界に学び，国を栄えさせよう

ウ．第42条　日本人民は法律上において平等とする
　　第49条　日本人民は思想の自由をもつ
　　第54条　日本人民は自由に集会する権利をもつ

問15　下線部(j)について，県令というのは現在の県知事にあたる役職ですが，カードの文にあるように，三島県令は県民の意見をあまり聞きませんでした。これは当時の県令と現代の県知事では，選び方に違いがあったことが1つの原因と考えられますが，その説明となる囲みの文章の空らんに最もふさわしい言葉を，下の中から1つ選び，記号で答えなさい。

当時は，現代の県知事の選び方とは異なり，県令になる人を，実質的に[　　　]が選んでいたから

ア．軍部　　イ．県議会
ウ．政府　　エ．有権者

問16　下線部(k)について，次の資料は，フランス人ビゴーが1880年代に横浜の※居留地で発行していた『トバエ』という漫画《まんが》雑誌で発表した絵で，手前では警察官が新聞記者たちの言論を取りしまっています。

右上の窓の外からピエロの姿をしたビゴーがその様子を見ていますが，これは政府が，言論弾圧に批判的な『トバエ』を危険だと見なしながら，取りしまることが難しかったことを示していると考えられます。

なぜ政府が，ビゴーが発行する『トバエ』を取りしまることが難しかったのか，30字以上40字以内で説明しなさい。

※開港場に設けられた，外国人の居住や商売が認められた場所

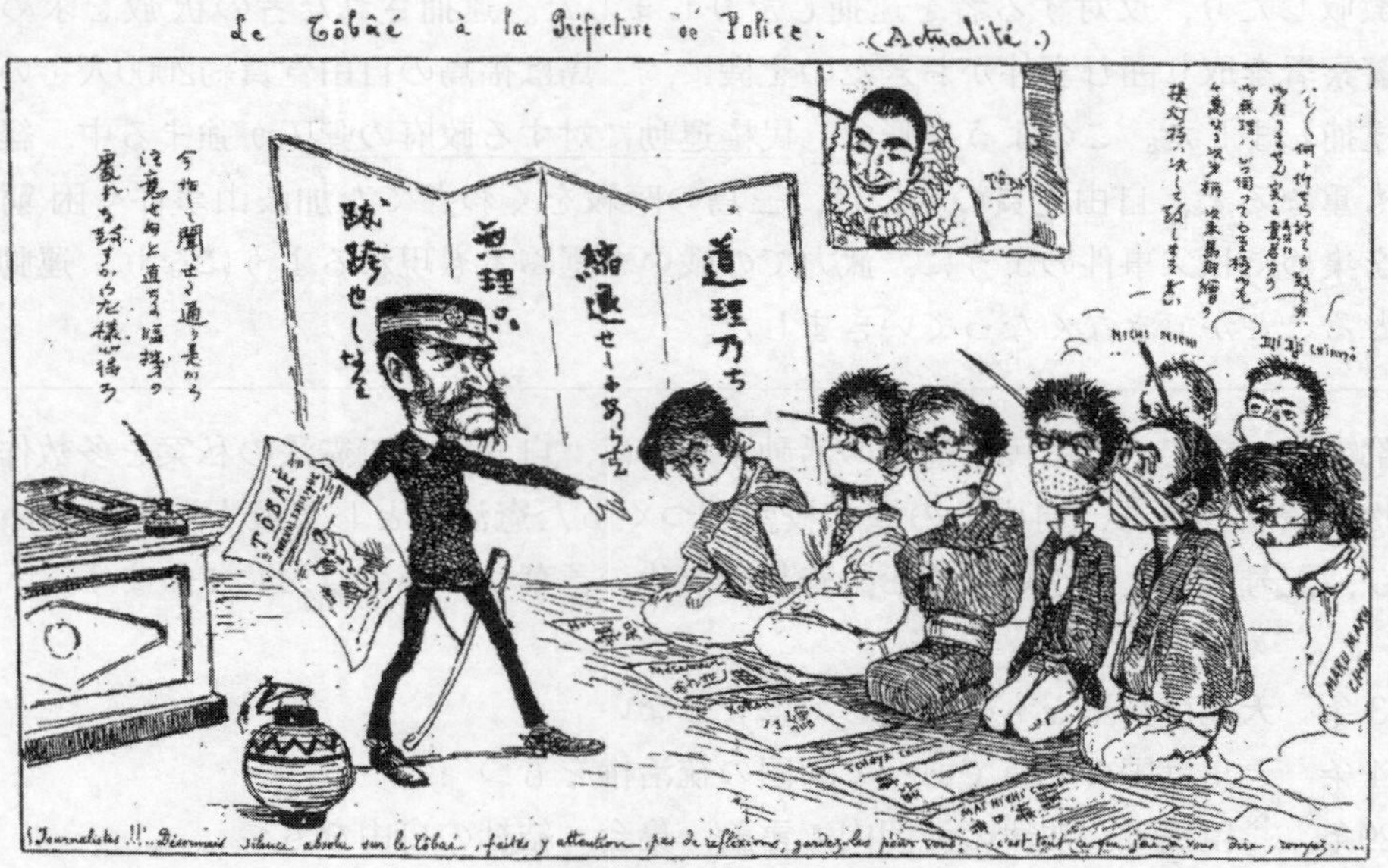

〈1888年ビゴー画。岩波書店『ビゴー素描コレクション2』より〉

G　ニューヨークでの株価大暴落をきっかけに，アメリカと経済的なつながりが深かった国々は，急激な不景気に巻きこまれていきました。

　日本でも(1)アメリカ向け工業製品の輸出が減ったため，企業が多数倒産《とうさん》し，農家も大きな打撃《だげき》を受けました。東北地方や北海道の農村では，借金を返すために娘を売ったり，学校に弁当をもって来られない「欠食児童」が増えるなどの社会問題が深刻になりました。

問17　下線部(1)について，当時日本からアメリカに最も多く輸出されていた製品を次から1つ選び，記号で答えなさい。

ア．生糸

イ．機械類

ウ．船舶《せんぱく》

エ．鉄鋼製品

問18　カードGに書かれた出来事は，右の年表中のどの時期におきたことですか。

年表中から最もふさわしい時期を1つ選び，記号で答えなさい。

船成金が登場した
〈　ア　〉
米騒動がおきた
〈　イ　〉
関東大震災がおきた
〈　ウ　〉
二・二六事件がおきた
〈　エ　〉
盧溝橋事件がおきた

H　男鹿半島の付け根にある八郎潟は，かつて琵琶湖に次いで日本で2番目に大きい湖でした。まだ戦争の記憶《きおく》が生々しく残り，食料不足の解決が課題だった1957年，農地の造成を目的に八郎潟の干拓事業が始まり，1964年に大潟村が発足しました。

　大潟村は，大規模機械化農業のモデル農村として計画されましたが，営農開始から間もない1970年，政府は減反政策を行うようになりました。大潟村の農家も，農地の半分を畑作物にかえることを求められましたが，水はけが悪い干拓地は畑作に向かず，思うように収穫《しゅうかく》があがらないため，減反に従わない農家もでてきました。経営に行きづまって自ら命を絶つ人もでてくる中，1983年から一部の農家が，国や農協を通さずに直接消費者にコメを売ることを始めました。しかしこれは，当時は(４)で認められていなかったため，村民の間でも意見が分かれ，厳しい対立がおきました。1995年に(４)は廃止《はいし》され，また2009年以降は加工用のコメとして生産すれば減反したとみなされるようになったため，この対立は次第に解消されていったと言われています。

問19　文中の年号を参考に，大潟村の干拓事業が始まってから減反政策が始まるまでの時期におこった出来事として，まちがっているものを次の中から１つ選び，記号で答えなさい。

ア．岸内閣が，日米安全保障条約の改定をすすめた。

イ．池田内閣が国民所得倍増計画をすすめ，東京オリンピックを開催《かいさい》した。

ウ．四日市ぜんそくや水俣病などに対する，四大公害病裁判がおこされた。

エ．佐藤内閣のもと沖縄県が日本に復帰し，同じ年に田中内閣が日中国交回復を実現した。

問20　文中の空らん(４)に最もふさわしいものを，次の中から１つ選び記号で答えなさい。

ア．自主流通米制度　　イ．農業者年金制度

ウ．食糧管理制度　　エ．食料品配給制度

3　次の文を読んで，あとの問いに答えなさい。

「(a)人権」という言葉から，みなさんはどのような印象を受けるでしょうか。「とても大切なもの」と思う人もいるでしょうし，「なんだかかたくるしくて難しいもの」と思う人もいるでしょう。なかには，「自分には関係ないもの」と思う人もいるかもしれません。

「人権」とは，人間が生まれながらにしてもっている，生命・(b)自由・平等などに関する権利のことを言います。難しいものではなく，みなさんにとって，身近で大切なものです。そういった人権がおびやかされることもあります。

現実の社会では，(c)子どもたちが自分ではどうすることもできない理由で苦しんでいたり，(d)女性だから，高齢だから，障害があるから，(e)外国人だからということで差別を受けることもあります。また，(f)新型コロナウイルス感染症《かんせんしょう》の拡大にともなった人権問題も発生しています。

私たちは，どうしてこのようなことが起きてしまうのか，そして，どうすればこのようなことをなくすことができるのかを考えていかなければなりません。

問１　下線部(a)について，日本国憲法第11条では，「侵《おか》すことのできない□の権利」として基本的人権が国民一人ひとりに保障されています。空らんにあてはまる最もふさわしい語句を漢字２字で答えなさい。

問２　下線部(b)について，以下の４つの選択肢《せんたくし》を分類した時に，１つだけ種類の異なるものがあります。その選択肢として正しいものを１つ選び，記号で答えなさい。

ア．政治や生き方について，どんな考え方をもっていても法律では罰《ばっ》せられない。

イ．犯罪をおかして逮捕《たいほ》されるときなどをのぞけば，行動を不当に制限されない。

ウ．大学で研究したり，その成果を発表したりすることをさまたげられることはない。

エ．どんな宗教を信じていても法律では罰せられない。

問３　下線部(c)について，子どもにも人権が保障されており，一人の人間として尊重されます。

1989年，国際連合総会で「子どもの権利条約」が採択されました。この条約の草案の作成に大きな役割をはたし，また，開発途上国の子どもや，戦争・内戦で被害《ひがい》を受けている国の子どもを支援する活動を行っている国際連合の機関として正しいものを次の中から１つ選び，記号で答えなさい。

ア．ＩＬＯ《アイエルオー》　イ．ＩＭＦ《アイエムエフ》　ウ．UNESCO《ユネスコ》　エ．UNICEF《ユニセフ》

問４　下線部(d)について，下の問いに答えなさい。

①　戦前の日本において，女性には参政権が認められないなど，女性の地位は低いものでした。そのようななかで，平塚雷鳥らが女性だけの手による雑誌を発行しました。その雑誌の名前として正しいものを次の中から１つ選び，記号で答えなさい。

ア．青鞜　　イ．ホトトギス　　ウ．学問のすゝめ　　エ．浮雲

②　戦後に制定された日本国憲法には男女平等の理念が記されています。また，1985年に法律が制定され，職業上のあつかいにおいて男女の差別をなくすことが求められました。この法律の名前を解答用紙に合うように漢字８字で答えなさい。

問５　下線部(e)について，近年，特定の国の出身者であること，またはその子孫であることを理由に，日本社会から追い出そうとしたり危害を加えようとしたりするなどの一方的な内容の言動が問題となっています。これらは，一般に「ヘイトスピーチ」と呼ばれています。次の文章は「ヘイトスピーチ」に関連するものです。文中の空らんにあてはまる最もふさわしい語句を，下の語群中から１つずつ選び，記号で答えなさい。

> 一般に，（　１　）行為を制限する場合には，憲法第21条１項《こう》が保障する（　１　）の自由との関係が問題になります。最高裁判所が（　１　）の自由は民主主義社会において特に重要な権利として尊重されなければならないと示しているように，（　１　）の自由は数ある人権の中でも特に重要な権利であり，たやすく制限されてはならないものです。しかし，最高裁判所が憲法第21条１項も，（　１　）の自由を絶対無制限に保障したものではなく，（　２　）のため必要かつ合理的な制限を認めるものであるとも示しているように，どのような（　１　）行為でも常に許されるというものではありません。
>
> （中略）
>
> （　１　）の自由が保障されているからといって，ヘイトスピーチが許されるとか，制限を受けない，ということにはなりません。（　１　）の自由を保障している憲法は，その第13条前段で「すべて国民は，（　３　）として尊重される。」とも定めています。自分とは違《ちが》う特徴《とくちょう》をもつ人を排除するような言動は，全ての人々が（　３　）として尊重される社会にはふさわしくありません。ヘイトスピーチは，あってはならないのです。
>
> （法務省ホームページ「ヘイトスピーチに関する裁判例」を出題者が読みやすいように直しています）

〈語群〉

ア．良心　　イ．個人　　ウ．表現　　エ．象徴

オ．法律の範囲内　　カ．公共の福祉　　キ．法の下の平等

問６　下線部(f)について，下の問いに答えなさい。

①　伝染病の予防から保健事業の指導，さらに人口問題の研究も行っており，新型コロナウ

イルス感染症の世界的流行に関しても調査・研究・発信を行っている国際連合の機関があります。この機関の名前を大文字アルファベット３字で答えなさい。

② 新型コロナウイルス感染症に関連した文としてまちがっているものを次の中から１つ選び，記号で答えなさい。

ア．世界中に感染症が拡大する中で，低所得国と高所得国との間の，新型コロナワクチンの供給における格差が拡大している。

イ．グテーレス国連事務総長は，各国で外出制限や自宅待機などの感染拡大の防止対策が取られる中，女性の人権侵害を批判するメッセージを出した。

ウ．日本では法務省が，感染者や医療関係者に対する人権侵害をなくすよう呼びかけた。

エ．日本では感染症の拡大にともなう経済・社会の混乱から生活に苦しむ人が増え，憲法に記されている緊急《きんきゅう》事態宣言が発出された。

【理　科】〈A日程試験〉（40分）〈満点：80点〉

1　文章を読み，後の問いに答えなさい。

一年で一番寒い冬の時期がくると，元気に咲《さ》きほこっていた花も，みどり色をしげらせていた草も，多くが枯《か》れてしまいました。虫のなきごえもなくなり，昆虫の活動や木々《きぎ》・草花の表情は少しさびしくなってしまいましたが，よく観察すると，みなしっかりと力強く生きていることに気がつきました。たとえば，植物の中には，りん片《へん》におおわれた冬芽をつけて，北風を防ぎながら過ごすものや，葉を地面にはわせ，太陽の光を全身であびようとするものなどがありました。生き物にはあたたかい暖《だん》ぼうはありませんが，それぞれがいろいろな方法で冬の寒さから身を守っているようです。

野外の植物が冬の間にどのように過ごしているかを調べると，いくつかの種類に分類することができました。

タイプ1：夏から秋にかけて花を咲かせ，秋に種だけを残して枯れてしまい，種で冬を過ごすもの。

タイプ2：葉が互いに重ならないように，地面に小さな葉を広げて冬をこすもの。

タイプ3：地上のくきや葉が枯れても，地下の根やくきが生きていて冬をこし，春になるとまた地上にくきや葉をしげらせるもの。

タイプ4：秋に葉が落ちて，いっけん枯れたように見えるが，よく見るとえだの先やふしに冬芽をつけて冬をこすもの。

(1)　タイプ2のように，葉を地面に広げて平べったくなっているすがたはその形がバラの花びらに似ていることからある名前がついています。それは何といいますか，以下の例にならってカタカナ4文字で答えなさい。

[例]　| チ | ュ | ー | リ | ッ | プ |　「チューリップ」は6文字とする。

(2)　タイプ1の植物は「1年生植物」と呼ばれ，春に発芽して秋には枯れ，種で冬をこした後，また春になると発芽をします。タイプ3の植物では，冬でも地下の根やくきが生きていて，春になると再び成長し，地上にくきや葉をしげらせ，花を咲かせます。このタイプ3の植物は，タイプ1に対して何と呼ばれますか。漢字5文字で答えなさい。

(3)　タイプ4にあてはまる植物を次の中から2つ選び，記号で答えなさい。

(ア)　スギ　　(イ)　ツバキ　　(ウ)　アサガオ　　(エ)　サクラ(ソメイヨシノ)

(オ)　サザンカ　　(カ)　ススキ　　(キ)　タンポポ　　(ク)　イチョウ

植物の中でも，「樹木《じゅもく》」がどのようなすがたで冬をこすか調べてみると，タイプ4のように「冬になる前に全部の葉が落ちてしまう木」と，タイプ1～4のどれにもあてはまらない「一年中みどり色の葉をつけている木」とに分けることができました。また，「一年中みどり色の葉をつけている木」の中には，冬に花を咲《さ》かせるものもありました。

(4)　「一年中みどり色の葉をつけている木」の中で冬に花を咲かせるものを(3)の選択肢《せんたくし》(ア)～(ク)の中から2つ選び，記号で答えなさい。

次に野外の動物が冬の間にどのように過ごしているかを調べると，その動物の過ごしているすがた「すがた」と，過ごしている場所「場所」について，次の表1のようにまとめることができました。

表1

すがた＼場所	木の枝	林の中	土の中	落ち葉や石の下	水底《みずそこ》
すがたX	A		バッタ		
すがたY	ミノガ		B セミ		トンボ
すがたZ	モンシロチョウ				
親 (または親と同じすがた)		キタテハ	ヘビ	C テントウムシ	ゲンゴロウ ザリガニ

　次の問いに答えなさい。

(5)　すがたX～Zとして，適当なものをそれぞれ1つずつ選び，記号で答えなさい。

(ア)　カイコ　　(イ)　さなぎ　　(ウ)　まゆ　　(エ)　よう虫　　(オ)　たまご

(6)　すがたYのとき，木の枝で冬を過ごす「ミノガ」は，一般《いっぱん》的には「みのむし」と呼《よ》ばれています。トンボとモンシロチョウについて，すがたYのときは一般的に何と呼ばれていますか。それらの名前をそれぞれカタカナで答えなさい。

(7)　表の中のA，B，Cにあてはまる動物として，適当なものを次の中からそれぞれ1つずつ選び，記号で答えなさい。

(ア)　ダンゴムシ　　(イ)　アゲハ　　(ウ)　ミツバチ

(エ)　カマキリ　　(オ)　ヒキガエル　　(カ)　カブトムシ

2　私たちが住んでいる地球は，太陽から3番目に近いところを回っている太陽系の惑《わく》星です。太陽系とは，太陽を中心として運行している天体の集団のことです。この太陽系の中心にある太陽は，水素やヘリウムといった高温のガスでできた恒《こう》星で，直径は約140万 km もあり，地球の直径の約109.3倍です。地球と太陽のきょりは約1億5千万 km で，地球は太陽の周りを1年周期で公転しています。図1は地球の公転のようすを示した図です。また，地球は自転もしていて，その周期は1日です。地球の自転は，宇宙から北極を見たときに反時計回りで回っています。その自転軸《じく》は地球の公転面に対して66.6°かたむいています。地球が自転をすることで昼と夜ができますが，太陽光が当たっている時間は各地で異《こと》なるため，世界の時刻《こく》は，イギリスのロンドンにあるグリニッ

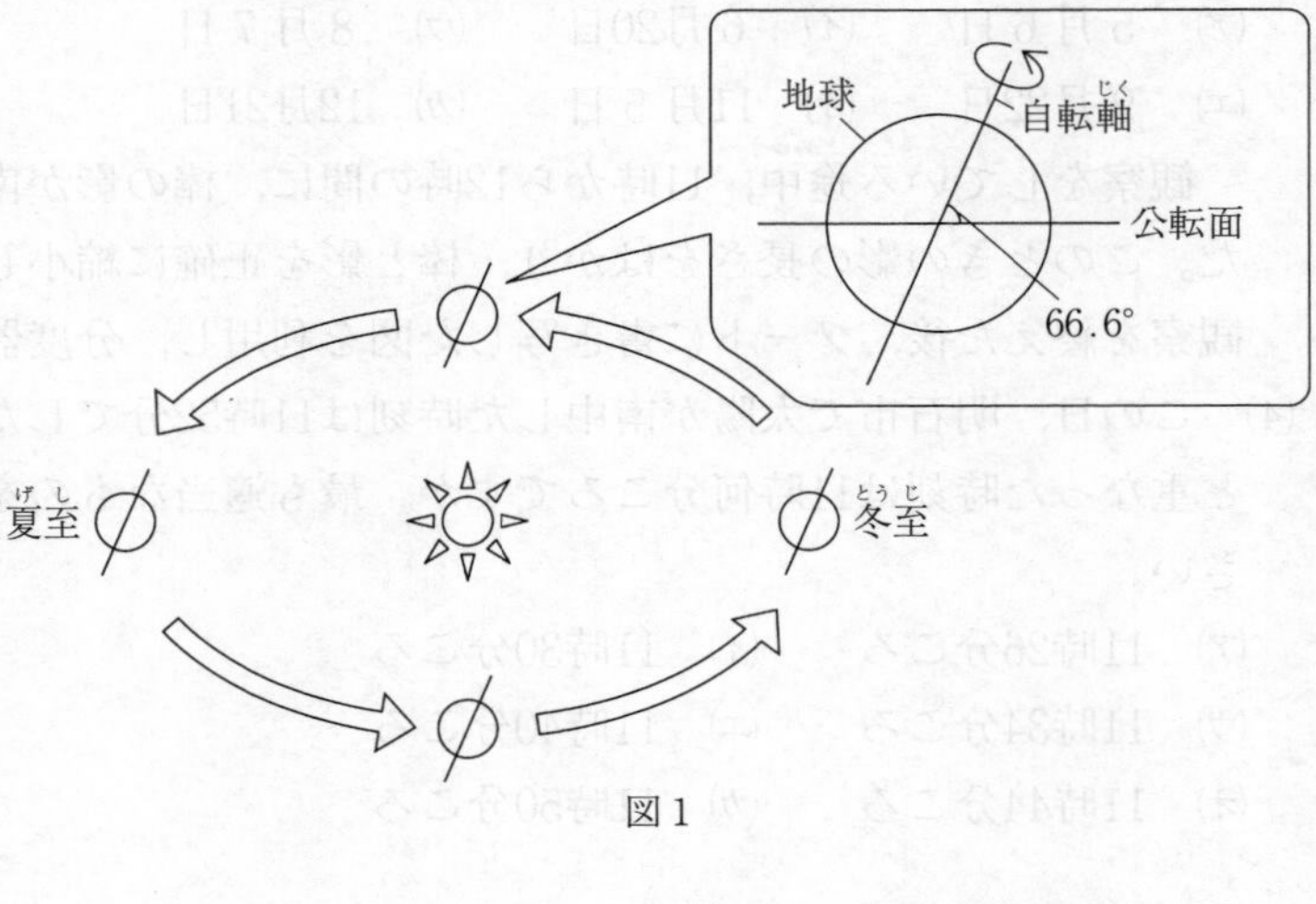

図1

ジを基準として，これを標準時としています。日本では東経135°にある兵庫県明石市を基準としています。

(1)　下線部より，地球の直径は(　　)万 km と計算できます。(　)に入る数字を答えなさい。答えは小数点以下第三位を四捨五入して，第二位まで答えなさい。

水平な場所で太陽の動きを観察するため，山手学院(北緯《ほくい》約35.4°，東経約139.6°)の屋上で図２のように大きな厚紙をしき，20cm の棒《ぼう》を立てて，棒の影《かげ》を観察しました。厚紙には棒を中心として南北と東西に直線を書いておきました。８時から16時まで，１時間ごとに棒の影の先たんの位置にしるしをつけて記録しました。図３はしるしをつけた後の厚紙のようすです。

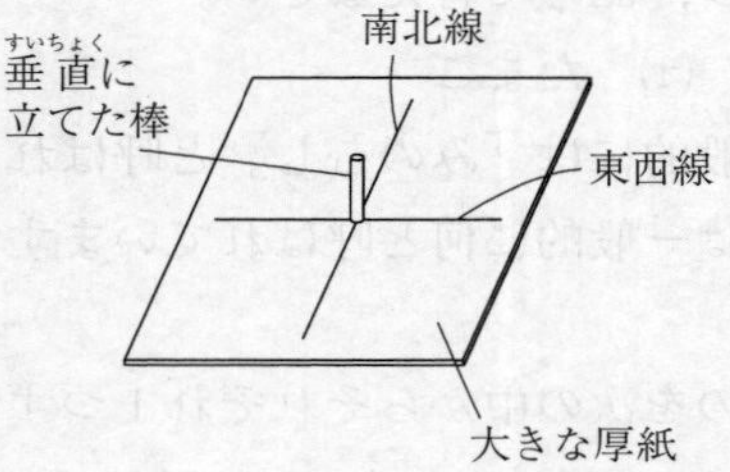

図２

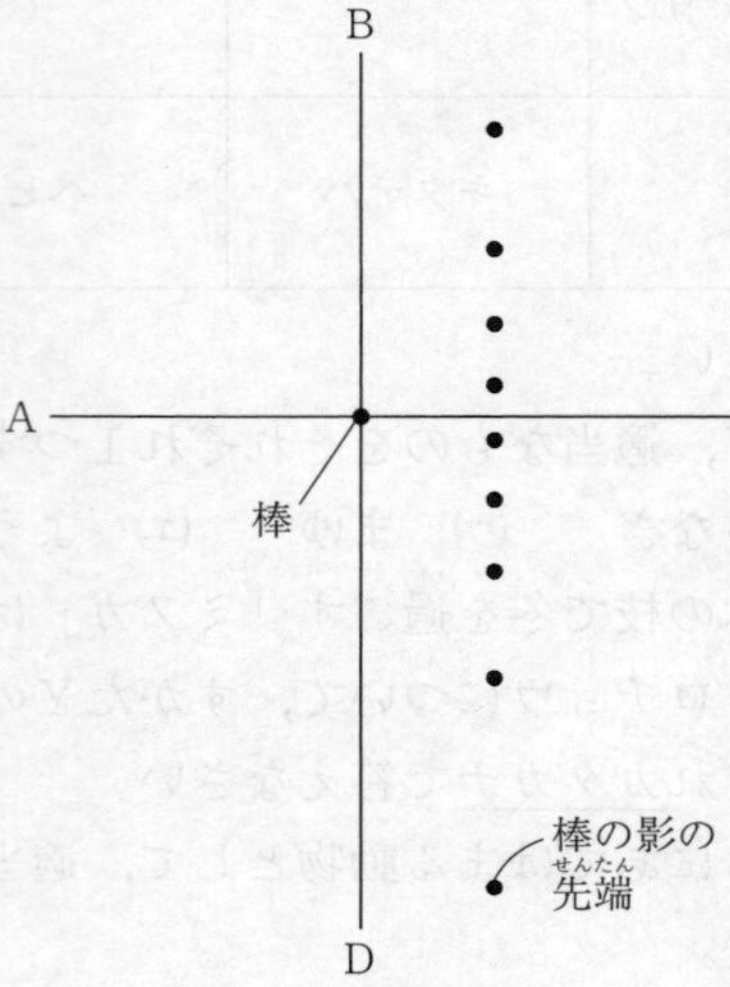

図３

(2)　図３のＡ，Ｄの方位として適当なものを次の中から１つ選び，記号で答えなさい。

(ア)　Ａ：北，Ｄ：東
(イ)　Ａ：北，Ｄ：西
(ウ)　Ａ：南，Ｄ：東
(エ)　Ａ：南，Ｄ：西

(3)　図３から，この観察を行った日として最も適当なものを次の中から１つ選び，記号で答えなさい。

(ア)　５月６日　　(イ)　６月20日　　(ウ)　８月７日
(エ)　９月22日　　(オ)　11月５日　　(カ)　12月21日

観察をしている途中《とちゅう》，11時から12時の間に，棒の影が南北に引いた線とちょうど重なりました。このときの影の長さをはかり，棒と影を正確に縮小してノートに書きうつしておきました。観察を終えた後，ノートに書き写した図を利用し，分度器を用いて太陽の高度をはかりました。

(4)　この日，明石市で太陽が南中した時刻は11時52分でした。棒の影が南北に引いた線とちょうど重なった時刻は11時何分ころですか。最も適当なものを次の中から１つ選び，記号で答えなさい。

(ア)　11時26分ころ　　(イ)　11時30分ころ
(ウ)　11時34分ころ　　(エ)　11時40分ころ
(オ)　11時44分ころ　　(カ)　11時50分ころ

(5)　棒の影が南北に引いた線とちょうど重なったときの太陽の高度として最も適当なものを次の中から1つ選び，記号で答えなさい。

(ア)　31°　　(イ)　45°　　(ウ)　55°　　(エ)　59°　　(オ)　76°

　山手学院では中学3年生になると，オーストラリアへホームステイに出かけます。オーストラリアは南半球にあるため，太陽や星の動きが日本で観察する様子と異《こと》なります。季節も日本とは異なり，日本が夏をむかえるとき，オーストラリアは冬をむかえるというように，夏と冬，春と秋が日本とは反対にめぐります。日本が夏を迎える夏至の日と同じ日付の太陽の動きや高度について，オーストラリアのシドニー(南緯《なんい》約34.0°，東経約151.1°)ではどのようになるのか考えてみましょう。

(6)　オーストラリアのシドニーでの太陽の動きについて，日本の夏至の日と同じ日付に観察できるものとして最も適当なものを次の中から1つ選び，記号で答えなさい。

(ア)

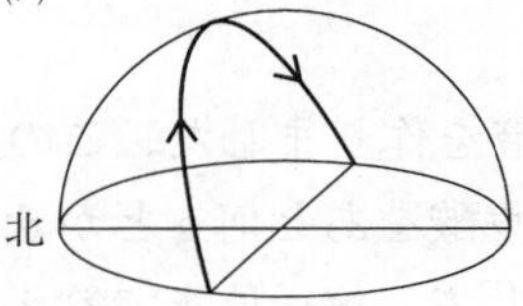

(イ)

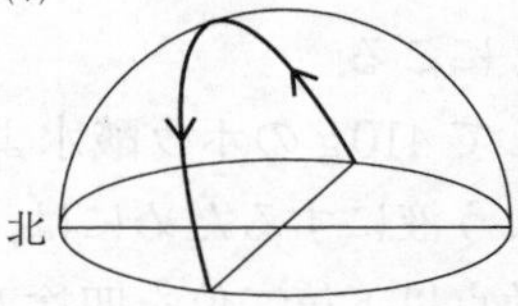

(ウ)

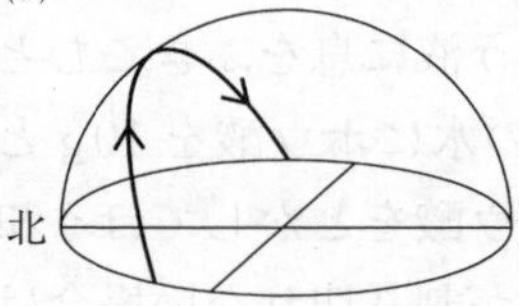

(エ)

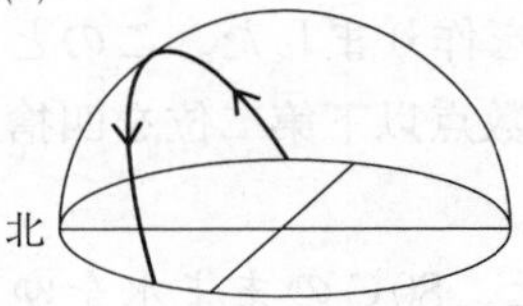

(オ)

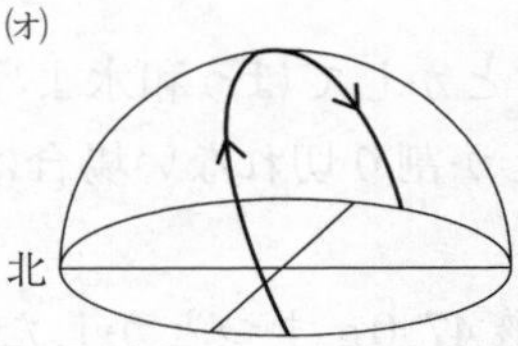

(カ)

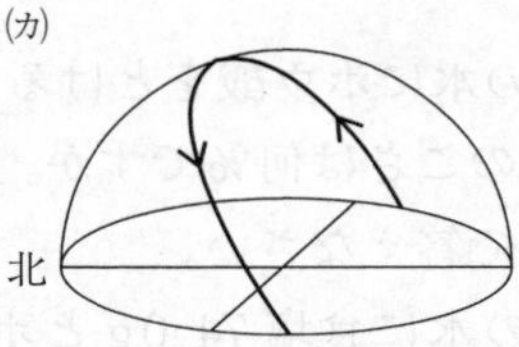

(7)　この日，オーストラリアのシドニーで，太陽が真北にきたときの太陽の高度は約何°になりますか。答えは小数点以下第一位まで答えなさい。

3　物質を水にとかすとき，その物質が何gまでとけるのかは水の温度や量に関係があります。また，物質が水にとけたときの液体を水よう液といい，物質をそれ以上とかすことができなくなった水よう液をほう和水よう液といいます。次の表1は水100gにとかすことができた物質の最大の重さと水の温度の関係について，表2は20℃の水にとかすことができた物質の最大の重さと水の量の関係についてまとめた表です。後の問いに答えなさい。

表1　水100gにとかすことができた物質の最大の重さ(g)と水の温度の関係

温度 物質	0℃	20℃	40℃	60℃	80℃
食塩	35.6	35.8	36.3	37.0	38.0
ホウ酸	2.8	4.9	8.9	14.9	23.5

表2　20℃の水にとかすことができた物質の最大の重さ(g)と水の量の関係

水の量 物質	100g	200g	300g
食塩	35.8	71.6	107.4
ホウ酸	4.9	9.8	14.7

(1) 食塩を顕《けん》微鏡《びきょう》で拡大すると，きれいな形をした結晶《けっしょう》を観察することができます。次の中から食塩の結晶の形として最も適当なものを１つ選び，記号で答えなさい。

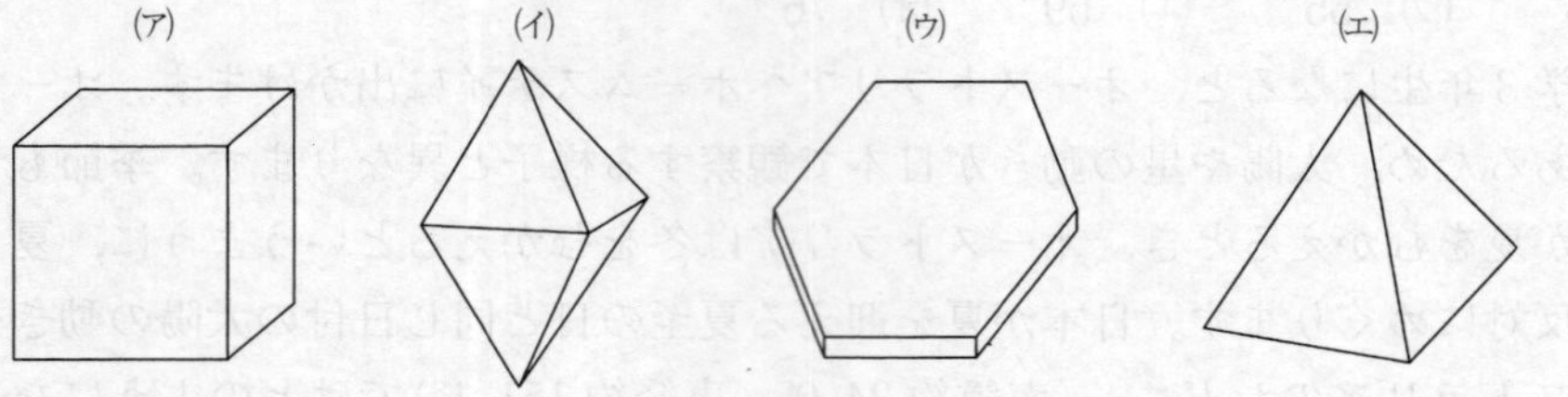

(2) 食塩やホウ酸について述べた次の文のうち，最も適当なものを１つ選び，記号で答えなさい。

(ア) 食塩水は鼻をさすようなにおいがする

(イ) 食塩水にアルミニウムを入れるとアルミニウムからさかんにあわが出る

(ウ) ホウ酸水よう液にBTB液を数てき入れると黄色くなる

(エ) ホウ酸水よう液に息をふきこむと白くにごる

(3) 20℃で400ｇの水にホウ酸を10ｇとかして410ｇのホウ酸水よう液を作りました。この水よう液にさらにホウ酸をとかしてほう和水よう液にするためには，ホウ酸をあと何ｇとかせばよいですか。答えが割《わ》り切れない場合は小数点以下第二位を四捨五入して，第一位まで答えなさい。

(4) 20℃で400ｇの水にホウ酸をとけるだけとかしてほう和水よう液を作りました。このとき，ホウ酸水よう液のこさは何％ですか。答えが割り切れない場合は小数点以下第二位を四捨五入して，第一位まで答えなさい。

(5) 80℃で250ｇの水に食塩74.0ｇとホウ酸47.0ｇずつとかしたあと，80℃のまま水をゆっくり蒸《じょう》発させたところ物質がとけきれなくなって出てきました。①このとき，先にとけ残りが出たのは食塩とホウ酸のどちらですか。また，②それは水を何ｇ蒸発させたあとだと考えられますか。整数で答えなさい。ただし，２種類の物質を水にとかしても，それぞれの物質のとかすことができる最大の重さは変わらないものとします。

(6) (5)で物質がとけきれなくなって出てきたあと，水の温度を80℃から40℃まで下げました。すると，さらに物質がとけきれなくなって出てきました。この水よう液をろ過して，取り出した物質をよくかわかしたあとに重さを量ると何ｇになりますか。答えが割り切れない場合は小数点以下第二位を四捨五入して，第一位まで答えなさい。

4 ふりこの性質を知るために，いくつかの実験を行いました。また，そのうえでふりこにいくつかの工夫をして実験しました。ただし，どの条件においても，ふりこは実験の途中《とちゅう》でとまらないものとします。

図１のようなふりこを用いて，おもりの重さや糸の長さ，手をはなす位置の鉛直《えんちょく》との角度を変えたとき，ふりこが10往復するのにかかった時間をはかりました。表１はその結果です。「鉛直《えんちょく》」とは，おもりを糸でつり下げ，静止したときの糸が示す方向のことをいいます。

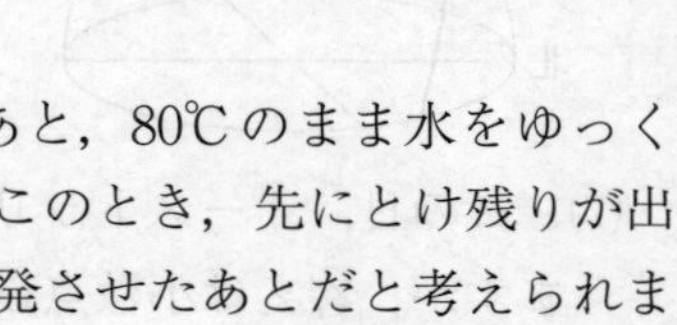

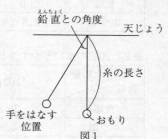

図１

表1

実験	①	②	③	④	⑤	⑥	⑦
おもりの重さ(g)	30	30	50	50	50	70	70
糸の長さ(cm)	12	48	48	108	108	12	48
手をはなす位置の鉛直《えんちょく》との角度	30°	45°	30°	60°	30°	60°	45°
10往復の時間(秒)	7.0	14.0	14.0	21.0	21.0	7.0	14.0

(1) 「手をはなす位置の鉛直《えんちょく》との角度」と「10往復の時間」とは関係があるかどうかを調べるには，④と⑤の結果を比べると分かります。では，「おもりの重さ」と「10往復の時間」とは関係があるかどうかを調べるには何番と何番の実験を比べればよいですか。①～⑦より選び，番号で答えなさい。

(2) 「糸の長さ」と「10往復の時間」とは関係があるかどうかを調べるためには何番と何番の実験を比べればよいですか。①～⑦より選び，番号で答えなさい。

(3) 実験②の条件でふりこをふらせました。図2の地点Aで手をはなしてから5.0秒後のおもりの位置はどの地点になりますか。図2の地点A，B，Cを基準として書かれた選択肢《せんたくし》(ア)～(オ)より1つ選び，記号で答えなさい。

(ア) 地点A　(イ) 地点B

(ウ) 地点C　(エ) 地点AとBの間

(オ) 地点BとCの間

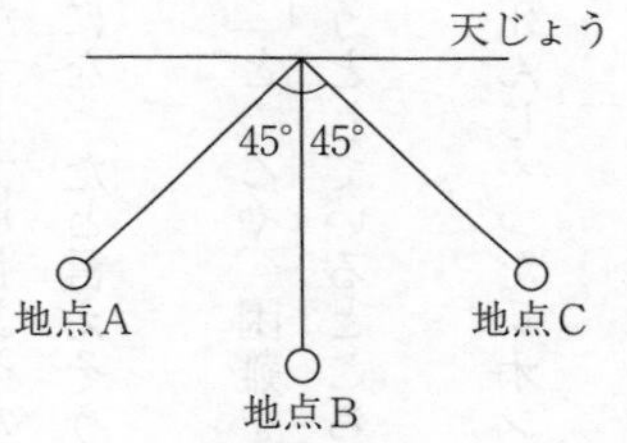

図2

(4) 実験④の状態から，糸の長さを27cmに変えて実験を行うと，ふりこが10往復するのにかかる時間は何秒になりますか。実験の結果をもとに考え，答えは小数点以下第一位まで答えなさい。

ふりこの途中《とちゅう》にくぎを打ち，糸の長さが途中で変化するようなふりこを用意しました。図3は，実験⑤の条件で，天じょうから60cmの位置にくぎを打った状態を表しています。

(5) 図3のように，くぎを天じょうから60cmの位置に打ち，実験⑤の条件で実験を行ったとき，ふりこが10往復するのにかかる時間は何秒になりますか。実験の結果をもとに考え，答えは小数点以下第一位まで答えなさい。ただし，このふりこの1往復とは，手をはなしてからおもりがもとの位置にもどるまでをいいます。

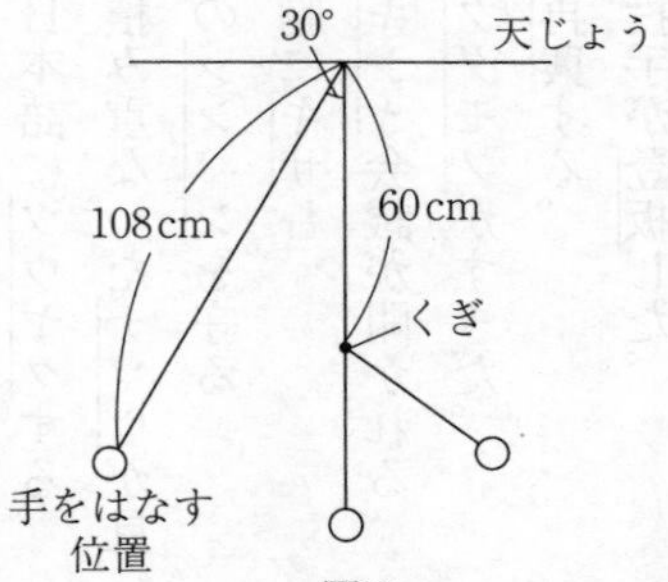

図3

問七　――線部⑦「おにいちゃんはくちびるをとがらせ、ぶすっとした顔をしていた」とありますが、結局このような態度をとった兄の本心の説明として、最もふさわしいものを選び、記号で答えなさい。

ア　黙《だま》っている美咲にあてつけるつもりで言ったのに、両親が美咲をかばったので悔《くや》しがっている。

イ　美咲が自分では何も言わないくせに考えを察してほしいという態度を取ることにいらだっている。

ウ　両親が自分ではなく、美咲の味方ばかりしていることに納得がいかず、おこっている。

エ　美咲が自分の思いを言葉にするのを待たず、先回りしてしまう両親に不満を抱《いだ》いている。

問八　次の会話を読み、あとの各問いに答えなさい。

やしお　この物語は「夜明けをつれてくる犬」というタイトルだけれども、主人公の少女・美咲にとっての「夜明け」という意味になるのかな。

ゆきこ　22ページ・上段26行目の「わたしは、自分の口で、自分の言葉で伝えたいと、今、強く思っていた」というところに、「夜明け」の意味が表れているんじゃないかな。

やしお　だとするとやっぱり、施設で会ったマーブルもようの犬が自分と重なったことが、きっかけになったと言えそうだね。

ゆきこ　そうね。心の中では［(1)］ところや、困難を乗り越えて、それでも前に進んでいこうとしているところに、共通点があったね。

やしお　それとマーブルもようの犬には、死んじゃったレオンにも重なるところがあったような。

ゆきこ　［(2)］がするところが同じだったじゃない。

やしお　そうだった。なにか亡くしたものを思い出させるって泣けてくる。泣けるといえば、おにいちゃんがいいんだよね。

ゆきこ　そうそう、美咲が「強く思っていた」というようになれたのも、おにいちゃんのおかげだね。そして、お父さんとお母さんの言葉にも、二人の子どもを包みこむ温かさを感じたな。私たちの周りにも日頃見えないやさしさがたくさんあるのかもしれない。

やしお　本当だね。「夜明け」はもうすぐだ。

(1)　空らん［(1)］にあてはまる内容を三十五字以内で考えて答えなさい。

(2)　空らん［(2)］にあてはまる表現を本文中から八字でぬき出して答えなさい。

三

次の――線部について、カタカナは漢字になおし、漢字は読みをひらがなで答えなさい。なお、漢字はていねいにはっきりと書くこと。

①　投票日をコクジする。

②　ユウセン順位を考えよう。

③　英語を日本語にツウヤクする。

④　上下に積み重なったチソウが見られる。

⑤　有名人のシンペンを守る。

⑥　感動を胸にキザむ。

⑦　ユウシキシャ会議が開かれる。

⑧　ぼくはクダモノがすきだ。

⑨　寺院を再興する。

⑩　有名な投手が登板した。

ウ　マーブルもようの犬をはじめ犬たちはみな人間との接し方がわからなくなっているので、なでようとしてもすべての犬がおびえて近づかないこと。

エ　マーブルもようの犬がおく病になっているのは、ひどい目にあわされた人間に対してどうしたらよいかわからず困わくしているからだということ。

問三　――線部③「とまどいをかくせず、おろおろしている」とありますが、その説明として最もふさわしいものを選び、記号で答えなさい。

ア　今まで聞いたことのない音が目の前の犬から発せられていることに恐怖し、何はともあれこの場から早く逃げ出したいと思っている。

イ　今まで聞いたことのない音が目の前の犬から発せられていることに驚《おどろ》き、このような状態の犬は飼えないのではないかと不安を感じている。

ウ　今まで聞いたことのない音が目の前の犬から発せられていることに動揺《どうよう》し、この状況《じょうきょう》をどうとらえれば良いかわからなくなっている。

エ　今まで聞いたことのない音が目の前の犬から発せられていることに病気をうたがい、何でも知っている村田さんにくわしい説明を求めている。

問四　――線部④「わたしの内側にあるなにかに、ぽっと小さな火がともったような気がした」とありますが、なぜですか。最もふさわしいものを選び、記号で答えなさい。

ア　自分には困難に打ち勝つだけの力があると村田さんが認めてくれて勇気づけられたから。

イ　マーブルもようの犬も自分も困難さからぬけ出そうとしていることに気づかされたから。

ウ　犬も今は悲しみに暮れているが、自分のように今後は幸運に恵《めぐ》まれると信じられたから。

エ　前の飼い主以外の人間に心を開かないマーブルもようの犬に自分のすがたを重ねたから。

問五　空らん［⑤］にあてはまる表現として、最もふさわしいものを選び、記号で答えなさい。

ア　悲しみからぬけ出したいという気持ちを捨てたわけではなかった。

イ　レオンをうしなった悲しみを忘れたことは一日たりともなかった。

ウ　わたしが悲しんでいる姿をレオンもどこかで見ているかもしれない。

エ　わたしの家族はレオンを忘れてはならないとほかの犬を遠ざける。

問六　――線部⑥「生まれてはじめて犬にふれるみたいにドキドキしていた」とありますが、「わたし」は犬にふれるのがはじめてではないのに、なぜ「生まれてはじめて犬にふれるみたい」だと感じたのですか。最もふさわしいものを選び、記号で答えなさい。

ア　生まれてはじめてだれかに必要とされたと思い、その期待に応えようと心が高鳴ったから。

イ　レオン以外の犬に触れたことは全くなく、はじめて他の犬に触ることに心配しているから。

ウ　自分に似ている犬が恐怖のあまり威嚇してくるのではないかと内心不安がっていたから。

エ　目の前にいる犬とレオンのように心を通じ合わせることができるのか緊張《きんちょう》していたから。

ってほしくて、わざと言ったんだよ。白い犬が欲しいって」

おにいちゃんは話をつづける。

「おれだって、美咲があの黒っぽい犬が気になってるってわかってたよ。いつまでもレオン、レオンってレオンにしがみついてた美咲がほかの犬に興味を持つなんてはじめてだろ。だから、これは、美咲が自分の意見を言えるようになるチャンスだって思ったんだよ。おれ、新しい犬が飼えるなら、犬種とか見た目なんてどうだっていいんだから！　だって、犬はみんないい子に決まってる。レオンがいたからわかるよ」

　わたしは息を止めて、なるべく自分の気配を消すようにして、そっとその場からはなれた。

　自分の部屋に行って、ドアを閉めて、わたしは、ふーっと息をはいた。

　そのとたん、なみだがほおを、すーっとつたっていった。

　おにいちゃん、ごめんね。

　おにいちゃんって、いじわる。わたしの気持ちなんか、ぜんぜんわかっていないくせに。今まで、ずっとそう思っていた。だけど、ちがったんだ。

　おにいちゃん、わたしが自分の意見を口にするのを、ずっとまってくれていたんだ。

　それに、さっきの言葉。犬はみんないい子。それは、レオンが教えてくれたことって言ってたことも、わたしはとてもうれしかった。

　ありがとう、おにいちゃん。

　でも、心のなかでいくら「ありがとう」と言ったって、それは相手に見える形で表現しないと伝わらない。

　紙に書いて伝えるという方法もあるけれど、わたしは、自分の口で、自分の言葉で伝えたいと、今、強く思っていた。

　おにいちゃんだけじゃなく、お父さんとお母さんにも。

　さっき、おにいちゃんが話したあとで、お父さんとお母さんが話すのも聞こえたのだ。

「翔、おまえ、いろいろ考えてくれてたんだな。おれに言われなくたって、翔はやさしい兄貴だったな。すっかり忘れてたよ」

「美咲はだいじょうぶよ。だって、今までだっていろんなこと乗り越えてきたじゃない。だから、きっといつか、話せる日が来るってお母さんは思ってる」

「そうだな。もしかしたら、今度うちにむかえる犬がいいきっかけをくれるかもしれないぞ」

　お父さんとお母さんがそんなことを考えていることも、わたしはちっとも知らなかった。

　わたしには、レオンのほかにも味方がいてくれたんだ。

（吉田桃子『夜明けをつれてくる犬』より・一部改）

問一　二か所の空らん ① （26ページ、23ページ）に共通してあてはまるものとして、最もふさわしいものを選び、記号で答えなさい。

ア　やつした　　イ　ていした

ウ　ちぢめた　　エ　こがした

問二　――線部②「そうだったんだ……」とありますが、どのようなことを理解したのですか。最もふさわしいものを選び、記号で答えなさい。

ア　マーブルもようの犬も他の犬も、捨てられたり虐待されたりした過去があるものの、みな心の中ではだいじょうぶだという気持ちを持っていること。

イ　マーブルもようの犬だけが心を開かず自分のことを伝えてこないのは、飼い主に捨てられて声が思うように出なくなってしまったからだということ。

そのとき、

「美咲はどうなんだよ」

おにいちゃんが言って、わたしの心臓がドキンとはねた。

「………」

わたしは、うつむき、自分の太ももをじっとみつめていた。

今日、会った犬のなかでわたしが選ぶとしたら……。

考えてみる。

それは、一匹《ぴき》しかいない。

わたしの、頭のなかにひろがる芝生《しばふ》。

そこでかけまわっている一匹の犬。

それは……。

「なにも言わないってことは、おれが決めた白い犬でいいってことだよね。美咲、そうなんだろ」

おにいちゃんはそう言って、次にお父さんに話しかけた。

「父さん、美咲もいいって」

つぎの瞬間、わたしはとつぜん立ち上がっていた。

ガタン！

そのひょうしにイスがたおれ、大きな音がする。

「なんだよ、美咲」

おにいちゃんが、じっとこちらを見る。

「………」

わたしは、だまったまま首を横にふっていた。

言わなくちゃ。

わたしは、マーブルもようの、あの、こわれた掃除機みたいに鳴く犬にもう一度会いたいって。

飼いたいかと聞かれると、それはまだよくわからない。でも、わたしは、またあの子に会いたいと思っていた。だけど、このままじゃ、おにいちゃんが欲しいという白い犬をうちにむかえることになってしまう。そうなったら、わたしはあの子に二度と会えなくなる。

自分の口で、自分の言葉で伝えなきゃ、相手にはなにもわかってもらえない。

それなのに、わたしののどの見えないビー玉がそれをじゃまする。

「もしかして」

口を開いたのは、お父さんだった。

「美咲は、ほかに気になる犬を見つけたんじゃないかい？　そうなんだろう」

お父さんの言葉に、わたしは一生懸命《いっしょうけんめい》うなずいていた。

「ああ、そういえば美咲、村田さんといっしょに黒っぽい犬をなでていたでしょう」

今度はお母さんが言って、わたしはまたうなずいた。

「翔《しょう》、ここは妹の意見を尊重してやったらどうだい？　やさしい兄貴としてさ」

⑦おにいちゃんはくちびるをとがらせ、ぶすっとした顔をしていたけれど、少し考えて「わかったよ」と言った。

お父さんが、さっそく保護施設《しせつ》に電話をかけてくれて、あの犬はうちにやってくることになった。

お風呂《ふろ》からあがり、水を飲みに台所に行こうとしたときだった。リビングからおにいちゃんが話す声が聞こえ、わたしはドキンとして身を［　①　］。

「父さんも母さんもだめじゃんか」

おにいちゃんが言って、お母さんが「なにがだめなの」と笑っている。

「さっきのだよ。わからなかった？　おれ、美咲に自分の口でしゃべもし、レオンが空の上の天国にいて、そこからこっちを見ていたら、こんなわたしにうんざりしているだろうなって。

そのとき、ふわりとお日さまのにおいが鼻をかすめた。

レオンのにおい⁉

はっとして視線をずらすと、マーブルもようの子が、しゃがんでいるわたしに体をよせていたのでびっくりした。

お日さまのにおいは、この子だったんだ。

「あら！」

村田さんがうれしそうな声をあげた。

「この子、美咲ちゃんのことを気に入ったみたい！　この子から近づくなんて、はじめて！」

村田さんは、わたしに向かって、さらにつづけた。

「よかった。人間に心を開こうとしてるんだわ。ここに来たばかりのときは、サークルのすみでうずくまって、さわろうとしただけで威嚇《いかく》していたのに。よかったら、背中をなでてあげてください」

わたしが？

わたしは、マーブルもようの子に向かって、そっと手をのばした。

⑥生まれてはじめて犬にふれるみたいにドキドキしていた。

ゆび先に犬の毛がふれる。

あ、かたいな、と思った。

ふわふわでやわらかかった、たんぽぽの綿毛みたいなレオンの毛とは、まったくちがう。それでも、そのまま、毛に自分の手をしずめていく。

マーブルもようの子が持つあたたかさが、わたしの手のひらにしみわたっていく。

背中にふれた手をそっと前後に動かすと、マーブルもようの子は、気持ちよさそうに目をほそめた。手の動きを止めると、もっとなでてよ、とさいそくするように、わたしに体ごとおしつけてくる。その様子を見ていた村田さんは、「安心してあまえてるみたいですね」と、くすっと笑った。

レオンもこうやって、近よってきたり、ときには、床《ゆか》にゴロンと寝《ね》そべって「もっとなでて！」と言っているみたいにおなかを見せてきた。

そんなとき、わたしはレオンに必要とされていることが、とてもうれしかった。ただ、体をなでるだけでも、わたしは、ここにいてよかったな、と思えた。

きみも、わたしを必要としてくれているの？

わたしは、マーブルもようの子に心のなかで話しかけた。

なんにも言わない黒い瞳が、わたしをじっと見返してくる。そのとき、わたしは、この子を、もっと知りたいと思った。

（中略）

夕ごはんの時間に、お父さんが言った。

「今日、会った犬たち、みんないい子だったな」

おにいちゃんが「うん」とうなずく。

「おれ、やっぱり、あの白い犬がいいな。かしこそうだし、ちょっとオオカミっぽくてかっこよかった」

「ああ、あの犬ね。目がきれいだった」

お母さんが言う。

「うん、あの犬よかったな」

お父さんも言って、わたしは、持っていたはしを食卓《しょくたく》の上に置いた。

どうしよう。

このままじゃ、今度うちで飼う犬は、おにいちゃんが気に入ったという白い犬に決まってしまいそうだ。

っていう気持ちを伝えてあげましょう」と言った。

②そうだったんだ……。

わたしは、目の前にいるマーブルもようの子に、心のなかで話しかけた。

だいじょうぶだよ。

わたしは、あなたをぜったいにいじめたりしない。

だって、人間は犬と話せるんだよ。たとえ言葉が話せなくても。

わたしとレオンは、いつも、こうやって心でおしゃべりしていたのだから。

わたしをみつめるマーブルもようの子の瞳《ひとみ》が、きらっとかがやく。

次の瞬間《しゅんかん》、

ばふっ。

えっ？

とつぜん、聞こえてきた音に、わたしの心臓がドキンとはねた。

なんの音だろう。

それは、今まで聞いたことのない音だった。たとえるなら、ゴーゴー音をたててごみをすいこむ掃除機《そうじき》がこわれてしまい、どこからか空気がもれ出しているような音。だけど、わたしは、こわれた掃除機の音を聞いたことがない。とっさに頭にうかんだイメージがそうだっただけだ。

ばふっ、ばふっ。

また聞こえてきた。

音の正体に、わたしはびっくりした。

こわれた掃除機みたいな音は、目の前にいるマーブルもようの犬の鳴き声だった。

これが犬の鳴き声だよ、と言われて信じるひとがいるだろうか。

③とまどいをかくせず、おろおろしているわたしに村田さんが言った。

「実は、この子、せいたいがきずついているんです」

村田さんが自分ののどのあたりをゆびさしながら言ったので、わたしにもわかった。

せいたい、というのは「声帯」だ。声を出すための器官のこと。

「前の飼い主に、山奥《やまおく》に捨てられてね。太い縄で木につながれてたんです。ぼくはここにいるよって、ずっと鳴きつづけて……。そのときに、のどがつぶれて声が思うとおりに出なくなっちゃって……」

村田さんが言った。

声が……。

この子が、ほかの犬とちがって積極的になれないわけが、わたしにはよくわかった。

「でも、健康上はなにも問題ありませんよ。食欲も、体力も、ばっちり」

村田さんは、マーブルもようの子の背中をなでながら話をつづける。

「犬には、たいへんなことがあっても、困難を乗り越《こ》えて、それでも前に進んでいこうとするパワーがそなわっているんです」

④わたしの内側にあるなにかに、ぽっと小さな火がともったような気がした。

また、わたしと同じだと思ったのだ。

わたしだって、そうなんだ。

わたしも、レオンをうしなってから、悲しくてしかたない。

お父さんや、お母さんや、おにいちゃんは、もう次に飼《か》う犬のことを考えているというのに、わたしだけ、レオンが死んでしまってから時間を止められてしまったみたいになっている。

それでも、［　⑤　］

だって、心のどこかでは思うのだ。

エ　子どもが主体的に取り組むことができて、なおかつそれぞれが育った環境による経験の差を少なくするような経験。

問九　――線部⑧「政治的な」とありますが、それはどういうことですか。最もふさわしいものを選び、記号で答えなさい。

ア　立場の違う人が集まれば一方的に損害が生じることがあるが、ごまかして集団の秩序を保つということ。

イ　方向性の異なる人が集まる場において生じる利害の対立を、双方が受け入れられるよう調整するということ。

ウ　多くの人がいるなかで一部の人だけが利益を得たときに、うまく分配することで集団の利益を守ること。

エ　多種多様の人が集まる集団という場において、個人のためだけに集団を犠牲《ぎせい》にすることはないということ。

問十　――線部⑨「一歩前に進んだ考えに立」つとありますが、それはどういうことですか。その内容として最もふさわしいものを選び、記号で答えなさい。

ア　社会の慣習や法律に違和感《いわかん》を覚えたときなどに、自分よりも後の時代を生きる人のために声を上げ、よりよい社会を築こうとする姿勢。

イ　この世界をより楽しくして、苦しみを取り除くために、一人ひとりが前向きな気持ちで学び続けることが必要であるという共通認識。

ウ　大人になった自分が就職し、働いていくためには、そのために必要な知識やスキルだけを厳選して習い覚えた方がよいという方針。

エ　自分の利益に直接関係する知識やスキルだけにとらわれず、日常の素朴な疑問などから新しい文化や産業が生まれるかもしれないという視点。

二　次の文章を読んで、あとの問いに答えなさい。

わたしがサークルに入ったのを見た犬たちが、トコトコとこっちへ向かって歩いてくる。

〝ぼくとあそぼうよ〟

〝いいえ、わたしと〟

犬たちの声が聞こえてきそうだ。

みんな、それぞれに自分のことをめいっぱい伝えてくるのに、あのマーブルもようの子だけは、まだすみっこにいる。

わたしみたいだ。

そう思った。

あの子だって、ほんとうはなにか伝えたいことがあるのかもしれない。だけど、うまくできなくて、それでも、心のなかはいろんな気持ちでいっぱいなのかもしれない。

わたしみたいに。

足にまとわりついてくる犬たちをなだめながら、わたしは、あの犬へ向かって一歩、一歩、進んでいく。近づくと、オスだとわかった。

もう少しで手が届く。そのくらい近づいたとき、マーブルもようの子がびくっと身を［　①　］のがわかった。わたしは、とっさに手を引っこめてしまう。

きらわれたのかな。わたし、こわがられている？

そのとき、さっきの村田さんが、また声をかけてきた。

「ここにいる犬たちは、みんな、人間に捨てられたり、虐待《ぎゃくたい》されているのを保護した子たちなんです。だから、なかには、この子のように、どうやって人間に接したらいいかわからない子もいるんですよ。だいじょうぶ。こわがっているんじゃなくて、どうしたらいいかわからないだけ」

さらに、村田さんは「なでるより先に、まずは、だいじょうぶだよえるものだが、外気や衝撃《しょうげき》から身を守る価値を作り出すという意味では文化とも言えるものである。

ウ　裁判は、世の中を公平に保ち人々に権利を与える文明に位置づけられる制度であるが、勝つことに喜びをもたらす文化に位置づけられるものである。

エ　映画は、苦しい現実を忘れさせてくれる文明にあたる活動であると同時に、鑑賞《かんしょう》して楽しむことができる文化にあたる活動でもある。

問三　四か所の空らん ③ に共通してあてはまる漢字二字の語を、本文中からぬき出して答えなさい。

問四　空らん a ～ c にあてはまる語の組み合わせとして最もふさわしいものを選び、記号で答えなさい。

ア　a または　b けれども　c つまり

イ　a もしくは　b さて　c たとえば

ウ　a あるいは　b では　c そして

エ　a それとも　b したがって　c なぜなら

問五　――線部④「二種類の動機」とありますが、それについて述べたものとして最もふさわしいものを選び、記号で答えなさい。

ア　世界はどうなっているのかという先人たちが残してくれた技術をうまく使おうとする動機がめばえることによって、自分も世界のなかで効力を持ち何かができるようになりたいという動機が生まれる。そして自分で何かをやったり他人の行動から学んだりして文明や文化を生み出す存在になっていく。

イ　自分で何かをやったり他人の行動から学んだりして文明や文化を知る経験によって、自分も何かができるようになりたいという動機が生まれる。そうしてはじめて世界がどうなっているかという知識を持とうとし、その知識を何かができるようにするためにうまく使おうとするようになる。

ウ　先人たちの築いた知識をもとに世界がどうなっているかを分かろうとする動機は、何かができるようになることにつながらなければ意味はない。そして何かができるようになりたいという行動の役に立つものだけが、文明や文化を共有するのに必要になる。

エ　何かができるようになりたいという動機がなければ、子どもの頃からの好奇心に近い知識を求める動機が湧いてくることはなくなってしまう。しかし知識を持つことではじめて、何かをやったりだれかが何かをやっているのを見たりして文化や文明を知るという経験も生まれる。

問六　――線部⑤「いくら～ありません」の一文の中で、「いくら」を受けている部分を選び、記号で答えなさい。

いくら／ア　先人の／イ　築いた／ウ　知識が／エ　あっても、／オ　自分の／カ　行動の／キ　役に／ク　立って／ケ　くれなければ／コ　意味が／サ　ありません。

問七　――線部⑥「とてもよいレストランを作ろうと思ったら、たくさん学ぶべきことがある」とありますが、なぜですか。三十五字以上四十五字以内で説明しなさい。

問八　――線部⑦「それ」とありますが、「それ」が指す内容として最もふさわしいものを選び、記号で答えなさい。

ア　子どもがすでに持っている学ぶ意欲を増加させ、同時に経済的事情により生じる教育の質の差をうめるような経験。

イ　具体的に何をすれば将来の仕事に役立つかという見通しを持たせながら、各家庭での体験の差を減らすような経験。

ウ　各家庭の経験に差はあっても学校では平等に体験をさせ、その中で「できた」という成功体験を積めるような経験。

は何でしょうか。

たとえば、みんなの住んでいる町の人口が減っているとしましょう。人口は、その町でどのような職についたとしても共通の問題です。あるいは、川の周りに堤防《ていぼう》を作ることになったけれど、魚が減ってしまうのではないかなど、自然環境に関する問題もみんなに共通しています。これらは、住んでいる人みんなの利害に関わるので、⑧政治的な問題ということができるでしょう。政治とは、異なった利益を調整して、集団の秩序《ちつじょ》を作り出していく活動のことです。民主主義社会では、政治は言論の活動によって行われます。

先ほど、「苦しみを取り除き、楽しみを増やすことは、探究する動機になる」と書きました。しかし、ある人の苦しみを減らしたり楽しみを増やすことは、ときには、その逆の効果を他の人に与えたりします。川で魚を釣《つ》ることを楽しみにしている人がいる一方で、あまりに多くの釣り人が来て、その地域の魚が減ってしまうと地域住民には不利益です。利害の対立をうまく解消することは政治の役割です。きちんとデータを出して、理由のしっかりした話し合いをして、双方《そうほう》が納得できる結論を導き出すのです。

あるいは、同じ職業を目指すのでも、ただ就職するためのスキルや知識に関心を持つことから、⑨一歩前に進んだ考えに立って、探究してみましょう。

たとえば、レストランについて考えてみましょう。そもそもレストランとは何でしょうか。自宅で食べるのではなく、外食する理由はなんでしょうか。レストランで食べたい料理とは何でしょう。レストランに人は何を求めているでしょうか。そして、美味しい料理とは何でしょうか。もっと根本的に、「食」とは人間にとって何なのでしょうか。こういうテーマなら、料理人になりたい、レストランを経営したいと思っているだけのテーマではありません。これらのテーマは、外食産業全体のテーマであり、だれでもが外食をしますので、だれにとってもテーマになります。

それらは、ただ今ある仕事先で自分が働くというよりは、新しい産業や新しい文化を生み出す大きな発想のもとになるようなテーマだと言えるでしょう。探究の動機とそこから生まれてくるテーマは、日常生活を送るなかでの素朴《そぼく》な疑問から生まれてくるものです。

（河野哲也『問う方法・考える方法「探究型の学習」のために』より・一部改）

※1 興行…料金をとってもよおしものをすること。
※2 公衆衛生…社会の人々の健康。それを守るための活動。
※3 法規…法律上のきまり。

問一 ——線部①「人間らしい生活を提供してくれます」とありますが、なぜですか。最もふさわしいものを選び、記号で答えなさい。

ア 人間にとって文化とは人とのつながりを意味しており、それを求めることが人間らしい生活へとつながるから。
イ 人間にとって笑うという文化行為が大切であり、それを求めることが人間らしい生活へとつながるから。
ウ 人間が生きていく中で不便を取り除くことが文化であり、それを求めることが人間らしい生活へとつながるから。
エ 人間は生きる上で根本的に文化を必要としており、それを求めることが人間らしい生活へとつながるから。

問二 ——線部②「文化と文明の両面を持っている」とありますが、その例として最もふさわしいものを選び、記号で答えなさい。

ア 電話は、はなれたところへ必要な情報をすぐに届けられるという文明の側面を持つものだが、おしゃべりを楽しむという文化の側面を持つものでもある。
イ 衣服は、着こなしやおしゃれをするという意味では文明と言れは、「ケーキの作り方が知りたい」「自動車の運転ができるようになりたい」「うまくダンスが踊《おど》れるようになりたい」といったように、「ある行為《こうい》ができるようになりたい」という気持ちのことです。

[C] この何かができるようになりたいという気持ちは、「何かを達成して、自分が世界のなかで効力を持てる存在になりたいという気持ち」でもあります。自分を含《ふく》めただれかの苦しみを取り除《のぞ》きたいとか、だれかに楽しさを与えたいといった目的を持ち、そのために何かができるようになりたいというのが人間の学びへの動機になります。ごく単純に言えば、楽しいこと、面白いことをやりたい、そして嫌《いや》なことを避《さ》けたいという気持ちに素直になり、そのために何かがやりたいと思うことが動機づけとなるのです。

何かをうまく達成するためには、先人たちの残してくれた知識が役に立ちます。ひとつ目の「見取り図や地図のようなもの」がそれにあたります。逆に言えば、何かをできるようになりたい。それで苦しみを取り除いたり、楽しみを増やしたりしたい、そういう気持ちがなければ、知識を求める意欲が湧《わ》かないのです。⑤いくら先人の築いた知識があっても、自分の行動の役に立ってくれなければ意味がありません。

では、どうすれば、何かができるようになりたいと思うでしょうか。それは、まさに何かをやってみたり、あるいは、だれかが何かをやっているのを見たりして、それが苦しみを取り除き、楽しみを与えてくれているのを知る経験から生まれます。

たとえば、近所のレストランがとても素敵な料理を出してくれます。家族や友人と楽しく食事をすると、みんな仲がよくなります。そうなれば、こんな店をやってみたいと思うことでしょう。自分なりにやってみたい。ここをこうしたい。もっとうまくやってみたい。こういう気持ちが、私たちの中に生じてくるのは不思議ではありません。

自分の好きな料理を出そうとして、レストランを経営するには、どのような技術と知識が必要でしょうか。調理の技術だけで済むわけがありません。栄養学、※2公衆衛生、関連する※3法規、食品と流通の知識。これだけでもまだ全然足りません。店の外見も内装も、オシャレにしないといけません。そして、清潔で、オリジナルな商品がないと他店との競争に負けそうです。店舗《てんぽ》を経営するには、経営学の知識が必要です。化学から美術、保険から人間関係の心理学まで、何でも関係してきます。一見すると、自分と縁遠《えんどお》いと思った知識も、お店を経営しようとすると全部関係してくることがわかります。⑥とてもよいレストランを作ろうと思ったら、たくさん学ぶべきことがあることに気づくでしょう。

このように具体的に何かができるようになりたいという意欲が、知識とスキルの必要性を理解させ、さらにそれを改良しようとする気持ちにつながります。探究の時間の根底を支えているのは、何かをしようとする意欲であり、動機です。これが、行為に関係する知識を得ようとする探究につながります。

教える側は、学ぶ側が意欲を持てるような経験をさせてあげなければなりません。現代の教育格差とは、子どもが家庭で与えられる経験の格差も大きく反映していると考えられます。学校は⑦それを補う必要があると思います。

さて、今取り上げたレストランの話は職業に直結してきますね。ある職業に関心を持って、それにつこうと努力するのは大切です。でも、学校で学ぶべきは、職業のために必要な技術や知識、その準備となる常識だけではありません。

たとえば、学校のクラスでは、将来につきたい職業は人さまざまでしょう。では、方向性の違う人が集まっても話し合える共通のテーマ

二〇二二年度 山手学院中学校

【国 語】〈Ａ日程試験〉（五〇分）〈満点：一〇〇点〉

※字数制限のあるものは、句読点および記号も一字とする。

一 次の文章を読んで、あとの問いに答えなさい。

人間の行う知的活動には二つの種類があるといってよいでしょう。ひとつは苦しみを減らす活動で、これを「文明」と呼ぶことにします。もうひとつは喜びをもたらす活動で、これを「文化」と呼びましょう。

医療《いりょう》は、ケガや病気を治療し、予防しようとするのですが、それは苦しみを減らそうとする努力です。水道事業も、渇《かわ》きの苦しみや汚《よご》れた水を飲むことの危険性、遠くまで水を汲《く》みにいかなければならない不便さをなくそうとするものです。交通ルールは、事故を防ぎ、安全でスムーズな道路の運行を作り出そうとしています。これらはなくてはならない必要なものを生み出すという意味で、文明だと言えるでしょう。

他方で、素敵な音楽を演奏する。美味《おい》しい料理を作る。楽しいお祭りやイベントを運営する。脚本《きゃくほん》を書いて、お芝居《しばい》を※1興行する。これらは人々に喜びを与えるものですから、文化と言えるでしょう。文化は、命の維持《いじ》を超《こ》えた価値を作り出し、①人間らしい生活を提供してくれます。

もちろん、全てのものが二つにかっちりと分類できるわけではありません。スポーツはやって楽しいものですが、同時に健康づくりや病気の予防にもなるでしょう。家屋は、人が雨露《あめつゆ》をしのいで休息と睡眠《すいみん》をとる場所ですが、外見や調度が美しく、心のゆとりを与えてくれるものにもなります。これらは、②文化と文明の両面を持っていると言えます。

しかし、［ ③ ］は不必要な贅沢品《ぜいたくひん》だと言うことはできません。私が、東日本大震災が起こった三カ月後くらいに被災《ひさい》地にお見舞《みま》いに行ったときのことです。まだ公共施設《しせつ》で寝泊《ねとま》りしている人たちが、お子さんから高齢者《こうれいしゃ》の方まで、小説や勉強になる本が読みたいと訴《うった》えていました。被災した人々は、まだまだ生活が厳しい中でも、必要な情報を知りたいからというだけでなく、［ ③ ］としての楽しみを得ようとして書物を探していたのです。小さな仮設図書館が開かれると、ひっきりなしにいろいろな年代の方が本を借りにきました。このときほど、人間は根源的に［ ③ ］を必要としているのだと実感したことはありません。［ ③ ］を求めるのは人間であることの証《あかし》です。

今、文化と文明という大きな枠組《わくぐ》みを述べましたが、探究型の授業のテーマとなるのは、このどちらか、［ ａ ］両方に関わっているはずです。つまり、苦しいことを減らそうとするのか、楽しいことを増やそうとするのか、あるいは、その両方を兼《か》ねたものかです。

探究型の授業を行うのに、一番大切なのは、学ぶ側が学ぼうとする意欲を持っているかどうかです。初等中等教育で行うべき最も大切な教育は、生徒に一生学ぼうとする動機づけを与えることです。これが蔑《ないがし》ろにされては学習が成り立たず、学習のないところには教育は存立しえません。

［ ｂ ］、人はどういうことに学ぼうとする意欲を持つでしょうか。「知りたい」という気持ちには、大きく言って④二種類の動機があると思います。ひとつは、世界がどうなっているかが分かるような、一種の見取り図のようなもの、あるいは地図のようなものがほしいという願望です。これは子どもの頃からの好奇心《こうきしん》に近いものです。

もうひとつは、何かができるようになりたいという気持ちです。こ

2022年度

山手学院中学校 ▶解説と解答

算　数　＜Ａ日程試験＞（50分）＜満点：100点＞

解　答

1 (1) $\frac{6}{25}$　(2) 63　2 (1) 150m　(2) 15540円　(3) 9通り　3 (1) 13%　(2) 150ｇ　(3) 250ｇ　4 (1) 1800人　(2) 6人　(3) 12か所　5 (1) ア 15　イ 24　(2) 時速42km　(3) 24km　6 (1) 175.84cm^3　(2) 1：4　(3) 21.98cm^3　7 (1) 45個　(2) 19個　(3) 16個

解　説

1 四則計算，逆算

(1)　$\left(0.625-\frac{3}{4}\times0.5\right)\times\left(\frac{2}{5}+0.49\div\frac{7}{8}\right)=\left(\frac{5}{8}-\frac{3}{4}\times\frac{1}{2}\right)\times\left(\frac{2}{5}+\frac{49}{100}\times\frac{8}{7}\right)=\left(\frac{5}{8}-\frac{3}{8}\right)\times\left(\frac{10}{25}+\frac{14}{25}\right)=\frac{2}{8}\times\frac{24}{25}=\frac{6}{25}$

(2)　$2022\div\left(\frac{4}{5}-\frac{\square}{500}\right)\times\left(0.25+\frac{1}{12}\right)=1000$より，$2022\div\left(\frac{4}{5}-\frac{\square}{500}\right)=1000\div\left(0.25+\frac{1}{12}\right)=1000\div\left(\frac{1}{4}+\frac{1}{12}\right)=1000\div\left(\frac{3}{12}+\frac{1}{12}\right)=1000\div\frac{4}{12}=1000\div\frac{1}{3}=1000\times\frac{3}{1}=3000$，$\frac{4}{5}-\frac{\square}{500}=2022\div3000=\frac{2022}{3000}=\frac{337}{500}$，$\frac{\square}{500}=\frac{4}{5}-\frac{337}{500}=\frac{400}{500}-\frac{337}{500}=\frac{63}{500}$　よって，$\square=63$

2 過不足算，売買損益，場合の数

(1)　池の周りに木を植えるとき，木の本数と間かくの数は等しい。間かくを３ｍにすると，池の周の長さに対し，３×８＝24(ｍ)不足し，間かくを５ｍにすると，５×12＝60(ｍ)余るから，３ｍから，５－３＝２(ｍ)ずつ長くするのに，24＋60＝84(ｍ)必要とわかる。よって，木の本数は，84÷２＝42(本)となるので，池の周りの長さは，３×42＋24＝150(ｍ)と求められる。

(2)　定価は，700×(１＋0.3)＝910(円)で，定価の２割引は，910×(１－0.2)＝728(円)である。また，仕入れ値の合計は，700×100＝70000(円)で，売り上げの合計は，910×70＋728×(100－70)＝63700＋21840＝85540(円)になる。よって，利益はあわせて，85540－70000＝15540(円)となる。

(3)　３の倍数は各位の数の和が３で割り切れるから，12，15，21，24，30，42，45，51，54の９通りできる。

3 濃度《のうど》

(1)　Ａを□ｇ，Ｃを▲ｇとして図に表すと，下の図１のようになる。□：▲＝２：１なので，a：$b=\frac{1}{2}:\frac{1}{1}=1:2$となり，$a=(15-9)\times\frac{1}{1+2}=2$(％)とわかる。よって，ＡとＣをすべて混ぜ合わせてできる食塩水の濃度は，15－２＝13(％)である。

(2)　Ｂを■ｇ，ＡとＣを混ぜ合わせたものを△ｇとして図に表すと，下の図２のようになる。c：$d=(11-5):(13-11)=3:1$だから，■：$\triangle=\frac{1}{3}:\frac{1}{1}=1:3$となり，Ｂの重さは，$\blacksquare=600\times\frac{1}{1+3}=150$(ｇ)と求められる。

(3)　ＡとＣを全て混ぜ合わせた重さは，600－150＝450(ｇ)なので，Ａの重さは，$450\times\frac{2}{2+1}$＝300(ｇ)になる。また，ＡとＢを混ぜ合わせて９％の食塩水を作るとき，Ａを回ｇ，Ｂを●ｇとして図に表すと，下の図３のようになる。e：f＝(15－９)：(９－５)＝３：２だから，回：●＝$\frac{1}{3}$：$\frac{1}{2}$＝２：３となる。よって，９％の食塩水をできるだけ多く作るとき，Ｂを150ｇすべて使い，Ａを，$150\times\frac{2}{3}$＝100(ｇ)使うことになるので，このような食塩水は，100＋150＝250(ｇ)できる。

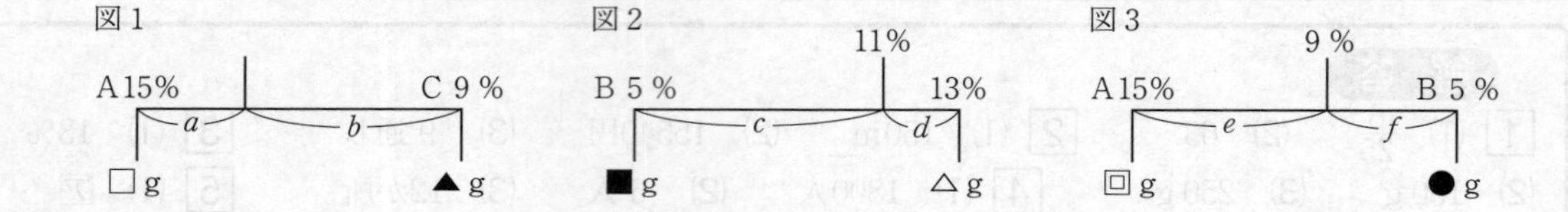

4　ニュートン算

(1)　50分間で行列に加わった人数は，27×50＝1350(人)だから，入園した人数は，450＋1350＝1800(人)となる。

(2)　ゲート１か所につき，50分間に通過した人数は，1800÷６＝300(人)なので，ゲート１か所につき，１分間に通過できる人数は，300÷50＝６(人)とわかる。

(3)　11分間で行列に加わる人数は，27×11＝297(人)だから，入園する人数は，11分間で，450＋297＝747(人)になる。また，ゲート１か所につき，11分間に通過する人数は，６×11＝66(人)である。よって，747÷66＝11余り21より，ゲートを最低，11＋１＝12(か所)開ければよい。

5　グラフ—速さと比

(1)　右の図で，斜線《しゃせん》部分の三角形は合同なので，ア＝45－30＝15(分)である。また，バスと自転車の速さの比は７：３で，等しい距離《きょり》を進むときの速さの比と時間の比は逆比になるので，a：b＝$\frac{1}{7}$：$\frac{1}{3}$＝３：７とわかる。よって，a＝(45－15)×$\frac{3}{3+7}$＝９となるので，イ＝15＋９＝24(分)になる。

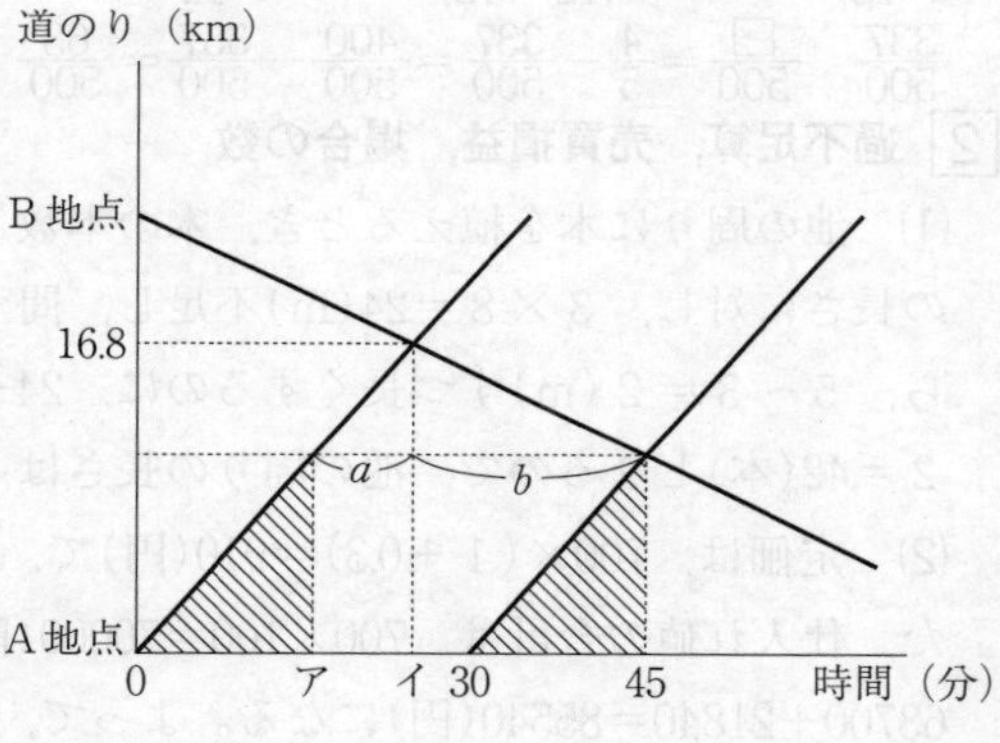

(2)　バスは16.8kmを24分，つまり，24÷60＝$\frac{2}{5}$(時間)で進んだから，バスの速さは時速，16.8÷$\frac{2}{5}$＝42(km)である。

(3)　太郎さんの速さは時速，$42\times\frac{3}{7}$＝18(km)で，太郎さんがバスとすれ違《ちが》うまでに進んだ道のりは，$18\times\frac{2}{5}$＝7.2(km)なので，Ａ地点からＢ地点までの道のりは，16.8＋7.2＝24(km)と求められる。

6　立体図形—体積，面積の比，図形の移動

(1)　ＡとＢの体積はそれぞれ，２×２×3.14×６×$\frac{1}{3}$＝８×3.14(cm^3)，４×４×3.14×12×$\frac{1}{3}$＝64×3.14(cm^3)である。よって，ＡとＢの体積の差は，64×3.14－８×3.14＝(64－８)×3.14＝56×3.14＝175.84(cm^3)となる。

(2)　Ａの切断面は底辺の長さが，２×２＝４(cm)で，高さが６cmの二等辺三角形になるから，その面積は，４×６÷２＝12(cm^2)である。同様に，Ｂの切断面は底辺の長さが，４×２＝８(cm)で，高さが12cmの二等辺三角形になるので，その面積は，$8\times12\div2=48$(cm^2)である。よって，AとBの切断面の面積の比は，12：48＝1：4とわかる。

(3)　Aは36秒で，$0.5\times36=18$(cm)動いたから，Aの頂点はBの底面から，$18-3-12=3$(cm)右にあり，そのようすを真横から見ると右の図のようになる。そして，Aの重なっていない部分の円すいと，A全体は相似で，相似比が，3：6＝1：2なので，その体積比は，(1×1×1)：(2×2×2)＝1：8とわかる。よって，AとBが重なった部分の体積はAの体積の，$\frac{8-1}{8}=\frac{7}{8}$(倍)となるから，その体積は，$8\times3.14\times\frac{7}{8}=21.98$(cm^3)と求められる。

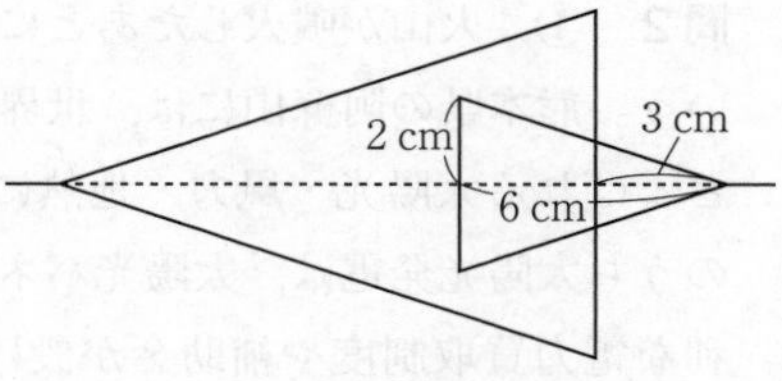

7 図形と規則

(1)　1辺のご石が9個のとき，ご石は上から，1個，2個，3個，…，9個と並んでいるので，全部で，$1+2+3+\cdots+9=(1+9)\times9\div2=45$(個)である。

(2)　$1+2+3+\cdots+19=(1+19)\times19\div2=190$(個)より，正三角形の1辺のご石の個数は19個とわかる。

(3)　ご石は中心に1個あり，その周りに正六角形の形に，6個，12個，…と6の倍数ずつ増えていくことがわかる。すると，$721-1=720$(個)のご石を，$6+12+18+\cdots+90=(6+90)\times15\div2=720$より，正六角形の形に15周並べたとわかる。よって，正六角形の1辺のご石の個数は，$1+15=16$(個)である。

社　会　＜A日程試験＞（40分）＜満点：80点＞

解答

1 **問1**　イ　**問2**　①　カルデラ　②　ア　③　ア　**問3**　ウ　**問4**　①　ア　リマン(海流)　イ　日本(海流)　②　**特徴**…(例)　海岸線が入り組んでいること。　**理由**…(例)　波がおだやかな入り江となっているため。(水深が深いため。)　**問5**　①　ア　長良(川)　イ　木曽(川)　②　輪中　③　**役割**…(例)　長良川と揖斐川が合流し，増水しないようにすること。　**問6**　エ　**2** **問1**　三内丸山(遺跡)　**問2**　イ　**問3**　エ　**問4**　蝦夷　**問5**　ウ　**問6**　ア　**問7**　ア　**問8**　ウ　**問9**　イ　**問10**　イ　**問11**　ア　**問12**　イ(→)ウ(→)エ(→)ア　**問13**　イ　**問14**　ウ　**問15**　ウ　**問16**　(例)　ビゴーはフランス人で日本はフランスの領事裁判権を認めていたから。　**問17**　ア　**問18**　ウ　**問19**　エ　**問20**　ウ　**3** **問1**　永久　**問2**　イ　**問3**　エ　**問4**　①　ア　②　男女雇用機会均等(法)　**問5**　(1)　ウ　(2)　カ　(3)　イ　**問6**　①　WHO　②　エ

解説

1 日本の地形と産業に関係する問題

問1　本州中部の中央高地には，飛彈《ひだ》山脈・木曽《きそ》山脈・赤石山脈などの高い山々が連なっている。このヨーロッパのアルプス山脈に似た，高山が連なるようすを，明治時代に来日した外国人登山家

たちが日本アルプスと名付けた。なお，3000m級の山々が連なる日本アルプスに対して，新潟県・福島県・群馬県にまたがる越後山脈は2000m前後の山々が連なっている。

問２　①　火山が噴火《ふんか》したあとにできる，火口付近が落ちこんでできたくぼ地のことをカルデラという。熊本県の阿蘇《あそ》山には，世界最大級のカルデラが広がっている。　②　再生可能エネルギーとよばれる太陽光・風力・地熱による発電は，国や自治体によって普及《ふきゅう》がすすめられている。このうち太陽光発電は，太陽光パネルを設置すれば，家庭でも手軽に発電できることや，発電者に有利な電力買取制度や補助金が設けられていたことから，発電設備容量が一番大きくのびている。2011年の東日本大震災《しんさい》後，特に関心が集まった。統計資料は『日本国勢図会』2021／22年版による(以下同じ)。　③　地下の熱を利用する地熱発電所は，温泉や火山のあるところに建設される。しかし，こうした場所は，国立公園の中だったり，観光地であったりするため，住民が発電所の建設に反対する場合も多い。そのため，地熱発電の増加が最も少ない。なお，イは火力発電，ウは太陽光発電や風力発電，エは原子力発電の問題点について述べた文である。

問３　国立公園はすぐれた自然を守り，後世へ伝えていく目的で設けられている。国立公園の指定は，自然公園法にもとづいて，環境大臣が行い，国(環境省)が保護・管理を行っている。

問４　①　日本列島の周辺には，太平洋側を北上する日本海流(暖流)，日本海流から分かれて日本海側を北上する対馬《つしま》海流(暖流)と，千島列島から北海道，本州の太平洋側を南下する千島海流(寒流)，ユーラシア大陸にそって南下するリマン海流(寒流)が流れている。　②　ウの三陸海岸やエの志摩半島などには，山地が海に沈《しず》んでできた，リアス海岸が広がっている。海岸線が複雑に入り組んでいるリアス海岸は，風がさえぎられるため波がおだやかなこと，また，海岸近くまで水深が深いため港をつくりやすいなどの理由で，漁港に適している場所である。

問５　①　濃尾平野には，木曽三川《さんせん》(西から揖斐《いび》川，長良《ながら》川，木曽川)が流れている。このうち木曽川は，飛彈山脈南部を水源とし，長野県・岐阜県・愛知県を流れ，三重県で伊勢湾に注ぐ。また長良川は，岐阜県の大日ケ岳を水源として，途中で揖斐川と合流して伊勢湾に注ぐ。　②　揖斐川・長良川・木曽川という大きな川が流れる濃尾平野南西部には，低湿地《しっち》帯が広がり，住民たちは洪水になやまされてきた。そのため，古くから村の周囲を堤防で囲む輪中《わじゅう》がつくられた。　③　かつては大雨が降ると，川の集まるエのあたりで一気に増水し，洪水を引き起こす原因となっていた。そこで，江戸幕府は薩摩藩(鹿児島県)に命じ，この場所に堤防を建設して，川の水を分ける工事を行わせた。

問６　京葉工業地域は，千葉県の東京湾沿岸に広がる工業地域で，うめたて地に大規模な石油化学コンビナートが建設されたことにより発達した。そのため，化学工業の出荷額の割合が最も多い。なお，アは中京工業地帯，イは阪神工業地帯，ウは東海工業地域を表すグラフ。

2　各時代の歴史的なことがらについての問題

問１　青森県青森市で発掘《はっくつ》された三内丸山遺跡《さんないまるやまいせき》は縄文《じょうもん》時代の大規模集落跡《あと》で，大型掘立柱《ほったてばしら》建物跡や大型住居跡が発見された。数百人が定住生活をしていたと考えられ，それまでの少人数による狩《しゅ》猟《りょう》・採集・移動生活という，縄文時代のくらしの定説をくつがえす発見となった。

問２　垂柳《たれやなぎ》遺跡は青森県にある弥生時代の遺跡で，水田のあとや土器が発掘されている。なお，板付《いたづけ》遺跡は福岡県，登呂《とろ》遺跡は静岡県，吉野ケ里《よしのがり》遺跡は佐賀県で発見された遺跡。

問３　律令政治においては，庸《よう》や調を都へ運ぶことも農民の義務で，運脚とよばれた。なお，馬《ば》借《しゃく》はおもに室町時代に活躍《かつやく》した，馬で荷物を運ぶ運送業者のこと。

問４　古代の東北地方には，中央と異なる文化を持ち，朝廷の支配に抵抗を続ける蝦夷《えみし》とよばれる人々が住んでいた。９世紀初めに，征夷大将軍《せいいたいしょうぐん》に任命された坂上田村麻呂《さかのうえのたむらまろ》が，蝦夷の族長阿弖《あて》流為《るい》を降伏させ，朝廷の支配地の拡大に成功した。

問５　東北地方で栄えた奥州《おうしゅう》藤原氏の祖である清原清衡《きよひら》が，源義家の協力を受けて勝利した戦いは，11世紀後半(1083～87年)におきた後三年の役《えき》である。この間の1086年には，白河天皇が位を子の堀河天皇に譲《ゆず》って上皇となり，院政を開始した。なお，アは９世紀末(894年)，イは10世紀後半～11世紀前半，エは12世紀後半(1180年)のできごと。

問６　朝廷が２つに分かれていたのは南北朝時代で，室町時代初めの1336～92年にあたる。南北朝の争乱の中で，年貢《ねんぐ》を集める権限を手に入れるなど，守護の権限が強化されたため，守護大名とよばれるようになった。なお，イの明(中国)との貿易は，南北朝の合一《ごういつ》が行われた後の，1404年に始まった。ウは江戸時代，エは安土桃山時代のできごと。

問７　室町幕府において，将軍を補佐する役職として置かれたのは管領《かんれい》。北条氏が独占した鎌倉幕府の執権《しっけん》とは異なり，管領は，有力な守護大名であった細川・斯波《しば》・畠山《はたけやま》の３氏が交代でつとめた。

問８　青森県北西部の十三湊《とさみなと》は中世における日本海交易の中心となった港のひとつで，北海道(当時は蝦夷ケ島《えぞがしま》とよばれた)との交易の窓口でもあった。なお，アは現在の神戸港，イは長崎港の中につくられたうめたて地，エは北海道南部の渡島半島にある地名。

問９　カードＣの，奥州藤原氏が栄えていた時代は，平安時代後半(11～12世紀)。カードＤの，南北朝の争乱は，室町時代初め(14世紀)のできごと。モンゴル帝国が登場し，ユーラシア大陸の東西にまたがる大帝国へと成長したのはカードＣとＤの間の13世紀のこと。モンゴル帝国が中国に建国した元による元寇があったのが，鎌倉時代(13世紀)であることからも判断できる。なお，アは18～19世紀，ウは19世紀後半，エは15世紀前半のできごと。

問10　1789年，江戸幕府の老中《ろうじゅう》松平定信は寛政《かんせい》の改革のひとつとして，生活に困った旗本《はたもと》・御家人を救うため，彼らの借金を帳消しにするという棄捐《きえん》令を出した。なお，上知令《あげちれい》は江戸と大阪周辺を幕府の直轄《ちょっかつ》地にするという命令で，水野忠邦《ただくに》が天保《てんぽう》の改革の中で出した。定免《じょうめん》法は，豊作・凶作《きょうさく》にかかわらず，過去の収穫《しゅうかく》高をもとに算出された一定の年貢率で年貢を集める方法で，第８代将軍徳川吉宗が享保《きょうほう》の改革のひとつとして導入した。人返しの法は，農村を立て直すため，江戸に働きに来ていた農民を農村に帰らせるという法令で，水野忠邦が出した。

問11　江戸時代の年貢は，五公五民のように，原則として一定の割合で集められた。しかし，ききんのときなどは，村の実態に応じて年貢が下げられることもあったので，アがまちがっている。

問12　イは1863年，ウは1866年のできごと。アとエはともに1867年のできごとだが，徳川慶喜《よしのぶ》の大《たい》政奉還《せいほうかん》に対して，朝廷が王政復古《おうせいふっこ》の大号令を出したので，イ→ウ→エ→アの順となる。

問13　日本最大級の大地主だった本間家が，耕地(農地)のほとんどを失ったできごとは，農地改革(1946年)である。太平洋戦争後，日本を占領したGHQの指導のもとで民主化政策がすすめられ，そのひとつとして農地改革が行われた。農地改革では自作農を増やすために，大地主の農地を国が強制的に安く買い上げ，小作人に安く売った。このときに本間家も，ほとんどの耕地を手放したのだと考えられる。

問14　自由民権運動は国会開設とともに，国民の自由や権利を求めたので，大日本帝国憲法(ア)よりも，国民の自由や権利を認めたウが，植木枝盛《えもり》の憲法案としてふさわしい。なお，イは五か条の御誓文《ごせいもん》。

問15　1871年，明治政府は廃藩置県《はいはんちけん》を行い，それまでの藩を廃止して全国に府と県を置いた。そして，政府が任命した府知事や県令を中央から派遣し，府や県を治めさせた。

問16　江戸時代末に幕府が欧米諸国と結んだ修好通商条約で，日本は，領事裁判権(治外法権)を外国に認めていたので，外国人が日本で犯した罪を，日本の法律や裁判所で処罰することができなかった。そのため，フランス人であるビゴーの行為を取りしまることが難しかったのである。

問17　明治時代以降，生糸は日本の主要な輸出品として日本経済を支え，1920年ごろにはそのほとんどがアメリカに輸出されていた。

問18　カードＧは，1929年にアメリカでの株価の暴落が原因で始まった，世界恐慌《きょうこう》について述べている。船成金が登場したのは第一次世界大戦(1914～18年)のころ，米騒動《そうどう》は1918年，関東大震災は1923年，二・二六事件は1936年，盧溝橋《ろこうきょう》事件は1937年のできごとである。

問19　カードＨから大潟村の干拓は1957年に始まり，減反政策は1970年に始まった。エは1972年のできごとなので，まちがっている。なお，アは1960年，イは1960～64年，ウは1967～69年におきたできごと。

問20　食糧《しょくりょう》管理制度は，食糧不足を防ぐため，米などの主要食糧を政府が統制・管理する制度で，太平洋戦争中の1942年に始められた。しかし，日本人の食生活が変化して，米が余るようになったなどの事情により，1995年に廃止《はいし》された。

3　基本的人権についての問題

問１　基本的人権の尊重を，三原則のひとつとする日本国憲法は，第11条で基本的人権を，「侵《おか》すことのできない永久の権利」として，現在および将来の国民に保障している。

問２　ア(思想良心の自由)，ウ(学問の自由)，エ(信教の自由)は日本国憲法が保障する自由権のうち，精神の自由にあてはまる。しかし，イは身体の自由にあてはまる。

問３　UNICEF(国連児童基金)は，全ての子どもの命と権利を守るために活動する国連機関で，特に支援《しえん》の届きにくい，紛争や飢《う》えに苦しむ発展途上国の子どもたちを最優先に活動を行っている。なお，ILOは国際労働機関，IMFは国際通貨基金，UNESCOは国連教育科学文化機関の略称《りゃくしょう》。

問４　①　1911年，女性運動家の平塚雷鳥《らいちょう》が中心となって，女性の文芸団体として青鞜《せいとう》社を設立し，女性のみによる文芸雑誌『青鞜』を創刊した。創刊号の「原始，女性は実に太陽であった。」で始まる書き出しは，女性解放を呼びかけた言葉として知られている。　②　国際連合で女性差別撤廃《てっぱい》条約が採択《さいたく》されたことを受け，1985年に男女雇用《こよう》機会均等法が制定された。この法律は，職場での男女平等を確保し，女性が差別を受けずに，仕事と家庭を両立できる社会の実現を目指している。

問５　日本国憲法は第21条で表現の自由を保障している。しかし，すべての表現行為が無制限に保障されるものではなく，公共の福祉のため，必要かつ合理的な制限が認められる。ほかの人の名誉を傷つける，いわゆるヘイトスピーチのような表現行為は許されるものではない。「すべて国民は，個人として尊重される」(日本国憲法第13条)社会を実現するためには，人を傷つけるヘイトスピーチは許されない。

問6　①　世界保健機関(WHO)は全世界の人々の健康を守るため，医療《いりょう》や薬品の普及，感染症《しょう》対策などの仕事を行う国連機関で，ジュネーブ(スイス)に本部が置かれている。　②　新型コロナウイルス感染症の拡大を防ぐため，緊急《きんきゅう》事態宣言が出されたが，これは「新型インフルエンザ等対策特別措置《そち》法」という法律にもとづいて出されたもので，日本国憲法には，緊急事態宣言についての規定はない。

理　科　＜A日程試験＞（40分）＜満点：80点＞

解　答

1　(1)　ロゼット　(2)　多年生植物　(3)　(エ)，(ク)　(4)　(イ)，(オ)　(5)　X　(オ)　Y　(エ)　Z　(イ)　(6)　トンボ…ヤゴ　モンシロチョウ…アオムシ　(7)　A　(エ)　B　(カ)　C　(ア)　2　(1)　1.28万km　(2)　(ウ)　(3)　(エ)　(4)　(ウ)　(5)　(ウ)　(6)　(エ)　(7)　32.6度　3　(1)　(ア)　(2)　(ウ)　(3)　9.6 g　(4)　4.7%　(5)　①　ホウ酸　②　50 g　(6)　30.6 g　4　(1)　②と⑦　(2)　③と⑤　(3)　(オ)　(4)　10.5秒　(5)　17.5秒

解　説

1　生き物の冬の過ごし方についての問題

(1)　葉を地面にはりつくように四方に広げているすがたをロゼットといい，ナズナ，タンポポ，オオバコなどの植物に見られる。太陽の光を多く受けることができ，熱をうばわれにくいなどの利点がある。

(2)　タイプ1の植物は株(個体)の生きている期間が1年なので「1年生植物」といい，タイプ3の植物は株(個体)の生きている期間が数年にわたるので「多年生植物」という。なお，秋に発芽して冬をこし，春から夏にかけて花を咲《さ》かせ，そのあと種だけを残して枯《か》れてしまうものは「2年生(越《えつ》年生)植物」とよばれる。

(3)　タイプ4の植物は秋に葉を落として冬をこす落葉樹であり，サクラ(ソメイヨシノ)やイチョウなどがある。

(4)　一年中みどり色の葉をつけている木を常緑樹といい，スギやマツなどがあげられる。また，常緑樹のうち冬に花を咲かせるものにはツバキやサザンカがある。

(5)　バッタは土の中にうみつけられたたまごで冬をこすから，すがたXはたまごである。セミはよう虫が土の中で，トンボはよう虫が水の中で冬をこすので，すがたYはよう虫とわかる。また，モンシロチョウはさなぎで冬ごしをするから，すがたZはさなぎとなる。

(6)　トンボのよう虫はヤゴとよばれ，モンシロチョウのよう虫はアオムシとよばれる。

(7)　A　カマキリは，木の枝などにたくさんのたまごをうみ，その周りをあわでおおう。あわがかわいて固まったものは卵のうとよばれる。　B　カブトムシは，林の下に積もった腐《ふ》葉土などの中にたまごをうみつけ，かえったよう虫はその中で冬をこす。　C　ダンゴムシは，親または親と同じすがたのものが，落ち葉や石の下などで丸くなって冬をこす。

2　太陽と影《かげ》の動きについての問題

(1)　太陽の直径は約140万kmで，これは地球の直径の約109.3倍だから，地球の直径は，140÷109.3

＝1.280…より，約1.28万kmと求められる。

⑵　日本では，太陽は東からのぼると南の空を通って西にしずむので，棒の影がのびる方向は西から北を通って東へと移っていく。よって，図３で，棒の影の先たんが記録されている側のＣが北とわかる。すると，Ａは南，Ｂは西，Ｄは東と決まる。

⑶　棒の影の先たんが東西に引いた線と平行に移動する(つけたしるしを結ぶと，直線ＢＤと平行な直線になる)のは，春分の日のころ(３月20日ころ)と秋分の日のころ(９月23日ころ)である。

⑷　棒の影が南北に引いた線とちょうど重なるとき，太陽は真南にあるから，ここでは本校での南中時刻を求めることになる。見かけ上，太陽は地球の周りを東から西へ動いていき，１日で１周する。よって，太陽が南中する場所は１分あたり経度にして，24×60÷360＝４(度)ずつ西へずれていく。本校は明石市から東に，139.6－135＝4.6(度)ずれた位置にあるので，４×4.6＝18.4より，南中時刻は明石市より約18分早く，11時52分－18分＝11時34分ころとなる。

⑸　本校での太陽の南中高度を求める。春分の日と秋分の日における太陽の南中高度は，90－(その土地の緯《い》度《ど》)で求められるので，90－35.4＝54.6より，約55度とわかる。

⑹　南半球にあるオーストラリアのシドニーでは，太陽は東からのぼると北の空を通って西へしずむ。問題文中の図では，左側が北なので，東は奥《おく》側，西は手前側であり，太陽は奥側から手前側に向かって動く。また，日本において，夏至の日には日の出の位置や日の入りの位置が１年で最も北寄りになるが，これは南半球でも同じである。つまり，同じ日にシドニーでも，日の出の位置や日の入りの位置が１年で最も北寄りになる。以上のことから，㈣が選べる。

⑺　南半球のシドニーにおいて太陽が真北にきたときの太陽の高度は，春分の日と秋分の日には，90－(その土地の緯度)で求められ，90－34.0＝56.0(度)となる。そして，日本における夏至の日には，それよりも，90－66.6＝23.4(度)小さくなるので，求めるシドニーの太陽の高度は，56.0－23.4＝32.6(度)になる。

３　もののとけ方についての問題

⑴　食塩の結《けっ》晶《しょう》は立方体状をしている。

⑵　㈠について，食塩水にはにおいがない。㈡について，アルミニウムは強い酸性の塩酸や強いアルカリ性の水酸化ナトリウム水よう液にはとけて，そのときさかんにあわを出すが，中性の食塩水にはとけず，あわも発生しない。㈢について，ホウ酸水よう液は酸性なので，BTB液は黄色を示す。㈣について，息をふきこむと白くにごるのは石灰水である。

⑶　20℃で400ｇの水にホウ酸は最大で，4.9×400÷100＝19.6(ｇ)とけるから，あと，19.6－10＝9.6(ｇ)とかせばほう和水よう液になる。

⑷　20℃で400ｇの水を使ってホウ酸のほう和水よう液を作ると，ホウ酸は19.6ｇとけるから，こさは，19.6÷(19.6＋400)×100＝4.67…より，4.7％になる。

⑸　食塩74.0ｇをとかすのに必要な80℃の水は，100×74.0÷38.0＝194.7…(ｇ)である。また，ホウ酸47.0ｇをとかすのに必要な80℃の水は，100×47.0÷23.5＝200(ｇ)となる。これより，水を，250－200＝50(ｇ)蒸発させたとき，先にホウ酸がとけ残りとして出てくることがわかる。

⑹　40℃の水200ｇにとける最大の量は，食塩が，36.3×200÷100＝72.6(ｇ)，ホウ酸が，8.9×200÷100＝17.8(ｇ)となるから，出てくるとけ残りは，食塩が，74.0－72.6＝1.4(ｇ)，ホウ酸が，47.0－17.8＝29.2(ｇ)になる。したがって，ろ過により，1.4＋29.2＝30.6(ｇ)の固体が得られる。

4　ふりこの性質についての問題

(1)　「おもりの重さ」と「10往復の時間」の関係を調べるときは，「おもりの重さ」だけが異なり，「糸の長さ」と「手をはなす位置の鉛直《えんちょく》との角度」が同じものどうしを比べる。

(2)　「糸の長さ」と「10往復の時間」の関係を調べるときは，「糸の長さ」だけが異なり，「おもりの重さ」と「手をはなす位置の鉛直との角度」が同じものどうしを比べる。

(3)　実験②のふりこは１往復するのに，14.0÷10＝1.4(秒)かかる。よって，5.0÷1.4＝３余り0.8より，地点Ａで手をはなすと，３往復したのち0.8秒だけふれることがわかる。そして，地点Ａから地点Ｃまでふれるのに，1.4÷２＝0.7(秒)かかるので，おもりの位置は，地点Ｃから地点Ａに向かって，0.8－0.7＝0.1(秒)ふれたところとなる。地点Ｃから地点Ｂまでふれるのに，0.7÷２＝0.35(秒)かかるので，おもりの位置は地点Ｂと地点Ｃの間になる。

(4)　表１より，「10往復の時間」は「糸の長さ」だけによって決まり，「糸の長さ」が12cmから48cmへ４倍になると，「10往復の時間」は7.0秒から14.0秒へ２倍になることがわかる。よって，「糸の長さ」が27cmから４倍の，27×４＝108(cm)になったとき，「10往復の時間」は27cmのときの２倍の21.0秒となるので，「糸の長さ」が27cmのときにふりこが10往復するのにかかる時間は，21.0÷２＝10.5(秒)と求められる。

(5)　図３のふりこは，くぎより左側では「糸の長さ」が108cmのふりことしてふれ，くぎより右側では「糸の長さ」が，108－60＝48(cm)のふりことしてふれる。したがって，ふりこが10往復するのにかかる時間は，21.0÷２＋14.0÷２＝17.5(秒)となる。

国　語　＜Ａ日程試験＞（50分）＜満点：100点＞

解　答

一　**問１**　エ　**問２**　ア　**問３**　文化　**問４**　ウ　**問５**　イ　**問６**　エ　**問７**　（例）　レストランを経営するには，技術だけでなく一見自分と縁遠いと思われる知識も必要だから。　**問８**　エ　**問９**　イ　**問10**　エ　**二**　**問１**　ウ　**問２**　エ　**問３**　ウ　**問４**　イ　**問５**　ア　**問６**　エ　**問７**　エ　**問８**　(1)　（例）　いろんな気持ちがいっぱいで，何か伝えたいことがあってもうまくできない(ところ)　(2)　お日さまのにおい

三　①～⑧　下記を参照のこと。　⑨　さいこう　⑩　とうばん

●漢字の書き取り

三　①　告示　②　優先　③　通訳　④　地層　⑤　身辺　⑥　刻(む)　⑦　有識者　⑧　果物

解　説

一　**出典は河野哲也《こうのてつや》の『問う方法・考える方法　「探究型の学習」のために』による。**人間の行う知的活動として「文明」と「文化」をあげ，それらが関係している学習の動機づけの重要性について述べている。

問１　ぼう線部①の二つ後の段落に，被災《ひさい》地の「公共施設《しせつ》で寝泊《ねとま》りしている人たち」が「必要な情報を知りたいからというだけでなく」「楽しみを得ようとして書物を探していた」と述べられてい

る。書物は，「必要な情報」を得るという意味では「文明」だが，「楽しみを得」るという意味では「文化」といえる。被災した人々が「まだまだ生活が厳しい中でも」「文化」を求めていたことから，筆者は「人間は根源的に文化を必要としている」，「文化を求めるのは人間であることの証《あかし》」だと考えている。

問２　「文明」は「なくてはならない必要なものを生み出す」ものであり，「文化」は「人々に喜びを与《あた》えるもの」であることをおさえる。例としてあげられている「スポーツ」や「家屋」と同じように，その両面を持っているものを考えると，アがふさわしい。

問３　問１でみたように，「楽しみを得」るための書物は「文化」といえる。よって，「文化」があてはまる。

問４　ａは，「探究型の授業のテーマ」は「文化と文明」の「どちらか」，または，その「両方に関わっている」という文脈なので，同類のことがらのうちのいずれかであることを表す「あるいは」があてはまる。ｂは，「探究型の授業を行うのに，一番大切なのは，学ぶ側が学ぼうとする意欲を持っているかどうか」だと述べた後で，「人はどういうことに学ぼうとする意欲を持つでしょうか」と話を発展させているので，前のことがらを受けて，それをふまえながら次のことを導く働きの「では」がふさわしい。ｃは，「何かができるようになりたいという気持ち」について述べた後で，「この何かができるようになりたいという気持ちは，『何かを達成して，自分が世界のなかで効力を持てる存在になりたいという気持ち』でもあります」とつけ加えているので，前のことがらを受けて，さらにつけ加える意味を表す「そして」が合う。

問５　筆者が「二種類の動機」として，「世界がどうなっているかが分かるような～願望」と「何かができるようになりたいという気持ち」をあげていることをおさえる。ぼう線部⑤の段落では，「何かをできるようになりたい」という気持ちがなければ「先人たちの残してくれた」「知識を求める意欲が湧《わ》かない」と述べられている。さらに，その次の段落で，「何かができるようになりたい」という気持ちは「何かをやってみたり～経験から生まれ」ると述べられている。よって，イがふさわしい。

問６　「いくら」の後にそれぞれの部分をつなげて読んでみると，「いくら」「あっても」で意味が通る。

問７　ぼう線部⑥の前で，「レストランを経営する」ためには「調理の技術」だけではだめで，「栄養学～流通の知識」や「オリジナルな商品」，「清潔で，オシャレ」な店の外見や内装，「経営学の知識」，「化学から～心理学まで」いろいろなことが関係していると述べられている。つまり，レストランを経営するには，一見調理とは関係ないように見えるさまざまなことを学ぶ必要があるということである。

問８　直前に，「教える側は，学ぶ側が意欲を持てるような経験をさせてあげなければ」ならないが，「子どもが家庭で与えられる経験」には格差があると述べられている。

問９　ぼう線部⑧の後に，「政治とは，異なった利益を調整して，集団の秩序《ちつじょ》を作り出していく活動のこと」だと述べられている。また，次の段落に，「政治の役割」は「きちんとデータを出して～双方《そうほう》が納得《なっとく》できる結論を導き出す」ことだとあるので，イが選べる。

問10　次の段落で，レストランを例に出していろいろな疑問をあげている。そして，そのような疑問は「ただ今ある仕事先で自分が働くというよりは，新しい産業や新しい文化を生み出す大きな発想のもとになる」と述べられている。よって，エが合う。

二 出典は吉田桃子《よしだももこ》の『夜明けをつれてくる犬』による。美咲は飼っていた犬が死んでしまい，悲しみにくれていた。そんなとき，犬の保護施設《しせつ》で「マーブルもようの子」と出会う。

問1　一つ目の空らん①では，「マーブルもようの子」のようすを見て，美咲が「こわがられている？」と感じている。また，二つ目は，リビングから聞こえてきた兄の「父さんも母さんもだめじゃんか」という声に，美咲が「ドキンとして」いる場面である。よって，恐怖《きょうふ》や不安などから体を小さくするようすを表す「身をちぢめた」とするのがふさわしい。

問2　美咲は，近づいていったときの「マーブルもようの子」のようすを見て「こわがられている」と感じ，「とっさに手を引っこめてしま」ったが，村田さんが「人間に捨てられたり，虐待《ぎゃくたい》され」たりしたために「どうやって人間に接したらいいかわからない」犬もいること，「マーブルもようの子」も「こわがっているんじゃなくて，どうしたらいいかわからないだけ」だということを教えてくれたので，納得したのである。

問3　美咲は，「今まで聞いたことのない」不思議な音が「目の前にいるマーブルもようの犬の鳴き声」だとわかり，「びっくり」している。そして，「これが犬の～いるだろうか」とあるように，とても犬の鳴き声とは思えないようなものだったので，わけがわからずとまどっているのである。

問4　直後に「また，わたしと同じだと思ったのだ」とある。本文の最初のほうにも，「みんな，それぞれに自分のことをめいっぱい伝えてくる」犬たちのなかで，「マーブルもようの子」だけが「すみっこにいる」ようすを見て，美咲が「わたしみたいだ」と感じている場面がある。ぼう線部④では，「マーブルもようの子」が「声が思うとおりに出なく」なって「それでも前に進んでいこう」としている話を聞いて，それが「レオンをうしなってから，悲しくてしかたない」が何とか前に進もうとしている自分自身に重なり，さらに親近感を覚えたのだと考えられる。

問5　空らんの後に，「心のどこかで」「もし，レオンが空の上の天国にいて，そこからこっちを見ていたら，こんなわたしにうんざりしているだろうな」とある。美咲は「レオンをうしなってから，悲しくてしかたない」けれども，前に進もうと努力しているので，アが合う。

問6　美咲は，「マーブルもようの子」をなでながらレオンのことを思い出し，「きみも，わたしを必要としてくれているの？」と「心のなかで話しかけ」ている。よって，ぼう線部⑥では，「マーブルもようの子」が自分に心を開いてくれるだろうかと緊張《きんちょう》していたのだと考えられる。

問7　後の，兄が両親と話している場面に注目する。「父さんも母さんもだめじゃんか」，「おれ，美咲に自分の口でしゃべってほしくて，わざと言ったんだよ」と言っているので，兄がぼう線部⑦のような不満そうな態度をとったのは，美咲が自分の口で気持ちを伝える前に，両親が先回りしてしまったからだとわかる。

問8　(1)　美咲が「マーブルもようの子」と自分が似ていると思ったのは，すみっこにいて自分のことを伝えてこないところや困難を乗り越《こ》えて前に進んでいこうとしている姿だということをおさえる。よって，空らん(1)に入る言葉は，「いろいろ思っていることがあって，伝えたいのにうまく伝えられない」のようにまとめられる。　(2)　「お日さまのにおいが鼻をかすめ」て，「レオンのにおい」だと思って見ると，「マーブルもようの子が，しゃがんでいるわたしに体をよせていた」という場面がある。つまり，レオンと「マーブルもようの犬」は，どちらも「お日さまのにおい」がするということがわかる。

三 漢字の書き取りと読み

① 公的な機関が，あることがらを広く一般《いっぱん》に知らせること。 ② ほかのものより先にすること。 ③ 異なる言語を話す人の間で，たがいの言葉を翻訳《ほんやく》して話の仲立ちをすること。 ④ 土砂などが堆積《たいせき》してできた層状の岩体。 ⑤ 身のまわり。 ⑥ 音読みは「コク」で，「深刻」などの熟語がある。 ⑦ 学問があり，見識が広く高い人。 ⑧ 木や草の実で，食用になるもの。 ⑨ いったんおとろえたものをもう一度さかんにすること。 ⑩ 投手として出場すること。

2022年度　山手学院中学校

〔電　話〕　(045) 891－２１１１
〔所在地〕　〒247－0013　神奈川県横浜市栄区上郷町460
〔交　通〕　JR根岸線 —「港南台駅」より徒歩12分
「大船駅」よりバス「山手学院入口」

【算　数】 〈特待選抜試験〉 (50分) 〈満点：100点〉

1　次の□の中に適する数を書きなさい。

(1)　$1.625 \times \left\{13\frac{1}{3} \div \frac{5}{6} - \left(3.6 + \frac{14}{5}\right) \times 1.25\right\} = \square$

(2)　A，B２人ですると，４日で完成する仕事があります。もし，この仕事を全体の$\frac{1}{3}$はAだけ，残りをBだけですればAとBの２人でするときより６日遅くなります。逆に，全体の$\frac{1}{3}$はBだけ，残りをAだけですればAとBの２人でするときより４日遅くなります。この仕事をAだけですると□日かかります。

(3)　図のような三角形ABCにおいて，BC＝5 cm，CA＝3 cmです。
また，辺BC上にBD：DC＝16：9となるように点Dをとると，AD＝3.2 cmになりました。このとき，AB＝□cmです。

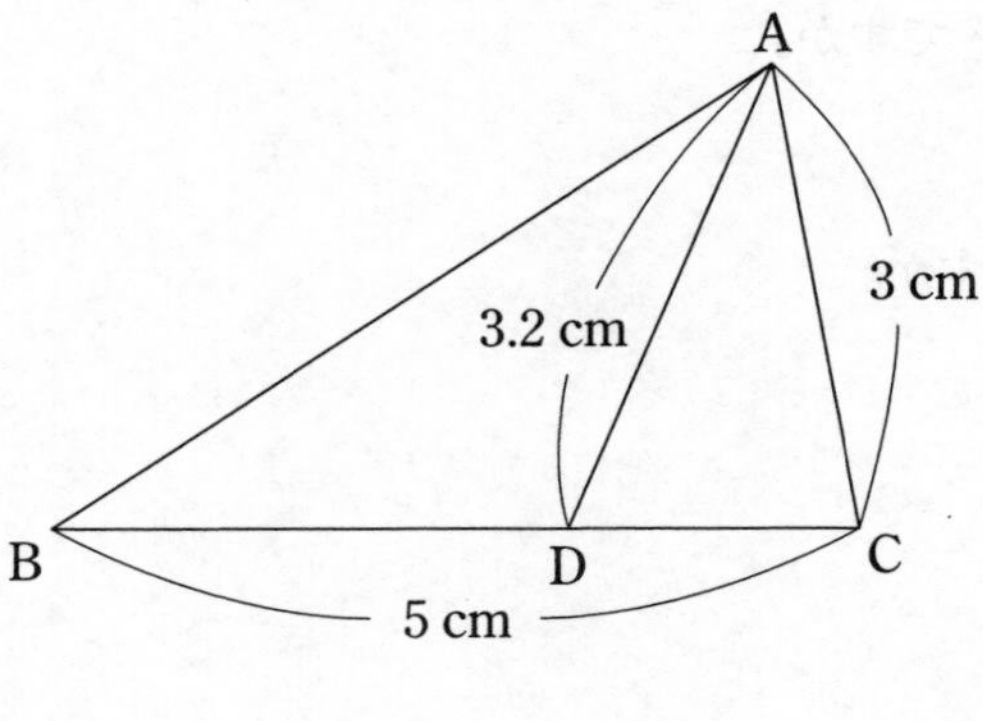

2 図のように，半径が 12 cm で中心角が 90° のおうぎ形 OAB と，OA を直径とする半円があります。弧《こ》AB を三等分する点を C，D とし，弧 OA と OC，OD の交わる点をそれぞれ E，F とします。このとき，次の各問いに答えなさい。ただし，円周率は 3.14 とします。

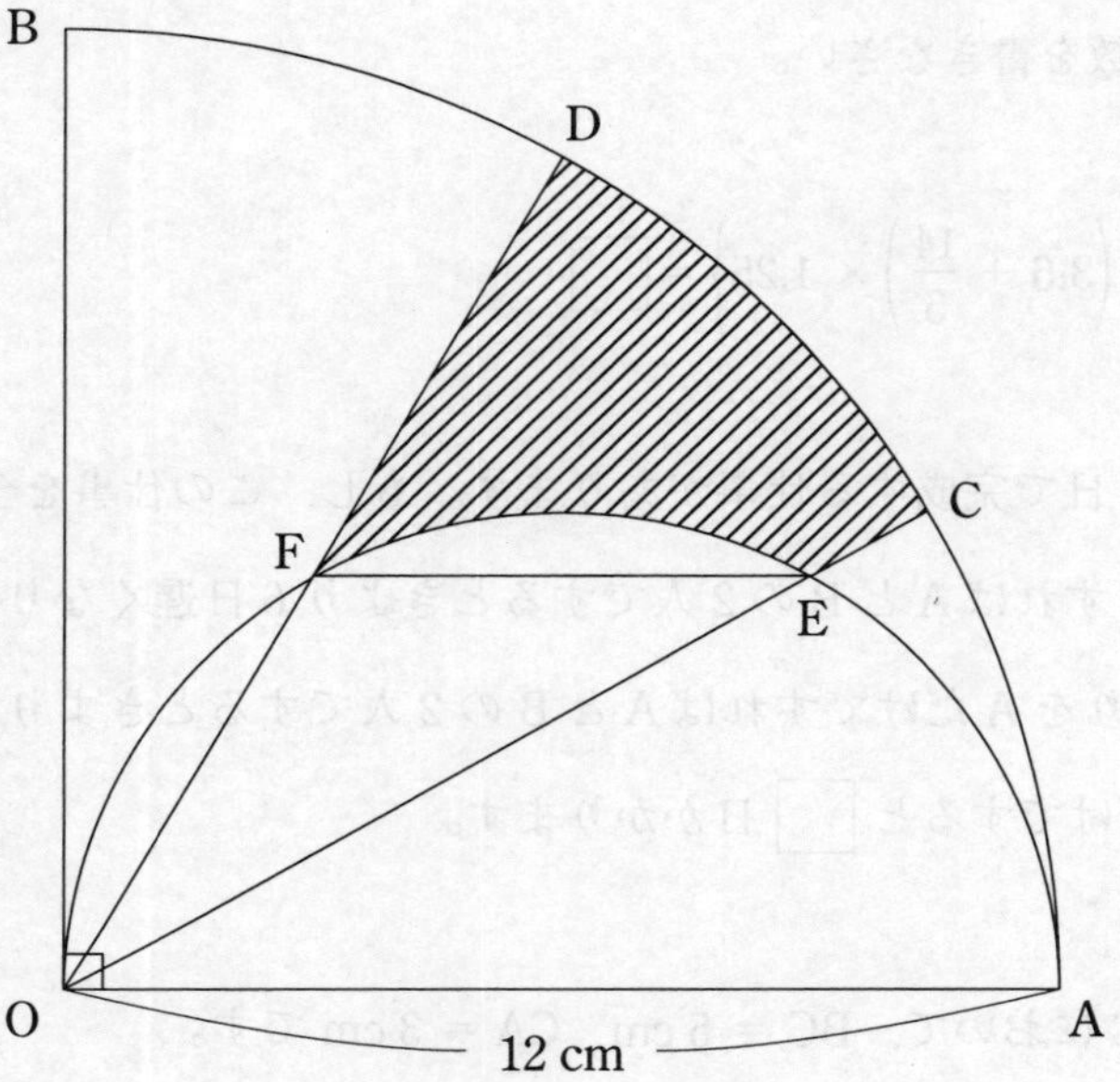

(1) EF の長さは何 cm ですか。

(2) 三角形 ODC の面積は何 cm^2 ですか。

(3) 斜《しゃ》線部分の面積は何 cm^2 ですか。

3 図1のような辺ABに水の高さを測るための目盛りのついた直方体の水そうがあります。その中には2枚の長方形の仕切り板P，Qが10 cm間かくに底面と垂直に立っており，水そうの底面を図1のア，イ，ウのように3等分しています。また，仕切り板の横の長さは2枚とも15 cmで，仕切り板Qの縦の長さは20 cmです。仕切り板の厚さは考えないものとします。

いま，図1のアの部分の真上から水を一定の割合で入れたところ，入れはじめてから12分後に水そうがいっぱいになったので，水を入れるのを止めました。図2は，水を入れはじめてからの時間と辺ABについた目盛りで測った水の高さとの関係を示したグラフです。このとき，次の各問いに答えなさい。

図1

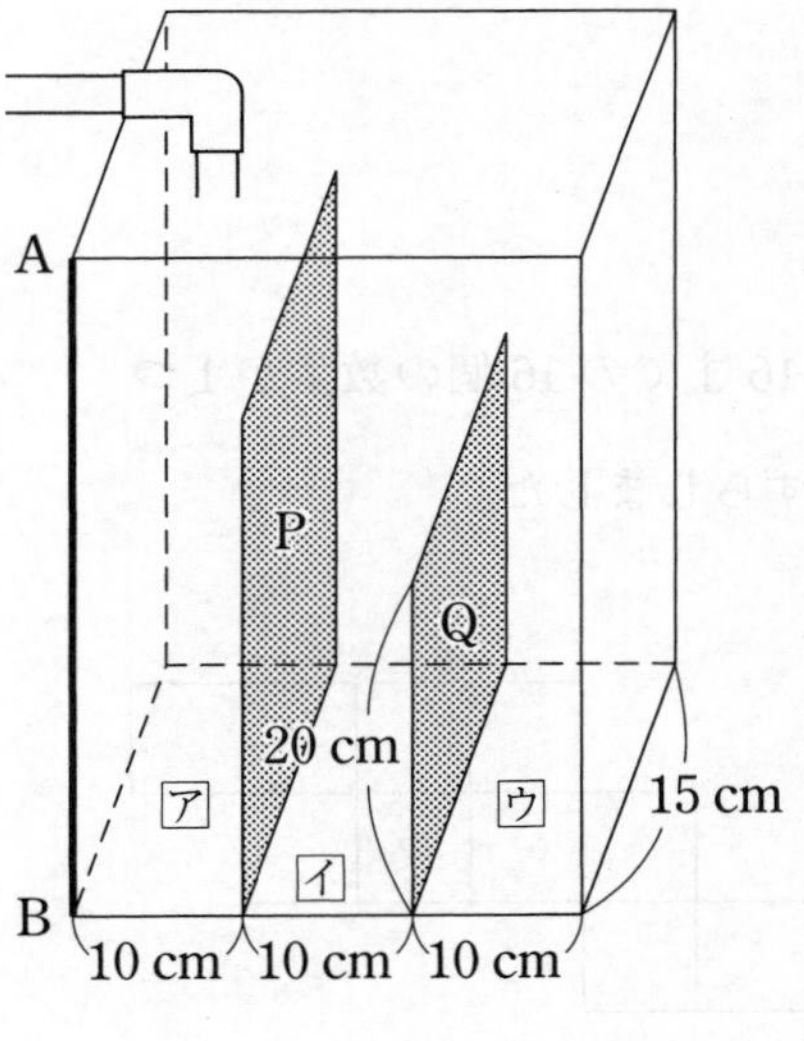

図2

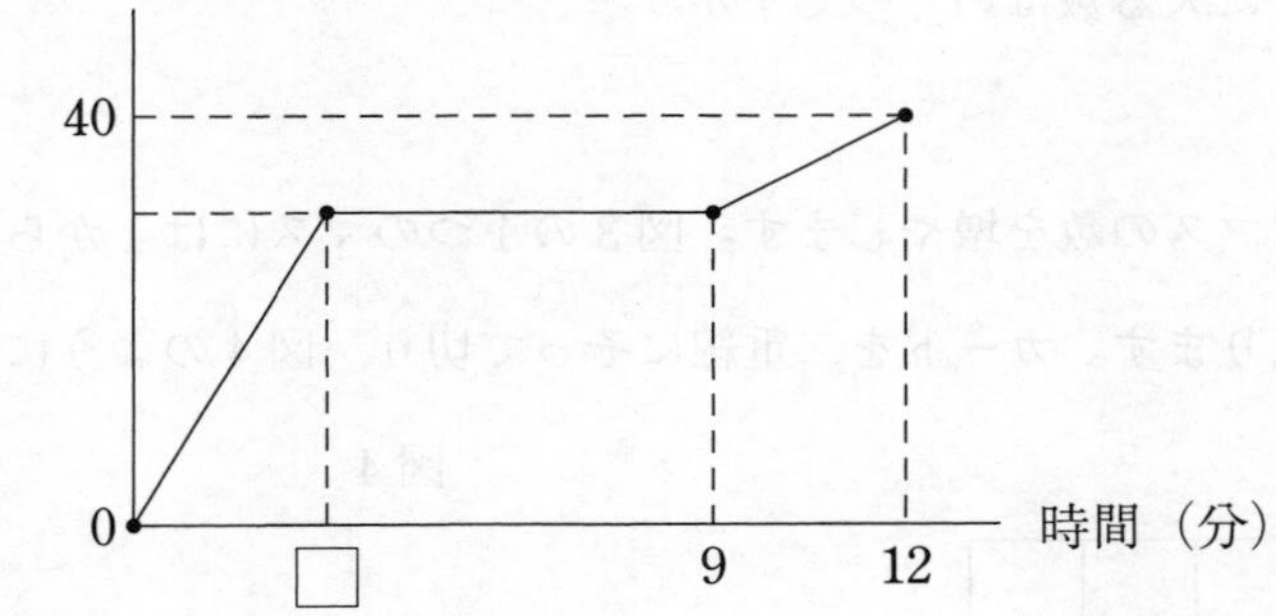

(1) 毎分何Lの割合で水を入れましたか。

(2) 図2の□に適する数を答えなさい。

(3) 水を入れるのを止めたあと，水そうの底面のイの部分に穴をあけて，毎分0.7 Lの割合で水を抜きます。抜いた水の流れが止まるのは，穴をあけてから何分後ですか。

4 図１の１つのマスには１から９までの９個の数字が１つずつ入ります。図１を二重線にそって切り，図２のようにずらしました。

↓の下の □ にはその上にある □ の中の数の和が入ります。

図１　　　　　　　　　　　　　図２

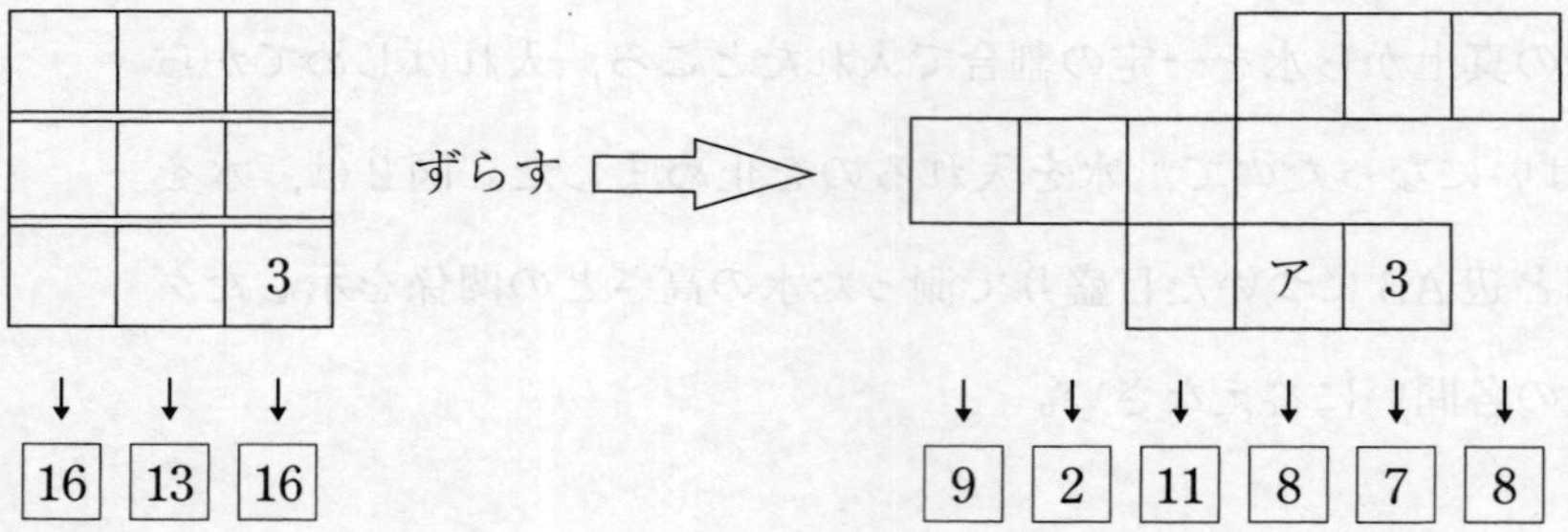

(1)　アに入る数はいくつですか。

次にマスの数を増やします。図３の１つのマスには１から16までの16個の数字が１つずつ入ります。カードを二重線にそって切り，図４のようにずらしました。

図３　　　　　　　　　　　　　図４

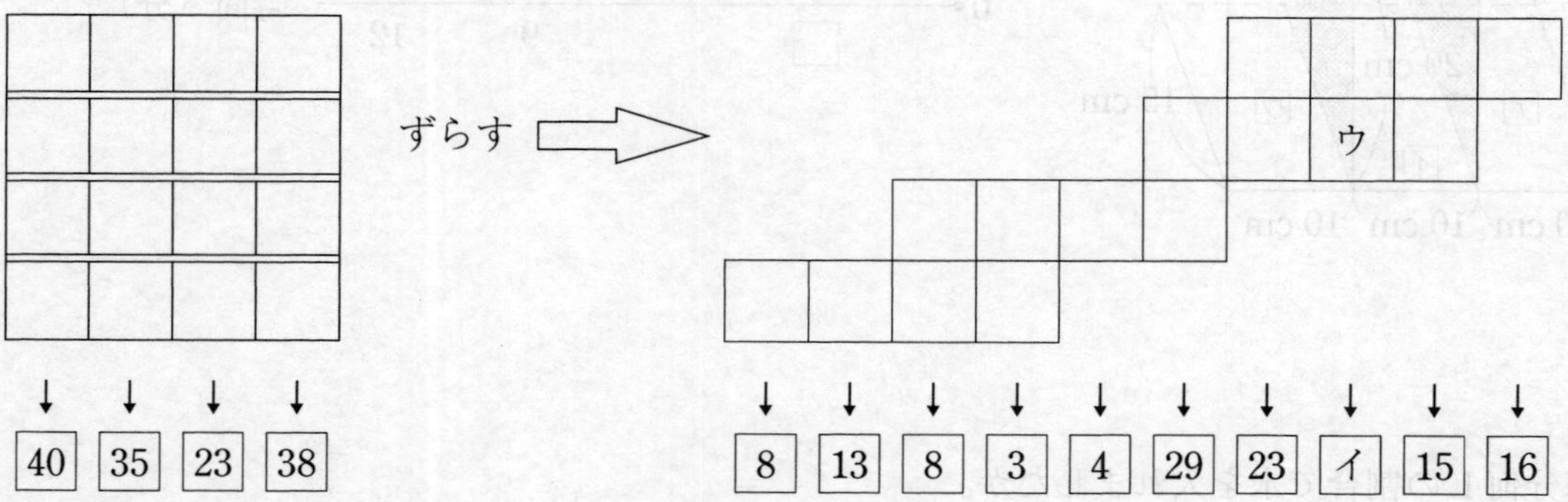

(2)　イに入る数はいくつですか。

(3)　ウに入る数はいくつですか。

5 A, B, C, D, Eの5人が総当たりの将棋《ぎ》の対局をしました。引き分けの対局はなく，勝った数で順位をつけたところ，次の4つのことが分かりました。

① 1位は1人だけでした。

② 2位はCだけでした。

③ AとEは同じ順位でしたが，AはEに勝ちました。

④ DはCに負けました。

このとき，次の各問いに答えなさい。

(1) これらの対局について節子《せつこ》さんと幹男《みきお》さんの2人が考えました。次の節子さんと幹男さんの会話文を読んで，□の中に適する数を書きなさい。

幹男さん　対局は全部で [ア] 局あったね。

節子さん　①，②，③からAさんとEさんは [イ] 勝または [ウ] 勝だということが分かるね。

幹男さん　もし，AさんとEさんが [イ] 勝しているとすると，1位の人は [エ] 勝，2位の人は [オ] 勝していることになるね。

節子さん　そうだね。このとき，1位，2位，Aさん，Eさんの勝った数の合計が [カ] 勝となり，[ア] より大きくなり，おかしいことになるね。

幹男さん　ということは，Aさんは [ウ] 勝 [キ] 敗だったということになるね。

節子さん　そうなると，[ウ] 勝 [キ] 敗の人が [ク] 人になるね。

(2)　下の表は，A，B，C，D，Eの５人がだれに勝ったのか，負けたのかを表す表です。勝った場合には○，負けた場合には×を書き入れます。

表１において，③より，AはEに勝ったので，※１には○を，EはAに負けたので，※２には×を書き入れることになり，表２のようになります。解答用紙の表２を完成させなさい。

表１

	A	B	C	D	E
A					※１
B					
C					
D					
E	※２				

表２

	A	B	C	D	E
A					○
B					
C					
D					
E	×				

6 次の各問いに答えなさい。

(1) 縦 270 cm，横 396 cm の長方形を，同じ大きさのできるだけ大きい正方形ですき間なくしきつめる方法を以下の手順で考えました。ア ～ ク に適する数を書きなさい。

手順① 最初の長方形から，一辺 270 cm の正方形は ア 個切り取ることができて，縦 270 cm，横 イ cm の長方形が残ります。

手順② ①で残った長方形から，一辺 イ cm の正方形は ウ 個切り取ることができて，縦 エ cm，横 イ cm の長方形が残ります。

手順③ ②で残った長方形から，一辺 エ cm の正方形は オ 個切り取ることができました。

このことから　270 ＝ エ × カ，396 ＝ エ × キ となり，縦 270 cm，横 396 cm の長方形は一辺が エ cm の正方形 ク 個でしきつめられました。

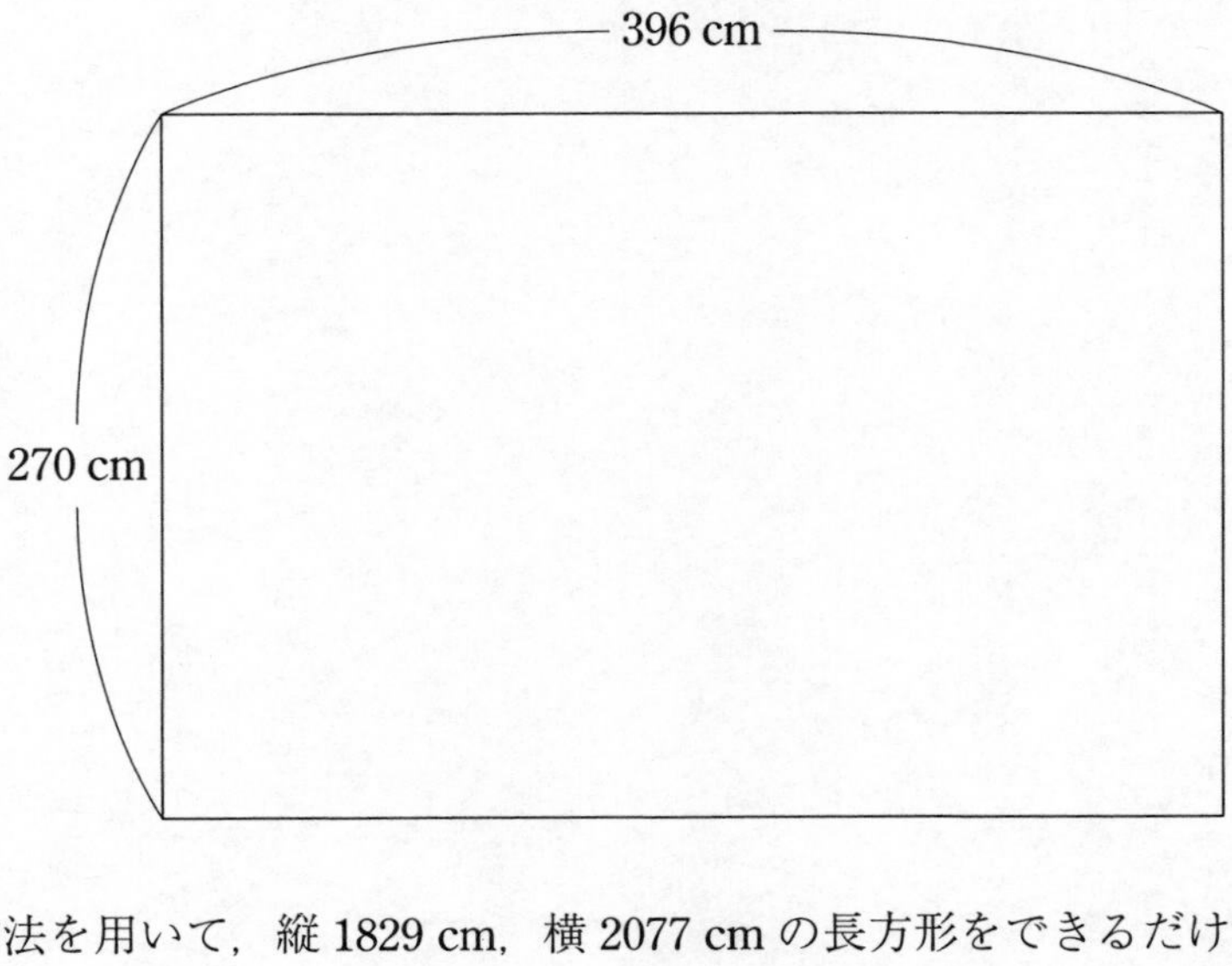

(2) (1)の方法を用いて，縦 1829 cm，横 2077 cm の長方形をできるだけ大きい正方形ですき間なくしきつめるとき，必要な正方形の個数はいくつですか。ただし，答えを導く過程も書きなさい。

三　次の――線部について、カタカナは漢字になおし、漢字は読みをひらがなで答えなさい。なお、漢字はていねいにはっきりと書くこと。

①遠くからキテキが聞こえる。

②すもうの春場所はセンシュウラクを迎《むか》えた。

③申し込み書とショウゴウする。

④天高く馬コゆる秋。

⑤ケンザンして確かめる。

⑥あの人は大器バンセイ型の人だ。

⑦インガ応報。

⑧それはシュウチの事実だ。

⑨プレゼント代を兄弟で折半する。

⑩藩主《はんしゅ》の側近としてつかえた。

問九　――線部⑨「がっかりはしなかった」とありますが、その理由として最もふさわしいものを選び、記号で答えなさい。

ア　純さんときららは、それぞれ自分とは違う他者であるが、自分が二人のことを好きでいられるというだけで十分満ち足りたものを感じているから。

イ　純さんもきららも自分とは異なる存在であるが、「わたし」が空想してきた惑星の使者と同じく、宇宙でつながっているという気がしているから。

ウ　純さんときららは、それぞれ人には言いづらい事情があることがわかり、素直に気持ちをはき出すことができないということを理解したから。

エ　純さんときららに「わからない」と言われることはなかば予想しており、安易に「わかる」と発言する人たちよりわかりあえたと思ったから。

問十　――線部⑩「もうすこしだけここでがんばってみたい」とありますが、なぜ「わたし」は地球で「がんばってみたい」と思えたのですか。地球が「わたし」にとってどのような場所で、何を「がんばってみたい」のかを明らかにして、五十字以上六十字以内で説明しなさい。

問六　――線部⑥「うつむいたまま口をもぐもぐと動かす」とありますが、このときの「きらら」の気持ちの説明として最もふさわしいものを選び、記号で答えなさい。

ア　両親が喧嘩をしているのは自分にも責任があると分かっているとはいえ、つらいことであり、そのつらさは誰にも理解されないだろうというさみしい気持ち。

イ　両親が喧嘩をしていることで自分の家に居場所がないと感じられる上に、親に言われた納得できないことを受け止めることができずひどく困わくする気持ち。

ウ　両親が喧嘩をするのは自分のことを思ってではなく理解がないからだと考えて、何か戦うための武器を手に自分一人でも強く生きていこうとする気持ち。

エ　両親が喧嘩をするのはいつものことなので仕方がないが、なぐさめようとしている純さんがくれたマフィンが思いのほかおいしくなく、がっかりする気持ち。

問七　――線部⑦「不可解な事象」とありますが、「きらら」が何をどのように「不可解」だと感じたのかを説明した次の文の［⑦-A］・［⑦-B］にあてはまる内容を、本文中よりそれぞれ指定の字数でぬき出して答えなさい。

［⑦-A（二十二字）］ことを、［⑦-B（十六字）］だと感じた。

問八　空らん［⑧］にあてはまる四字熟語として最もふさわしいものを選び、記号で答えなさい。

ア　言語道断《ごんごどうだん》　イ　付和雷同《ふわらいどう》　ウ　優柔不断《ゆうじゅうふだん》　エ　異口同音《いくどうおん》

問三　――線部③「声に異様な実感がこもってしまった」とありますが、その理由として最もふさわしいものを選び、記号で答えなさい。

ア　「わたし」も周囲に秘密にしていることがあり、人知れず悩《なや》み続けてきた純さんに同情したから。

イ　「わたし」は純さんと同様に、幼い頃からきれいなものが好きであったために苦労したことがあったから。

ウ　「わたし」はかつて、自分が好きなものをあきらめてしまった経験があり、純さんに共感したから。

エ　「わたし」も自分で作ったものを売って人に認められたいと感じており、純さんの気持ちが理解できたから。

問四　――線部④A・B「擬態」とありますが、この文章ではどういうことを表していると考えられますか。最もふさわしいものを選び、記号で答えなさい。

ア　自分が他者の存在というものを気にしていないそぶりをしてきたことで、自分が好きなものを好きだと言えなくなったこと。

イ　自分が惑星マスコから来た異星人だという空想をずっとしてきたせいで、どんな人のことでも受け入れられるようになったこと。

ウ　自分が他人と違うことを隠《かく》すのは相手をだますようなことだと分かっていながら、誰からも責められないようにうまく生きてきたこと。

エ　自分が周りの人たちと違うという感情をおさえて、周囲の人から見て特に目立った点がないようみんなと同じようにふるまうこと。

問五　――線部⑤「高い木の枝の先で身動きできない子猫に話しかけているみたいな」とありますが、ここには「純さん」のどのような心情がこめられていますか。「〜という心情。」に続くよう「〜」の部分を三十字以内で考え、答えなさい。

コ星人からのエールだと勝手に思うことにした。

（『短編宇宙』所収　寺地はるな「惑星マスコ」より・一部改）

問一　――線部①「視線は合わない」とありますが、その理由として最もふさわしいものを選び、記号で答えなさい。

ア　純さんの発言が「わたし」には納得できないので、目を合わせないことでその言い分を認めないという意思表示をしているから。

イ　純さんも「わたし」もそれぞれが一風変わった感受性の持ち主で、おたがいにどこまでも心が通じ合うことがない二人だから。

ウ　純さんは「わたし」にいやみを言ってしまったことを後かいしているが、自分の本心を「わたし」に気づかれまいとしているから。

エ　純さんは「わたし」の頭のかたちの良さや首の長さにひきつけられ、どんな帽子が似合うかということばかり考えているから。

問二　空らん ② にあてはまる語として最もふさわしいものを選び、記号で答えなさい。

ア　画一性　イ　多様性　ウ　可能性　エ　公平性

ある日突然《とつぜん》、惑星マスコからの使者がわたしの前に現れる。そんな空想を、かつて何度もした。迎《むか》えにきたよ、と使者は言う。いや言わない。テレパシーをつかうから。わたしの喜びは、相手に正確に伝わる。

わたし、ずっと地球でがんばってきたんです。

ああ、見ていたよ。きみはじゅうぶんがんばった。さあ、われわれの星に帰ろう。

「あったかい飲みもの、入れてくるから」

純さんが立ち上がって、部屋の中に入っていく。

湯気の立ちのぼる紅茶のカップをのせたトレイを捧《ささ》げ持って戻ってきた純さんときららに惑星マスコの話をしてみた。

はじめて自分以外の人間に話したから、うまく説明できたとは言い難《がた》かった。額に汗《あせ》をにじませながら話し終える頃には、熱かったはずの紅茶はぬるくなっていた。

「なにそれ」

「なにそれ」

年齢も性別もなにもかも違うふたりが［　⑧　］に言い、顔を見合わせる。

「わかります？　こういう感覚」

「わかんないよ」

「わかんない、ぜんぜん」

⑨がっかりはしなかった。相手を好ましく思うことと、わかりあえることは違うから。

地球にいるわたしたちは、ほんとうはみんなひとりひとり異なる星から送りこまれた生きものなのかもしれない。だってこんなにも通じ合えない。

でももし今惑星マスコからの使者がわたしを迎えにきたとしても、わたしはUFOには乗らない。⑩もうすこしだけここでがんばってみたいんです。きっと、そんなふうに伝える。テレパシーのつかえない、誰ともわかりあえない、この地球で、と。

「へんなの」

へんなの。二度言ったきららの小さな肩は、もう震えてはいなかった。ほんとね、へんね、と純さんが肩をすくめ、へんへんですよね、とわたしは頷《うなず》く。空のてっぺんの、高い、高いところで、なにかの白い光が点滅《てんめつ》している。わたしはそれをマス

「今日は武器持ってないんだね」

「そんなの持ち歩くのへんだって、取り上げられた。ほかの子はそんなことしないからだめだって。前はいいって言ってたのに」

父親なり母親なりに「前はいいと言われていたことを後からだめだと禁止される」ことは、彼女《かのじょ》の家ではよくあるらしかった。

「きららはきららのままでいいんだよって言ったあとで『どうしてみんなみたいにできないの』って怒《おこ》る。言うことを聞きなさいって言ったあとで、『自分の頭で考えなさい』って言う。きゅうに言うことが変わるパパとママは、べつの誰かと入れ替《か》わってるみたい。それか、誰かに操作されてるみたい」

小刻《こきざ》みに震《ふる》えている肩を見おろす。

もしかしたらこの子は今までずっと、⑦不可解な事象すべてを宇宙人のしわざととらえることで、なんとか自分を納得させようとしてきたのかもしれない。

「あなたはあなたのままでいい」と「どうしてみんなみたいになれないのか」。正反対の感覚がひとつの人間の中に共存していることは、きららにとっては親が宇宙人とすりかわったように見えるほど、ふしぎなことなのだ。

地球在住の普通の大人への④B擬態に結局失敗してしまったわたしは、目の前で涙《なみだ》ぐんでいる子どもを慰《なぐさ》める言葉を持たない。

救いを求めるように純さんに視線を向けたが、困ったように肩をすくめられただけだった。

「ＵＦＯを見たって言ったら前はパパもママも信じてくれたのに、今は『嘘《うそ》ばっかりついてるとお友だちに嫌《きら》われるよ』って怒るの。おかしいよね？」

「おかしいね」

人の心は、なんて矛盾《むじゅん》に満ちているんだろう。

陽《ひ》が落ちて、庭の草木はすべて闇《やみ》にのまれてしまう。冷えてきたね、と純さんが自分の両腕をさする。もうそろそろ姉が帰ってくる頃だが、なんとなく立ち上がれなかった。

きららが見たというそのＵＦＯを、わたしも見てみたかった。どんな材質でできているんだろう。やっぱり地球には存在しない金属を使用しているのだろうか。

「それはつまり、ＤＶ的な……」

「いいえ、あれは派手な喧嘩《けんか》って感じね。子どものことでいつも言い争ってる」

　育てかたの問題。しつけ。恥《は》ずかしいこと。普通《ふつう》じゃない子。純さんは指を折って、漏《も》れ聞こえた言葉を挙げる。口の中に残っていたマフィンがきゅうにただの重たいかたまりになり、飲みこむのに苦労する。

「おいで！」

　純さんがとつぜん声をはりあげる。わたしに言ったのではなかった。植えこみからのぞいていたきららが、弾《はじ》かれたように立ち上がる。

「こわくないでしょう？　このお姉さんもいるし。おいで」

　⑤高い木の枝の先で身動きできない子猫《こねこ》に話しかけているみたいな、そんな切実さのにじんだ声だった。だからわたしも「おいでよ」ときららに向かって手招きしてみる。

　きららは三歩進んで二歩下がるような警戒心《けいかい》丸出しの歩みで庭を進み、長い時間をかけてようやく縁側にたどりついた。

　純さんがきららにマグカップを差し出す。コーヒーに牛乳がたっぷりと加えてある。子ども仕様だ。

　わたしと純さんのあいだに座ったきららは、差し出されたマフィンを疑わしそうに眺《なが》める。見かねた純さんが半分に割って片方を食べて見せると、ようやく口に持っていった。

「宇宙人同士、仲良くなったの？」

　一瞬《いっしゅん》ひやりとしたが、純さんはフンと鼻を鳴らしただけだった。

　遠くなったり、近くなったりを繰《く》り返しながら、きららの両親が言い争う声が聞こえ続けている。

「おいしい？」

「おいしくない。ぴりぴりする。辛い」

　⑥うつむいたまま口をもぐもぐと動かすきららの首筋に、濡《ぬ》れた髪《かみ》の毛が数本へばりついていた。肩《かた》も腕《うで》もちょっと力をこめたらぽっきり折れてしまいそうに細い。

　ずっと外を歩きまわっていたのだろうか。両親が言い争っているから家に入れなかったのか、あるいは言い争っているから外に出たのか。

もしれない「どうしても好きなもの」は、なにひとつこの手の中には残っていない。

わたしの頭に黒いハットがかぶせられた。布製のちょうちょがたくさんとまっている。

「あんた、頭のかたちがいいのよね。首が長いのもいい。帽子が映える」

純さんはつぎつぎとわたしの頭に帽子をのせ、シャッターを切る。頭のかたちと首の長さをほめられたのははじめてだった。純さんは最初に会った時から、わたしに帽子のモデルを頼みたいと思っていたらしい。

撮影《さつえい》が終わると、もう夕方だった。ちょっと待っててね、と純さんが家の中に消える。コーヒーを淹《い》れる匂《にお》いとこうばしくて甘《あま》いなにかの匂いが流れ出し、まじりあう。深く吸いこんだら、なぜかわくわくしてきた。

「はい、どうぞ」

傍《かたわ》らに置かれた皿にマフィンがふたつのっていた。玉ねぎと黒胡椒《くろこしょう》のマフィンだという。

「おいしいです。甘くないマフィンはじめて食べました」

「あ、そう。ゆっくりめしあがれ」

縁側に並んで座って、しばらく海のほうを見ていた。純さんの家は山の中腹にあるから、海と姉の家があるあたりが見下ろせる。西のほうの空が赤みを帯びていき、家々はただの黒い影《かげ》になる。

「もしかしてこれも手作りですか」

「もしかしなくても、そう。あのマルナガっていうスーパー、品揃《しなぞろ》えがしけてるじゃない。だからお菓子《かし》やパンはぜんぶ自分でつくってる。パンって、けっこう簡単よ。夜のうちに生地《きじ》をこねて、冷蔵庫でゆっくり発酵《はっこう》させて、朝焼くの」

きららが言っていたスパンスパンは、パン生地をこねている音だったようだ。

ふいに、食器が床《ゆか》にたたきつけられたような鋭《するど》い音が、どこかでした。短い叫《さけ》び声が続く。とっさに周囲を見回したが、純さんは表情を変えない。

女の人の泣きわめく声。男の人の怒鳴《どな》り声。今度は、どすんという音。どうやら、きららの家のほうから聞こえてくるようだ。

「いつも、あんな感じよ。あの家」

純さんが目を伏《ふ》せて、マグカップに口をつける。

宇宙人ヨガおじさんは疑わしげに首を傾《かし》げた。じろじろとわたしを見るのだが、①視線は合わない。わたしの頭や首のあたりに視線を注いでいる。

「ただじゅん」

名乗られたのだと理解したのは、それから数日後のことだった。スーパーマルナガでもう一度会い、「お茶でも飲んでいく?」と誘《さそ》われたのだ。連れ立って出ていくわたしたちを、レジにいた姉が目を丸くして見ていた。玄関《げんかん》の『多田純』という表札を見て、そこではじめて理解したのだった。ただじゅんイコール多田純であると。

純さんは長年勤めていた会社が廃業《はいぎょう》したので(「婦人服とか子供服を卸《おろし》売りしてる小さい小さい会社よ。社長がよぼよぼのおじいさんでね、跡継《あとつ》ぎもいなくて」)、空き家になっていた生家に住むために戻《もど》ってきたとのことだった。現在五十八歳で、再就職は考えておらず(「だってこんな田舎に仕事なんかないでしょ」)、古着をリメイクしてつくった帽子《ぼうし》を売っているとのことだった(「食っていけるほど収入はないけどね」)。

「こういうの、もともとお好きだったんですか」

縁側《えんがわ》に座り、純さんがつくったという帽子を広げた。ど派手な柄《がら》の布を縫《ぬ》い合わせたチューリップハットやうさぎの耳がついたキャップ。強烈《きょうれつ》でかわいい。純さんはハンドメイドの商品を売るためのサイトに登録していて、そこではちょっと派手過ぎるかなと思うぐらいのものがよく売れるそうだ。

今日は、サイトに掲載《けいさい》する画像のモデルになってくれと頼《たの》まれて、ここに来た。

「そう、趣味《しゅみ》でね。今はネットがあるから世界のどこかにいる、自分と同じものを好きな人に出会える」

いい時代、としみじみ呟《つぶや》く純さんは、子どもの頃《ころ》からきれいなものが好きだったという。

「でも昔は、②なんていう言葉はなかった。みんなが好きなものを好きでなければならなかった」

「わかります」

純さんがカメラをのぞきこむ。

③声に異様な実感がこもってしまったことに気づいて、かるく咳払《せきばら》いをする。純さんは、でも、自分の好きなものを、その頃から今日まで④A一度も手放さずに生きてきたのだろう。それは容易なことではなかったはずだ。

わたしは早々に擬態《ぎたい》することを学んだのだから、そう大きな困難のない人生だったけれども、かつてはわたしの中にあったか

問七 ――線部⑦「クロオウチュウは～略奪行為を行うようになります」とありますが、これは❼の５つのグループ(1)～(5)のうち、どの「戦術的あざむき」にあたると言えますか。最もふさわしいものを選び、番号で答えなさい。

問八 ――線部⑧「きっと～楽しみです。」の一文の中で、「きっと」を受けている部分を選び、記号で答えなさい。

アこの先も、／イ 動物の／ウ 新しい／エ「ウソ」は／オ 発見されるでしょうから、／
カ 今後の／キ 研究が／ク 楽しみです。

二 次の文章を読んで、あとの問いに答えなさい。

小学生のころ、万寿子《ますこ》（「わたし」）は、親や姉と全然似ていない上に、周囲の子どもたちとどことなく違《ちが》う自分を、惑星《わくせい》マスコから地球に送られた「異星人」だと思っていた。三十歳《さい》を過ぎ、姉の暮らす九州の小さな漁師町にやって来た万寿子は、出会ったばかりの小学生きららに「宇宙人」だと言われる。だが、きららが宇宙人と呼ぶのは万寿子だけではなく、他にもヨガおじさん（純さん）がいた。

わたしの名前は森下万寿子、一身上の都合により会社を辞めて姉の家に居候《いそうろう》しています。自己紹介《しょうかい》をしたところできららとの関係性は説明できないとわかっていたが、まずはそこから話しはじめなければならない。ヨガおじさんは「いい年した女が田舎《いなか》で自分探し？」といやみっぽく鼻を鳴らす。

「とくに探してはいません」

自分探しという言葉を聞くたび、わたしは懐中電灯《かいちゅうでんとう》とスコップ片手にうろうろしている誰《だれ》かを想像する。地中に埋《う》まった宝のように光り輝《かがや》く「ほんとうの自分」があると信じて血眼《ちまなこ》で歩きまわる誰か。そんなもの、きっとないのに。

「ふうん」

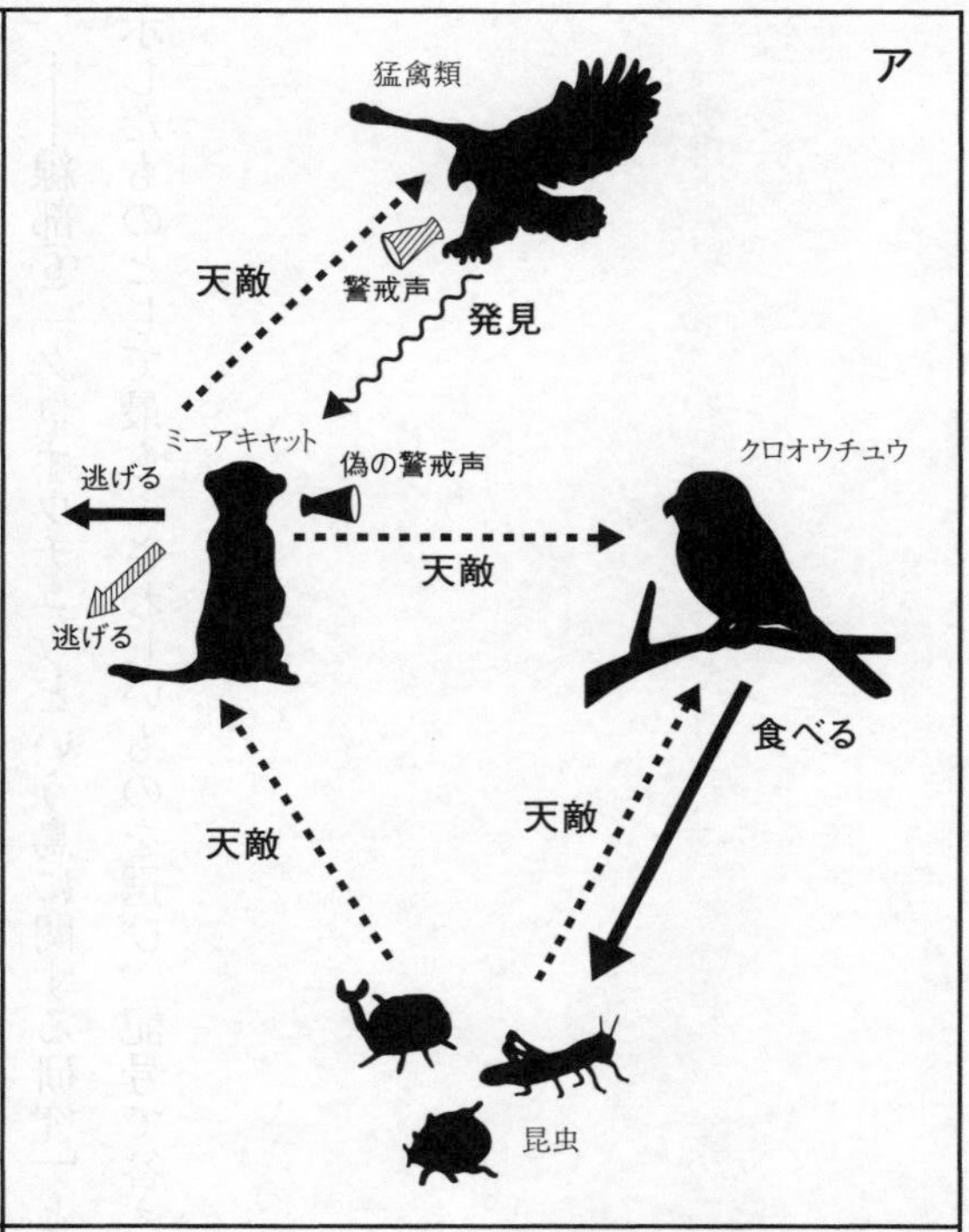
ア
猛禽類
天敵
警戒声
発見
ミーアキャット
クロオウチュウ
逃げる
偽の警戒声
天敵
逃げる
食べる
天敵
天敵
昆虫

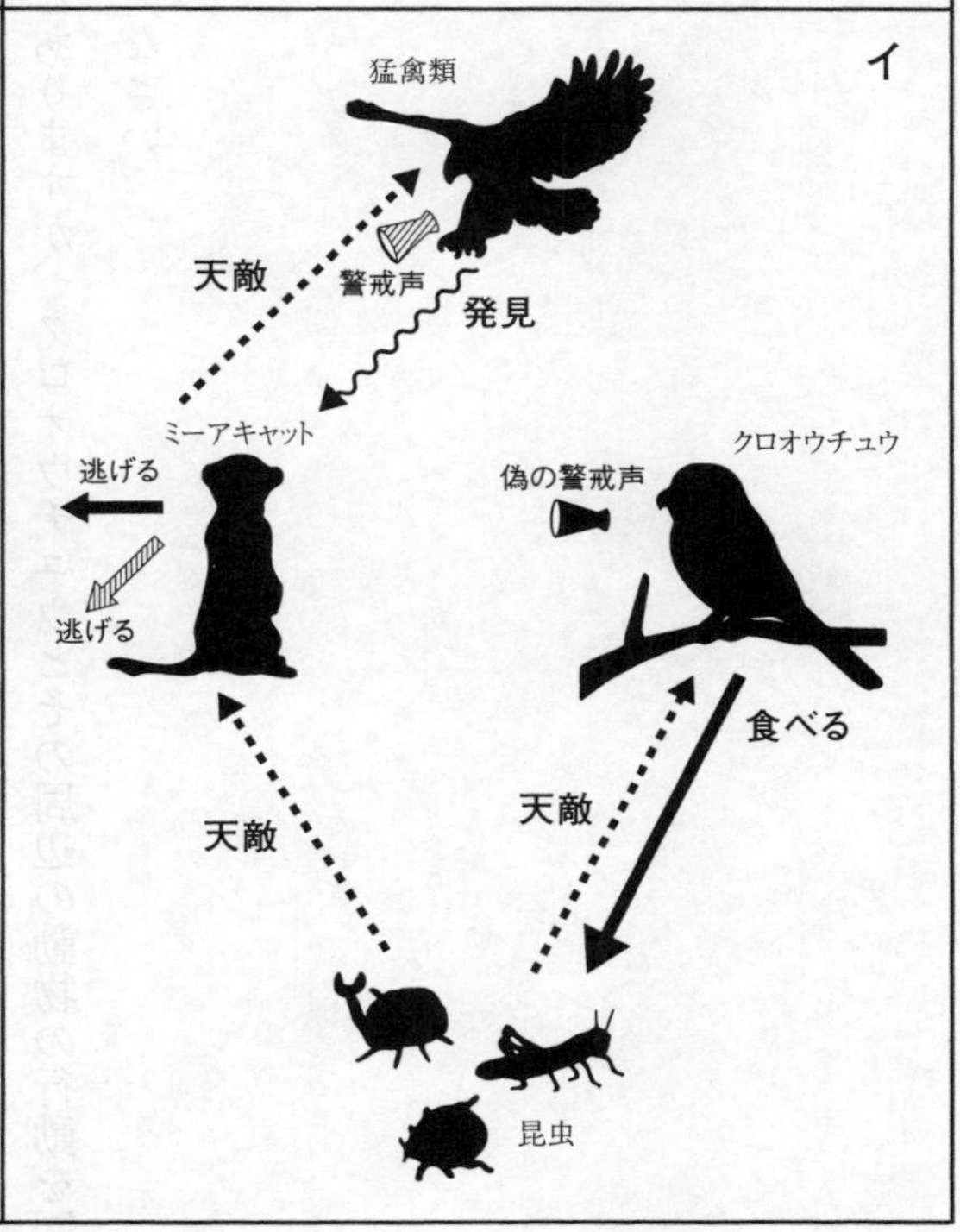
イ
猛禽類
天敵
警戒声
発見
ミーアキャット
クロオウチュウ
逃げる
偽の警戒声
逃げる
食べる
天敵
天敵
昆虫

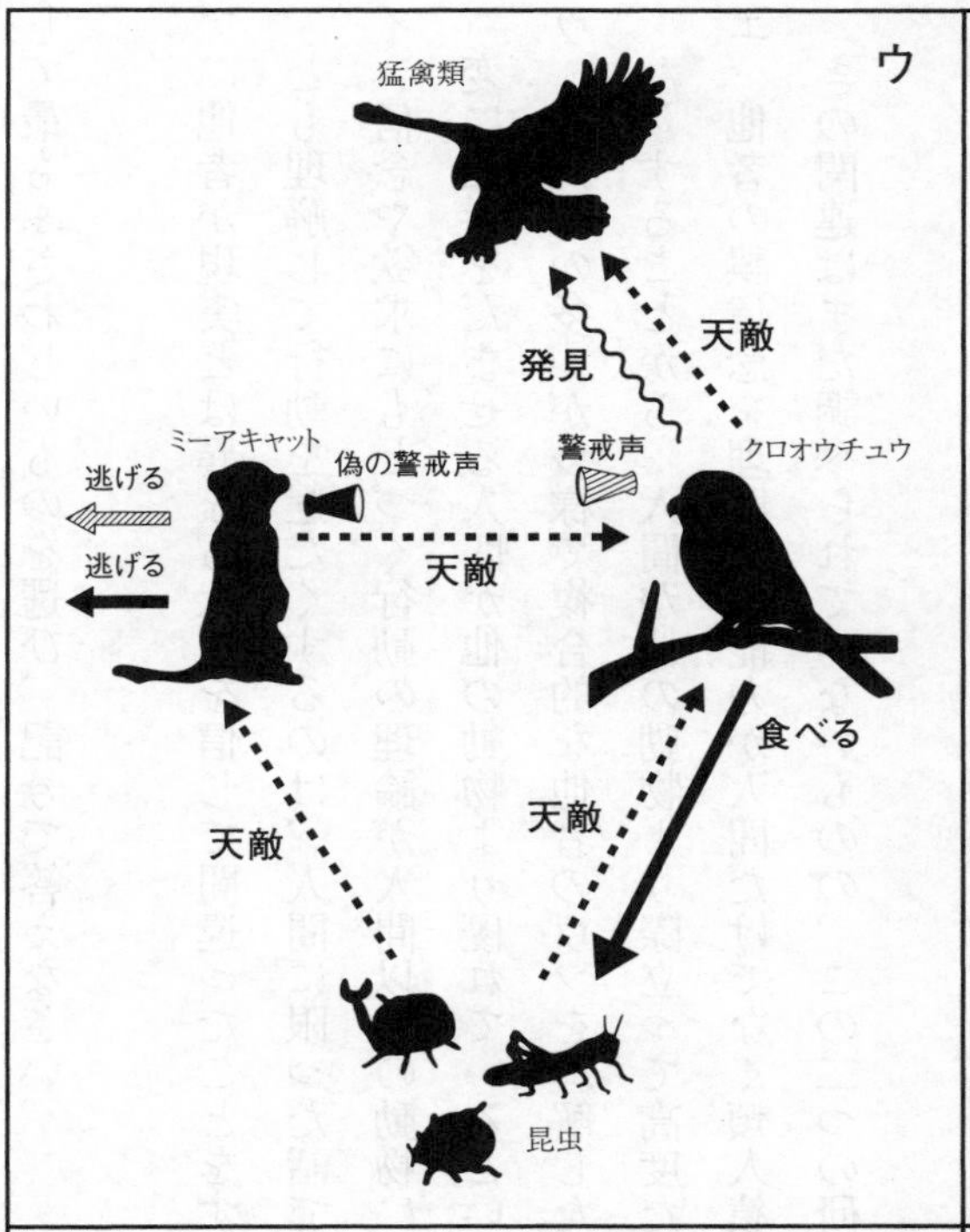
ウ
猛禽類
天敵
発見
警戒声
ミーアキャット
クロオウチュウ
逃げる
偽の警戒声
逃げる
天敵
食べる
天敵
天敵
昆虫

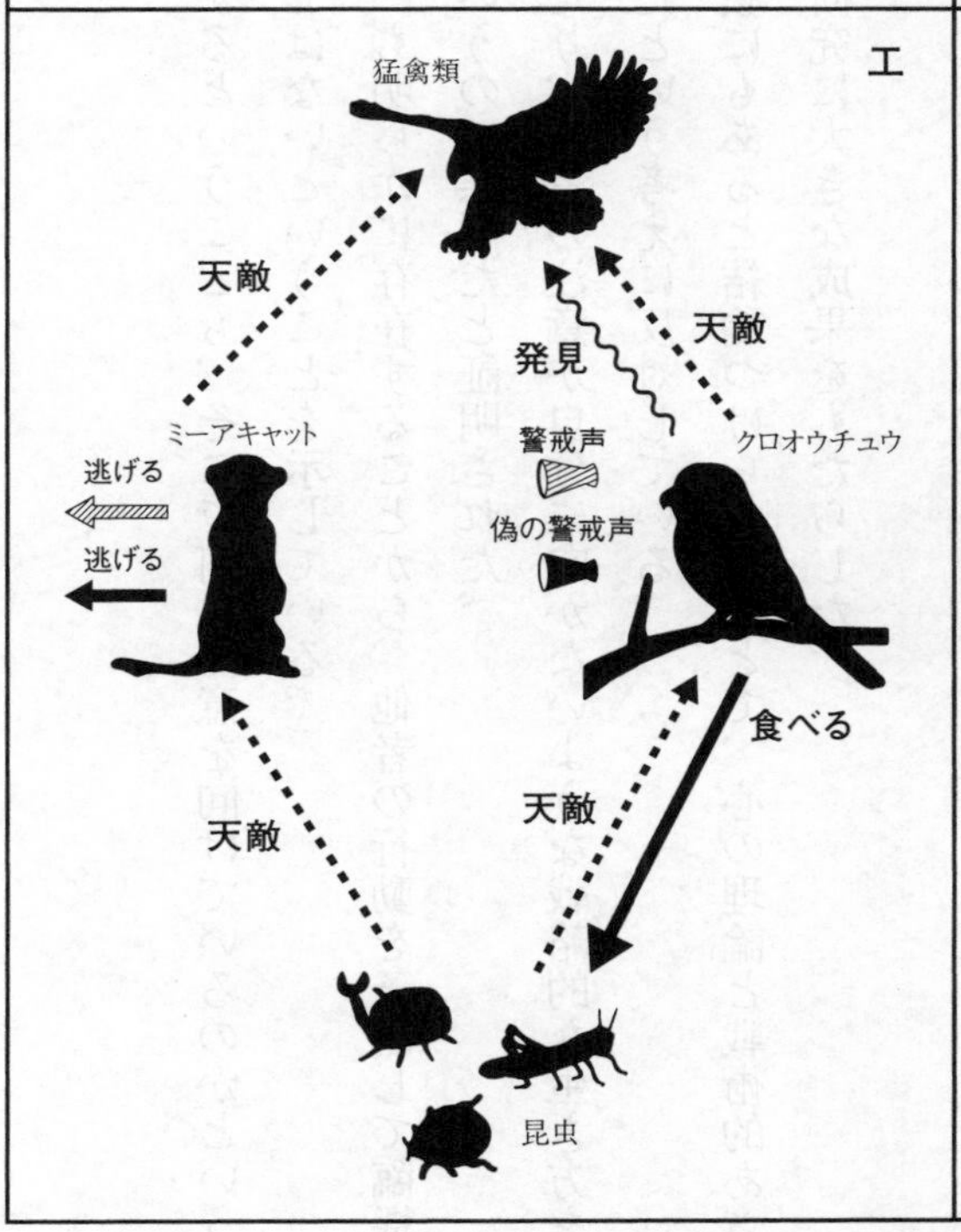
エ
猛禽類
天敵
天敵
発見
ミーアキャット
クロオウチュウ
逃げる
警戒声
逃げる
偽の警戒声
食べる
天敵
天敵
昆虫

問五　――線部⑤「人間の特殊性や優位性といった考えに一石を投じる」とありますが、どういうことですか。その説明として最もふさわしいものを選び、記号で答えなさい。

ア　他者が現実とは異なる状況を信じて間違ったことをするということも、そこで何に注意を向けているのかということも理解して行動を選たくするのは、人間に限った話ではないということを示している。

イ　信念や欲求にもとづく行動の理論が人間以外の動物にも明らかに存在することから、他者の行動を予測して臨機応変に相手をだませる人間が他の動物より優れているというのは誤解だと証明された。

ウ　類人猿の多くが多様で複合的な他者のウソを理解したり、他者の注意が自分に向かないような戦略的な生き方をしたりすることから、人間が他の動物より際立って高度だという考えに反対している。

エ　他者の誤信念を理解する能力が人間だけでなく類人猿にもあると結論づけられたことで、心の理論と戦術的あざむきの関連はまだ調べられていないものの、この二つの研究に大きな成果をもたらした。

問六　――線部⑥「クロオウチュウという鳥に関する研究」とありますが、クロオウチュウとその周辺の動物の行動を図に示したものとして最もふさわしいものを選び、記号で答えなさい。

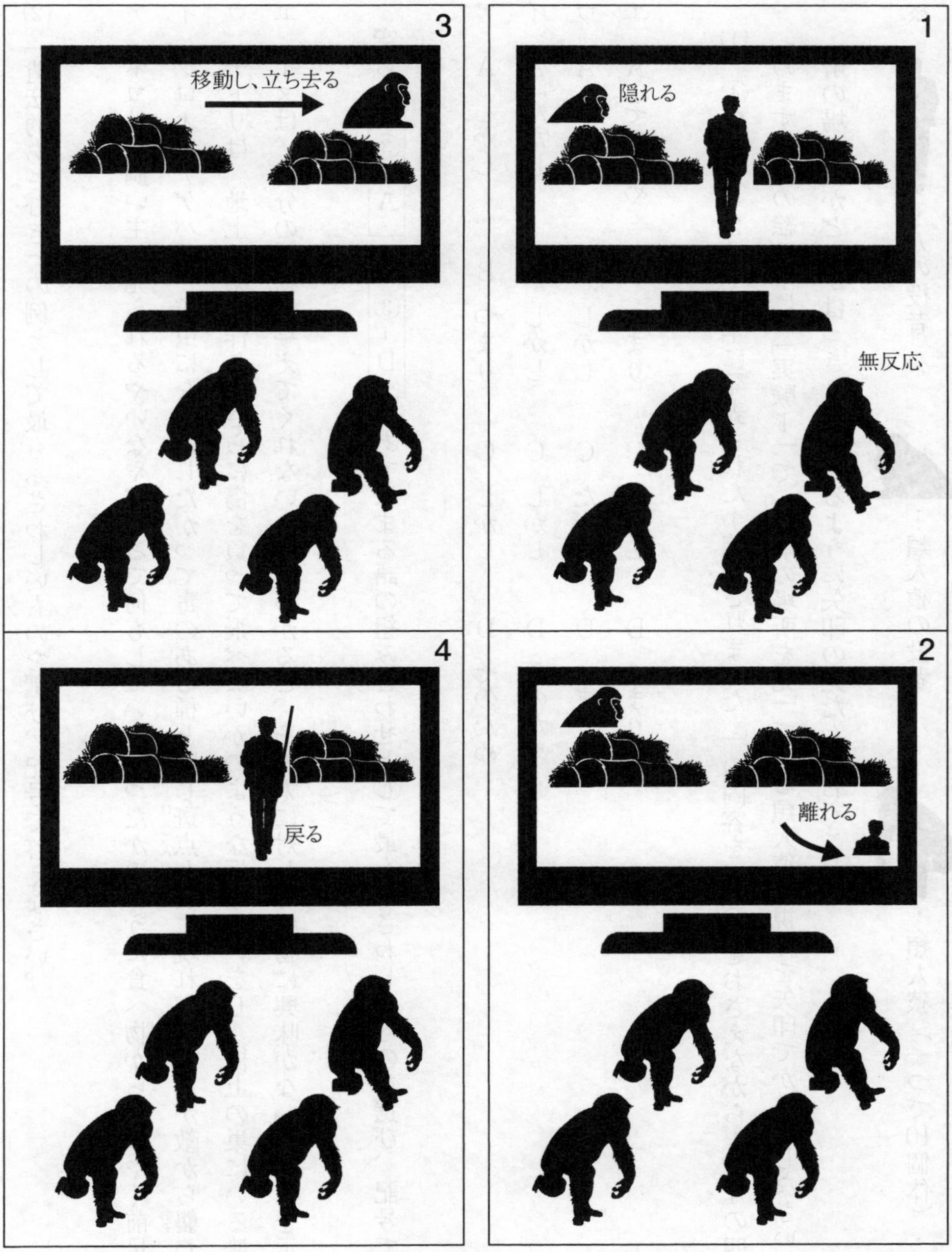

(2) この研究からどんなことが「確認されました」か。「動画を見ていた類人猿の多くが、」に続いて具体的に説明しなさい。

※解答の中に、「誤信念」という表現を用いないこと。

「遺伝的あざむき」は【　A（十三字）　】行動であり、
一方「戦術的あざむき」は【　B（九字）　】行うものである。

(2)「遺伝的あざむき」の例として最もふさわしいものを選び、記号で答えなさい。

ア　ネコは、飼い主に見られるやいなや、まるで何もしていなかったかのように食べ物からすばやく前足を引っこめる。
イ　シロオビアゲハは、成虫になるにしたがって毒のある種と同じ斑点《はんてん》が羽に現れ、無毒だが敵から襲《おそ》われにくくなる。
ウ　チドリは、地上に巣を作り、さらに傷を負って飛べないかのような振る舞いをし、樹上の巣にいる雛を敵から守る。
エ　イヌは、自分の好物を与えてくれない人だとわかると、その人に対して好物に興味がない素ぶりを示すようになる。

問三　空らん ③-A ～ ③-D にあてはまる語の組み合わせとして最もふさわしいものを選び、記号で答えなさい。

ア　A　しかし　B　つまり　C　しかし　D　そのため
イ　A　ただし　B　しかし　C　しかし　D　そのため
ウ　A　つまり　B　しかし　C　ただし　D　つまり
エ　A　そのため　B　つまり　C　ただし　D　つまり

問四　(1)　④の部分「2016年に発表された～確認されました。」の内容を、要点をおさえながら1～4の四枚の絵にまとめます。4の絵の中に、「実験1」で「正解の場所を見」ている類人猿の視線を矢印でかき足しなさい。ただし、「正解の場所」がどこかはっきりと分かるように矢印の先たんをおくこと。

※ …人の役者　…類人猿の役者　…類人猿（一つで10個体）

うなると、⑦クロオウチュウは猛禽類などの脅威《きょうい》がないときに偽の警戒声を発し、ミーアキャットが獲物を置いて逃《に》げたところを見計らって、その獲物《えもの》を奪い取る、といった略奪行為《りゃくだつこうい》を行うようになります。ミーアキャットも、偽の警戒声にはだんだん引っかからなくなるのですが、実はクロオウチュウは「ものまね名人」なのです。クロオウチュウはさまざまな動物の声を真似《まね》ることができ、なんとミーアキャットの警戒声まで真似ることができます。そのため、クロオウチュウの「ウソ」はそう簡単に見破られることなく、他の動物たちをあざむき続けることができるわけです。

この他にも、死んだふりをすることで背景にとけこみ捕食者から身を守る、昆虫の「擬死」や、あたかも傷を負っているかのように振《ふ》る舞《ま》って捕食者の注意を引き付け、結果として捕食者を巣から遠ざけるといった、鳥類の「擬傷」なども存在します。最近では、お掃除《そうじ》フィッシュとして知られているホンソメワケベラがあざむき行動をするという研究も報告されています。ホンソメワケベラは魚の皮膚《ひふ》にいる寄生虫を食べてくれますが、掃除をすると見せかけて、エネルギー価の高い魚の皮膚粘液《ねんえき》を食べることがあります。動物の世界でも、人の世界に引けをとらないくらい、ウソには多様な形態があり、その一部は極めて高度なレベルで実現されているようです。⑧きっとこの先も、動物の新しい「ウソ」は発見されるでしょうから、今後の研究が楽しみです。

(阿部修士『あなたはこうしてウソをつく』より・一部改)

※1　ツール…道具。

※2　示唆…それとなく知らせる。ほのめかす。

問一　――線部①「ウソは真実を~機能します」とありますが、これと同じ意味のことわざをひらがな七字で答えなさい。

問二　――線部②「『遺伝的あざむき』と『戦術的あざむき』」について。

(1)　両者の違《ちが》いを説明した次の文の【　A　】・【　B　】にふさわしい表現を、本文中よりそれぞれ指定の字数でぬき出して答えなさい。

するはずです。この状況で動画を見ている類人猿が、人の役者の誤信念に基づいて、予測的にその干し草の場所を見ることができれば正解というわけです。

実験１では40個体で実験が行われ、そのうち30個体が正解あるいは不正解の場所を見るといった反応を示しました。反応を示した30個体のうち、20個体（約67％）が正解の場所を見たことが確認されました。

この研究では、類似の実験デザインを用いた実験２も行われています。実験２では、類人猿の役者が人の役者の持っている石を奪《うば》い取り、人の役者が見ている前で、２つある箱のどちらかに奪った石を隠すシーンがあります。その後、人の役者がその場を離れている間に、類人猿の役者が箱の中の石を持ち去ります。戻ってきた人の役者は、石を取り戻すために、もともと石が隠されていた箱の中を探すはずです。つまり、動画を見ている類人猿がその箱を予測的に見ることができれば正解になります。

実験２では、30個体で実験が行われ、そのうち22個体が正解あるいは不正解の場所を見ました。そして22個体のうち、17個体（約77％）が正解の場所を注視しました。どちらの実験でも半数以上の類人猿が正解しており、これら２つの実験の結果から、類人猿には他者の「誤信念」を理解する能力があると結論づけられています。

この研究は、心の理論と戦術的あざむきとの関連を直接的に調べたというわけではありませんが、⑤人間の特殊性《とくしゅせい》や優位性といった考えに一石を投じる極めて貴重な研究成果です。霊長類のあざむきが、高度な誤信念の理解に基づいている可能性を※2示唆《しさ》していることも言えます。

最新の研究では、一部の鳥類でも遺伝的あざむきよりは高度な、（霊長類ほど巧《たく》みなわけではありませんが）戦術的あざむきを行っていることが報告されています。たとえば、２０１４年に『サイエンス』誌に掲載《けいさい》された⑥クロオウチュウという鳥に関する研究があります。クロオウチュウは、猛禽類《もうきんるい》などの敵を見つけると、甲高《かんだか》い警戒声《けいかいせい》を発して、仲間や他の動物に警告をするという特徴《とくちょう》があります。ミーアキャットは、クロオウチュウの警戒声をよく覚えているので、警戒声を聴くと慌《あわ》てて巣に逃《に》げ帰ります。

これだけ見ると、ミーアキャットにとってクロオウチュウは信ずるに足る相棒とよべそうですが、事はそう単純ではありません。クロオウチュウは普段《ふだん》は昆虫を食べているのですが、冬になると昆虫が減って食料が足りなくなってしまいます。そどうかはよくわからないとされていました。相手の心を理解する――すなわち、他者の信念や欲求を推測し、他者の行動を解釈《かいしゃく》したり予測したりする能力は「心の理論」とよばれており、この能力は人間以外の動物にも存在するとされています。［③－C］、人間以外の動物が、「他者が現実とは異なる状況を信じていること」を理解するかどうかについては、明確な証拠が得られていませんでした。［③－D］、霊長類の心の理論は限定的であると考えられてきたわけですが、最近の研究からは、私たちの想像以上に霊長類は他者の心を理解している可能性が指摘《してき》されています。

「他者が現実とは異なる状況を信じていること」を理解しているとは、どういうことでしょうか。まずは人間の例で説明してみましょう。

たとえば、Aさんが職場のお昼休みに、自分の席でアイスクリームを食べていたとします。大事な取引先から急な来客があったので、Aさんは席を離《はな》れました。隣《となり》の席にいる同僚《どうりょう》のBさんは、気を利かせて、アイスクリームを給湯室の冷凍庫に入れておいて、その後お手洗いに行くために席を離れました。さて、来客への対応が終わったAさんは、アイスクリームの続きを食べるためにどこに向かうでしょうか。Aさんはまっすぐ給湯室の冷凍庫に向かうでしょうか。

「そんなの、自分の席に決まってる！」と思われるでしょう。一見当たり前のことのようですが、これは私たちが「誤信念」を理解する能力があるからと考えられています。私たちは、現実にアイスクリームがある場所ではなく、Aさんの誤信念――より具体的には、アイスクリームは自分の机の上に置いたままであるというAさんの記憶《きおく》――に基づいて、元々あった場所にAさんが行くと予測しているのです。

④

２０１６年に発表された京都大学とマックス・プランク研究所の共同研究は、チンパンジーなどの類人猿にも、こうした誤信念を理解する能力があるとするものでした。この研究では、ボノボ、チンパンジー、オランウータンが動画を見ているときの目の動きを記録します。動画の内容は、人の役者と、コスチュームを着た偽《にせ》の類人猿の役者が争っているというもので、動画を見ている類人猿にとってはとても注意を惹《ひ》く状況です。

動画には、類人猿の役者が人の役者の見ている前で、２つある干し草のどちらかに隠れるシーンがあります。その後、人の役者は争いに使う棒をとりに行くため、その場を離れます。そして人の役者が見ていない間に、類人猿の役者は別の場所に移動し、最終的にはその場から立ち去ります。その後、人の役者がドアの向こうから戻《もど》ってきます。

この時点で、人の役者は「誤信念」をもっているため、もともと類人猿の役者が隠れていた干し草の場所を棒で叩《たた》こうとの巣に卵を産み、孵化《ふか》したカッコウの雛《ひな》は、仮親の卵や雛を巣の外に押《お》し出してしまいます。結果として、カッコウの雛は仮親から餌《えさ》をもらって成長し、巣立っていくことができます。カッコウの卵は仮親の卵に似ているため、仮親の目をあざむくことができます。

擬態や托卵は、いずれも遺伝的に決まっており、生まれながらに備わっているものです。③－A、周囲の状況に応じて他の戦略をとる、といったことはできません。コノハムシは木の葉以外の形にはなれませんし、カッコウの托卵では、仮親を自由に選べるわけではありません。

その一方で、人間や人間以外の霊長類《れいちょうるい》（チンパンジーやオランウータンなど）は、臨機応変な戦術的あざむきを行うことができます。ホワイトゥンとバーンは、確かにあざむきであると見なせる霊長類の行動事例を複数集めています。それらの事例は5つのグループに分類されます。

❼

(1)隠蔽《いんぺい》する――音を出さない、姿を隠す、物を隠すなど、他者から何らかの情報を隠す。
(2)はぐらかす――他者の注意を別のところへ引き付けることによってあざむく。
(3)装う――外向きの行動を装う。中立的、友好的、あるいは威嚇《いかく》的に装う。
(4)社会的道具を利用する――関係のない第三者を利用することで、本来の相手をあざむく。
(5)身代わりにする――他者をあざむいて第三者を攻撃《こうげき》させることで、自分の目標を達成する。

こうして見てみると、人間以外の霊長類のあざむきも、内容が多岐にわたることがわかります。特に、隠蔽する、はぐらかすといった、他者の注意の状態を逸《そ》らすものが多いことがわかっています。③－B、他者が何に注目しているのかを敏感《びんかん》に察知する傾向があると考えられるわけです。

（中略）

従来の研究では、人間以外の動物に見られるこれらのあざむき行動が、相手の心を本当の意味で理解したうえでの行為《こうい》か

二〇二二年度　山手学院中学校

【国　語】〈特待選抜試験〉（五〇分）〈満点：一〇〇点〉

※選たく問題はすべて記号で答えなさい。

※字数制限のあるものは、句読点および記号も一字とする。

□一 次の文章を読んで、あとの問いに答えなさい。

①ウソは真実を覆《おお》い隠《かく》してしまう厄介《やっかい》なものですが、その理由や状況《じょうきょう》によっては、人間関係に波風を立てたり角が立つのを避《さ》けたりするための「潤滑剤《じゅんかつざい》」としても機能します。ウソは私たち人間が円滑《えんかつ》な社会生活を営むうえでは、必須《ひっす》のツール※1でもあるのです。

さて、ウソが言語的なコミュニケーションの一部だとするなら、言語をもたない動物にはウソはないと言えるでしょうか。もちろん、人間と同じようなウソをつくことはできませんが、非言語的なコミュニケーションを含《ふく》めたより広範《こうはん》な「欺瞞《ぎまん》」であれば、動物でも不可能ではありません。

生物を対象とした研究では、「あざむき」という言葉を用いることが多いのですが、人間以外の動物の世界でも、実際にあざむきが存在するという証拠《しょうこ》が報告されています。それらは大きく、②「遺伝的あざむき」と「戦術的あざむき」に分類できます。

遺伝的なあざむきとは、主に昆虫《こんちゅう》などに見られる擬態《ぎたい》を指します。テレビや図鑑《ずかん》などで、木の葉そっくりなコノハムシや、木の小枝にそっくりなナナフシなどを見たことがあるでしょう。彼《かれ》らは自分を別のものに似せることで、捕食者《ほしょくしゃ》の目をあざむいていると言えます。

托卵《たくらん》も遺伝的あざむきの例と考えられます。托卵とは、卵の世話を他の個体に托する動物の習性を指します。鳥類、特にカッコウの例が有名ですが、魚類や昆虫類でも観察されています。カッコウは、ホオジロやモズといった他の鳥類（仮親）

2022年度

山手学院中学校 ▶解説と解答

算　数　＜特待選抜試験＞（50分）＜満点：100点＞

解　答

1 (1) 13　(2) 6日　(3) $5\frac{1}{3}$cm　2 (1) 6 cm　(2) 36cm²　(3) 18.84cm²
3 (1) 毎分1.5 L　(2) 3　(3) 15分後　4 (1) 7　(2) 17　(3) 7　5
(1) **ア** 10　**イ** 2　**ウ** 1　**エ** 4　**オ** 3　**カ** 11　**キ** 3　**ク** 3　(2)
解説の図を参照のこと。　6 (1) **ア** 1　**イ** 126　**ウ** 2　**エ** 18　**オ** 7
カ 15　**キ** 22　**ク** 330　(2) 3953個

解　説

1 四則計算，仕事算，長さ

(1)　$1.625\times\left\{13\frac{1}{3}\div\frac{5}{6}-\left(3.6+\frac{14}{5}\right)\times1.25\right\}=1\frac{5}{8}\times\left\{\frac{40}{3}\times\frac{6}{5}-\left(3\frac{3}{5}+\frac{14}{5}\right)\times1\frac{1}{4}\right\}=\frac{13}{8}\times\left\{16-\left(\frac{18}{5}+\frac{14}{5}\right)\times\frac{5}{4}\right\}=\frac{13}{8}\times\left(16-\frac{32}{5}\times\frac{5}{4}\right)=\frac{13}{8}\times(16-8)=\frac{13}{8}\times8=13$

(2)　全体の$\frac{1}{3}$をAだけ，残りの，$1-\frac{1}{3}=\frac{2}{3}$をBだけですると，$4+6=10$(日)かかる。また，全体の$\frac{2}{3}$をAだけ，$\frac{1}{3}$をBだけですると，$4+4=8$(日)かかる。この差から，全体の，$\frac{2}{3}-\frac{1}{3}=\frac{1}{3}$をAだけでするとBだけですするより，$10-8=2$(日)早く終わることがわかる。よって，この仕事をAだけですると，$8-2=6$(日)かかる。

(3)　BD：DC＝16：9なので，DCの長さは，$5\times\frac{9}{16+9}=1.8$(cm)である。また，角Cが共通で，BC：AC＝5：3，AC：DC＝3：1.8＝5：3だから，三角形ABCと三角形DACは相似で，相似比は，BC：AC＝5：3とわかる。よって，ABの長さは，$3.2\times\frac{5}{3}=\frac{16}{3}=5\frac{1}{3}$(cm)と求められる。

2 平面図形―長さ，面積

(1)　右の図で，半円の中心をPとすると，PO＝PFで，角POFの大きさは，$90\times\frac{2}{3}=60$(度)なので，三角形POFは正三角形になる。また，角AOCの大きさは，$90\times\frac{1}{3}=30$(度)で，OEはPFの中点Gを通り，角OGF＝角OGP＝90(度)となるから，GEが共通，GF＝GP，角FGEと角PGEが直角で等しいので，三角形GFEと三角形GPEは合同とわかる。よって，PF＝PE＝EFとなるので，EFの長さは，$12\times\frac{1}{2}=6$(cm)となる。

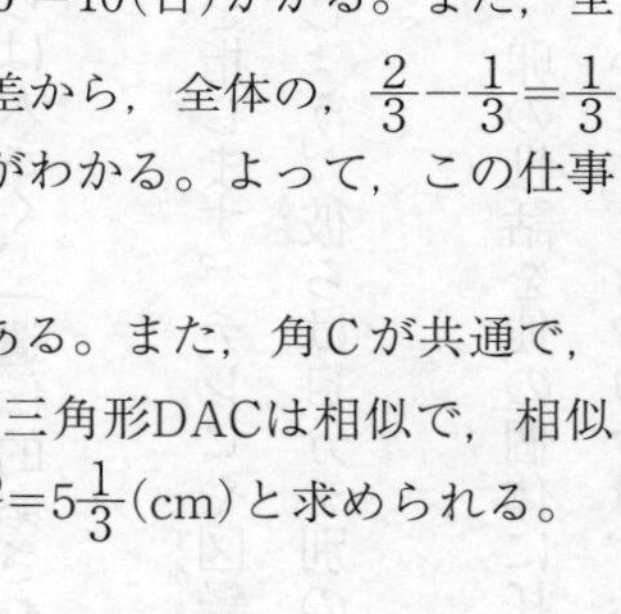

(2)　角BOCの大きさは，$90\times\frac{2}{3}=60$(度)だから，三角形OBCは正三角形であり，CHの長さは，$12\times\frac{1}{2}=6$(cm)とわかる。よって，三角形ODCの面積は，$12\times6\div2=36$(cm²)である。

(3)　角DOCの大きさは，$90\times\frac{1}{3}=30$(度)なので，おうぎ形ODCの面積は，$12\times12\times3.14\times\frac{30}{360}=$

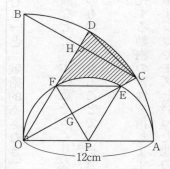

12×3.14(cm^2)になる。また，角EFPと角OPFは60度で等しく，さっ角が等しいから，EFとOAは平行とわかる。三角形OFEと三角形PFEは，底辺をEFと見ると高さが等しくなるので，面積が等しいから，斜線《しゃせん》部分の面積はおうぎ形ODCの面積からおうぎ形PFEの面積を引けば求められる。よって，斜線部分の面積は，12×3.14－６×６×3.14×$\frac{60}{360}$＝12×3.14－６×3.14＝(12－６)×3.14＝６×3.14＝18.84(cm^2)とわかる。

3　グラフ―水の深さと体積

⑴　12分間で水そうに入れた水の体積は，15×(10×３)×40＝18000(cm^3)，つまり，18000÷1000＝18(Ｌ)なので，毎分，18÷12＝1.5(Ｌ)の割合で水を入れたとわかる。

⑵　右の図①のあ，い，うの部分に９分で水を入れたから，□に適する数は，９÷３＝３(分)とわかる。

⑶　水が抜《ぬ》けた部分は，右の図②のア，イ，ウの部分である。また，⑵より，エの部分の水の体積は，1.5×３＝4.5(Ｌ)，オの部分の水の体積は，15×10×20＝3000(cm^3)より，3000÷1000＝３(Ｌ)なので，抜けた水の体積は，18－4.5－３＝10.5(Ｌ)とわかる。よって，抜いた水の流れが止まるのは穴をあけてから，10.5÷0.7＝15(分後)と求められる。

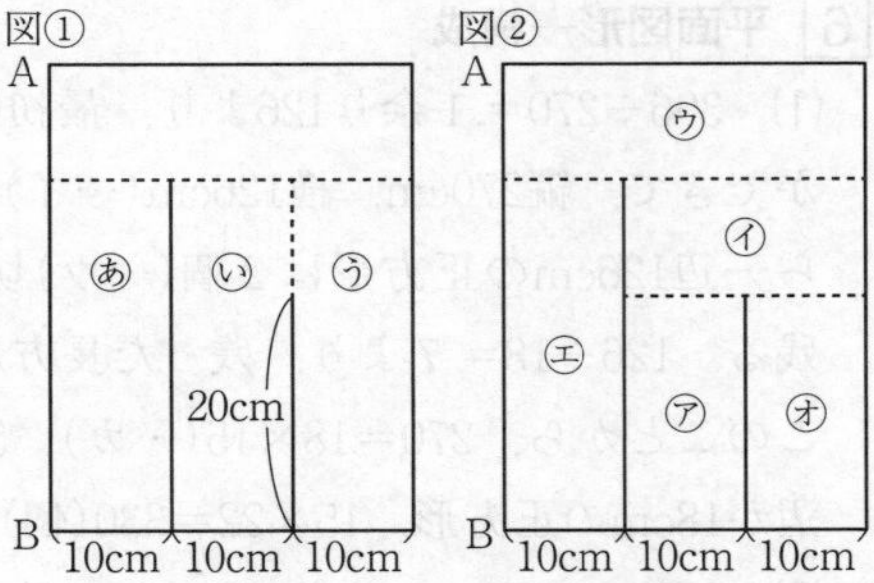

4　調べ

⑴　問題文中の図２から，９，２，８，７－３＝４は下の図②のように決まり，それらを下の図①に入れると，アに入る数は，13－４－２＝７とわかる。

⑵　１から16までの数の和は，(１＋16)×16÷２＝136になる。下の図④で，イをのぞいた数の和は，８＋13＋８＋３＋４＋29＋23＋15＋16＝119なので，イに入る数は，136－119＝17となる。

⑶　図④で，まず８，13，４，16の位置が決まり，29＝14＋15，23＝11＋12，17＝７＋10，15＝６＋９，３＝１＋２，８＝３＋５だから，下の図③のように，それぞれのマスに入るのは２個の数字のどちらかになる。また，８，13，４，16をのぞいた列の和は左から，40－８＝32，35－13＝22，23－４＝19，38－16＝22となる。よって，一番左の列は，12＋15＋５＝32，左から２番目の列は，10＋11＋１＝22，左から３番目の列は，９＋７＋３＝19，一番右の列は，６＋14＋２＝22とわかるので，ウに入る数は７である。

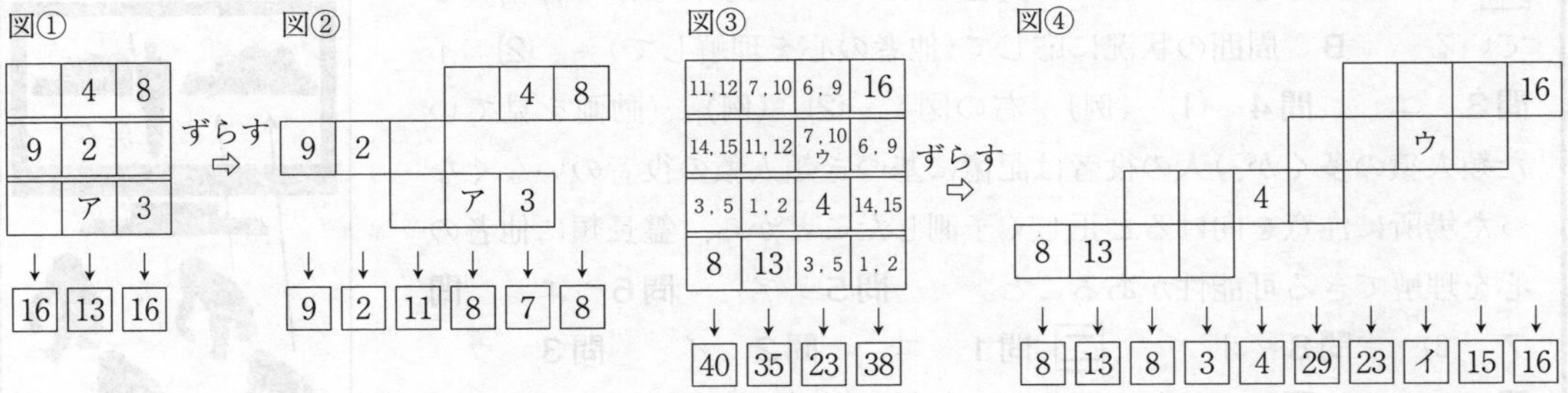

5　推理

⑴　５人から２人を選ぶ組み合わせより，対局は全部で，$\frac{5\times4}{2\times1}$＝10(局)(…ア)ある。次に，①，②，③からＡさんとＥさんは３位か４位となるので，２勝(…イ)または１勝(…ウ)だとわかる。も

し，ＡさんとＥさんが２勝しているとすると，１位の人は４勝(…エ)，２位の人は３勝(…オ)となる。このとき，１位，２位，Ａさん，Ｅさんの勝った数の合計は，４＋３＋２＋２＝11(勝)(…カ)となり，10より大きくなり，成り立たない。よって，Ａさんは１勝３敗(…キ)とわかり，１勝３敗の人は３人(…ク)となる。

(2)　２位で３勝１敗のＣと，１勝３敗のＡとＤとＥから，Ｂは４勝したことになる。そして，ＣはＢに負け，他の３人に勝ったとわかる。１勝３敗の３人は，ＡはＥに勝ったので，ＥはＤに勝ったことがわかり，ＤはＡに勝ったことになる。よって，右の図のようになる。

	A	B	C	D	E
A	＼	×	×	×	○
B	○	＼	○	○	○
C	○	×	＼	○	○
D	○	×	×	＼	×
E	×	×	×	○	＼

6　平面図形―構成

(1)　396÷270＝１余り126より，最初の長方形から一辺270cmの正方形は１個(…ア)切り取ることができて，縦270cm，横126cm(…イ)の長方形が残る。270÷126＝２余り18より，残った長方形から一辺126cmの正方形は２個(…ウ)切り取ることができて，縦18cm(…エ)，横126cmの長方形が残る。126÷18＝７より，残った長方形から一辺18cmの正方形は７個(…オ)切り取ることができる。このことから，270＝18×15(…カ)，396＝18×22(…キ)となり，縦270cm，横396cmの長方形は一辺が18cmの正方形，15×22＝330(個)(…ク)でしきつめられる。

(2)　2077÷1829＝１余り248より，最初の長方形から一辺1829cmの正方形は１個切り取ることができて，縦1829cm，横248cmの長方形が残る。1829÷248＝７余り93より，残った長方形から一辺248cmの正方形は７個切り取ることができて，縦93cm，横248cmの長方形が残る。248÷93＝２余り62より，残った長方形から一辺93cmの正方形は２個切り取ることができて，縦93cm，横62cmの長方形が残る。93÷62＝１余り31より，残った長方形から一辺62cmの正方形は１個切り取ることができて，縦31cm，横62cmの長方形が残る。62÷31＝２より，残った長方形から一辺31cmの正方形は２個切り取ることができる。このことから，1829＝31×59，2077＝31×67より，縦1829cm，横2077cmの長方形は一辺31cmの正方形，59×67＝3953(個)でしきつめられることがわかる。

国語　＜特待選抜試験＞（50分）＜満点：100点＞

解答

一　問１　うそもほうべん　**問２**　(1)　**A**　生まれながらに備わっている　**B**　周囲の状況に応じて(他者の心を理解して)　(2)　イ　**問３**　エ　**問４**　(1)　(例)　右の図　(2)　(例)　(動画を見ていた類人猿の多くが，)人の役者は記憶に基づき類人猿の役者のいなくなった場所に注意を向けると正しく予測したことから，霊長類に他者の心を理解できる可能性があること。　**問５**　ア　**問６**　エ　**問７**　(2)　**問８**　オ　**二　問１**　エ　**問２**　イ　**問３**　ウ　**問４**　エ　**問５**　(例)　両親との関係に傷ついたきららを心配し，少しでも安心させたい(という心情。)　**問６**　イ　**問７**　**A**　正反対の感覚がひとつの人間の中に共存している　**B**　べつの誰かと入れ替わってるみたい

問8　エ　**問9**　ア　**問10**　(例)　わかりあえないとしても好ましいと思える他者がいる地球という場所で，自分と異なる他者との関わりを大切にしたいと思ったから。　三　①〜⑧ 下記を参照のこと。　⑨　せっぱん　⑩　そっきん

●漢字の書き取り

三　①　汽笛　②　千秋楽　③　照合　④　肥(ゆる)　⑤　検算(験算)
⑥　晩成　⑦　因果　⑧　周知

解説

一　**出典は阿部《あべ》修士《のぶひと》の『あなたはこうしてウソをつく』による。**私たち人間が社会生活を円滑《えんかつ》にするために利用する「ウソ」と同じような「あざむき」が，動物の世界にも存在することを説明している。

問1　“うそはよくないが，よい結果を得るために，ときには必要である”という意味の「うそもほうべん(嘘も方便)」があてはまる。

問2　(1)　続く部分に注目する。「遺伝的あざむき」は「生まれながらに備わっているもの」だと述べられている。一方，「戦術的あざむき」は「臨機応変」だとあるので，それを言いかえた「周囲の状況《じょうきょう》に応じて」がぬき出せる。　(2)　「遺伝的あざむき」の例として，「自分を別のものに似せる」「擬態《ぎたい》」や「卵の世話を他の個体に托《たく》する」「托卵」があげられている。よって，イがふさわしい。

問3　Aは，直前に述べた「擬態や托卵」は「生まれながらに備わっているもの」だというのが，直後の「周囲の状況に応じて他の戦略をとる，といったことはでき」ないことの理由になっているので，前のことがらを理由・原因として，後にその結果をつなげるときに用いる「そのため」があてはまる。Bは，「霊長《れいちょう》類のあざむき」に「他者の注意の状態を逸《そ》らすものが多い」ことから「他者が何に注目しているのかを敏感《びんかん》に察知する傾向《けいこう》があると考えられる」と結論づけているので，“要するに”という意味の「つまり」がふさわしい。Cは，空らんの前で「心の理論」が「人間以外の動物にも存在するとされています」と述べ，後では「人間以外の動物が，『他者が現実とは異なる状況を信じていること』を理解するかどうかについては，明確な証拠《しょうこ》が得られていませんでした」と述べているので，前のことがらに，ある条件や例外などをつけ加えなければならない場合に用いる「ただし」がよい。Dは，Cの前後で述べたことを「霊長類の心の理論は限定的である」とまとめているので，前に述べた内容を“要するに”とまとめて言いかえるときに用いる「つまり」が合う。

問4　(1)　この実験では，「類人猿《るいじんえん》が，人の役者の誤信念に基《もと》づいて」「もともと類人猿の役者が隠《かく》れていた干し草の場所」を見ることができれば正解であることをおさえる。「反応を示した30個体のうち，20個体(約67%)が正解の場所を見た」とあるので，4の絵に描《か》かれた類人猿のうち2個体から「もともと類人猿の役者が隠れていた」左の干し草に向けて矢印をかく。　(2)　「最近の研究からは，私たちの想像以上に霊長類は他者の心を理解している可能性が指摘《してき》されています」と述べたうえで，この実験結果を紹介《しょうかい》している。正解の場所を見た類人猿は，人の役者は記憶《きおく》に基づいて「もともと類人猿の役者が隠れていた干し草の場所を棒で叩《たた》こうとするはず」だと考えたのだから，「『他者が現実とは異なる状況を信じていること』を理解している」といえる。

問５　空らんＣの段落に，「人間以外の動物が，『他者が現実とは異なる状況を信じていること』を理解するかどうかについては，明確な証拠が得られていませんでした」と述べられている。しかし，その後に紹介されているような最近の研究から「他者の『誤信念』を理解する能力がある」のは人間だけではないとわかったのである。

問６　続く部分に注目する。「クロオウチュウは，猛禽《もうきん》類などの敵を見つけると～仲間や他の動物に警告をする」，「ミーアキャットは～警戒《けいかい》声を聴《き》くと慌《あわ》てて巣に逃《に》げ帰」る，「冬になると昆虫《こんちゅう》が減って食料が足りなく」なるので，「クロオウチュウは猛禽類などの脅威《きょうい》がないときに偽《にせ》の警戒声を発し，ミーアキャットが獲物《えもの》を置いて逃げたところを見計らって，その獲物を奪《うば》い取る」とあるので，エが合う。

問７　クロオウチュウは，「偽の警戒声を発」することでミーアキャットの注意を引き，ミーアキャットが逃げたところで，置いていった「獲物を奪い取る」ので，「他者の注意を別のところへ引き付けることによってあざむく」という(2)にあてはまる。

問８　「きっと」の後にそれぞれの部分をつなげて読んでみると，「きっと」「発見されるでしょうから」で意味が通る。

二　**出典は集英社文庫編集部編の『短編宇宙』所収の「惑星《わくせい》マスコ」（寺地《てらち》はるな作）による。**自分は周囲の子どもたちと何か違《ちが》うと感じながら生きてきた「わたし」（万寿子《ますこ》）は，会社を辞めてやってきた町で，小学生のきららと，趣味《しゅみ》で帽子《ぼうし》をつくっている純さんに出会う。

問１　純さんと「わたし」の視線が合わないのは，純さんが「わたし」の目ではなく「頭や首のあたりに視線を注いでいる」からである。後の純さんの家の場面で，純さんが「わたし」に「あんた，頭のかたちがいいのよね～帽子が映《は》える」と言い，「つぎつぎとわたしの頭に帽子をのせ，シャッターを切」っていることから，エが選べる。

問２　直後に「みんなが好きなものを好きでなければならなかった」とある。つまり，みんな同じでなければならなかったのだから，それとは対照的に，いろいろな性質のものがあることを表す「多様性」があてはまる。

問３　次の段落に，「わたしは早々に擬態《ぎたい》することを学んだから」「かつてはわたしの中にあったかもしれない『どうしても好きなもの』は，なにひとつこの手の中には残っていない」とあるので，「みんなが好きなものを好きでなければならなかった」ことに生きづらさを感じた「わたし」が，周囲に合わせるために「好きなもの」を捨ててきたことがわかる。

問４　「擬態」とは，問３でみたように，「わたし」が「みんなが好きなものを好きでなければならな」い世の中で，目立たずに生きていくためにしたことである。よって，エがふさわしい。

問５　純さんの「こわくないでしょう？　このお姉さんもいるし。おいで」という言葉からは，こわがって傷ついているきららを安心させようという気持ちが読み取れる。そこに，きららが両親との関係に傷ついているということを加えて答える。

問６　ぼう線部⑥の直後に書かれたきららのようすから，きららが両親の言い争いのために家にいられず，「ずっと外を歩きまわっていた」ことが想像できる。きららは，両親が自分のことで言い争っていることに傷つきながらも，両親から「前はいいと言われていたことを後からだめだと禁止される」ことが「ふしぎ」で理解できず，どうしたらいいかわからないのである。よって，イが選べる。

問７　きららは，両親に「前はいいと言われていたことを後からだめだと禁止される」ことがよくあると言っている。そして，言うことが変わる両親のことを「べつの誰《だれ》かと入れ替《か》わってるみたい」と感じ，「不可解」なのである。ぼう線部⑦のすぐ後にある「正反対の感覚がひとつの人間の中に共存している」とは，そのような両親のようすを表している。

問８　純さんときららが「なにそれ」と同じ言葉を口にしているので，みなが口をそろえて同じことを言うという意味の「異口同音」があてはまる。

問９　直後に「相手を好ましく思うことと，わかりあえることは違うから」と，理由が書かれている。「わたし」は，純さんときららを「好ましく」思ってはいるが，相手のことをすべてわかろうとか，自分のことをわかってほしいとは思っていないのである。

問10　きららと純さんとの出会いが，「わたし」にぼう線部⑩のように思わせたことをおさえる。「わたし」は，二人に「惑星マスコの話」をしてみて，わかってはもらえなかったが，わかりあえないことを受け入れている。そして，それでも「好ましく思う」相手がいるのだから，「がんばってみたい」と思っているのである。

三　漢字の書き取りと読み

①　鉄道や船などで信号や合図のために用いる，蒸気の噴出《ふんしゅつ》で音を出すしくみの笛。　②　しばいやすもうなどの興行の最終日。　③　照らし合わせて確かめること。　④　音読みは「ヒ」で，「肥料」などの熟語がある。　⑤　計算の結果が正しいかどうかを確かめるためにする計算。　⑥　ほかよりおくれてできあがること。または，年をとってから成功すること。　⑦　原因と結果。　⑧　広く知れわたっていること。　⑨　金銭などを半分に分けること。　⑩　権力者や貴人のそばに仕えること。

Dr.福井の 入試に勝つ！ 脳とからだのウルトラ科学

歩いて勉強した方がいい？

みんなは座って勉強しているよね。だけど，暗記するときには歩きながら覚えるといいんだ。なぜかというと，歩いているときのほうが座っているときに比べて，心臓が速く動いて（脈はくが上がって）脳への血のめぐりがよくなるし，歩いている感覚が背骨の中を通って脳をつつくので，頭が働きやすくなるからだ（ちなみに，運動による記憶力アップについては，京都大学の久保田名誉教授の研究が有名）。

具体的なやり方は，以下のとおり。まず，机の上にテキストを広げ，１ページぐらいをざっと読む。そして，部屋の中をゆっくり歩き回りながら，さっき読んだ内容を思い出す。重要な語句は，声に出して言ってみよう。その後，机にもどってテキストをもう一度読み直し，大切な部分を覚え忘れてないかをチェック。もし忘れている部分があったら，また部屋の中を歩き回りながら覚え直す。こうしてひと通り覚えることができたら，次のページへ進む。あとはそのくり返しだ。

さらに，この“歩き回り勉強法”にひとくふう加えてみよう。それは，なかなか覚えられないことがら（地名・人名・漢字など）をメモ用紙に書いてかべに貼っておくこと。ドンドン貼っていくと，やがて部屋中がメモでいっぱいになるハズ。これらはキミの弱点集というわけだが，これを歩き回りながら覚えていくようにしてみよう！　このくふうは，ふだんのときにも自然と目に入ってくるので，知らず知らずのうちに覚えることができてしまうという利点もある。

歴史の略年表や算数の公式などを大きな紙に書いて貼っておくのも有効だ。

Dr.福井（福井《ふくい》一成《かずしげ》）…医学博士。開成中・高から東大・文Ⅱに入学後，再受験して翌年東大・理Ⅲに合格。同大医学部卒。さまざまな勉強法や脳科学に関する著書多数。

Memo

Memo

2021年度　山手学院中学校

〔電　話〕　(045) 891－２１１１
〔所在地〕　〒247-0013　神奈川県横浜市栄区上郷町460
〔交　通〕　JR根岸線－「港南台駅」より徒歩12分
「大船駅」よりバス「山手学院入口」

【算　数】〈Ａ日程試験〉(50分)〈満点：100点〉

1　次の□の中に適する数を書きなさい。

(1) $\left(\frac{3}{4}\div\frac{5}{8}-\frac{1}{2}\times0.2\right)\div\left(1\frac{3}{4}-0.85\right)=$□

(2) $\left(\frac{2}{3}+\square\times2\right)\div4=\frac{11}{30}$

2　次の□の中に適する数を書きなさい。

(1)　10チームで野球の総当たり戦をすると，試合数は全部で□試合あります。

(2)　２％の食塩水Ａと８％の食塩水Ｂを□：□の割合で混ぜると，5.5％の食塩水ができます。ただし，最も簡単な整数の比で答えなさい。

(3)　右の図のように，正三角形の折り紙を矢印の方向に折りました。㋐の角の大きさと㋑の角の大きさを合わせると□度です。

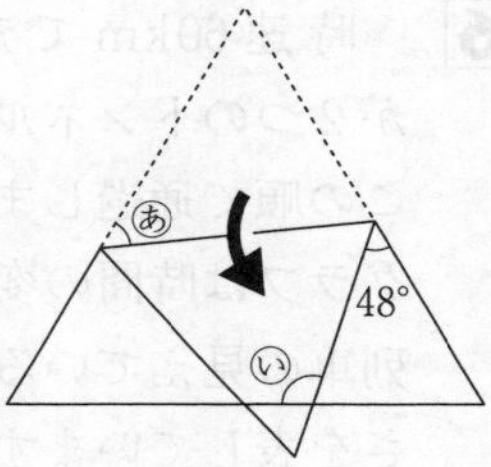

3　ある数の約数と，それらの逆数について考えます。このとき，次の各問いに答えなさい。

(1)　24の約数をすべて足すといくつになりますか。

(2)　24の約数の逆数をすべて足すといくつになりますか。

(3)　ある数の約数をすべて足すと168になり，約数の逆数をすべて足すと $\frac{14}{5}$ となります。ある数はいくつですか。

4　時計の針は０時00分を表しています。このとき，次の各問いに答えなさい。

(1)　０時のあと，はじめて長針と短針が重なる時刻は何時何分ですか。

(2)　７時と８時の間で，長針と短針が重なる時刻は７時何分ですか。

(3)　０時のあと，７回目に長針と短針の作る角が180°となる時刻は何時何分ですか。

5　次のページの図のように，１辺の長さが16cm，20cm，35cmの直方体の容器の中に，高さが20cmのところまで水が入っています。３種類のおもりＡ，Ｂ，Ｃがあり，これらの底面が容器の底面にぴったりくっつくように，Ａ，Ｂ，Ｃの順に容器の中に入れていきます。おもりＡは底面が１辺４cmの正方形で高さが16cmの直方体，おもりＢは底面が１辺８cmの正方形で高さが35cmの直方体，おもりＣは底面が半径４cmの円で高さが35cmの円柱です。このとき，あとの各問いに答えなさい。ただし，円周率は3.14とします。

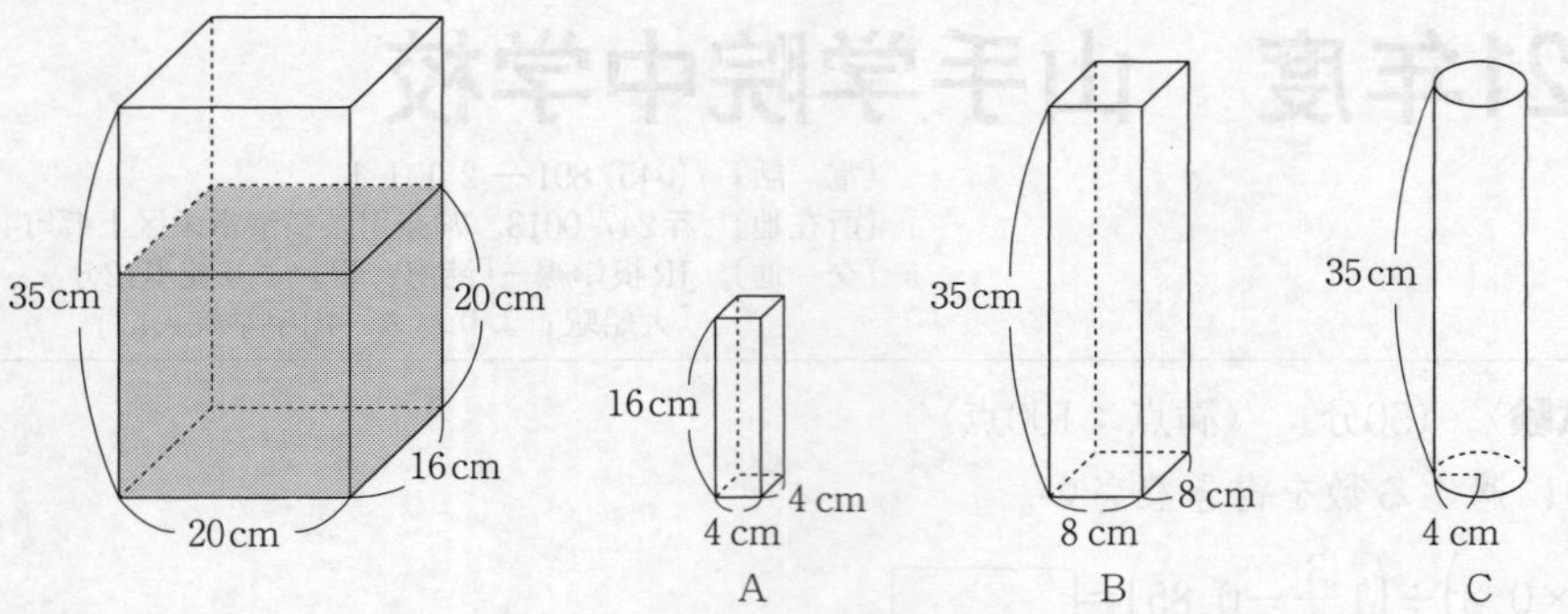

(1)　おもりＡを入れたとき，水面の高さは何cmになりますか。

(2)　(1)におもりＢを入れたとき，水面の高さは何cmになりますか。

(3)　(2)におもりＣを入れたとき，水面の高さは何cmになりますか。

小数第２位を四捨五入して答えなさい。

6　時速60kmで走る列車が２つのトンネルＡ，Ｂを，この順で通過します。右のグラフは時間の変化に伴《ともな》う列車の見えている部分の長さを表しています。トンネルＡの長さは720m，トンネルＢの長さは60mで，トンネルＡからトンネルＢまでの距離《きょり》は分かっていません。列車の長さが180mのとき，次の各問いに答えなさい。

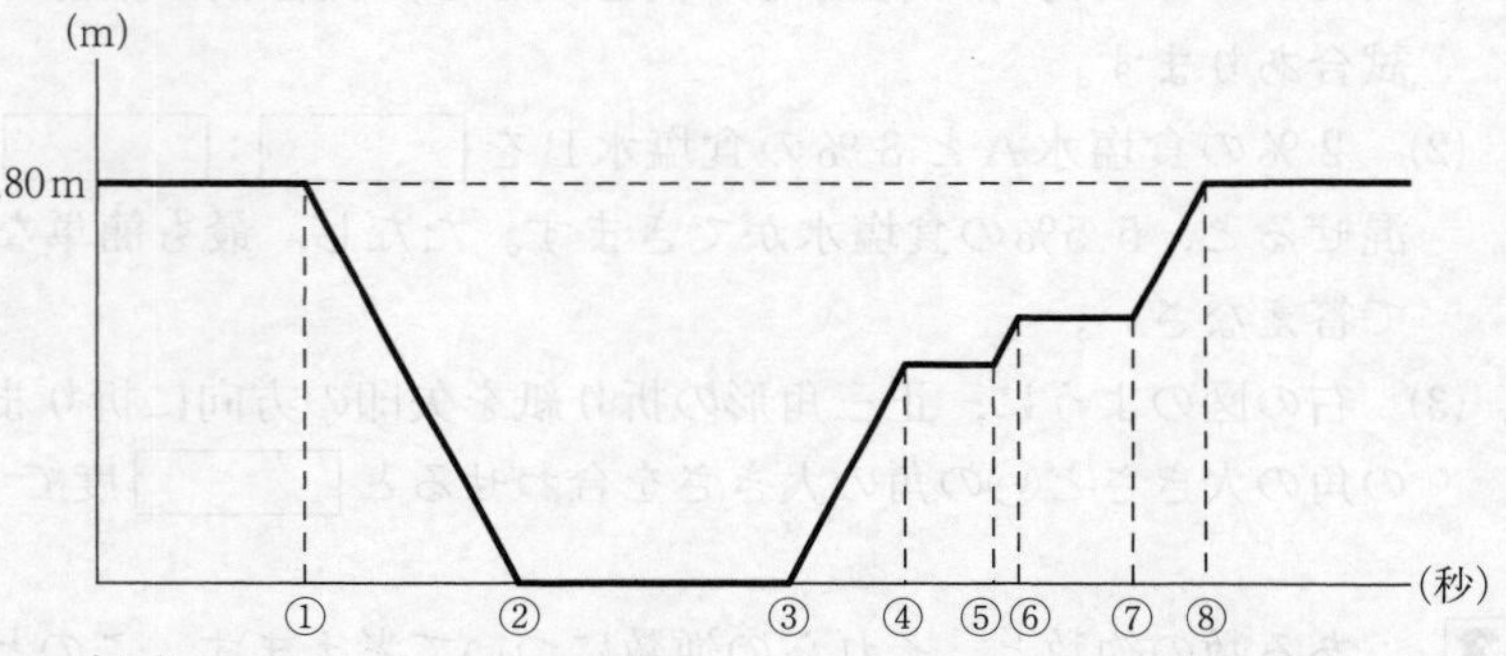

(1)　グラフの①から②までは何秒間ですか。

(2)　列車が完全にトンネルＡから抜けたのはいつですか。①から⑧の中から選びなさい。

(3)　①から⑤まで52.8秒のとき，トンネルＡからトンネルＢまでの距離は何mですか。

7　何人かの人を，２つの組と３つの組に分ける方法を考えます。ただし，１人だけでも組とします。例えば，Ａ，Ｂ，Ｃ，Ｄの４人を３つの組に分ける方法は，次のように６通りあります。

(ＡとＢ，Ｃ，Ｄ)　(ＡとＣ，Ｂ，Ｄ)　(ＡとＤ，Ｂ，Ｃ)

(ＢとＣ，Ａ，Ｄ)　(ＢとＤ，Ａ，Ｃ)　(ＣとＤ，Ａ，Ｂ)

このとき，次の各問いに答えなさい。

(1)　Ａ，Ｂ，Ｃ，Ｄの４人を２つの組に分ける方法は何通りありますか。

(2)　次に，Ａ，Ｂ，Ｃ，Ｄ，Ｅの５人を２つの組に分ける方法を(1)を利用して考えると，次のような式で求まりました。ただし，㋐と㋑は１以上の整数です。

(４人を２つの組に分ける方法の総数)×㋐＋㋑

㋐と㋑に入る整数はいくつですか。

(3)　Ａ，Ｂ，Ｃ，Ｄ，Ｅの５人を３つの組に分ける方法は何通りありますか。

【社　会】〈Ａ日程試験〉（40分）〈満点：80点〉

1　次の会話は，山口県萩市に住む太郎《たろう》くんとおとうさんが，日本海沿いを車で移動しながら，山形県酒田市に住むおじいさんに会いに行った旅行について，話をしているものです。続く問いに答えなさい。

太郎くん：山口県から山形県まで，日本海沿いを車で移動する旅行，楽しかったね。

おとうさん：(a)本州の日本海側は，本州の太平洋側と比べて，半島の数が少ないことが実感できたかい？

太郎くん：うん。どちらかというと，海沿いのなだらかな道が多かった。だからこそ，今回の旅行で印象的だった場所は，京都府から福井県にかけての（　１　）湾《わん》だよ。

おとうさん：（　１　）湾は，今回の旅行で通った経路の中で，(b)リアス(式)海岸が発達していることで有名な場所だからね。

太郎くん：京都府の（　２　）半島南東部のつけねにある天橋立はきれいだったな。あとぼくは，日本は今も昔も(c)石油は全く取れない国だと思っていたから，（　３　）にある油田やその跡《あと》も印象的だった。心残りだったのは，山形県より北には行けなかったから，秋田県で開催《かいさい》されていた祭を見ることができなかったことかな。

おとうさん：同じ時期に山形県で開催されていた『東北四大祭り』のひとつの（　４　）が見られたから，いいじゃないか。あの旅行でおとうさんが印象に残った場所は，（　５　）にある石見銀山遺跡だよ。

太郎くん：また旅行したいね。そういえば，おじいちゃんが「ふるさと納税のおかげで，山形県もすこし財政が豊かになった」って言っていたけど，ふるさと納税ってなに？

おとうさん：ふるさと納税は，自分が応援《おうえん》したいと思う(d)地方公共団体にお金を寄付すると，その分の税金が軽減される制度だよ。全国の地方公共団体に寄付をすることができて，寄付先からは返礼品が送られてくる。

太郎くん：例えば，どんな返礼品が送られてくるの？

おとうさん：返礼品として使われる特産品には，(e)果物，(f)畜産物《ちくさんぶつ》，(g)海産物などがある。また，(h)地域の特性を活かした返礼品もある。

太郎くん：(i)今回の旅行では通らなかったけど，おとうさんが生まれた県は，陸続きでとなり合っている都道府県の数が，日本で一番多いことが特徴《とくちょう》だよね。ふるさと納税制度で，おとうさんのふるさとも，もっと活気づくといいね。

問１　文中の(１)にあてはまる最もふさわしい語句を漢字で答えなさい。

問２　文中の(２)にあてはまる最もふさわしい語句を漢字で答えなさい。

問３　文中の(３)にあてはまる最もふさわしい県名を，解答らんにあてはまるように漢字で答えなさい。

問４　文中の(４)にあてはまる最もふさわしい語句を次の中から１つ選び，記号で答えなさい。

ア．竿燈《かんとう》祭　　イ．七夕《たなばた》祭　　ウ．花笠《はながさ》祭　　エ．ねぶた祭

問５　文中の(５)にあてはまる最もふさわしい県名を，解答らんにあてはまるように漢字で答えなさい。

問６　下線部(a)について，太郎くんのように，本州の日本海沿いを通って山口県萩市から山形県酒田市まで，後もどりをせずに陸路で旅行した時，酒田市に到着する前に，最後に通過する

半島の名前を，解答らんにあてはまるように漢字で答えなさい。

問7　下線部(b)について，この例としてふさわしくないものを次の中から1つ選び，記号で答えなさい。

ア．志摩半島　　イ．宇和海沿岸　　ウ．大村湾　　エ．九十九里浜

問8　下線部(c)について，以下の【グラフ】および【写真】に関する問いに答えなさい。

【グラフ】

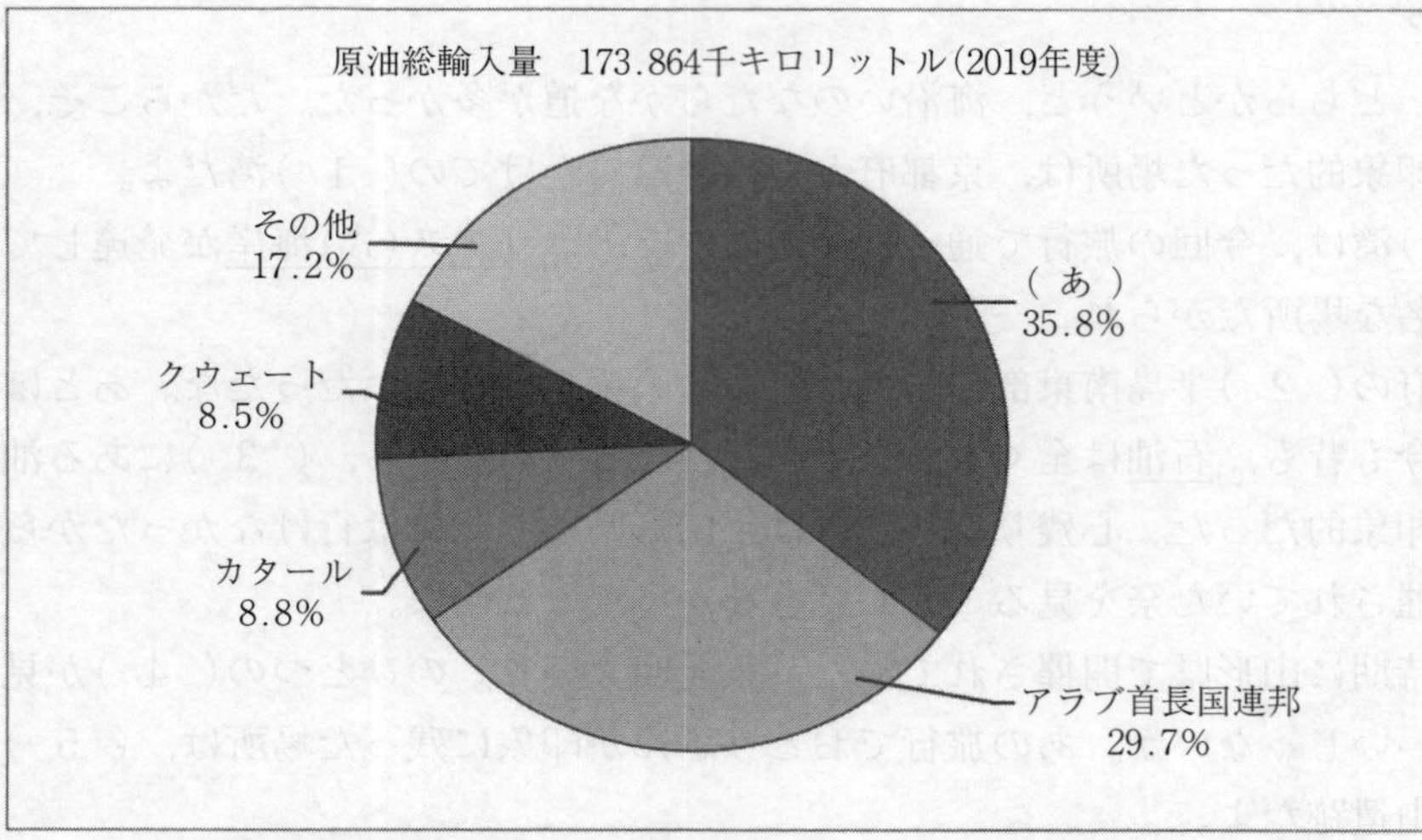

※矢野恒太記念会『日本国勢図会 2020/21年度版』を参照し，グラフを作成。

【写真】

※写真は，清水建設 HP
https://www.shimz.co.jp/works/jp_ene_199206_shibushi.html
より引用。

①　【グラフ】は，「日本の原油輸入先の割合(2019年度)」をまとめたものです。グラフの中の(あ)にあてはまる国名として最もふさわしいものを次の中から1つ選び，記号で答えなさい。

ア．インドネシア　　イ．イラク　　ウ．サウジアラビア　エ．ロシア

②　【写真】は，鹿児島県志布志市の海上にある志布志国家石油備蓄《びちく》基地です。このような石油備蓄基地は，九州地方に数多く設置されています。その理由はなんでしょうか。
その理由を説明した以下の文章の空らんにあてはまる文を解答らんに答えなさい。

日本は主に中東地域の国から原油を輸入しています。九州地方は中東地域から原油を輸送する時に(　　　　)だから。

問９　下線部(d)について，ふるさと納税制度の広まりによって，豊かになる地方公共団体がある一方，本来入るべき歳入が減ることで，財政が悪化する地方公共団体もあります。地方財政の歳入の内訳の中で，一番大きい割合をしめるものとして最もふさわしいものを次の中から１つ選び，記号で答えなさい。

ア．地方税　　イ．地方交付税　　ウ．地方債　　エ．国庫支出金

問10　下線部(e)について，次のグラフは，ある果物の「都道府県別の生産量の割合(2018年度)」をまとめたものです。このグラフが表す果物の名前として最もふさわしいものを下の中から１つ選び，記号で答えなさい。

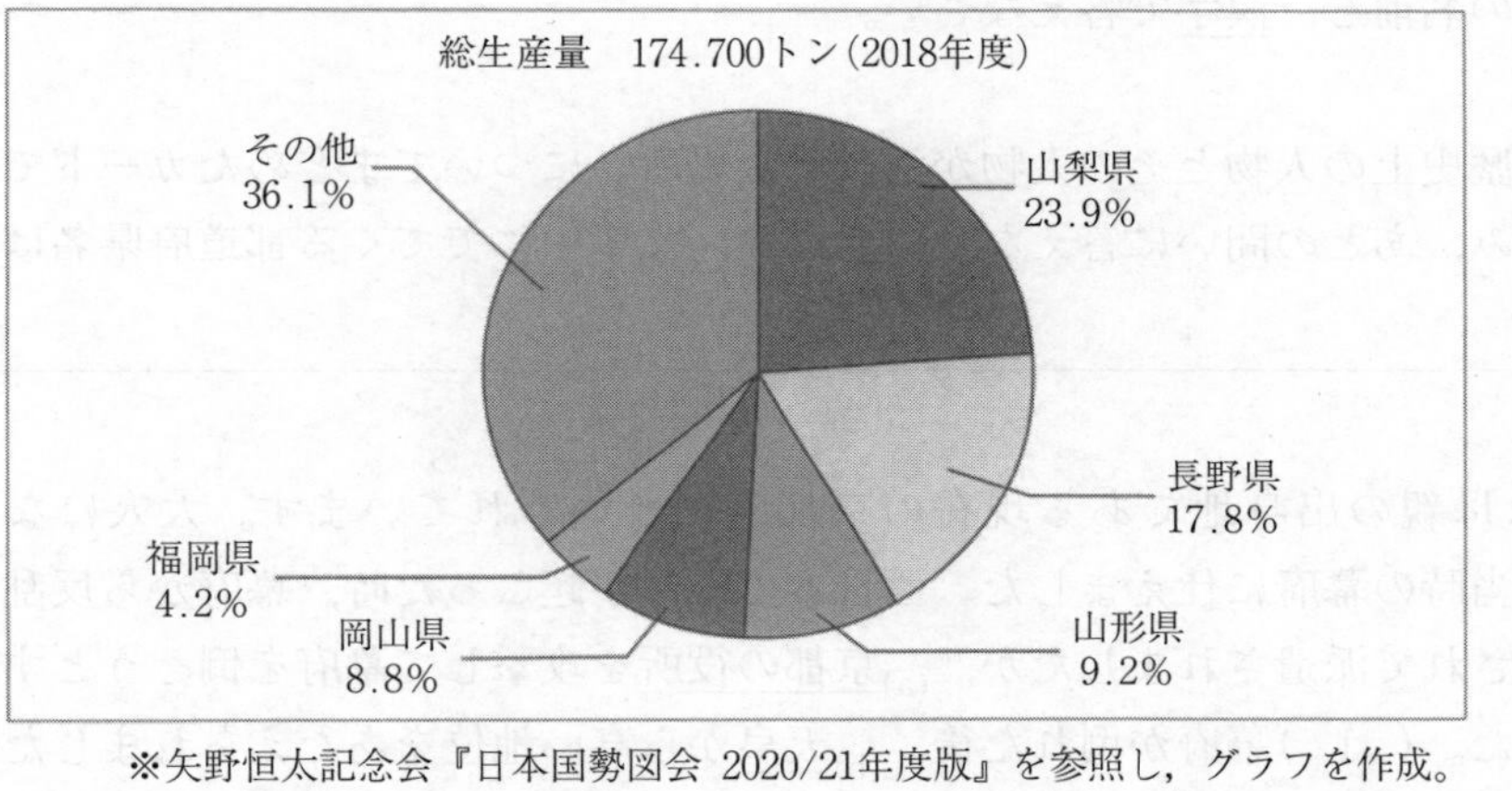

※矢野恒太記念会『日本国勢図会 2020/21年度版』を参照し，グラフを作成。

ア．もも　　イ．みかん　　ウ．ぶどう　　エ．びわ

問11　下線部(f)について，次のグラフは，ある畜産物の「都道府県別頭数の割合(2019年２月１日現在)」をまとめたものです。このグラフが表す畜産物の名前として最もふさわしいものを下の中から１つ選び，記号で答えなさい。

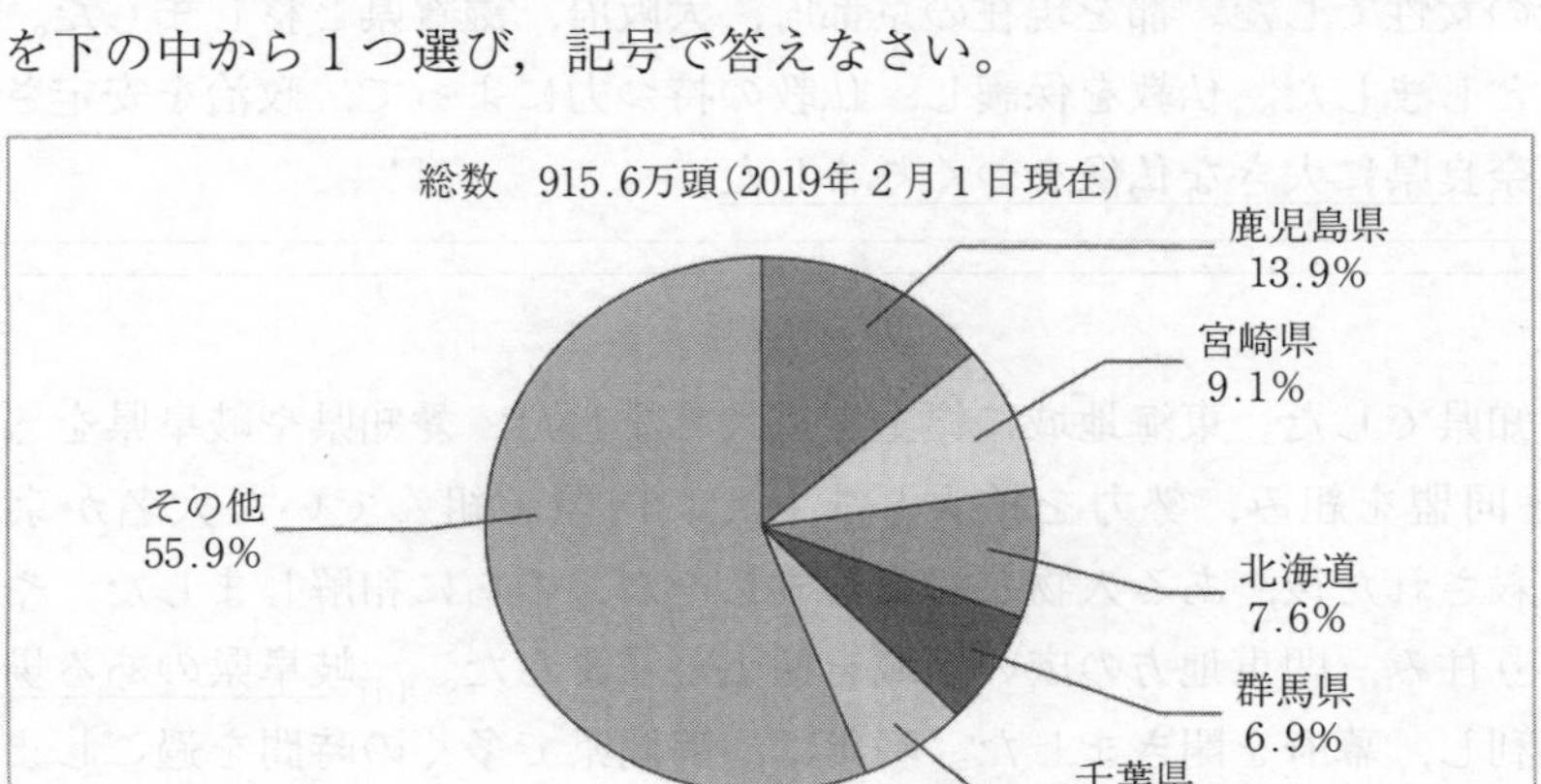

※矢野恒太記念会『日本国勢図会 2020/21年度版』を参照し，グラフを作成。

ア．肉用牛　　イ．ぶた　　ウ．乳用牛　　エ．馬

問12　下線部(g)について，静岡県焼津市では，深海魚をふるさと納税の返礼品として扱《あつか》っていたことがあります。これは静岡県焼津市が，水深が深いことで有名な湾に面しているためです。

この湾の名前を，解答らんにあてはまるように漢字で答えなさい。

問13　下線部(h)について，佐賀県のある市では，「干がたで泥《どろ》んこ体験」というレジャーをふるさと納税の返礼品として扱っています。これは，佐賀県南部にある海の干がたで泥遊びを楽しむものです。この海の名前を，解答らんにあてはまるように漢字で答えなさい。

問14　下線部(i)について，以下の問いに答えなさい。

①　会話文の中の「おとうさんが生まれた県」の名前を，解答らんにあてはまるように漢字で答えなさい。

②　会話文の中の「おとうさんが生まれた県」が陸続きでとなり合っている都道府県の数を，解答らんにあてはまるように算用数字で答えなさい。

③　日本の中で，1つの都道府県としか陸続きでとなり合っていない都道府県があります。その都道府県の名前を，漢字で答えなさい。

2　次のA～Fは「歴史上の人物とその人物が活動した場所」についてまとめたカードです。A～Fのカードを読み，あとの問いに答えなさい。なお，文章中にでてくる都道府県名は現在のものです。

A

生まれたのは母親の出身地である現在の京都府だといわれています。大人になり，(1)にあった当時の幕府に仕えました。西日本で反乱が起こった時，幕府から反乱軍を倒すことを命令されて派遣されましたが，(a)京都の役所を攻撃《こうげき》して幕府を倒そうとする勢力に味方しました。(1)幕府が倒れた後，(b)天皇から高い地位をあたえられましたが，この天皇と対立し，京都に幕府を開きました。

B

母親は(2)氏の女性でした。都を現在の京都府，大阪府，滋賀県と移しました。最後には奈良に都をもどしました。仏教を保護し，仏教の持つ力によって，政治を安定させようとしました。(c)奈良県に大きな仏像をつくりました。

C

出身は現在の愛知県でした。東海地域に領土を拡大しました。愛知県や岐阜県をきょ点としていた大名と同盟を組み，勢力を拡大しました。同盟を組んでいた大名が京都の(3)寺で家来に殺された後，ある人物と対立しましたが，のちに和解しました。やがて現在の東京都に移り住み，関東地方の広い地域を領土としました。(d)岐阜県のある場所で行われた戦いで勝利し，幕府を開きました。晩年は，静岡県で多くの時間を過ごしました。

D

貴族の子どもとして現在の京都府で生まれました。天皇の側近として活やくしましたが，(　２　)氏と対立し，(e)九州の役所に派遣されました。中国に派遣していた(　４　)の廃止を提案したとされています。最後は九州で亡くなりました。現在では学問の神様として神社にまつられています。

E

出身は現在の三重県といわれています。江戸で俳句を教えていました。一生の中で多くの旅をしたことでも有名です。(f)特に江戸から東北・北陸をめぐり，岐阜県までの旅を紀行文に書き記しました。

F

父親は有名な武士でした。父親が戦死したことで，京都で成長しましたが，後に東北地方に住むようになりました。兄が中心となった戦いに参加し，京都から瀬戸内海までの戦いに参加しました。兄は(　１　)に幕府を開いたとされる人物です。朝廷から高い地位を受け取ったことで兄と対立し，最後は東北で亡くなったとされています。

問１　カードの中の空欄(１)～(４)にあてはまる最もふさわしい語句・地名を漢字で答えなさい。

問２　下線部(a)について，以下の問いに答えなさい。

①　この役所名を次の中から１つ選び，記号で答えなさい。

ア．問注所　　イ．政所　　ウ．公文所　　エ．六波羅探題

②　この役所が設置されるきっかけとなった事件を次の中から１つ選び，記号で答えなさい。

ア．大化の改新　　イ．平治の乱

ウ．承久の乱　　エ．平将門の乱

問３　下線部(b)について，この天皇の名前を次の中から１つ選び，記号で答えなさい。

ア．桓武天皇　　イ．後醍醐天皇

ウ．天武天皇　　エ．後白河天皇

問４　下線部(c)について，この仏像が置かれた寺の名前を次の中から１つ選び，記号で答えなさい。

ア．興福寺　　イ．法隆寺　　ウ．延暦寺　　エ．東大寺

問５　下線部(d)について，この戦いがあった場所として正しいものを次の中から１つ選び，記号で答えなさい。

ア．川中島　　イ．壇ノ浦　　ウ．桶狭間　　エ．関ケ原

問６　下線部(e)について，この役所名を漢字で答えなさい。

問７　下線部(f)について，この紀行文にある，次の俳句がよまれた場所は，現在のどの都道府県か，下の中から１つ選び，記号で答えなさい。

五月雨をあつめて早し最上川

ア．青森県　　イ．富山県　　ウ．秋田県　　エ．山形県

問８　Ａ～Ｆのカードの人物を年代の古い順番に記号で並べなさい。

問９　カードＡ，カードＤ，カードＦの人物の名前を漢字でそれぞれ答えなさい。ただし，カードＡ，Ｄの人物は漢字４字，カードＦの人物は漢字３字で答えなさい。

3　次の文を読んで，あとの問いに答えなさい。

日本国憲法の３つの柱として，(a)国民主権，平和主義，(b)基本的人権の尊重が掲《かか》げられています。

まず国民主権については，日本の政治は，国民のために国民によってすすめられることが明らかにされています。その具体的な方法として，日本では主に(c)間接民主制が採用されています。

つぎに平和主義については，戦争の放棄，戦力の不保持，（　１　）が第９条に書かれています。そのため，日本は，外国との話し合いによる問題の解決を重視してきました。

最後に基本的人権については，平等権，自由権，参政権，(d)社会権などが記されています。憲法制定から長い年月が経ったので，こうした昔からある基本的人権に加え，(e)新しい人権についても明記する必要があるのではないかと言われています。

問１　文中の(１)に当てはまる語句として，正しいものを次の中から１つ選び，記号で答えなさい。

ア．自衛隊の創設　　イ．交戦権の否認　　ウ．核兵器の放棄　　エ．徴兵制《ちょうへいせい》の廃止《はいし》

問２　下線部(a)について，「主権」という言葉にはいくつかの意味があります。次の〈文章Ⅰ〉と同じ意味で「主権」という言葉が用いられているものを下の中から１つ選び，記号で答えなさい。

〈文章Ⅰ〉

…〈略〉…日本国の主権は本州，北海道，九州および四国ならびに…〈中略〉…に限せられるべし。

「ポツダム宣言」

※原文を読みやすいように一部書き換《か》えた。

ア．日本は国民に主権があるので，政治的に大切な決定は国民の代表が行う。

イ．1972年の沖縄返還により，日本の主権のもとに沖縄県が復帰した。

ウ．第二次世界大戦前は，天皇に主権があったため，政治的な最終決定権は天皇にあった。

問３　下線部(b)について，基本的人権は，社会全体の利益や幸福に反しない限り最大限尊重されるとされています。このような社会全体の利益や幸福のことを何というか，５字で答えなさい。

問４　下線部(c)について，以下の問いに答えなさい。

①　間接民主制の１つとして参議院議員選挙があります。参議院議員選挙の説明として正しいものを次の中から１つ選び，記号で答えなさい。

ア．参議院議員選挙では，小選挙区比例代表並立制が導入されている。

イ．参議院議員選挙の比例代表制では，非拘束名簿《ひこうそくめいぼ》式が導入されている。

ウ．参議院議員選挙の被選挙権《ひせんきょけん》は，35歳《さい》になるとあたえられる。

エ．参議院議員選挙の選挙権は，20歳になるとあたえられる。

② 日本の国会は選挙で選ばれた国会議員によって構成されるが，国会の説明として正しいものを次の中から１つ選び，記号で答えなさい。

ア．予算案を作成し，内閣がそれを審議する。

イ．内閣の助言と承認に基づいて国事行為《こくじこうい》を行う。

ウ．弾劾裁判所を設け，裁判官を裁くことができる。

エ．各議院の総議員の過半数の賛成で憲法の改正を発議する。

問５ 下線部(d)について，社会権に含《ふく》まれる権利として，正しいものを次の中から１つ選び，記号で答えなさい。

ア．裁判を受ける権利

イ．教育を受ける権利

ウ．国や地方公共団体が国民にあたえた損害の賠償《ばいしょう》を求める権利

エ．住みたいところに住む権利

問６ 下線部(e)について，以下の問いに答えなさい。

① 日本国憲法には明記されていないが，必要であると言われている新しい人権の説明として，正しいものを次の中から１つ選び，記号で答えなさい。

ア．性別や宗教などにかかわらず，誰《だれ》もが差別されることなく扱われる権利

イ．より良い環境《かんきょう》の中で人々が暮らす権利

ウ．理由もなくつかまったり，自由をうばわれたりしない権利

エ．自分の意見を本などで発表する権利

② 新しい人権として必要性が指摘《てき》されているものに，「プライバシーの権利」があります。日本にある制度や法律の説明のうち，プライバシーの権利と最も関係があると考えられるものを次の中から１つ選び，記号で答えなさい。

ア．情報公開制度が整えられ，行政機関の保有する情報を誰でも見ることができるようになった。

イ．個人情報保護法が制定され，個人に関する情報がしっかりと保護されるようになった。

ウ．環境アセスメント制度が整えられ，環境破壊《かんきょうはかい》を未然に防ぐ努力がなされるようになった。

エ．消費者基本法が制定され，消費者の権利がいっそう尊重されるようになった。

問７ 日本国憲法に関する説明として，正しいものを次の中から１つ選び，記号で答えなさい。

ア．日本国憲法第25条は，自由権について書いてある。

イ．国民の三大義務の１つは，普通《ふつう》教育を受ける義務である。

ウ．日本国憲法によって認められている基本的人権は，法律により制限される。

エ．法律・政令・条例は，憲法に違反《いはん》することはできない。

【理　科】〈Ａ日程試験〉（40分）〈満点：80点〉

1　太郎君は給食に出たごはんをよくかんでいると，だんだんと甘みを感じられるようになることに気がつきました。これは，ごはんがだ液にふくまれる物質によって消化されているためだと先生から聞きました。そこで，だ液のはたらきについて調べてみたいと思い，いくつかの実験を行いました。このことについて，以下の問いに答えなさい。

(1)　まず，ごはんにどんな物質がふくまれているかを確かめるために，ごはんにヨウ素液をかけ，色の変化を調べました。①はじめのヨウ素液の色と，②ごはんにヨウ素液をかけたときの色は，それぞれ何色になりますか。次の中から１つずつ選び，記号で答えなさい。

(ア)　赤色　　(イ)　茶色
(ウ)　水色　　(エ)　青むらさき色
(オ)　緑色

(2)　本でよく調べてみると，ごはんをよくかんでいると甘みを感じられるようになるのは，だ液にふくまれる「消化こう素」のはたらきだとわかりました。このときはたらいている「消化こう素」は次のうちどれですか。１つ選び，記号で答えなさい。

(ア)　ペプシン　　(イ)　リパーゼ
(ウ)　アミラーゼ　(エ)　マルターゼ
(オ)　トリプシン

(3)　次のうち，(2)で答えた「消化こう素」のはたらきで分解できるものを多くふくむ食品はどれですか。<u>すべて</u>選び，記号で答えなさい。

(ア)　ステーキ　(イ)　パン　(ウ)　焼き鳥(肉のみ)
(エ)　目玉焼き　(オ)　フライドポテト　(カ)　うどん

　太郎君はさらにだ液にふくまれる物質のはたらきについてくわしく調べるために，次の実験を行いました。

〈実験〉

1．図１のように試験管に同じこさのでんぷん水よう液を同じ量入れ，Ａ，Ｂ，Ｃの試験管にはだ液を加え，Ｄ，Ｅ，Ｆの試験管には水を加え，それぞれを０℃，40℃，80℃に保った水に入れておいた。

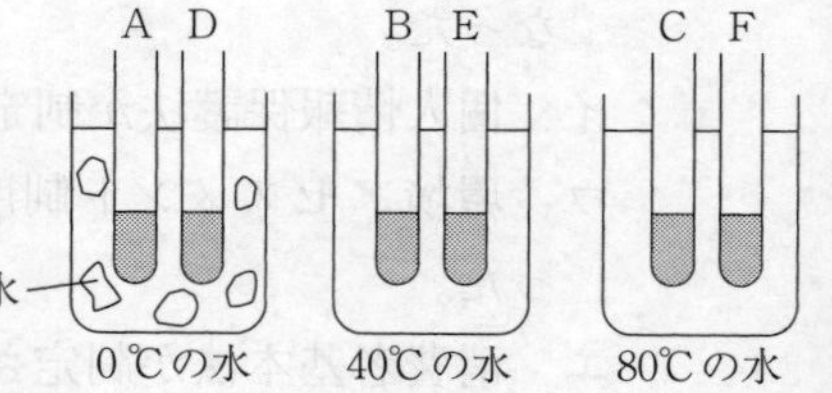

図１

2．しばらくしたあと，それぞれの試験管から水よう液を少しずつ取り出し，ヨウ素液を加えて色の変化を見た。このとき，Ａ，Ｃ，Ｄ，Ｅ，Ｆから取り出したものはヨウ素液の反応があった。

3．次に，同じようにそれぞれの試験管から水よう液を少しずつ取り出し，糖《とう》があることを調べる薬品を加えて加熱した。このとき，Ｂからは糖がある反応が見られた。

4．その後，水よう液の残っている試験管Ａ，Ｃ，Ｄ，Ｆをそれぞれ40℃に保った水に入れた。

5．しばらくして，それぞれの水よう液を２つに分け，１つにはヨウ素液を加えて色の変化を観察し，もう１つには糖があることを調べる薬品を加えて加熱した。その結果，Ｃ，Ｄ，Ｆではヨウ素液の反応が見られ，Ａでは糖がある反応が見られた。

(4)　実験２・３の結果から，だ液の中にふくまれている物質がはたらいていたのは，どの試験管ですか。Ａ～Ｆから<u>すべて</u>選び，記号で答えなさい。

(5)　次の(ア)～(カ)のうち，ＢとＥの試験管の比較だけから考えて，正しいといえるものはどれですか。１つ選び，記号で答えなさい。

(ア)　でんぷんは水を加えただけで糖に変化する。
(イ)　でんぷんは温度が変化しただけで糖に変化する。
(ウ)　だ液は温度が低いとはたらかない。
(エ)　でんぷんは水を加えただけでは糖に変化しない。
(オ)　だ液は温度が低くてもはたらく。
(カ)　でんぷんは温度が変化しただけでは糖には変化しない。

(6)　だ液がはたらくのに適した温度があることを確かめるには，どの試験管の結果を比べればよいですか。次の中から最も適当なものを１つ選び，記号で答えなさい。

(ア)　ＢとＥ　　(イ)　ＣとＦ　　(ウ)　ＡとＥ　　(エ)　ＡとＥとＦ
(オ)　ＡとＢとＣ　　(カ)　ＡとＥとＦ　　(キ)　ＢとＤとＥ　　(ク)　ＢとＥとＦ

(7)　実験４・５の結果からいえるのはどんなことですか。次の中から正しいと思われるものをすべて選び，記号で答えなさい。

(ア)　だ液は，いちど低温にしてしまうと，そのはたらきを失ってしまう。
(イ)　だ液は，いちど高温にしてしまうと，そのはたらきを失ってしまう。
(ウ)　だ液は，いちど低温にしてしまっても，そのはたらきは失われない。
(エ)　だ液は，いちど高温にしてしまっても，そのはたらきは失われない。
(オ)　でんぷんは，温度が変化することで糖に分解される。
(カ)　でんぷんは，水を加えると糖に分解される。

2　太陽や月，星座について以下の問いに答えなさい。

(1)　図１は，日本のある地点で観測した三日月を示しています。観測時刻は何時ごろですか。次の中から最も適当なものを１つ選び，記号で答えなさい。

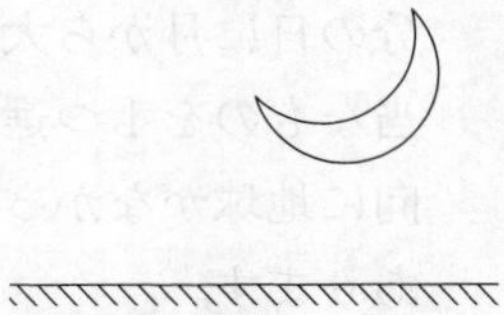
図１

(ア)　午前２時　　(イ)　午前４時　　(ウ)　午前５時
(エ)　午前10時　　(オ)　午前11時
(カ)　午後１時　　(キ)　午後２時　　(ク)　午後４時
(ケ)　午後７時　　(コ)　午後10時

(2)　図１の月を観測してから19日後の午前２時ごろ，同じ場所で再び月を観測しました。どのように見えましたか。次の中から最も適当なものを１つ選び，記号で答えなさい。

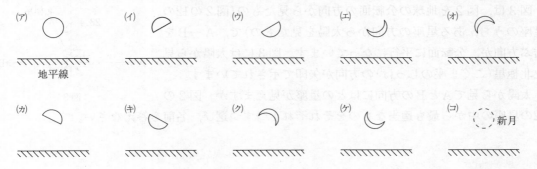

(ア)
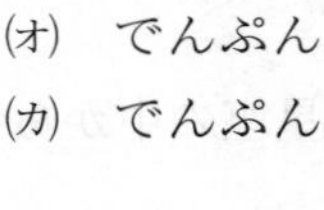
地平線

(イ)
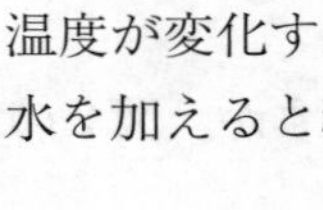

(ウ)
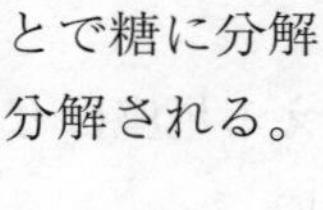

(エ)

(オ)

(カ)
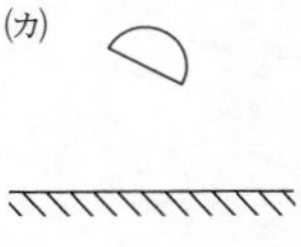

(キ)
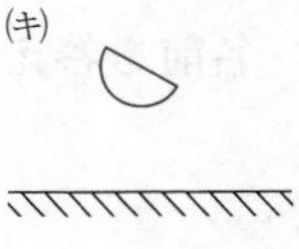

(ク)
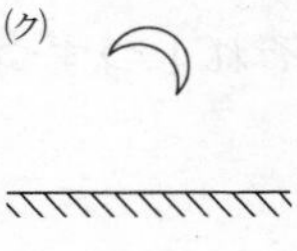

(ケ)
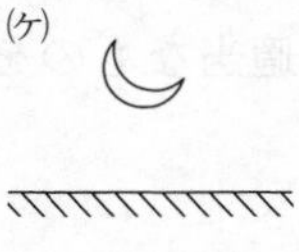

(コ)
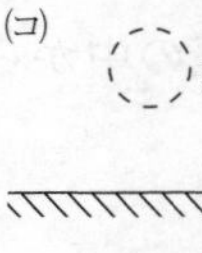
新月

図2は，地球が太陽のまわりを公転するようすを表したものです。図中の12の星座については，太陽からその星座が見える方向を示しています。地球と太陽とのきょりに比べて，星座をつくっている星はとても遠くにあります。この図を見て，後の問いに答えなさい。

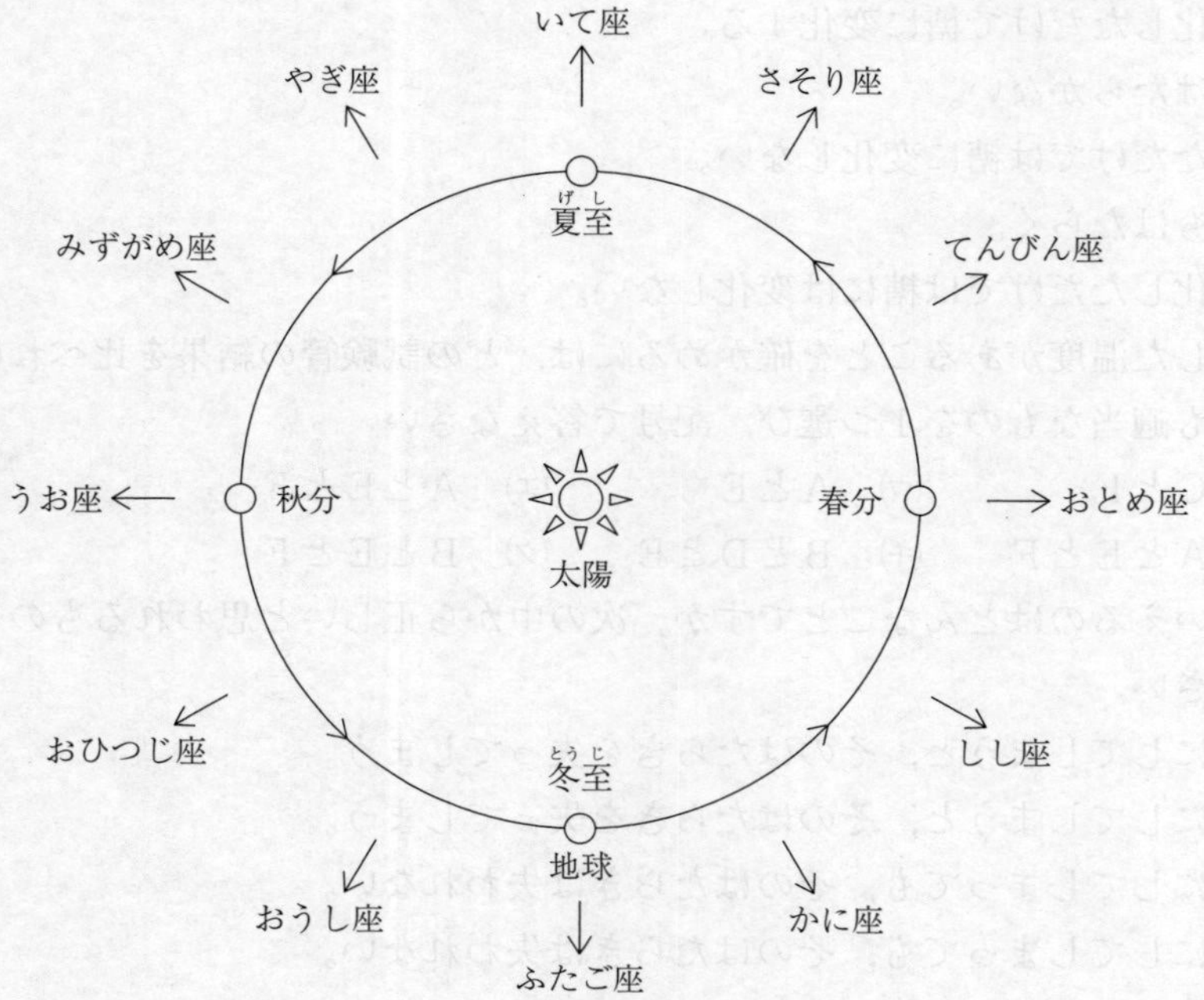

図2

(3)　春分の日の真夜中，日本で南の空に見える星座はどれですか。図2の12の星座の中から最も適当なものを1つ選び，名前を答えなさい。

(4)　地球では，昼間は空が明るいので星座は見えませんが，月では昼間でも星座が見えます。秋分の日に月から太陽の方向を見ると，どの星座が見えますか。図2の12の星座の中から最も適当なものを1つ選び，名前を答えなさい。ただし，この観測をした日は，月から見た太陽の方向に地球がなかったものとします。また，月と地球とのきょりに比べて，太陽はとても遠くにあります。

(5)　2010年12月21日は月食がありました。地球から見るとこの日の月は，どの星座の方向に見えましたか。図2の12の星座の中から最も適当なものを1つ選び，名前を答えなさい。ただし，月食でも月は見えるので，位置はわかります。

(6)　2020年9月24日の月は上げんの月です。この月は地球から見てどの星座の方向に見えますか。図2の12の星座の中から最も適当なものを1つ選び，名前を答えなさい。

図3は，図2を地球の公転面の方向から見たもの(図2の12の星座のうち，ある星座の方向から太陽を見たもの)で，A－Bを結ぶ方向が，公転面に平行になっています。図3には太陽から見た北極星(こぐま座のしっぽ)の方向が矢印で示されています。

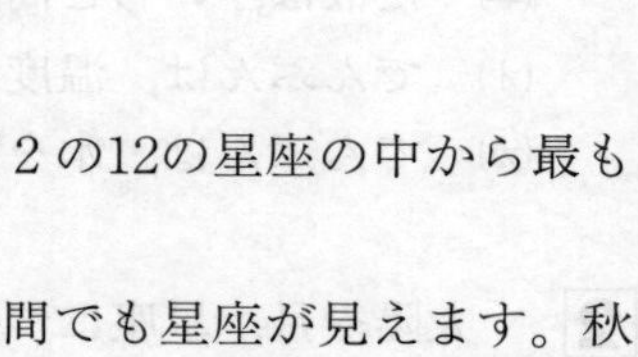

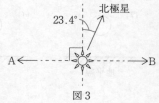

図3

(7)　太陽から見てAとBの方向にはどの星座が見えますか。図2の12の星座の中から最も適当なものをそれぞれ1つずつ選び，名前を答えなさい。

3 海苔《のり》の袋に入っている乾燥剤《かんそうざい》には生石灰《せいせっかい》(酸化《さんか》カルシウム)というものがふくまれています。生石灰は石灰石(炭酸《たんさん》カルシウム)を高温で加熱することでつくることができます。

生石灰は水を吸収して消石灰《しょうせっかい》(水酸化《すいさんか》カルシウム)になります。この消石灰を水にとかすと石灰水になります。また，生石灰に水を加えることでも石灰水をつくることができ，そのとき水の温度が上がります。これを利用して，火を使わずにお弁当を温めることができます。

(1) 下線部について，このときある気体が発生します。この気体は，石灰石に塩酸を加えたときに発生する気体と同じものです。この気体の名前を漢字で答えなさい。

(2) 石灰石のように炭酸カルシウムをふくんでいるものは，塩酸を加えると(1)の気体を発生します。石灰石以外に炭酸カルシウムをふくんでいるものを，次の中からすべて選び，記号で答えなさい。

(ア) ペットボトル　(イ) チョーク　(ウ) 1円玉
(エ) 10円玉　(オ) たまごのから　(カ) 貝がら

(3) 次の表は，生石灰の重さと，最大量の水を吸収した後にできる消石灰の重さを表しています。生石灰から消石灰になるときに増加した重さが，吸収した水の重さと考えることができます。たとえば，25.0gの生石灰が完全に水を吸収すると，33.0gの消石灰になり，そのときは8.0gの水を吸収したことになります。

3.0gの水を吸収するためには，最低何gの生石灰が必要になりますか。割り切れない場合は，小数点以下第二位を四捨五入して第一位まで答えなさい。

表　反応前の生石灰と反応後の消石灰の重さの関係

反応前の生石灰	5.0g	10.0g	15.0g	20.0g	25.0g
反応後の消石灰	6.6g	13.2g	19.8g	26.4g	33.0g

(4) 生石灰を水の中に入れたとき，水の温度が上がります。1kgの水の中に，1gの生石灰を入れたところ，石灰水ができて水の温度が0.34℃上昇しました。2kgの水の中に3gの生石灰を入れたとき，水の温度は何℃上昇すると考えられますか。次の中から最も近いものを1つ選び，記号で答えなさい。

ただし，入れた生石灰はすべて消石灰に変化し，その後すべて水にとけて石灰水になったとします。

(ア) 0.06℃　(イ) 0.11℃　(ウ) 0.17℃　(エ) 0.23℃　(オ) 0.34℃
(カ) 0.51℃　(キ) 0.68℃　(ク) 1.02℃　(ケ) 2.04℃　(コ) 上昇しない

(5) 石灰水にBTB液を加えると何色になりますか。次の中から1つ選び，記号で答えなさい。

(ア) 赤色　(イ) 青色　(ウ) 黄色　(エ) 緑色

(6) 石灰水にりゅう酸を加えたところ，白くにごりました。この白くにごったよう液をろ過して，にごりのもとになったものを集めたところ，白いどろどろとしたものが得られました。これを水で洗った後に，水分をじょう発させると，白い粉末が得られました。この粉末に塩酸を加えたところ，何も変化がなかったことから，この粉末は石灰石でないことがわかりました。

図書館の本で調べたところ，この粉末は石こう(りゅう酸カルシウム)と呼ばれ，美術室などに置いてある「石こう像」に使われていることがわかりました。

決まったこさの石灰水100mLに，決まったこさのりゅう酸を体積を変えて加えると，できる石こうの重さが変わります。次のページの図はそのときのグラフを表したものです。

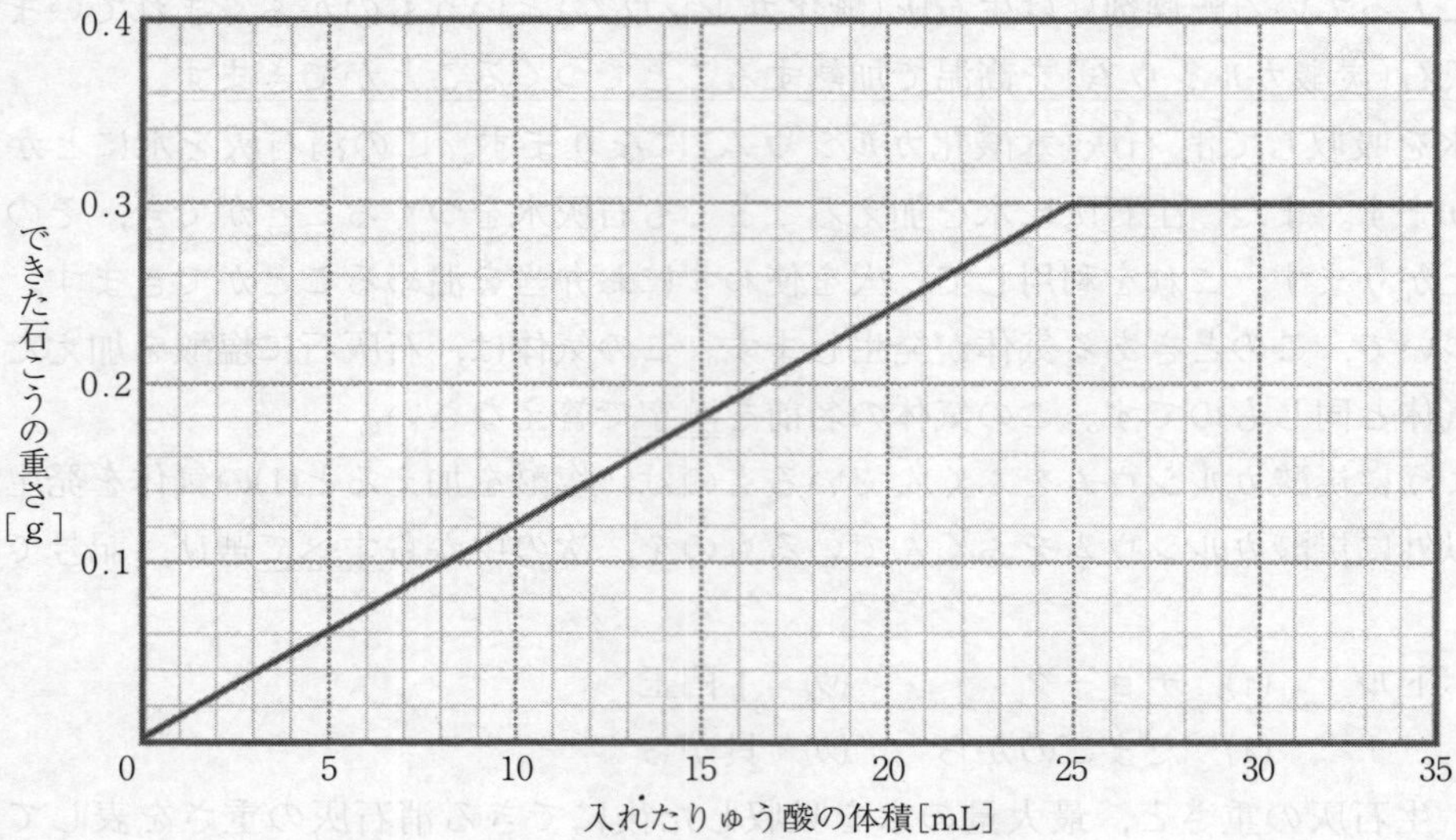

図

同じこさの石灰水250mLに，同じこさのりゅう酸60mLを加えると何gの石こうができると考えられますか。割り切れない場合は，小数点以下第三位を四捨五入して第二位まで答えなさい。

4　浮力《ふりょく》について次の文章を読み，後の問いに答えなさい。ただし，実験に使うひもの重さや体積は無視できるものとして考えなさい。

水の中にあるものは，それが押しのけた水の重さに等しい力を上向きに受けます。この力を浮力といいます。そのため，水の中にあるものは，押しのけた水の重さの分だけ軽くなります。浮力はものが液体中で浮くかどうかに大きく関わってきます。

たとえば，図１のような直方体（たて５cm，横５cm，高さ15cm，重さ600g）をひもでつるし，ばねばかりにつなげた状態で，図２のようにビーカーに入れられた水の中に５cmしずめたところ，ばねばかりのめもりは475gを指しました。このとき，直方体が押しのけた水の体積は５cm×５cm×５cm＝125cm³であり，水は１cm³あたり１gの重さがあるので押しのけた水の重さは125gです。

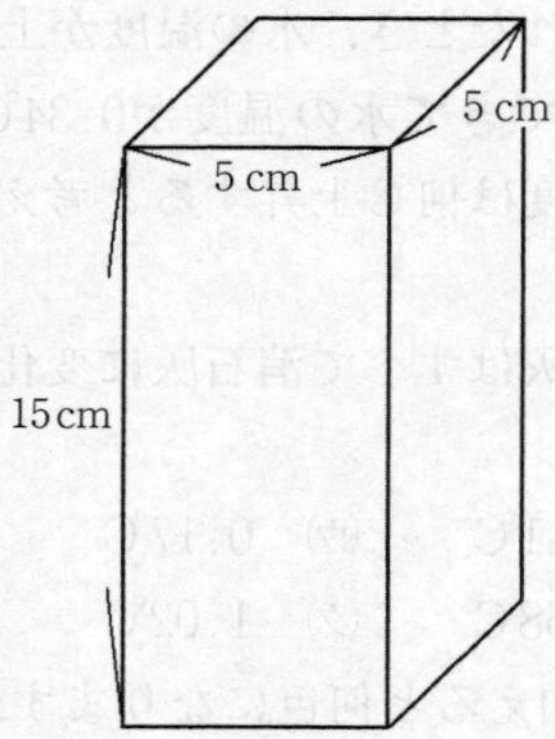

図１

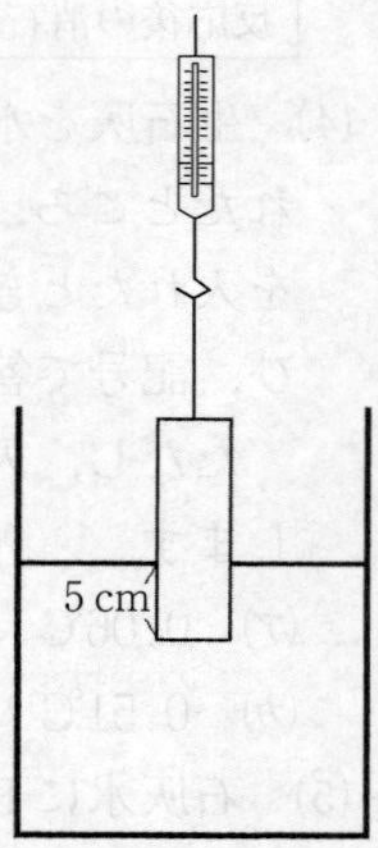

図２

ばねばかりのめもりが475gを指しているのは，もともとの600gの直方体が，浮力によって125g分軽くなり，475gになったと考えられます。

(1)　この実験で直方体を，ビーカーの底に接しないようにすべてしずめたとき，ばねばかりのめもりは何gになると考えられますか。

(2)　この実験を，水を使わずに食塩水を使って行いました。実験に使った食塩水は１cm³あたり

1.08gの重さがあるとして，直方体を5cmしずめたとき，ばねばかりのめもりは何gになると考えられますか。

(3)　図1と同じ大きさの直方体(たて5cm，横5cm，高さ15cm)で重さが250gの直方体があります。図3のようにこの直方体を水に入れたところ，水に浮きました。水面から出ている部分は何cmですか。割り切れない場合は，小数点以下第二位を四捨五入して第一位まで答えなさい。

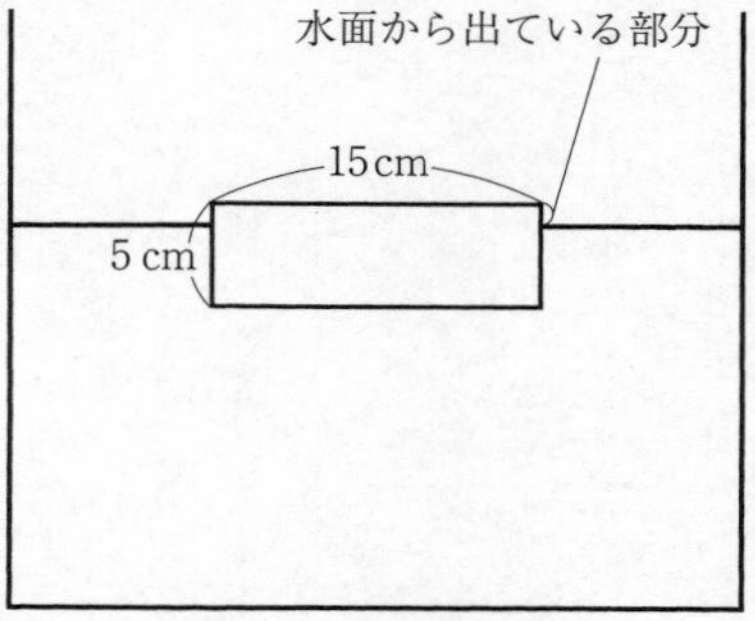

図3

(4)　図4のような，重さ300gの三角柱があります。この三角柱の底面は，底辺5cm，高さ15cmの二等辺三角形になっています。また，三角柱の高さは6cmです。図4の点A(辺の真ん中の点)にひもをつけてつるしました。

①　このひもをばねばかりにつなげて，図5のようにビーカーに入れられた水の中に5cmしずめたとき，ばねばかりのめもりは何gになると考えられますか。

②　また三角柱を，ビーカーの底に接しないようにすべてしずめたとき，ばねばかりのめもりは何gになると考えられますか。

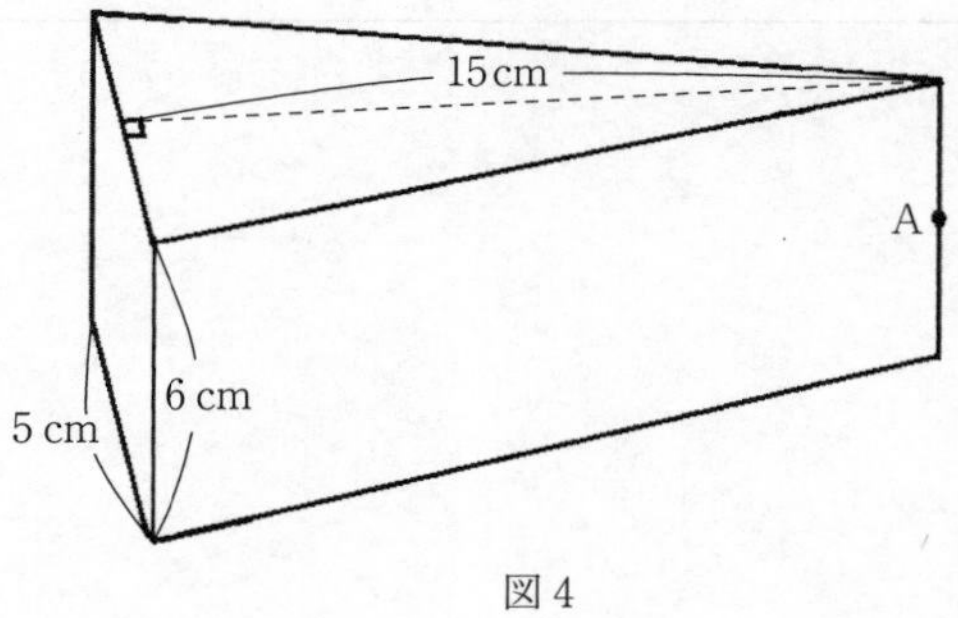

図4

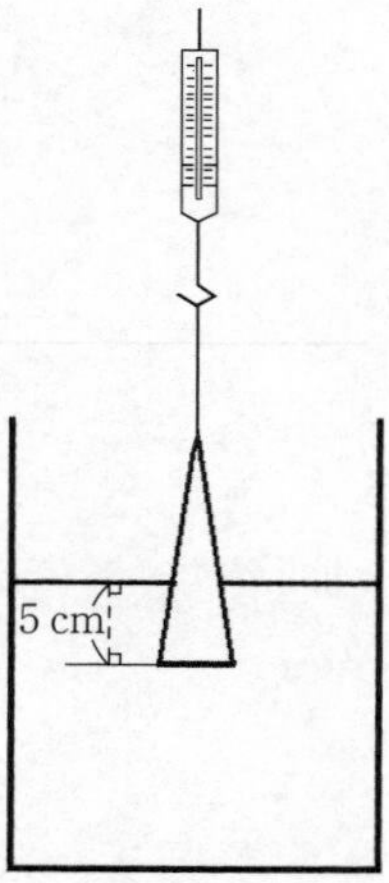

図5

三 次の――線部について、カタカナは漢字になおし、漢字は読みをひらがなで答えなさい。なお、漢字はていねいにはっきりと書くこと。

① センレンされた身のこなし。
② 走り終わった後、ほおをコウチョウさせていた。
③ 古い市役所のチョウシャを取りこわす。
④ クリスマスイブをセイヤともいう。
⑤ 武士は主君にチュウセイをちかう。
⑥ 地球は巨大なジシャクである。
⑦ 親コウコウはできる時にしておいたほうが良い。
⑧ ゲキヤクなので取りあつかいに注意する。
⑨ 世界には貧富の差の激しい国がある。
⑩ 群馬では養蚕業が盛んであった。

たから。

エ　こぼしさまの話に強く興味をもち、さらにくわしく知りたかったから。

問六　※でおばあさんが語ったこぼしさまの話として、ふさわしくないものを一つ選び、記号で答えなさい。

ア　ほとんど姿を現さないが、おもしろ半分に人と関わることがあった。

イ　村人と関わりをもつと山をあらす、おそろしい山の主であった。

ウ　動きがはやくいたずら好きだが、そそっかしくもあった。

エ　山に住み、わざわいをもたらすものから守ってくれた。

問七　――線部⑥「ぼくはため息をついた」とありますが、この時の「ぼく」の説明として最もふさわしいものを選び、記号で答えなさい。

ア　こぼしさまを見つけたいけれども、それがむずかしいと分かり、やる気がそがれてがっかりした。

イ　こぼしさまはもういないと思いながらも、おばあさんの魅《み》力《りょく》的な話に聞き入り、ひきこまれていた。

ウ　こぼしさまのことを話すおばあさんの話しぶりがあまりに楽しそうで、あっけにとられていた。

エ　こぼしさまの話をするおばあさんに合わせながら、上手な聞き役になって大人びたふるまいをした。

問八　――線部⑦「もらったふきをむねにかかえ」とありますが、この文章中での「ふき」の役割を説明したものとして最もふさわしいものを選び、記号で答えなさい。

ア　山を思うおばあさんの心の表れであり、それを受《う》け継《つ》ぎ大切にしようとする「ぼく」の気持ちを象徴《しょうちょう》するもの。

イ　一人ではかかえきれない山の秘密を聞いてしまった「ぼく」の、気まずさや心の重さを具体的に表したもの。

ウ　おばあさんが先祖の代から管理してきた山をゆずり受け、「ぼく」が自分のものにしていくことを暗示するもの。

エ　トマトのおばあさんのそれまで知らなかった一面と、それを知った「ぼく」の成長とをたとえているもの。

問九　――線部⑧「あまり長い時間を、その小山ですごすようなことはしないようにした」とありますが、それはなぜですか。最もふさわしいものを選び、記号で答えなさい。

ア　「ぼく」が小山でこぼしさまに会えるかもしれないと気づいていることはだれにも知られていないはずで、わすれられない特別な場所になった小山は、あえて行かなくてもいつでも思い出せるようになったから。

イ　「ぼく」が手入れをして遊び場にしていた山は、おばあさんにとって先祖の代から管理してきた大事な場所で、これ以上山をあらされたくないという意図を、こぼしさまの話によって伝えられていると気づいたから。

ウ　「ぼく」にとってこぼしさまの話は、おばあさんと二人だけの秘密であり、他の人がこぼしさまを見つける前に自分がうまく探し出すことができれば、これ以上小山に興味をもって近づこうとする人はいなくなると思ったから。

エ　「ぼく」にとっても、おばあさんからこぼしさまの話を聞かされたことで、小山はよりたいせつな場所になり、むやみに立ち入り自然を乱したり騒《さわ》がしくしたりすれば、その存在をそこなってしまうことになる気がしたから。

A「しょぼしょぼさせた」

ア　生気のないまなざしでみた

イ　なつかしそうに見まもった

ウ　状況《じょうきょう》が分からずまばたいた

エ　警かいしながらながめた

B「めぼしい」

ア　めったにないほど上等な

イ　とりわけおいしそうに映る

ウ　形が変わっていてめずらしい

エ　目についたものから手当たり次第に

C「しなびた」

ア　品がよく整った　　イ　器用によく動く

ウ　年れいを感じさせる　　エ　元気がなくおとろえた

問二 ——線部②「だからぼくは、いまでもふきのにおいをかぐと、このときのことを思いうかべる」とありますが、どういうことですか。その説明として最もふさわしいものを選び、記号で答えなさい。

ア　一人で小山の手入れをしておばあさんにほめられたことと、お手伝いをしておばあさんの役に立てたことが、ふきを通したほこりや喜びとして、原風景のように「ぼく」の中にあり続けるということ。

イ　おばあさんから、下処理のしかたを教わっただけでなくお土産にまで持たせてくれたふきを、家に帰ってからおいしく食べたことが、「ぼく」の中でいつまでも忘れられないものになっているということ。

ウ　おばあさんと一緒《いっしょ》にいずみの岸でふきを摘《つ》みながらこぼしさまの話をしたことが、まるで夢の中の出来事のように感じられ、ふきのにおいだけが現実のものとして「ぼく」の中に留められているということ。

エ　ふきを採集する際にお手伝いをしたり、その皮をむくおばあさんとならんで話を聞いたりしたことで、「ぼく」の中でおばあさんの話の記憶が身体的な感覚と一体となり強く残っているということ。

問三 ═══線部③-A「鬼門山」、③-B「こっちの村」、③-C「むこうの村」の位置関係を、方位に注意して解答らんのマスの中に記号A～Cで書きこみなさい。

※一マスの中に、記号は一つまでしか入りません。

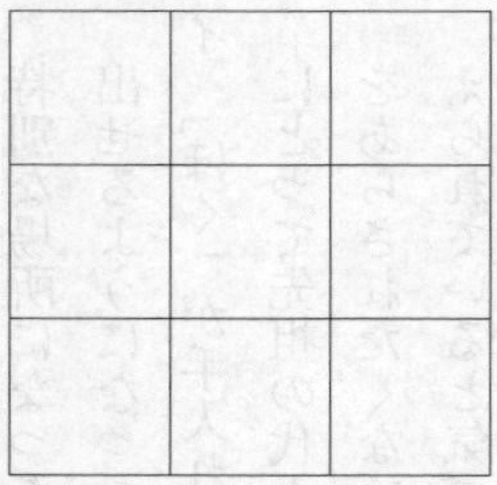

問四 ——線部④「　　　のわるい」とありますが、「何か良くないことが起こりそうだ、不吉だ」という意味の表現になるように、空らんにあてはまる語をひらがな三字で補いなさい。ただし、本文中の空らんにはすべて同じことばが入ることとします。

問五 ——線部⑤「ぼくはひざをのりだした」とありますが、なぜですか。最もふさわしいものを選び、記号で答えなさい。

ア　こぼしさまについてのおばあさんの的確な説明になるほどと思ったから。

イ　こぼしさまが、まだどんなまものなのか分からずに、おそれていたから。

ウ　こぼしさまの正体をおばあさんが知っていることにおどろい

ら、ずいぶんおもしろいだろうね。」

「そうだねえ、おもしろいだろうねえ。」

「ぼく、さがしてみようかな。」

「見つかりっこないよ。とてもすばしっこいんだから。」

それはそうかもしれない、と、そのときぼくは思った。ほんとうにいるなら、たったいまだって、どこかの草の下で、くすくすわらいながらきいているかもわからない。あの草あたりがあやしいな、と思うと、わらいをこらえているこぼしさまのようすが、目に見えるような気がした。といっても、ぼくはこの小さなこぼしさまが、いまでも生きているとは思わなかった。もしも生きていて、いまでもこの小山に住んでいるのなら、ずいぶんたのしいだろうと思っただけだ。そのくせ、ちょっとこわいような気もした。

(ぼくの小山はたいしたもんだ!)

おばあさんの、日にやけた顔を見あげながら、ぼくはそう考えた。いずみの水が、きらきらかがやいていた。ぼくは、おなかがすいているのもわすれて、じっとしていた。

おばあさんは、できあがったふきをそろえて、二つにわけた。その一つをふきの葉でつつみ、草でしばってくれた。

「もうお昼はすぎたようだね。ぼうやも早くお帰り。」

「うん。」

うけとりながら、ぼくはきいてみた。

「ぼく、ときどきここへ遊びにきてもしかられないかしら。」

「だいじょうぶ。人はめったにこないよ。だけど、おおぜいで山をあらすようなことは、なるべくしないほうがいいだろうね。こぼしさまの話を知らない人が、びっくりするといけないから。」

「ぼく、いつでもひとりでくるんだ。」

「それならいいね。」

ぼくは安心した。⑦もらったふきをむねにかかえ、峠道をゆっくり考えながら歩いた。そして、あの小山は、どうしても自分のものにしなければならないと思った。

この話を、こんなことからきいておいて、ほんとうによかったと、いまでもつくづく思うことがある。その後も、トマトのおばあさんは、あいかわらず、ぼくの家へ野菜を売りにきた。だが、この小山で出あったことはない。

いつだったかこぼしさまのかっこうがよくわからなかったので、家にきたおばあさんを、追いかけていってきいたことがあった。

「そうだねえ。おばあさんも知らないねえ。ぼうやがすきなようにきめてごらん。」

おばあさんはそういってわらった。しかし、ぼくにはなかなかきめられなかった。小山へくるたびに、なんとなく、草の下や岩のかげを、のぞいてみたりした。

こうして、その小山はぼくにとって、ますますたいせつな、わすれられない場所になった。さいわい、ぼくがそんな場所を知っていることは、だれにも気がつかれなかった。ぼくのほうも用心するようになり、それまでのように、⑧あまり長い時間を、その小山ですごすようなことはしないようにした。

やがて、また暑い夏がやってきた。ぼくはもう、もちの木の皮もはがさなかった。こんなだいじな小山の木を、すこしでもきずつけるようなまねは、もったいなくてできなかったのだ。

(佐藤さとる『だれも知らない小さな国』より・一部改)

問一 ——線部①-A「しょぼしょぼさせた」、①-B「めぼしい」、①-C「しなびた」とありますが、これらの語の本文中での意味として最もふさわしいものをそれぞれ選び、記号で答えなさい。

していた。それがおもしろくて、むちゅうになっていたものだから、ついうっかり、いなごとりの子どもに、いなごといっしょにつかまってしまった。子どものほうはそれに気がついて、紙のふくろに入れると、しっかりにぎって家へとんで帰った。こぼしさまは、いなごがにげるといけないので、子どもが家へ帰って口をあけるまで、ふくろをやぶらずに、じっとしていたそうだ。そして、子どもがそっとのぞきこんだとき、とびだしていってしまった。

また、村のわかものが、この小山のわきの小川で(おそらく、段々岩のあたりだったのだろう)、うなぎの夜づりをした。すると、どこからか、にぎやかな歌声や、手びょうしの音がする。おやおや、どこかで、おめでたの集まりでもあったかな、と思っていると、やがて、上流から湯のみ茶わんが一つ、夜目《よめ》にも白く流れてきて、わ
※
かものの足もとにぴたりととまった。思わず手にとってみると、なんと、ぷうんとよい酒のにおいがする。底のほうに、さかずき三ばいほどの酒がはいっていたのだ。そして、ピチャピチャと水音がして、この茶わんを運んできたらしいふたりのこぼしさまが、大急ぎでにげていったそうだ。

宴会《えんかい》の主は、もちろんこぼしさまで、たまたま近くにきていたわかものにも一口ふるまってくれたわけだった。

こんな話が、だれからともなくつたわって、村の人たちは、小山をあらさないように気をつけるようになった。

だから、そのころの小山は、二つの村のどちらにもはいっていなかった。こぼしさまのご領地として、だれも近よらないようにしていたのだ。

しかし、いつのころからか、こぼしさまは、すがたを見せなくなった。めいしんぶかい村人たちは、世の中がうるさくなったので、こぼしさまは小山にとじこもってしまったのだと思った。そして、小山へ近よってはいけないということを、ますますかたく守っていた。

たまに山の手入れをするのは、トマトのおばあさんの先祖だった。それは、おばあさんの家が、代々このあたりで一けんだけ大工をかねていたためだそうだ。ほこらの修理をするついでに、草かりをしたり、木の下えだをはらったりしたものらしい。

そして、長いあいだたった。いつのまにか、こぼしさまの話まで、すっかりわすれられていった。

ただ、〝近よってはならない、□のわるい山〟ということだけがのこった。こぼしさまは、こわい〝まもの〟にかわり、ほこらもなくなった。この山も、とうのむかしに村人の持ち山になっているということだが、いまでも、山の手入れはしないのだという。

「古い話だよ。おばあさんもわすれていたくらいだからね。さっきぼうやを見たとき、きゅうに思いだしたんだよ。ぼうやのことをこぼしさまの生まれかわりじゃないかと思って、びっくりしたのさ。だけど、こんな大きいこぼしさまはいないねえ。」

おばあさんは、たのしそうにそういってわらった。⑥ぼくはため息をついた。

「おもしろい話だねえ。」

おばあさんは静かにいった。

「そうかい。そんなにおもしろいかい。」

「こぼしさまって、ほんとにいたのかなあ。」

「さあ。」

と、おばあさんはだまっていた。だが、ぼくは、こぼしさまというおかしな人に、すっかりひきつけられていた。

「ねえ、おばあさん、そのこぼしさまっていう小人が、いまでもいた

その説明をきいて、ぼくはちょっと不安になった。

「それじゃあ、ここは□がわるいの。」

「そういうね。この山には、まものがすんでいて、むやみにあらすとたたりがあるって。いまでもめったに人は近よらないよ。」

ぼくは、ぞくっとして思わずおばあさんにからだをすりよせた。しかしおばあさんは、にこにこしていた。

「こわがることはないよ。そのまものというのが、とてもおもしろいんだから。いまの人はまものの正体なんか、なにも知らないんだよ。」

「おばあさんは知ってるの。」

「知ってるとも。」

「どんなまもの。」

「それが、たしか〝こぼしさま〟といってな。小さい小さい人のことさ。」

「こぼしさま?」

「そう。起き上がり小法師というのがあるだろう。あの小法師という字を書くんだよ。このくらいの人ということなんだろうね。」

おばあさんは、指で大きさを説明しながらそういった。⑤ぼくはひざをのりだした。

「その小さな人はなあに。」

「まものさ。」

「それがわるいことをするの。」

「いやいや。ほんとはわるいことなんかしなかったんだよ。それどころか、むかしは二つの村をわるい神さまから守ってくれたらしいんだね。」

「ふうん。」

おばあさんは、そこで一息いれた。

大むかしから、この小山には、一寸法師のこぼしさまがたくさん住んでいた。そのために、わるい神さまも鬼門を通ることができなかった。この小山にへびがいないのも、そのころからこぼしさまが見つけしだいにたいじしたからで、へびのほうが近よらなくなったのだそうだ。だからむかしは、このいずみのわきに、こぼしさまをまつった小さなほこらがたっていたという。

ところがこのこぼしさまは、いたずらが大すきだった。ときどき、とんでもないいたずらをひきおこしては、村人たちをわらわせたり、こまらせたりした。また、村であらそいごとがあると、たいていは、どちらもひどいめにあわされた。ときには、いっぽうだけがねらわれることもあった。そのときは、そのほうがわるいときまっていた。

だいたいが、小さいうえに、目にもとまらないほどすばしこかったから、めったなことではすがたを見せなかった。それでも、ときどき※きは失敗したという。

あるとき村の人が石うすで豆をひいていると、一つぶずつ落としてやるあながふさがってしまった。豆を指でおしこむと、もりあがって出てきてしまう。はておかしいなと思って、石うすをはずしてみると、ひとりのふとったこぼしさまが、あなの中で顔をまっかにして、ふんばっていた。おもしろ半分に、このあなの中にはいってみたところが、からだがいっぱいで、出られなくなってしまったのだ。そこへ上から、ぎゅうぎゅう豆をおしこんだものだから、こぼしさまは必死になって、ふんばっていたわけだ。

村の人は、おかしさをこらえながら、はしの先でおしだしてやった。スッポン！　と、音がしてぬけると、こぼしさまは、ぺこりと頭をさげて、たちまち、どこかへ見えなくなってしまったそうだ。

また、いなごとりの子どもに、つかまえられたこともある。

こぼしさまは、いなごの背にまたがって、ぴょんぴょんのりまわが苦心して作った道や、きれいになっているいずみのまわりに気がついたようだった。

「友だちと、こしらえたのかい。」

「ぼくひとりで……。」

もしかしたら、しかられるかもしれないと思って、ぼくは口ごもった。しかし、おばあさんはにこにこして、

「ほうほう、ひとりでね。」

と、ぎゃくにほめてくれた。ぼくはほっとした。

「この山は、おばあさんとこの山？」

「そうじゃないけどね。」

「おばあさんは、なにしにきたの。」

「ふきをとりにきたんだよ。この山のふきは、やわらかくておいしいのでね。毎年いまごろになると、とりにくることにしているんだよ。」

そういいながら、トマトのおばあさんは、もうこしをまげて、①-Bめぼしいふきを、ぷつりぷつりとりはじめていた。ぼくは、ふきを食べることなど、考えつきもしなかったので、感心してしまった。さっそく、おばあさんの手つきをまねて、てつだいをはじめた。ふたりでとったおかげで、たちまち、おばあさんの持ってきたかごに、はいりきれないほどになった。

「こりゃたくさんできたね。すこしおかあさんに持っていっておくれ。いまきれいにしてあげるから。」

トマトのおばあさんは、いずみの岸に、かわいた落ち葉をあつくしき、ぼくとならんでこしをおろした。

①-Cしなびた手がじょうずにふきの皮をむくのを、ぼくは、横からだまって見ていた。

「さっき、おばあさんがびっくりしたのはね、わけがあるんだよ。」

と、おばあさんは、ふいにいった。

「ぼくがいたからだろ。」

「それはそうだけど、この山の古い話を思いだしたからだよ。」

「ふうん。どんな話。」

「おばあさんがね、ずっとむかしのころ、年よりからきいた話。」

手を休めて、しばらく考えているようだった。

「とてもおかしな話だよ。」

「それ、話してくれる？」

「するともさ。」

おばあさんは、どっこいしょと、すわりなおした。

昼近い太陽は、やっと杉林の上から顔を見せた。この暗い三角平地にも、いっとき、明るい日光がさしこんでいた。ぼくは、ふきの葉をもてあそびながら、じっと耳をすませた。おばあさんは、せっせとふきの皮をむいていた。②だからぼくは、いまでもふきのにおいをかぐと、このときのことを思いうかべる。また、このときいた話を考えると、ふきのにおいをいっしょに思いだすこともある。

「ここは③-A鬼門山《きもんやま》という名まえがあってな。」

おばあさんは、この山についている名まえのことから話しはじめた。

「ぼうやは知らないだろうけれど、鬼門というのは、④［　　］のわるい方角のことでね。ここでいえば、こっちのほうかな。東と北のあいだだから。」

そういって、がけのほうを指さした。

「反対の南と西のあいだを、裏鬼門といってね。やっぱり［　　］がわるい方角なんだよ。ところが、この山は、むかしから二つの村のさかいめにあって、③-Bこっちの村からは鬼門にあたり、③-Cむこうの村からは裏鬼門にあたっているのさ。そんなことから、鬼門山というんだろうね。」

「――希少動物の保護、増殖《ぞうしょく》は21世紀の課題――」

(https://www.kyoto-su.ac.jp/project/st/st03_05.html)

やしお　そうなんだ。知らなかったな。
ゆきこ　どうして和牛はこんなことになってしまったのかな？
やしお　生産者が［　　　　］せいかな。
ゆきこ　今はいいかもしれないけど、将来問題が起こるんじゃないかなあ。そうしたら、おいしい和牛が食べられなくなっちゃうんじゃ……。

(1)　空らんにあてはまる説明を、考えて書きなさい。
(2)　ゆきこさんが将来起こるのではないかと心配している問題は、どのようなものだと考えられますか。(1)の答えと本文(説明文)の内容をふまえて答えなさい。

二　次の文章を読んで、あとの問いに答えなさい。

この文章は、「ぼく」が小学校三年生の夏休みのできごとである。


そのころのある日曜日、ぼくは板きれをけずった手製のボートを持って、小山へいった。まだ昼前のことだ。

いずみの岸にひざまずき、ボートの走りぐあいをためすのに、むちゅうになっていた。ふと杉林《すぎばやし》の中に、人のけはいがするのに気がついて、ぼくは顔をあげた。だれかなかまがやってきたのかとびっくりしたが、おとなのせきばらいだった。その人は、だんだんこちらへ近づいてきた。

――この山の持ち主かな――。

にげだそうか、それともどこかにかくれようかと、ちょっととまどった。にげだすほどのわるいことは、していないつもりだったが、他人の山にかってにはいりこんで、道を作ったり、草をかったりしたのは、よくなかったかもしれない。こんな峠山《とうげやま》の近くでは、やはりどなりつけられるかもしれない。

とにかく、ボートをだいて、いつでもかけだせる用意をしていると、その人が、やぶの中から出てくるのが見えた。

ぼくのよく知っている、トマトのおばあさんの、しわくちゃな顔だった。

ずいぶん前からぼくの家へ、野菜を売りにくる人だ。このおばあさんの持ってくるトマトが、特別に上等で、いつもじまんにしていたので、ぼくはトマトのおばあさんとよんでいた。

ぼくのほうは、すっかり安心してしまったが、ぼくを見つけたおばあさんのほうは、びくっとして、立ちどまった。ふしぎなものを見るような目つきで、ぼくをながめ、目を①-Aしょぼしょぼさせた。

「ぼくだよ。おばあさん。」

ぼくは、大いそぎでそういった。おばあさんは、そろそろと近づいてきて、ぼくの顔をのぞきこんだ。

「おやおや、ぼうやだったのかい。」

と、あたりを見まわした。

「ひとりで？」

ぼくは、だまってうなずいた。

「ぼうやは、こんなところまで遊びにくるのかい。」

「ときどきくるよ。」

「えらいんだね。だけど、おばあさんはびっくりしたよ。だれもいないと思ったからね。」

やっと安心したように、おばあさんはにこにこした。そして、ぼくようなことを伝えていると考えられますか。最もふさわしいものを選び、記号で答えなさい。

ア　人間は管理を楽にするために、点数、記録や収入といった尺度にあてはめて他の人を見ることがあるが、もともと平等である人間に差をつけて評価するのは望ましくないということ。

イ　人間が他の人より優れた結果を残したときに、優れているかどうかの「ものさし」以外にもあるたくさんの価値にしたがって、その結果が高く評価されるべきであるということ。

ウ　人間にはそれぞれに個性があり、良い記録や高い評価をつけること自体は悪くないが、もっと生物の原則である違いを認めようという方向に変わっていかなければならないということ。

エ　人間は「ものさし」で測ることに慣れてしまうと、その楽な状態からぬけ出せなくなるため、「ものさし」に頼らずに人間の本当の価値を測れるようになっていくことが大切だということ。

問七　⑦にある二か所の空らんにあてはまる表現としてふさわしいものを二つ選び、記号で答えなさい。

ア「高い収入を得られるように他人から評価されるようにしなさい」

イ「勉強ができるからといって社会で通用するとは限らないんだ」

ウ「どうしてみんなと同じような仕事しかできないんだ」

エ「みんなと同じようにしっかり仕事をしなさい」

オ「自分が納得できるような仕事をするべきだ」

カ「他人とは違うアイデアを思いつきなさい」

問八　次の文が入る最もふさわしい場所を、文章中の〔ア〕～〔エ〕から選び記号で答えなさい。

そして、ばらつきがあることを許せなくなってしまうのです。

問九　本文の内容に関連した次のやりとりを読んで、あとの問いに答えなさい。

やしお　「違い」を大切にすることが大事だという筆者の主張は、面白かったね。

ゆきこ　そうだね。でも、「はずれ者」がいなくなっちゃうことはないのかな？

やしお　筆者はそうはならないと説明しているけど……。

ゆきこ　こんな記事をネットで見つけたから、読んでみて。

国内でたくさん飼育されている動物の中でも、このような危うさをもったものがいます。黒毛和牛（正式には黒毛和種）です。現在国内では数十万頭が飼育されていますが、そのほとんどは人工授精によるものです。その結果、全体の50％近くが、わずか3、4頭の優秀《ゆうしゅう》な雄《おす》（兵庫県産）の子孫という驚《おどろ》くべき状況《じょうきょう》が生み出されています。有効な個体数でいうと実に20頭程度。人間に例えると、男女10組のペアの持つ遺伝的な多様性しかもっていないということになります。

かつて和牛は、体の大きさ、肉質など、産地ごとに特徴《とくちょう》を持っていました。しかし、牛肉の輸入自由化を機に、安い外国産の肉に対抗《たいこう》して、国産ではオイシサ、いわゆる霜降《しもふ》り肉の追求が徹底《てってい》されるようになりました。その結果、体はあまり大きくはありませんが、肉質の優れた兵庫県産のものに需要《じゅよう》が集中したのです。（京都産業大学「テントウムシからトキまで　生物の環境への適応について考えるさし」以外にも、たくさんの価値があるということを忘れないことが大切なのです。つまり、「違い」を大切にしていくことなのです。

「ものさし」で測ることに慣れている大人たちは、皆《みな》さんにこう言うかもしれません。

「どうしてみんなと同じようにできないの？」

管理をするときには、揃っている方が楽です。バラバラだと管理できません。そのため、大人たちは子どもたちが揃ってほしいと思うのです。

しかし本当は、同じようにできないことが、大切な「違い」なのです。

そんな違いを大切にしてください。

おそらく、皆さんが成長して社会に出る頃《ころ》になると、大人たちは、今度はこう言うかもしれません。

⑦「　　　　」「　　　　」

（稲垣栄洋『はずれ者が進化をつくる　生き物をめぐる個性の秘密』より）

問一　——線部①「平均値からはずれているものが邪魔になるような気になってしまいます」とありますが、なぜですか。最もふさわしいものを選び、記号で答えなさい。

ア　平均値から大きくはずれたものは、取り除いても良いことになっているから。

イ　ふつうのものが好まれると、そこにあわないものは嫌《きら》われてしまうから。

ウ　複雑な自然の現象を理解しようとするときの、理論がくずれてしまうから。

エ　自然が生み出したはずれ者は、人間にとって敵になるおそれがあるから。

問二　——線部②「虚ろな存在」とありますが、それはどのようなものですか。その説明として最もふさわしいものを選び、記号で答えなさい。

ア　自然界にある平均値より値の低いものを取り除いて、数値が上がるように処理されたもの。

イ　ものごとを単純にとらえられるようにするために人間によってつくり出された、実体のないもの。

ウ　平均から離れた値をある程度ふくむものであり、人間にとって必ずしも有益な数値とは限らないもの。

エ　人間にとっては大切なものだが、数値を理解しない自然界の生物にとっては何の意味も持たないもの。

問三　——線部③「生物はバラバラであろうとします」とありますが、それはなぜだと筆者は考えていますか。理由が書かれている部分を、解答らんにつながるように四十字でぬき出し、はじめと終わりの三字を答えなさい。

［　　　　］**ていくことができるから。**

問四　——線部④-A「多様」、④-B「進化」の対義語をそれぞれ漢字二字で答えなさい。

問五　空らん⑤a、⑤b、⑤c、⑤dにあてはまる語の組み合わせとして最もふさわしいものを選び、記号で答えなさい。

ア　a　ところが　b　そして　c　ところが　d　あるいは

イ　a　次第に　b　あるいは　c　次第に　d　つまり

ウ　a　ところが　b　こうして　c　だから　d　こうして

エ　a　次第に　b　つまり　c　もちろん　d　つまり

問六　——線部⑥「しかし、それで人間に優劣がつくわけではありません」とありますが、このように述べることによって筆者はどのる鳥だったと考えられています。⑤c、その中に飛ぶことの苦手な個体が生まれました。鳥なのに飛べないなんて、本当にはずれ者です。ただ、ニュージーランドには、キウイを襲《おそ》う猛獣《もうじゅう》がいなかったので、飛んで逃《に》げる必要がありません。飛ぶのが苦手な鳥は、飛ぶことが少ないので、エネルギーを使いません。その分、エサも少なくてすむかもしれませんし、節約したエネルギーでたくさん卵を産むことができるかもしれません。こうして飛ぶのが苦手な「はずれ者」が、飛ぶのが苦手な子孫をたくさん産み、飛べない鳥に進化していったと考えられているのです。

⑤d、ブラキオサウルスは、全長二五メートルを超《こ》えるような巨大な恐竜《きょうりゅう》です。ところが、ブラキオサウルスの仲間のエウロパサウルスは、馬くらいの大きさしかありません。ブラキオサウルスの仲間にしては、とても小さな体なのです。

エウロパサウルスの祖先は巨大な恐竜だったと考えられています。ところが、エウロパサウルスはエサの少ない島で進化をしました。そのとき、小さな体の者が生き残り、やがて、小さな恐竜へと進化を遂《と》げたのです。

新たな進化をつくり出すのは、常に正規分布のすみっこにいるはずれ者なのです。

人間が作り出したものは揃《そろ》っています。

鉛筆《えんぴつ》の一ダースの本数がバラバラでは困ります。

一メートルのものさしの目盛りが、一本一本違《ちが》っては困ります。

〔　ア　〕

人間は、バラバラな自然界の中で、均一な世界を奇跡的《きせきてき》に作り上げてきたのです。

しかし、自然界はバラバラです。

自然界では、違うことに意味があるのです。

あなたと私は違います。けっして同じではありません。

ただし、違いはありますが、そこに優劣《ゆうれつ》はありません。

例えば、足の速さは、それぞれ異なります。ですから、足の速い子も遅《おそ》い子もいます。これが運動会になれば、足の速い子は一位になるし、遅い子はビリになります。しかし、それはそれだけのことです。

〔　イ　〕

自然界から見たら、そこには優劣はありません。ただ、「違い」があるだけです。

人間は優劣をつけたがります。しかし、生物にとっては、この「違い」こそが大切なのです。足の速い子と遅い子がいる、このばらつきがあるということが、生物にとっては優れたことなのです。

〔　ウ　〕

ところが、単純なことが大好きな脳を持ち、ばらつきのない均一な世界を作りだした人間はときに、生き物にばらつきがあることを忘れてしまいます。〔　エ　〕

私たちは人間社会で暮らしているのですから、人間の作りだした尺度を無視することはできません。人間が作りだした尺度に従うことも大切なことです。

すべての人が勉強をしている現代社会で、テストで良い点を取って、偏差値《へんさち》が高い優秀な学校へ進学できる人たちは、評価されるべきです。

多くの人たちがスポーツに取り組む中で、一流と呼ばれるアスリートとして、良い記録を出したり、良いパフォーマンスを見せてくれる人たちは、高い評価を得るべきです。

みんながお金持ちになりたいと思っている中で、仕事をして高い収入を得ている人たちも評価されるべきです。

⑥しかし、それで人間に優劣がつくわけではありません。

人間が作りだした「ものさし」も大切ですが、本当は、その「もの

二〇二一年度 山手学院中学校

【国語】〈A日程試験〉（五〇分）〈満点：一〇〇点〉

※字数制限のあるものは、句読点および記号も一字とする。

一 次の文章を読んで、あとの問いに答えなさい。

人間が複雑な自然界を理解するときに「平均値」はとても便利です。そのため、人間は平均値を大切にします。そして、とにかく平均値と比べたがるのです。

平均値を大切にすると、①平均値からはずれているものが邪魔《じゃま》になるような気になってしまいます。

みんなが平均値に近い値《あたい》なのに、一つだけ平均値からポツンと離《はな》れていると、何だかおかしな感じがします。何より、ポツンと離れた値があることによって、大切な平均値がずれてしまっている可能性もあります。

そのため、実験などではあまりに平均値からはずれたものは、取り除いて良いということになっています。

はずれ者を取り除けば、平均値はより理論的に正しくなります。値の低いはずれ者をなかったことにすれば、平均値は上がるかもしれません。

こうしてときに「平均値」という、自然界には存在しない②虚《うつ》ろな存在のために、はずれ者は取り除かれてしまうのです。

しかし、実際の自然界には「平均値」はありません。「ふつう」もありません。あるのは、さまざまなものが存在している「多様性」です。

③生物はバラバラであろうとします。そして、はずれ者に見えるような平均値から遠く離れた個体をわざわざ生み出し続けるのです。

どうしてでしょうか。

自然界には、正解がありません。ですから、生物はたくさんの解答を作り続けます。それが、④-A多様性を生み続けるということです。

条件によっては、人間から見るとはずれ者に見えるものが、優れた能力を発揮するかもしれません。

かつて、それまで経験したことがないような大きな環境《かんきょう》の変化に直面したとき、その環境に適応したのは、平均値から大きく離れたはずれ者でした。

そして、やがては、「はずれ者」と呼ばれた個体が、標準になっていきます。そして、そのはずれ者がつくり出した集団の中から、さらにはずれた者が、新たな環境へと適応していきます。こうなると古い時代の平均とはまったく違った存在となります。

じつは生物の④-B進化は、こうして起こってきたと考えられています。

進化というのは、長い歴史の中で起こることなので、残念ながら、私たちは進化を観察することはできません。

しかし、「はずれ者」が進化をつくっていると思わせる例は見られます。

たとえば、オオシモフリエダシャクという白いガは、白い木の幹に止まって身を隠《かく》します。が、ときどき黒色のガが現れます。白色のガの中で、黒色のガははずれ者です。［⑤a］、街に工場が作られ、工場の煙突《えんとつ》から出るススによって、木の幹が真っ黒になると、目立たない黒いガだけが、鳥に食べられることなく生き残りました。［⑤b］、黒いガのグループができていったのです。

ニュージーランドに棲《す》むキウィは、飛べない鳥です。鳥が飛べないなんて、おかしいですよね。じつは、キウィの祖先は飛ぶことのでき

2021年度

山手学院中学校 ▶解説と解答

算 数 ＜A日程試験＞（50分）＜満点：100点＞

解 答

[1] (1) $1\frac{2}{9}$ (2) $\frac{2}{5}$ [2] (1) 45試合 (2) 5：7 (3) 162度 [3] (1) 60 (2) $2\frac{1}{2}$ (3) 60 [4] (1) 1時$5\frac{5}{11}$分 (2) 7時$38\frac{2}{11}$分 (3) 7時$5\frac{5}{11}$分 [5] (1) 20.8cm (2) 26cm (3) 32.3cm [6] (1) 10.8秒間 (2) ⑥ (3) 100m [7] (1) 7通り (2) ㋐ 2 ㋑ 1 (3) 25通り

解 説

[1] 四則計算，逆算

(1) $\left(\frac{3}{4}\div\frac{5}{8}-\frac{1}{2}\times0.2\right)\div\left(1\frac{3}{4}-0.85\right)=\left(\frac{3}{4}\times\frac{8}{5}-\frac{1}{2}\times\frac{1}{5}\right)\div\left(\frac{7}{4}-\frac{85}{100}\right)=\left(\frac{12}{10}-\frac{1}{10}\right)\div\left(\frac{35}{20}-\frac{17}{20}\right)=\frac{11}{10}\div\frac{18}{20}=\frac{11}{10}\times\frac{20}{18}=\frac{11}{9}=1\frac{2}{9}$

(2) $\left(\frac{2}{3}+\square\times2\right)\div4=\frac{11}{30}$より，$\frac{2}{3}+\square\times2=\frac{11}{30}\times4=\frac{22}{15}$，$\square\times2=\frac{22}{15}-\frac{2}{3}=\frac{22}{15}-\frac{10}{15}=\frac{12}{15}=\frac{4}{5}$ よって，$\square=\frac{4}{5}\div2=\frac{4}{5}\times\frac{1}{2}=\frac{2}{5}$

[2] 場合の数，濃度《のうど》，角度

(1) 試合は2チームで行うので，総当たり戦では10チームから2チームを選ぶ選び方を考えればよい。よって，試合数は全部で，$\frac{10\times9}{2\times1}=45$(試合)となる。

(2) 食塩水Aの量を□g，食塩水Bの量を△gとして図に表すと，右の図1のようになる。図1で，aとbの比は，(5.5－2)：(8－5.5)＝7：5なので，□と△の比は，$\frac{1}{7}:\frac{1}{5}=5:7$になる。

図1

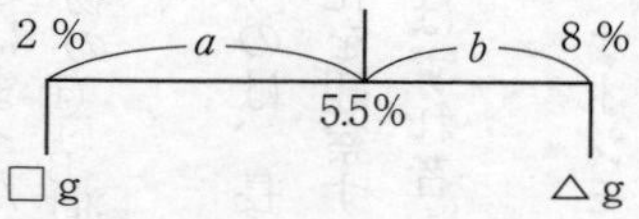

図2

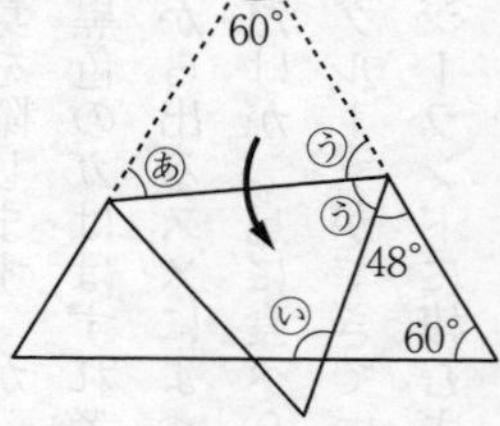

(3) 右の図2で，㋒の角の大きさは，(180－48)÷2＝66(度)だから，㋐の角の大きさは，180－60－66＝54(度)である。また，三角形の1つの外角はとなり合わない2つの内角の和に等しいので，㋑の角の大きさは，60＋48＝108(度)とわかる。よって，㋐の角の大きさと㋑の角の大きさの和は，54＋108＝162(度)と求められる。

[3] 約数，分数の性質

(1) 24の約数は，1，2，3，4，6，8，12，24だから，その和は，1＋2＋3＋4＋6＋8＋12＋24＝60となる。

(2) 24の約数の逆数は，$\frac{1}{1}$，$\frac{1}{2}$，$\frac{1}{3}$，$\frac{1}{4}$，$\frac{1}{6}$，$\frac{1}{8}$，$\frac{1}{12}$，$\frac{1}{24}$なので，その和は，$\frac{1}{1}+\frac{1}{2}+\frac{1}{3}+\frac{1}{4}+\frac{1}{6}+\frac{1}{8}+\frac{1}{12}+\frac{1}{24}=\frac{24}{24}+\frac{12}{24}+\frac{8}{24}+\frac{6}{24}+\frac{4}{24}+\frac{3}{24}+\frac{2}{24}+\frac{1}{24}=\frac{60}{24}=2\frac{1}{2}$になる。

(3) (2)より，ある数の約数の和と，その約数の逆数の和の分子の数が等しいとき，分母の数はある数と等しくなる。よって，$\frac{14}{5}=\frac{168}{60}$より，ある数は60とわかる。

4 時計算

⑴　長針は１分間に，360÷60＝６(度)，短針は１分間に，360÷12÷60＝0.5(度)動くので，長針は短針よりも１分間に，６－0.5＝5.5(度)多く動く。また，０時のあと，はじめて長針と短針が重なるのは，長針が短針よりも360度多く動いたときだから，360÷5.5＝$65\frac{5}{11}$(分後)より，その時刻は，０時＋$65\frac{5}{11}$分＝１時$5\frac{5}{11}$分とわかる。

⑵　７時ちょうどに長針と短針が作る大きい方の角の大きさは，360÷12×７＝210(度)なので，長針と短針が重なるのは，７時ちょうどから長針が短針よりも210度多く動いたときである。よって，210÷5.5＝$38\frac{2}{11}$(分後)より，その時刻は７時$38\frac{2}{11}$分となる。

⑶　１回目は０時と１時の間，２回目は１時と２時の間，３回目は２時と３時の間，４回目は３時と４時の間，５回目は４時と５時の間，６回目は６時ちょうどのときだから，７回目は７時と８時の間とわかる。また，７時ちょうどに長針と短針が作る大きい方の角の大きさは210度なので，長針と短針の作る角が180度になるのは，７時ちょうどから長針が短針よりも，210－180＝30(度)多く動いたときである。よって，30÷5.5＝$5\frac{5}{11}$(分後)より，７時$5\frac{5}{11}$分とわかる。

5 立体図形―水の深さと体積

図１

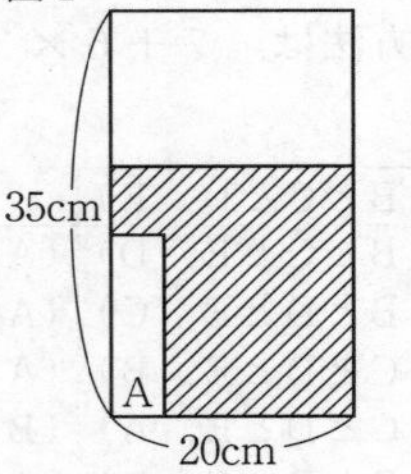

図２

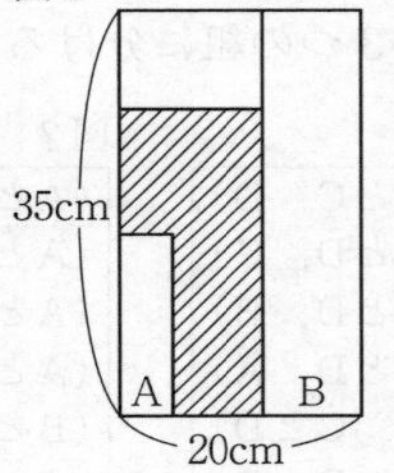

図３

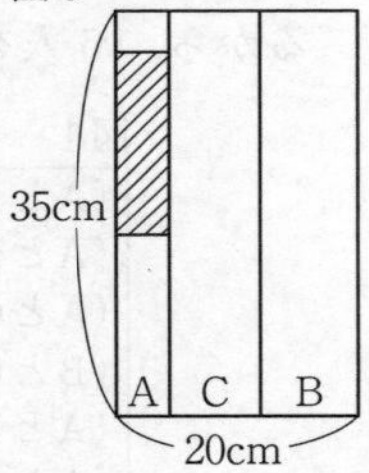

⑴　容器の中に入っている水の体積は，16×20×20＝6400(cm^3)で，おもりＡの体積は，４×４×16＝256(cm^3)である。おもりＡを入れたとき，右の図１のように水の中に沈《しず》むので，水とおもりＡの体積の和は，6400＋256＝6656(cm^3)になる。よって，容器の底面積は，16×20＝320(cm^2)だから，このとき水面の高さは，6656÷320＝20.8(cm)と求められる。

⑵　おもりＢを入れたとき，右上の図２のようになり，おもりＢの底面積は，８×８＝64(cm^2)なので，おもりＡと水が入っている部分の底面積は，320－64＝256(cm^2)である。よって，このとき水面の高さは，6656÷256＝26(cm)と求められる。

⑶　おもりＣを入れたとき，右上の図３のようになり，おもりＣの底面積は，４×４×3.14＝50.24(cm^2)だから，おもりＡと水が入っている部分の底面積は，256－50.24＝205.76(cm^2)になる。よって，このとき水面の高さは，6656÷205.76＝32.34…より，小数第２位を四捨五入すると，32.3(cm)とわかる。

6 グラフ―通過算

⑴　問題文中のグラフより，①から⑧までの列車とトンネルＡ，Ｂの位置は，下の図の①のときから⑧のときまでのようになる。①から②までに列車の動いた距離《きょり》は，列車の長さと同じ180mで，時速60kmは秒速，60×1000÷60÷60＝$\frac{50}{3}$(m)なので，かかる時間は，180÷$\frac{50}{3}$＝10.8(秒間)である。

⑵　図より，列車が完全にトンネルＡから抜《ぬ》けたのは⑥のときとわかる。

⑶　列車が52.8秒で進んだ距離は，$\frac{50}{3}$×52.8＝880(m)である。これは図の①のときから⑤のときまでに列車が進んだ距離だから，トンネルＡからトンネルＢまでの距離は，880－720－60＝100(m)

と求められる。

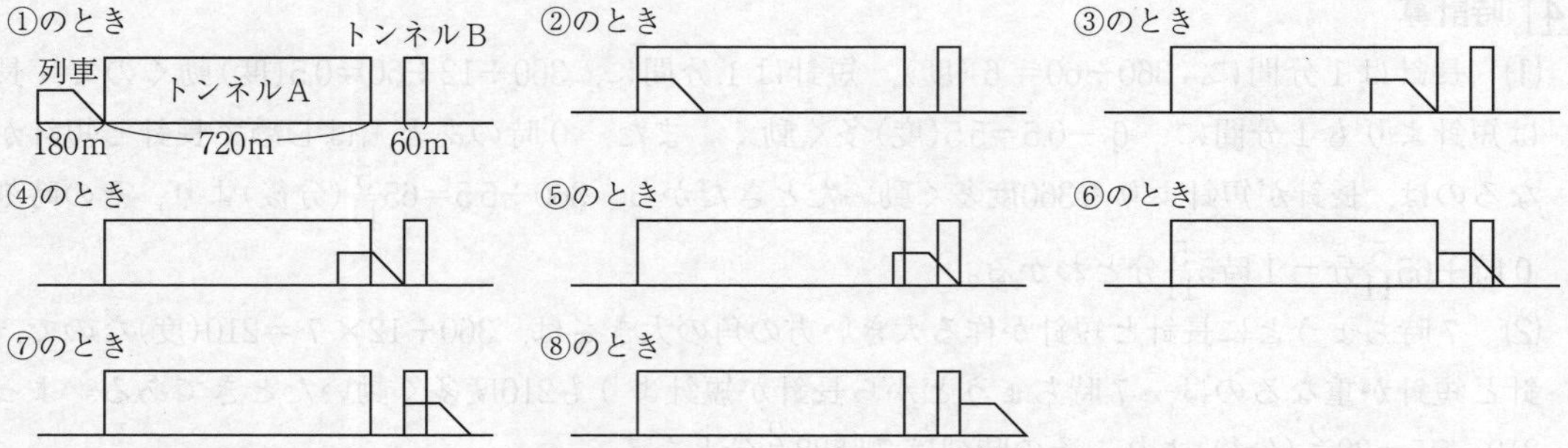

7 場合の数

⑴　Ａ，Ｂ，Ｃ，Ｄの４人を２つの組に分ける方法は，下の図１のように７通りある。

⑵　図１の左と右にＥを加えて，(ＡとＢとＣとＤ，Ｅ)を加えたものが，下の図２になる。よって，Ａ，Ｂ，Ｃ，Ｄ，Ｅの５人を２つの組に分ける方法は，（４人を２つの組に分ける方法の総数）×２＋１と求められるので，㋐＝２，㋑＝１が入る。

⑶　Ａ，Ｂ，Ｃ，Ｄ，Ｅの５人を３つの組に分けるには，図１の２つの組に３つ目のＥを加えるか，下の図３の３つの組の左と真ん中と右にそれぞれＥを加えればよい。すると，下の図４のようになるから，５人を３つの組に分ける方法は，７＋６×３＝25(通り)とわかる。

図１

(ＡとＢとＣ，Ｄ)
(ＡとＢとＤ，Ｃ)
(ＡとＣとＤ，Ｂ)
(ＢとＣとＤ，Ａ)
(ＡとＢ，ＣとＤ)
(ＡとＣ，ＢとＤ)
(ＡとＤ，ＢとＣ)

図２

(ＡとＢとＣとＤ，Ｅ)	
(ＡとＢとＣとＥ，Ｄ)	(ＡとＢとＣ，ＤとＥ)
(ＡとＢとＤとＥ，Ｃ)	(ＡとＢとＤ，ＣとＥ)
(ＡとＣとＤとＥ，Ｂ)	(ＡとＣとＤ，ＢとＥ)
(ＢとＣとＤとＥ，Ａ)	(ＢとＣとＤ，ＡとＥ)
(ＡとＢとＥ，ＣとＤ)	(ＡとＢ，ＣとＤとＥ)
(ＡとＣとＥ，ＢとＤ)	(ＡとＣ，ＢとＤとＥ)
(ＡとＤとＥ，ＢとＣ)	(ＡとＤ，ＢとＣとＥ)

図３

(ＡとＢ，Ｃ，Ｄ)
(ＡとＣ，Ｂ，Ｄ)
(ＡとＤ，Ｂ，Ｃ)
(ＢとＣ，Ａ，Ｄ)
(ＢとＤ，Ａ，Ｃ)
(ＣとＤ，Ａ，Ｂ)

図４

(ＡとＢとＣ，Ｄ，Ｅ)	(ＡとＢとＥ，Ｃ，Ｄ)	(ＡとＢ，ＣとＥ，Ｄ)	(ＡとＢ，Ｃ，ＤとＥ)
(ＡとＢとＤ，Ｃ，Ｅ)	(ＡとＣとＥ，Ｂ，Ｄ)	(ＡとＣ，ＢとＥ，Ｄ)	(ＡとＣ，Ｂ，ＤとＥ)
(ＡとＣとＤ，Ｂ，Ｅ)	(ＡとＤとＥ，Ｂ，Ｃ)	(ＡとＤ，ＢとＥ，Ｃ)	(ＡとＤ，Ｂ，ＣとＥ)
(ＢとＣとＤ，Ａ，Ｅ)	(ＢとＣとＥ，Ａ，Ｄ)	(ＢとＣ，ＡとＥ，Ｄ)	(ＢとＣ，Ａ，ＤとＥ)
(ＡとＢ，ＣとＤ，Ｅ)	(ＢとＤとＥ，Ａ，Ｃ)	(ＢとＤ，ＡとＥ，Ｃ)	(ＢとＤ，Ａ，ＣとＥ)
(ＡとＣ，ＢとＤ，Ｅ)	(ＣとＤとＥ，Ａ，Ｂ)	(ＣとＤ，ＡとＥ，Ｂ)	(ＣとＤ，Ａ，ＢとＥ)
(ＡとＤ，ＢとＣ，Ｅ)			

社　会　＜Ａ日程試験＞（40分）＜満点：80点＞

解　答

1　**問１**　若狭　　**問２**　丹後　　**問３**　新潟(県)　　**問４**　ウ　　**問５**　島根(県)　　**問６**　能登(半島)　　**問７**　エ　　**問８**　①　ウ　　②　(例)　(九州地方は中東地域から原油を輸送する時に)最初にタンカーが到着する場所(だから。)　　**問９**　ア　　**問10**　ウ　　**問11**　イ

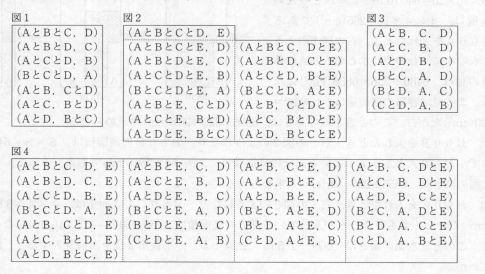

問12　駿河(湾)　問13　有明(海)　問14　①　長野(県)　②　8(個)　③　長崎(県)

2　問1　1　鎌倉　2　藤原　3　本能　4　遣唐使　問2　①　エ　②　ウ
問3　イ　問4　エ　問5　エ　問6　大宰府　問7　エ　問8　B→D→F→A→C→E　問9　A　足利尊氏(高氏)　D　菅原道真　F　源義経(牛若丸，源九郎)

3　問1　イ　問2　イ　問3　公共の福祉　問4　①　イ　②　ウ　問5　イ
問6　①　イ　②　イ　問7　エ

解説

1　日本の地形や産業，資源についての問題

問1　若狭《わかさ》湾は，京都府から福井県にかけての日本海側に広がるリアス(式)海岸で，寒流のリマン海流と暖流の対馬《つしま》海流の両方の影響を受けるため，全国有数の好漁場となっている。また，沿岸部には現在稼働《かどう》中の大飯《おおい》発電所や高浜発電所をはじめ，多くの原子力発電所が集中していることから，周辺地域は「原発銀座」ともよばれる。

問2　京都府北西部で日本海に突《つ》き出た丹後《たんご》半島南東部のつけねには，全長3.6km，幅20～170mの砂嘴《さし》によって形成された白砂青松の美しい場所として知られる天橋立があり，松島(宮城県)，宮島(広島県)とともに，「日本三景」に数えられている。

問3　日本は石油のほとんどを外国からの輸入に頼っているが，新潟県や秋田県，北海道に油田がわずかにあり，国内消費量の0.3％程度の石油生産量を占《し》めている。ここでは「山形県より北には行けなかった」とあることから，新潟県がふさわしい。統計資料は『日本国勢図会』2020／21年版による(以下同じ)。

問4　「東北四大祭り」のうち，山形県で8月に開催《かいさい》される祭りは，花笠《はながさ》祭である。なお，竿燈《かんとう》祭は秋田県，七夕祭は宮城県，ねぶた祭は青森県で開催されている。

問5　石見銀山は島根県中部の大田市大森にあった銀山で，16世紀初めに発見され，江戸時代には天領(幕府の直轄《ちょっかつ》地)として世界有数の銀の産出量をほこったが，1923年に閉山した。2007年には，「石見銀山遺跡とその文化的景観」としてユネスコ(国連教育科学文化機関)の世界文化遺産に登録された。

問6　山口県萩市から山形県酒田市まで日本海沿いに北上するときに通過する半島は，西から順に，島根県の島根半島，京都府の丹後半島，石川県の能登半島である。

問7　九十九里浜は弓形の曲線を描く砂浜海岸で，千葉県北東部で太平洋に面している。なお，三重県の志摩半島，愛媛県の宇和海沿岸，長崎県の大村湾には，山地が沈《しず》みこみ，谷であったところに海水が入りこんでできた出入りの複雑なリアス(式)海岸が見られる。

問8　①　日本が最も多くの原油を輸入している国は，サウジアラビアである。　②　日本が輸入する原油は，おもに中東地域からタンカーで運ばれてくる。九州地方はタンカーが最初に到達する場所となるので，日本の石油備蓄基地の多くが，九州地方の海上につくられている。

問9　地方公共団体の歳入のうち，自主財源の中心である地方税収入の割合は，地方分権が進んだ結果，全国の総額でほかの財源より多い約45％を占めるようになっている。

問10　山梨県は，昼と夜の寒暖差が大きく，年間を通して降水量が少ない気候を生かし，甲府盆地を中心に果物の栽培がさかんで，ももとぶどうの生産量は全国第1位をほこる。ここでは第2位以

下の都道府県から，グラフが表している果物はぶどうと判断できる。なお，ももの生産量第２位以下は，福島県，長野県，みかんの生産量の上位は，和歌山県，静岡県，愛媛県，びわの生産量の上位は，長崎県，千葉県，鹿児島県となっている。

問11　鹿児島県や宮崎県の飼養頭数が多い畜産物は，ぶたである。なお，肉用牛と乳用牛の飼養頭数が最も多いのは北海道で，特に乳用牛は全国の約60％を占めている。

問12　駿河《するが》湾は静岡県東部の南側に位置し，御前《おまえ》崎と伊豆半島の石廊《いろう》崎に囲まれた，最深部が2500ｍに達する日本で最も深い湾である。

問13　有明海は長崎県，佐賀県，福岡県，熊本県に囲まれた海域で，大きな干潟が広がっており，のりの養殖がさかんである。

問14　①　陸続きで隣接《りんせつ》する県の数が最も多いのは，長野県である。　②　長野県は，群馬県，埼玉県，山梨県，静岡県，愛知県，岐阜県，富山県，新潟県の８県と陸続きでとなり合っている。　③　九州地方北西端に位置する長崎県は，陸続きでとなり合っている県が佐賀県１つだけである。

２　各時代の歴史的なことがらについての問題

問１　**１**　京都に室町幕府が開かれる前の幕府は，鎌倉幕府である。　**２**　Ｂは聖武天皇で，その母親は藤原不比等《ふひと》の娘である。なお，空欄《くうらん》２はＤにもあるので，問６の解説も参照のこと。
３　愛知県や岐阜県を拠点《きょてん》としていた大名とは織田信長のことで，1582年，信長は京都の本能寺に滞在《たいざい》中，家臣の明智光秀におそわれて自害した。これを本能寺の変という。　**４**　菅原道真《みちざね》は，894年に遣唐大使に任命されると，唐(中国)の国内が乱れてその支配力が衰《おとろ》えてきていることや航海に危険がともなうことなどを理由として，遣唐使の廃止を宇多天皇に提案し，認められた。

問２　①　Ａは室町幕府を開いた足利尊氏(高氏)で，後醍醐《ごだいご》天皇に協力して，鎌倉幕府の京都の役所である六波羅探題を攻撃《こうげき》した。なお，問注所と政所《まんどころ》は，侍所《さむらいどころ》とともに鎌倉幕府が鎌倉に設けた役所，公文所は，政所の一部署となった役所である。　②　六波羅探題は，1221年に後鳥羽上皇が起こした承久の乱後，朝廷の監視《かんし》や西国の武士の統治を目的として鎌倉幕府が京都に設けた役所である。

問３　後醍醐天皇は，足利尊氏や新田義貞らの協力を得て1333年に鎌倉幕府を滅《ほろ》ぼすと，翌34年，年号を「建武」と改めて天皇による政治を復活させた。しかし，この新政は公家中心の政治であったために武士の不満をまねき，足利尊氏にそむかれて２年半あまりで失敗に終わった。

問４　８世紀の中ごろ，仏教を厚く信仰したＢの聖武天皇は仏教の力で国を安らかに治めようと願い，地方の国ごとに国分寺・国分尼寺を建てさせ，都の平城京には総国分寺として東大寺と大仏をつくらせた。

問５　Ｃは徳川家康で，1600年，天下分け目の戦いとよばれる関ケ原の戦い(岐阜県)のさいには東軍を率いて，石田三成ら豊臣方の西軍を破った。その後，天下の実権をにぎった家康は，1603年に征夷《せいい》大将軍に任命され，江戸に幕府を開いた。なお，川中島の戦い(長野県)は，戦国大名の武田信玄と上杉謙信の５度にわたる戦い。壇ノ浦《だんのうら》の戦い(山口県)は，源義経が平氏を滅ぼした戦い。桶狭《おけはざ》間《ま》の戦い(愛知県)は，織田信長が今川義元を破った戦い。

問６　Ｄは菅原道真で，宇多天皇の信任も厚く右大臣にまでなったが，左大臣の藤原時平のはかりごとにあって北九州の大宰府《だざいふ》に左遷《させん》され，２年後にその地で亡くなった。

問７　「五月雨を　あつめて早し　最上川」は，江戸時代の俳人である松尾芭蕉《ばしょう》の『奥の細道』に収められている句で，最上川は山形県を流れる河川である。

問８，問９　Ａは足利尊氏で鎌倉時代末から室町時代初め，Ｂは聖武天皇で奈良時代，Ｃは徳川家康で戦国時代から江戸時代初め，Ｄは菅原道真で平安時代前半，Ｅは松尾芭蕉で江戸時代前半，Ｆは源義経(牛若丸，源九郎)で平安時代末。よって，年代の古い順に，Ｂ→Ｄ→Ｆ→Ａ→Ｃ→Ｅとなる。

３　日本国憲法や日本の政治のしくみについての問題

問１　日本国憲法の平和主義の中心である第９条は，１項で戦争の放棄《ほうき》を，２項で「陸海空軍その他の戦力は，これを保持しない」という戦力の不保持と，「国の交戦権は，これを認めない」という国の交戦権の否認を定めている。なお，日本国憲法は，自衛隊，核兵器，徴兵制について触れていない。

問２　主権には，国民や領土を統治する権利という意味と，国の政治の方針を最終的に決める権利という意味などがあり，〈文章Ⅰ〉とイは前者の意味，アとウは後者の意味で用いられている。

問３　日本国憲法は基本的人権について，第11条で「侵《おか》すことのできない永久の権利」として国民に保障しているが，第12条で「公共の福祉」に反しない限りという条件をつけている。公共の福祉は社会全体の利益や幸福のことで，これに反する権利の主張は認められない。

問４　①　衆議院議員選挙の比例代表制が，前もって政党が候補者に順位を付けた名簿を作成し，配分された当選者数まで，名簿の順位に従って当選者を決定する拘束《こうそく》名簿式を採用しているのに対して，参議院議員選挙の比例代表制では，候補者個人が得た得票数によって当選者が決定する非拘束名簿式が導入されている。なお，アについて，小選挙区比例代表並立制が導入されているのは衆議院議員選挙。ウとエについて，参議院議員の選挙権は満18歳以上，被選挙権は満30歳以上に与えられている。　②　裁判官としてふさわしくない行いのあった裁判官については，国会に弾劾《だんがい》裁判所を設置して，裁判官を辞めさせるかどうかを決定する。なお，アについて，内閣が予算を作成して国会がそれを審議する。イについて，内閣の助言と承認にもとづいて国事行為を行うのは天皇である。エについて，国会が憲法改正を発議するには，各議院の総議員の３分の２以上の賛成を必要とする。

問５　日本国憲法が保障する基本的人権のうち，社会権に分類されるのは，勤労の権利，労働基本権(労働三権)，生存権，教育を受ける権利である。なお，裁判を受ける権利や国などに損害賠償《ばいしょう》を求める権利は請求権に，住みたいところに住む権利は自由権に分類される。

問６　①　イの環境権は，知る権利，自己決定権などとともに，日本国憲法に直接保障する規定はないが，新しい人権として主張されるようになった。なお，アの平等権，ウの身体の自由，エの表現の自由は，いずれも，日本国憲法で明記されている基本的人権である。　②　個人の私的な生活を他人の干渉《かんしょう》から守る権利を，プライバシーの権利という。この権利を守るために，2003年に個人情報保護法が制定されている。なお，アは知る権利を保障するための制度，ウは環境権を守るための制度，エは消費者の権利を守るための法律である。

問７　日本国憲法第98条には，「この憲法は，国の最高法規であって，その条規に反する法律，命令，詔勅《しょうちょく》及《およ》び国務に関するその他の行為の全部又は一部は，その効力を有しない」と定められている。なお，アについて，日本国憲法第25条は生存権についての規定。イについて，日本国憲法の三大義務は，勤労・納税・保護する子女に普通教育を受けさせる義務である。ウについて，大日本帝国憲法では国民の権利が認められるのは「法律の範囲《はんい》内」であったが，日本国憲法では，基本的人権は「侵すことのできない永久の権利」として「現在及び将来の国民に」保障されている。

理　科　＜Ａ日程試験＞（40分）＜満点：80点＞

解　答

1　(1)　①　(イ)　②　(エ)　(2)　(ウ)　(3)　(イ)，(オ)，(カ)　(4)　Ｂ　(5)　(エ)　(6)　(オ)　(7)　(イ)，(ウ)　2　(1)　(ケ)　(2)　(キ)　(3)　おとめ座　(4)　おとめ座　(5)　ふたご座　(6)　いて座　(7)　Ａ　いて座　Ｂ　ふたご座　3　(1)　二酸化炭素　(2)　(イ)，(オ)，(カ)　(3)　9.4 g　(4)　(カ)　(5)　(イ)　(6)　0.72 g　4　(1)　225 g　(2)　465 g　(3)　1.7 cm　(4)　①　175 g　②　75 g

解　説

1　だ液のはたらきについての問題

(1)　ヨウ素液は茶色をしているが，ごはんにかけると青むらさき色に変化する。これはヨウ素液がごはんにふくまれるでんぷんに反応したためで，これをヨウ素でんぷん反応という。

(2)　口の中に出されるだ液には，でんぷんを糖(麦芽《ばくが》糖)に変えるはたらきをするアミラーゼという消化こう素がふくまれている。

(3)　でんぷんを多くふくむ食品には，コムギなどからできているパンやうどん，ジャガイモが原料のフライドポテトなどがあてはまる。ステーキ，焼き鳥，目玉焼きは，おもにタンパク質をふくむ食品である。

(4)　実験１と実験２の結果より，だ液を加えたＡ，Ｂ，Ｃのうち，ＡとＣではでんぷんが残っているのに対し，Ｂではでんぷんが残っておらず，糖があったことがわかる。このことから，だ液にふくまれる物質がはたらいていたのはＢだけであると考えられる。

(5)　ＢとＥでは，でんぷん水よう液に加えたものがだ液であるか水であるかだけがちがう。Ｂではでんぷんが残っておらず，Ｅではでんぷんが残っていたので，でんぷんは水を加えただけでは糖に変化しないことがわかる。

(6)　だ液を加えたＡ，Ｂ，Ｃは温度の条件だけが異なるので，これらを比べるとよい。実験の結果から，だ液にふくまれる物質は40℃ではたらき，０℃や80℃でははたらかないと考えられる。

(7)　いちど０℃にしてから40℃にしたＡでは，でんぷんが残っておらず，糖があったことから，だ液をいちど低温にしても，そのはたらきは失われないといえる。また，いちど80℃にしてから40℃にしたＣでは，でんぷんが残っていて，糖がないことから，だ液をいちど高温にしてしまうと，そのはたらきを失ってしまうことがわかる。

2　太陽や月，星座についての問題

(1)　三日月は，太陽が西にしずむころから南西の空に見られ，太陽を追いかけるように西の地平線にしずんでいく。

(2)　三日月の19日後には下げんの月が見られる。下げんの月は，南中時に月の左半分が光った形をしていて，真夜中ごろに東の地平線からのぼり，日の出のころに南中するので，午前２時ごろには南東の空にある。

⑶　真夜中の南の方向は，図２で太陽とは反対側の方向である。春分の日の地球の位置から見て，太陽と反対側の方向にはおとめ座がある。

⑷　図２で，秋分の日の地球の位置から見ると，太陽の方向の先にはおとめ座がある。地球から見たときは空が明るくておとめ座は見られないが，地球のすぐ近くにある月からはおとめ座が見られる。

⑸　月食は，太陽—地球—月がこの順に一直線になり，地球がつくるかげに月が入って，月が欠けて見える現象である。12月21日に地球は冬至《とうじ》の位置にあるので，太陽—地球—月がこの順に一直線になったとき，月はふたご座の方向に見えている。

⑹　９月24日に地球は秋分の位置にある。上げんの月は，地球から見て太陽より東側90度の位置に月があるとき（図２の秋分の日の地球の位置において，太陽に向かって90度左の方向）に見られるので，月はいて座の方向にある。

⑺　地球の地じくの北極側の先に北極星があるので，図３で，太陽から北極星に向けた矢印と地球の地じくは平行になっている。夏至《げし》のとき，地じくの北極側が太陽の方にかたむいているので，夏至のときの地球の位置は，Ａ－Ｂを結ぶ線上で太陽よりＡ側にある。つまり，図３は，図２で秋分の日の地球の位置から春分の日の地球の方向を見たものだとわかる。したがって，Ａの方向にはいて座，Ｂの方向にはふたご座がある。

3　生石灰と消石灰についての問題

⑴　石灰石を高温で加熱したり，石灰石に塩酸を加えたりしたときには，二酸化炭素が発生する。

⑵　石灰石と同じように炭酸カルシウムをふくんでいるものには，チョーク，たまごのから，貝がらなどがある。

⑶　表より，反応前の生石灰の重さと吸収した水の重さ（反応後の消石灰の重さから反応前の生石灰の重さを引いた値）は比例していることがわかる。したがって，3.0ｇの水を吸収するのに必要な生石灰は，25.0÷8.0×3.0＝9.375より，9.4ｇと求められる。

⑷　もし１kgの水の中に入れる生石灰の重さを１ｇの３倍の３ｇにすると，上昇《じょうしょう》する温度も0.34℃の３倍になるが，水の重さが１kgの２倍の２kgなので，上昇する温度はその$\frac{1}{2}$になる。よって，0.34×３×$\frac{1}{2}$＝0.51（℃）上昇する。

⑸　石灰水はアルカリ性を示すので，BTB液を加えると青色になる。

⑹　図のグラフより，石灰水100mLとりゅう酸25mLが過不足なく反応して，石こうが0.3ｇできることがわかる。ここで，りゅう酸60mLと過不足なく反応する石灰水は，100÷25×60＝240（mL）なので，石灰水250mLにはりゅう酸60mLがすべて反応する。したがって，できる石こうの重さは，0.3÷25×60＝0.72（ｇ）と求められる。

4　浮力《ふりょく》についての問題

⑴　直方体の体積は，５×５×15＝375（cm^3）なので，これがすべて水にしずんだとき，直方体は375cm^{3}の水を押《お》しのける。よって，直方体は375ｇの浮力を受けるので，ばねばかりのめもりは，600－375＝225（ｇ）になる。

⑵　直方体を食塩水に５cmしずめると，５×５×５＝125（cm^3）の食塩水を押しのける。食塩水

$125cm^3$の重さは，125×1.08＝135(ｇ)なので，受ける浮力は135ｇとなる。よって，ばねばかりのめもりは，600－135＝465(ｇ)となる。

(3)　図３で，直方体は水に浮《う》いているから，直方体が受けている浮力は直方体の重さと同じ250ｇである。よって，直方体は$250cm^3$の水を押しのけているから，底面積が，５×15＝75(cm^2)なので，250÷75＝3.33…より，約3.3cmしずんでいる。したがって，水面から出ている部分の長さは，５－3.3＝1.7(cm)とわかる。

(4)　①　図５で，水面から出ている部分の三角形は，高さが，15－５＝10(cm)で，これは三角柱の底面の高さの，$10 \div 15 = \frac{2}{3}$にあたるから，底辺の長さは，$5 \times \frac{2}{3} = \frac{10}{3}$(cm)とわかる。よって，水にしずんでいる部分を正面から見た台形の面積は，$\left(\frac{10}{3} + 5\right) \times 5 \div 2 = \frac{125}{6}$($cm^2$)と求められるので，水にしずんでいる部分の体積は，$\frac{125}{6} \times 6 = 125$($cm^3$)である。したがって，三角柱は$125cm^3$の水を押しのけているから，125ｇの浮力を受けていて，ばねばかりのめもりは，300－125＝175(ｇ)になる。　②　三角柱の体積は，５×15÷２×６＝225(cm^3)だから，これをすべて水にしずめると，三角柱は$225cm^3$の水を押しのけ，225ｇの浮力を受ける。よって，ばねばかりのめもりは，300－225＝75(ｇ)となる。

国　語　＜Ａ日程試験＞（50分）＜満点：100点＞

解　答

一　**問１**　ウ　**問２**　イ　**問３**　それま～適応し(ていくことができるから。)　**問４**　**Ａ**　一様　**Ｂ**　退化　**問５**　ア　**問６**　ウ　**問７**　ウ，カ　**問８**　エ　**問９**　**(1)**　(例)　オイシイ霜降り肉ばかり追求するようになった　**(2)**　(例)　同じ特徴を持つ牛ばかりになり遺伝的な多様性がなくなってしまうと，病気の流行など大きな環境の変化に直面したときに，適応し生き残れる牛がいなくなるという問題。　二　**問１**　**Ａ**　ウ　**Ｂ**　イ　**Ｃ**　ウ　**問２**　エ　**問３**　**Ａ～Ｃ**　右の図　**問４**　えんぎ　**問５**　エ　**問６**　イ　**問７**　イ　**問８**　ア　**問９**　エ　三　①～⑧　下記を参照のこと。　⑨　ひんぷ　⑩　ようさん

		C
	A	
B		

●漢字の書き取り

三　①　**洗練(錬・煉)**　②　**紅潮**　③　**庁舎**　④　**聖夜**　⑤　**忠誠**　⑥　**磁石**　⑦　**孝行**　⑧　**劇薬**

解　説

一　**出典は稲垣栄洋《いながきひでひろ》の『はずれ者が進化をつくる　生き物をめぐる個性の秘密』による。**生物多様性の意義を説明し，人間は独自の尺度で優劣《ゆうれつ》をつけたがるが，違《ちが》いを大切にすべきだと述べている。

問１　直前に「平均値を大切にすると」と条件があることに注意する。人間が平均値を大切にするのは，複雑な自然界を理解するときにとても便利だからだと直前の段落にある。平均値から離《はな》れた存在がまじっていると，複雑な自然界を理解するための土台になる理論がくずれてしまうため，「邪魔《じゃま》」に感じてしまうのだから，ウがよい。

問2　この文から,「虚《うつ》ろな存在」とは，自然界には存在しない「平均値」を指した表現だとわかる。後にあるとおり，実際の自然界は多様性を持つものだが，そんな複雑な自然界を理解するために人間がつくり出した実際には存在しないものが「平均値」なのだから，イがあてはまる。

問3　自然界には正解がなく，平均値から大きく離れたはずれ者が「それまで経験したことがないような大きな環境《かんきょう》の変化に直面したとき，その環境に適応し」ていくことができるため，生物は多様性を生み続け，たくさんの解答をつくり続けると，続く部分に説明されている。

問4　**A**　ようすがさまざまに異なり，種類が多いさまをいう「多様」の対義語は，すべて同じで異なるところがないことをいう「一様」である。　**B**　生物が下等なものから高等なものへ移り変わっていくことを指す「進化」の対義語は，進歩する以前の状態にもどることをいう「退化」になる。

問5　a　白色のガのなかで，黒色のガははずれ者だと前にある。後には，身を隠《かく》す白い木の幹が黒くなると，目立たない黒いガだけが鳥に食べられずに生き残ったと続く。よって，前のことがらを受けて，期待に反することがらを導く「ところが」が合う。　b　前には，はずれ者だった黒いガだけが生き残ったとある。後には，黒いガのグループができていったと続く。よって，前のことがらを受けて，それに続いてつぎのことが起こる意味を表す「そして」あるいは「こうして」が入る。　c　前には，キウィの祖先は飛べる鳥だったと考えられているとある。後には，そのなかに飛ぶことが苦手な個体が生まれたと続く。よって，前のことがらを受けて，期待に反することがらを導く「ところが」がよい。　d　前の段落には，飛べる鳥だった先祖のなかに飛ぶことが苦手な個体が生まれ，飛べない鳥に進化したキウィの例がある。後の二段落には，祖先は巨大《きょだい》だったが，エサの少ない島で小さな恐竜《きょうりゅう》に進化したエウロパサウルスについて述べられている。いずれもはずれ者が新たな進化をつくり出す例なので，同類のことがらを並べ立て，いろいろな場合があることを表す「あるいは」が入る。

問6　自然界では違いに意味があり，そこに優劣はないが，人間は優劣をつけたがること，人間のつくり出した尺度で優《すぐ》れた評価を得る人は認められるべきであることが前に述べられている。だが，人間のつくった尺度以外の価値も認め，違いを大切にすべきだと後にあるので，ウがふさわしい。

問7　バラバラだと管理が難しいため，大人たちは子どもたちが揃《そろ》っていることを望むが，本当は「違い」が大切だと前の部分で述べられている。空らん⑦には，新社会人に対して大人たちが望む，子どもだったときにかけた言葉とは内容の違う言葉が入るので，違いを評価するウとカがふさわしい。

問8　〔ア〕～〔エ〕の間では，自然界とは違い，人間はばらつきのない世界をつくり出し，優劣をつけたがると述べられている。もどす文は人間の性質について述べたもので，前の内容を受ける「そして」で始まるので，人間は「生き物にばらつきがあること」を忘れがちだと直前にある〔エ〕に入れるのがふさわしい。

問9　⑴　牛肉の輸入自由化を機に，和牛では「オイシサ，いわゆる霜降《しもふ》り肉の追求が徹底《てってい》され」たと記事にある。そのことが，黒毛和牛の遺伝的多様性はごく限られるという異様な状況《じょうきょう》を招いたと考えられる。　⑵　生物多様性の意義は，大きな環境の変化に直面したとき，新しい環境に適応して生き残る個体を確保することにあると本文に書かれている。オイシイ霜降り肉を追求するあまり，同じ特徴《とくちょう》を持つ牛ばかりになって遺伝的多様性がなくなると，病気の流行などの大きな環境の変化に直面したとき，適応して生き残れる牛がいなくなるという問題が起きるとゆきこさんは心配していると考えられる。

二 **出典は佐藤《さとう》さとるの『だれも知らない小さな国』による。**小山で遊んでいた「ぼく」は，小山に伝わるこぼしさまの話をおばあさんに聞き，この山をいっそう大切に思うようになる。

問１ **Ａ**「目をしょぼしょぼさせる」で，何度もまばたきすること。ここでは，出会った人が「ぼく」だとわからなかったおばあさんが，「ぼく」をながめながらするしぐさなので，ウがよい。**Ｂ**「めぼしい」は，特に目立つようす。おいしそうなふきを「めぼしい」と表現しているので，イが選べる。**Ｃ**「しなびる」は，“おとろえてみずみずしさを失う”という意味。おばあさんの手の描写《びょうしゃ》に使われた表現なので，ウが合う。

問２ ぼう線部②の最初に，前のことがらを理由・原因として，後にその結果をつなげるときに用いる「だから」があるので，ぼう線部②の理由は前に書かれている。「ぼく」はおばあさんがふきを集めるのを手伝い，その後，ふきの皮をむくおばあさんと並んでこの山の古い話を聞いた。そのため，いまでもふきのにおいでその記憶《きおく》がよみがえるのだから，エがふさわしい。

問３ **Ａ～Ｃ** おばあさんの言葉によると，ＡはＢとＣとの間にあり，ＡはＢからみると鬼門《きもん》(北東)に，Ｃから見ると裏鬼門(南西)に位置する。よって，中心のマスにＡ，左下のマスにＢ，右上のマスにＣを書きこむとよい。

問４ 「えんぎ」は前ぶれのことで，「えんぎが悪い」は「不吉《ふきつ》だ」という意味になる。

問５ 「ひざをのりだす」は，“強い興味を持つ”という意味なので，エが合う。

問６ こぼしさまのおかげで悪い神様が鬼門を通れなかったり，へびが退治されたりしたので，こぼしさまは小さなほこらにまつられていたと※の最初の段落にある。よって，こぼしさまを「おそろしい山の主」とするイがふさわしくない。

問７ この後「ぼく」は，おばあさんの話が「おもしろい」と感想を言い，こぼしさまが今でもいたらおもしろいだろうと思いをはせている。よって，イがよい。「ため息」は，おばあさんの話があまりにおもしろいので出たものと考えられる。

問８ こぼしさまの話に強くひかれた「ぼく」は小山を「たいしたもん」だと思い，おばあさんが分けてくれた山の幸であるふきを大切にかかえながら，小山を自分のものにしたいと考えている。よって，「ふき」は山を大切に思うおばあさんの心と，「ぼく」の気持ちを象徴《しょうちょう》していると思われる。

問９ 前後に，こぼしさまの話を聞いて以来，小山が「ぼく」にとってより大切な場所になったことが書かれている。おばあさんも，大勢で山をあらすことはひかえたほうがいいと言ったが，「ぼく」としても小山の木一本でも大切にしたいという気持ちになったのだから，エがふさわしい。

三 **漢字の書き取りと読み**

① あれこれ工夫《くふう》し，あかぬけしてすっきりした，優れたものにすること。 ② 顔に血がのぼって赤みがさすこと。 ③ 役所の建物。 ④ クリスマスの前の，十二月二十四日の夜。 ⑤ 主人や国家などに対してまごころをつくすこと。 ⑥ 二つの極を持ち，それぞれに磁場を発生させる源になる物体。 ⑦ 子どもが親を大切にすること。 ⑧ 使い方をまちがえると，死ぬこともあるほどの強い作用を持つ薬品。 ⑨ まずしいことと富むこと。 ⑩ まゆをとる目的でかいこを飼うこと。

2021年度　山手学院中学校

〔電　話〕　(045) 891－２１１１
〔所在地〕　〒247－0013　神奈川県横浜市栄区上郷町460
〔交　通〕　JR根岸線 ―「港南台駅」より徒歩12分
「大船駅」よりバス「山手学院入口」

【算　数】〈特待選抜試験〉（50分）〈満点：100点〉

1　次の□の中に適する数を書きなさい。

(1)　$\dfrac{1}{\square}+\dfrac{2}{\square}+\dfrac{3}{\square}+\dfrac{4}{\square}+\dfrac{5}{\square}=5$（□には同じ数が入ります。）

(2)　兄と弟が家から学校まで歩いて向かうのに，兄は800歩，弟は1000歩かかりました。兄の歩幅は弟の歩幅より14 cm長いとき，家から学校までの距離《きょり》は□mです。

(3)　整数aを3で割ります。割り切れたときは，商をさらに3で割ります。この作業を割り切れなくなるまで繰り返します。このとき，3で割った回数を［a，3］で表します。

たとえば，［5，3］＝0，［6，3］＝1，［36，3］＝2，［54，3］＝3です。

このとき，［a，3］＝4である500以下の整数aのうち，最も大きい数は□です。

2　15 %の食塩水が400 g入った容器があります。この容器に1分間に10 gの割合で水を加えます。10分後に水を加えるのをやめて，20 %の食塩水を1分間に10 gの割合で加えます。また10分後に食塩水を加えるのをやめて，1分間に10 gの割合で水を加えます。この作業を60分間くり返します。このとき，次の各問いに答えなさい。

(1)　20分後の容器の中の食塩水の濃度は何%ですか。

(2)　60分間に容器の中の食塩水の濃度が12%になる回数は何回ですか。

(3)　最後から数えて2回目に食塩水の濃度が12 %になるのは，作業を始めてから何分何秒後ですか。

3 図のように，水平な机の上に立方体の形をしたふた付きの水そうがあります。

この水そうには半分の深さまで水が入っています。このとき，次の各問いに答えなさい。

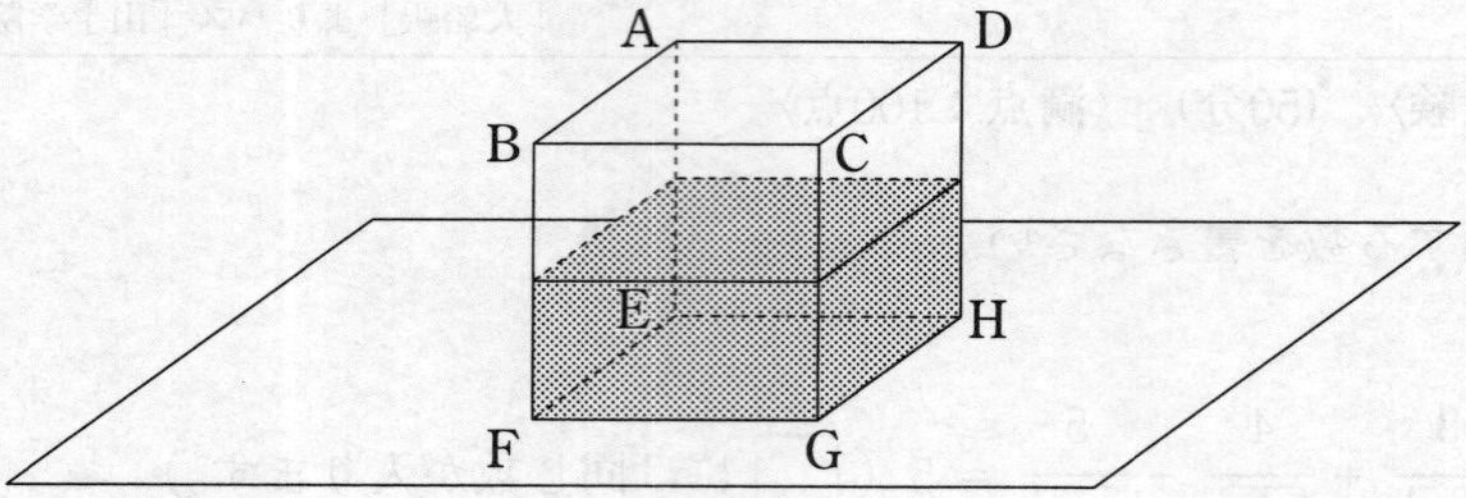

(1) 水にふれている部分を解答用紙の展開図に塗《ぬ》りなさい。

ただし，黒丸は立方体の各辺の真ん中の点です。

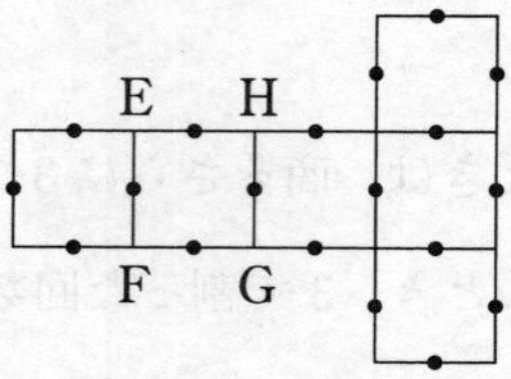

(2) 辺FEを机につけたまま45度だけ傾けたとき，水にふれている部分を解答用紙の展開図に塗りなさい。ただし，黒丸は立方体の各辺の真ん中の点です。

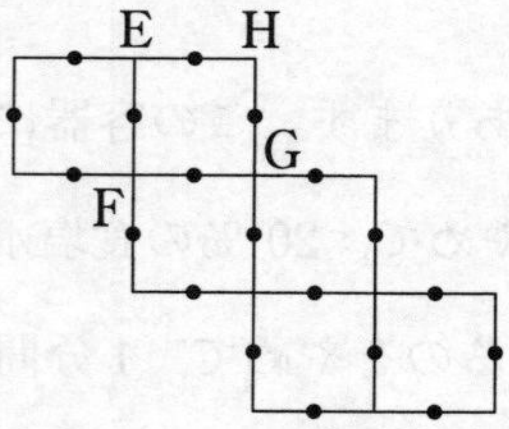

(3) 頂点Fを机につけたまま，真上から見たときに頂点Dと頂点Fが重なるように傾けたとき，水にふれている部分を解答用紙の展開図に塗りなさい。

ただし，黒丸は立方体の各辺の真ん中の点です。

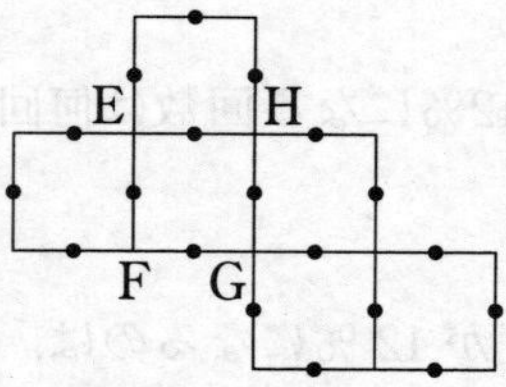

4 次の図のように，直角三角形ABCと正方形CDEF，点Oを中心とする半径2 cmの円があります。この円は正方形CDEFにも，三角形GHCにも接しています。また，辺ABと辺GHは平行です。

このとき，次の各問いに答えなさい。ただし，円周率は3.14とします。

(1) 角㋐の大きさは何度ですか。

(2) 図の塗《ぬ》りつぶした部分の面積は何 cm^2 ですか。

(3) 図の太線の長さは何 cm ですか。

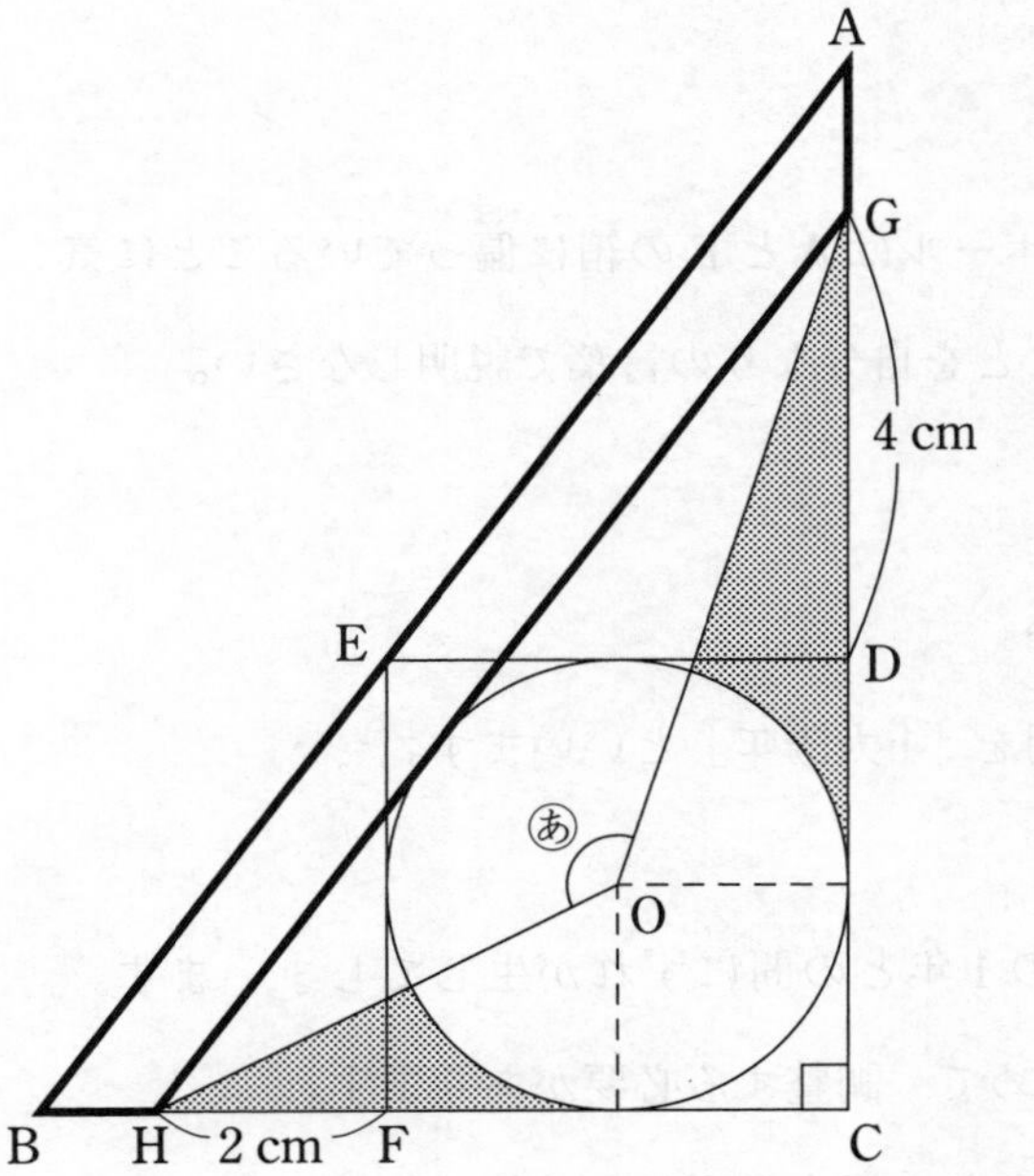

5 1～100までの整数が書かれたボールがあります。素数が書かれたボールは赤色，それ以外のボールは白色です。このボールをAからFのアルファベットが書かれた6つの箱の中に規則正しく入れていきます。1番のボールから番号の小さい順にA，B，C，D，E，Fと入れていき，またAに戻り，同じことをくり返します。

このとき，次の各問いに答えなさい。ただし，1とその数のほかに約数がない2以上の整数を素数といいます。

(1) BとDとFの箱に共通する特徴《とくちょう》はどんなことが考えられますか。自分なりの言葉で説明しなさい。

(2) CとFの箱に共通する特徴はどんなことが考えられますか。自分なりの言葉で説明しなさい。

(3) すべてのボールを入れ終えると，赤色のボールはAとEの箱に偏《かたよ》っていることに気がつきました。その理由として考えられることを自分なりの言葉で説明しなさい。

6 次の文章を読み，あとの問いに答えなさい。

地球が太陽の周りをちょうど1周する時間を「1太陽年」といいます。

1太陽年＝365.2422…日

です。よって，1年を365日とすると実際の1年との間にずれが生じてしまいます。そのため，1年を366日とするうるう年を決めて，調整する必要があります。

1太陽年を約365.24日とし，1年を365日とした場合のずれを計算すると

365.24日－365日＝0.24日

となるので，毎年0.24日ずつずれが生じることになります。つまり，4年で

0.24日×4 ＝ 0.96日

となるので，実際の1年より約1日分少なくなってしまいます。したがって，4年に1度うるう年を定めて1日増やす必要があるのです。

しかし，単純に4年に1度うるう年を定めると，0.96日のずれを1日増やして調整することになりますが，それでは4年で

1日－0.96日＝0.04日

のずれが生じてしまいます。100年で25回のうるう年があるので，

0.04日×25＝1日

となるから，今度は100年で1日分多くなってしまいます。そこで，100年に1度うるう年とするはずの年をうるう年としないことにして，1年の長さを調整しているのです。現在私たちの使っている暦《こよみ》は，より1太陽年の長さに近づけるため，次のようにうるう年を定めています。

① 西暦《せいれき》年が4で割り切れる年をうるう年とする。
② ただし，西暦年が100で割り切れる年はうるう年としない。
③ ただし，西暦年が400で割り切れる年はうるう年とする。

このように，太陽の周りを1周するのにかかる時間と，定めた1年との間にずれがあると，うるう年が必要になります。

(1) 2000年から2400年の間にうるう年は何回ありますか。ただし，2000年と2400年も含めるものとします。

(2) 2021年と，日付と曜日が次に同じになるのは何年ですか。

(3) 1日の時間が地球と同じで，太陽の周りを1周するのに2111.4日かかる星があるとします。この星の1年を2111日と定めると，実際に太陽の周りを1周するのにかかる時間との間に生じるずれを調整するためには，どのようにうるう年を定めればよいですか。「○年に1度うるう年にし，□年に1度うるう年をやめる。」という形式で答えなさい。

ただし，答えを導く過程も書きなさい。また，うるう年にする年は1年を2112日とします。

三 次の――線部について、カタカナは漢字になおし、漢字は読みをひらがなで答えなさい。なお、漢字はていねいにはっきりと書くこと。

①多くのハセイした考え方がある。

②本のカントウにあいさつをのせる。

③日頃から大地震にソナえる。

④ハイカツ量をはかってみた。

⑤ユウシュウの美をかざる。

⑥英語の曲のカシを日本語訳する。

⑦中止にするのはダンチョウの思いだ。

⑧おばけやしきでドキョウをためす。

⑨志は高く持ってほしい。

⑩ピアノを上手に奏でる。

問八 ━━線部A・Bの語を用いた例文として、最もふさわしいものを選び、それぞれ記号で答えなさい。

A「閉口」

ア いつもほめてくれる先生の優しさに閉口する。
イ 友人宅で美味しいケーキを出してもらい、閉口した。
ウ 毎日同じメニューの朝食には閉口した。
エ けんかしても、いつも兄には閉口してしまう。

B「もてはやしている」

ア 今日のランチは、特別メニューでお客さまをもてはやしている。
イ クラシックファンは、モーツァルトを神童ともてはやしている。
ウ 勉強に集中できるように、先生は生徒をもてはやしている。
エ 学校では、いじめは絶対に許されないことをもてはやしている。

問九 しっぽの技術 とありますが、これについて次の問いに答えなさい。

Ⅰ 「しっぽの技術」という言葉は、対人関係における技術のたとえとして使われています。それはどのような技術ですか。「言葉」という語を必ず用い、二十字以内で考えて答えなさい。タイトル「毒味姫のしっぽ」や本文中の〰〰線部「しっぽ」という語にも着目して答えなさい。

Ⅱ あなたが考える「しっぽの技術」には、どのようなものがありますか。自分の経験をもとに具体的な例を挙げて述べなさい。ただし、本文で挙げている例以外で答えること。

問七　――線部⑦「うん、ばなちゃん。おいしいもの、食べにいこう」とありますが、この終わり方についての説明として最もふさわしいものを選び、記号で答えなさい。

ア　どのような言葉を用いて人と付き合っていくか、微妙《びみょう》な加減がこれからもまだまだ存在する。しかし、言葉にこだわりすぎるのではなく、素直な感覚から生まれる幸せを感じて、また来る明日を自分たちなりに生きて成長していこうとする前向きな姿勢を感じさせる。

イ　自分の中に生まれるどろどろした感情をどう伝えるか、そのやり方はまだ全然分かっていない。しかし、毒舌かどうかにこだわるのではなく、自分を幸せにする感覚を大切にすることで、そもそも人を悪く思う気持ちを減らしていけるのではないかという希望を感じさせる。

ウ　自分が意識せずに言った言葉で人を傷つけてしまうことは、これからもたびたびある。しかし、だからといって口を閉ざすのではなく、失敗はおいしいものを食べて忘れて、また来る明日にもう一度立ち向かっていこうという積極的な態度を感じさせる。

エ　傷つけた相手に謝るにも、どんな言葉を使えばいいのか悩むことがこれからも起こりうる。しかし、たくさんの言葉を使わなくても、おいしいものというシンプルな幸福によって、人と人は思いがけず簡単に仲良くなれるのではないかという期待を感じさせる。

問五　――線部⑤「望まれる毒舌とは？」とありますが、詠子が思う「望まれる毒舌」とはどのようなものですか。説明として最もふさわしいものを選び、記号で答えなさい。

ア　一見すると単純な悪口のようだが、怒る人や傷つく人を作らずにみんなをすっきりさせることのできる、一部の才能のある人たちだけが持つもの。

イ　人を悪く思う気持ちを、みんなが自由にはきだしたりためこんだりしないように、全体のバランスが保たれるよう代弁して調整するもの。

ウ　生きていればどうしても感じる人への嫉妬や憎悪を最小限にとどめるために、うまく相手をフォローしながら、危険をかえりみない誰かが引き受けるもの。

エ　人を不幸にするよくない毒とも言える言葉を、人にもてはやされるくらいの高いプロの技術によって解毒して、分かりやすく刺激的なかたちで発したもの。

問六　――線部⑥「堂々とその不安から目をそらした」とありますが、それはなぜですか。その理由として最もふさわしいものを選び、記号で答えなさい。

ア　言葉で言葉について考え続けたところで、堂々めぐりしているだけだと気づいたので、とりあえず今日は問題をたなあげにしようとあきらめたから。

イ　問題はばなちゃんにあるのだから、親しい友人だからといっても、自分が意識することでばなちゃんがすぐに変わるわけではないと考えたから。

ウ　自分にはテレビで見るような毒舌家の才能がないのだから、それを手に入れようと考えること自体が無意味だとさとったから。

エ　自分にはまだ経験が足りず、すぐ身につく技術というわけではないのだから、いま深く考えたところでどうしようもないと割り切ったから。

問三　――線部③「生理現象」とありますが、ここでの意味の説明として最もふさわしいものを選び、記号で答えなさい。

ア　活動するうえで生じる機能
イ　生命維持の過程で起きる事象
ウ　不必要なものを取り除く役割
エ　物事を論理的に思考する習慣

問四　――線部④「厳しい勇気」とありますが、その説明として最もふさわしいものを選び、記号で答えなさい。

ア　失敗した自分こそが根底にある本当の自分だということを認識して、二度と同じことをくり返さないよう肝《きも》にめいじるもの。
イ　失敗したときに言いのがれをしても余計に悪く見られることを理解した上で、心から自分の失敗をわびようとするもの。
ウ　失敗した自分を守ろうとする無数の言いわけの言葉を押しのけて、たくさんの反省の弁によって自分を変えようとするもの。
エ　失敗したときに弁解して自分を守ることをあえてせずに、その失敗と失敗した自分とにどこまでも向き合おうとするもの。

問一　——線部①「ああして義務を〜ものなのだろう」とありますが、ばなちゃんはなぜこのように言ったのですか。また、この言葉はどのように受け取られたのですか。解答らんにあうよう、指定の字数で考えて答えなさい。

ばなちゃんは A 二十五字以内 ために発言したのだが、相手には B 二十字以内 言葉と受け取られた。

問二　——線部②「やさしい飼い主を探してさまようしがない野良犬」とありますが、これについて次の問いに答えなさい。

Ⅰ　使われている表現技法として最もふさわしいものを記号で答えなさい。

ア　直喩《ちょくゆ》
イ　隠喩《いんゆ》
ウ　擬人法《ぎじんほう》
エ　対句

Ⅱ　——線部②の説明としてふさわしくないものを選び、記号で答えなさい。

ア　友だちみんなにいい顔をしようとする自分は、一緒に騒いでくれる仲間をもたない存在だということ。
イ　つまらない自分を肯定《こうてい》してくれる人に出会いたいと願っている存在だということ。
ウ　人と一緒にいたいのに臆病で声がかけられない自分は、取るに足りない存在だということ。
エ　ひとりぼっちの自分に声をかけてくれる友人がいることを期待する、あまえたがりの存在だということ。

できるだろうか。

詠子は、どんよりと頭に立ちこめはじめたその不安を見つめると、ふうっとため息をついて、⑥堂々《どうどう》とその不安から目をそらした。

きっと、しっぽも舌も、意識しすぎると手に入らない。

それで詠子は、ばふっとベッドにたおれこむと、ベッドサイドにおいてあった携帯《けいたい》に手をのばす。そして、寝転《ねころ》んだまま、ばなちゃんにメッセージを打った。

〈ねえ、ばなちゃん。今度、おいしいものを食べにいこう！〉

意識などしなくても、おいしいものを食べれば、自然と表情がやわらいで笑顔になる。毒気《どくけ》がぬかれて、ちょっとしたことはどうでもよくなってしまう。

ばなちゃんも詠子も、いろいろなことを言葉で考えすぎなのかもしれない。

びしりと一言、自分の中にゆるがない言葉を見つけたあとは、言葉にできない幸せを口いっぱいにほおばって、知らない言葉だらけの明日に向かっていく英気《えいき》を養おう。

ばなちゃんからの返事はすぐにきた。

〈いいね〉

ばなちゃんからのその言葉には、やはり絵文字もスタンプもなかったけれど、続いてすぐさま送られてきた、ばなちゃんの行きたいおいしい甘味屋《かんみや》さんリストの長さを見て、詠子はその言葉のうしろに、ぶんぶんといきおいよくしっぽをふっているばなちゃんの姿《すがた》を見た。

⑦うん、ばなちゃん。

おいしいもの、食べにいこう。

（久米絵美里『言葉屋⑦（光）の追跡者たち』所収「毒味姫のしっぽ」）

思ってもいけません、と、すべてを封《ふう》じることは、どうしたって不可能だ。人はあまりにひとりひとりがちがうから、自分もふくめたすべての人が幸せになることだけを選択《せんたく》して生きていくことはどうしてもできず、生きていればどうしても、妬《ねた》みや嫉《そね》み、憎《にく》しみや嫌悪《けんお》が少なからず出てきてしまう。

しかし、それらをみんながみんな自由に、その都度《つど》、まきちらしたら？

世の中の空気は、すべて毒霧《どくぎり》になってしまうかもしれない。

ただ、それらをみんながみんなすべて我慢《がまん》して、うちにためこんだら？

今回ばなちゃんがそうなりかけたように、中から膿《う》んで、やがては朽《く》ちてしまう。

つまり、言葉屋《ことばや》の仕事が、世界の言葉の勇気のバランスを保つことであるように、毒舌家の仕事は、世界から生まれ続ける毒の流れを調整することなのかもしれない。

ひとりひとりがその都度向け合うには危険《きけん》すぎる毒を一手《いって》に担《にな》い、専門の技術で最小限の傷にとどめること。そうして、みんなが理性やさしさ、勇気で、自分の中にとどめた毒を、毒舌家が代表して外にはなつことで、人は朽ちずにすんでいるのかもしれない。

そう考えると、毒舌家は一種の職人《しょくにん》であり、みんなの命を守る、毒味係《どくみがかり》のようなものだといえる。毒で、たくさんの人や大切な人が死んでしまわないように、自分が危険を請《う》けおう専門職《せんもんしょく》。

しかし、本当の毒味係が、食事に毒が入っていないかどうかチェックするのとはちがい、毒舌家は毎回、本当に毒を口にすることになるため、その度《たび》に解毒《げどく》が必要になる。技術の高い毒舌家は、自分にたまったその毒を、相手をフォローする言葉や笑顔などで、相手からも自分からも自然に洗い出すことができるようだけれど、それはきっと、テレビに出られるようなほんの一部の才能のある人たちだけができることなのだろう。

それを思えば実際のところ毒舌家は、日常の中にふつうに存在してはいけないのかもしれない。毒舌家は、言葉屋と同じく、頼《たよ》りすぎる人を堕落《だらく》させてしまうもの。毒舌の力は、それこそ、ばなちゃんが話していたしっぽの技術と同じで、本来《ほんらい》ひとりひとりが少しずつ、自分の言葉の中にその技術を持っておくべきものなのかもしれなかった。

絵文字のようにかわいいしっぽと、毒をじょうずにさばく舌。

似《に》ているようでまったくちがうそのふたつを、ばなちゃんは、そして詠子はこれから両方ともうまく手にいれることがばなちゃんのように、言葉をたくさん知っていて、言葉で考えることに慣れている人は、きっとなにかをしてしまった時、反省よりも先に、言いわけや切り抜《ぬ》け方の方がごまんと浮《う》かんでくるのだろう。そして、頭の回転をそちらに持っていかれているうちに、反省の気持ちが、そこに埋《う》もれてしまうのかもしれない。

それが、時としてひねくれ者や卑怯者《ひきょうもの》という見え方をしてしまうことは避《さ》けられないことなのかもしれず、しかしそれは、ねらってやっていることではなく、ばなちゃんのような人たちが持つ、③思考の生理現象《せいりげんしょう》なのかもしれない。そして、それをよしとしないために必要なものはきっと、自分を守る億万の手を押《お》しのけて、いちばん底から、純粋《じゅんすい》な反省の気持ちをひろう勇気。うまくやれば守れるかもしれない自分を、守らない勇気。

詠子はその新しく知った、④厳《きび》しい勇気のかたちを、そっと心にとめておこうと、机の上の言珠《ことだま》をていねいにつつんだ。

それから、それをまた制服のポケットにもどしながら、はて、と首をかしげる。

そういえば、あちこちに思考を飛ばしている間にうやむやになってしまったけれど、結局、そもそものばなちゃんの最初の問いかけに、詠子は自分が納得《なっとく》する答えを見つけられていなかった。

毒舌とは、なんだろうか。

人々は本当に、わかりやすさや刺激《しげき》だけを求めて、B毒舌をもてはやしているのだろうか。

いや、それだけではない気がする。

今回のばなちゃんの発言は、テレビでみなが望むような毒舌にはならず、単純《たんじゅん》な悪口になってしまって、だからこそこうして問題化した。

しかし、では、⑤望まれる毒舌とは？

よく、「言ってくれてすっきりしたよ」という毒舌に対する褒《ほ》め言葉を耳にするけれど、ならば、みんなの心を代弁《だいべん》する毒をあやつる技術こそが、毒舌なのだろうか。

しかし、毒はどこまでいっても毒であり、人に向《む》ければ今回のように、怒《おこ》る人や傷つく人がいる。それはきっと、テレビで見るようなプロの毒舌家にも言えることで、毒舌をよろこび、笑《わら》っているたくさんの人の先では、その毒を向けられた少数の人が多かれ少なかれ確かにダメージを受けているのかもしれない。

だからといって、人から完全に、人を悪く思う気持ちを取りのぞくことは難《むずか》しい。人のことは悪く言ってはいけません。

二 次の文章を読んで、あとの問いに答えなさい。

本当は理科の実験の際、班の人から毒舌《どくぜつ》と言われる直前《ちょくぜん》にばなちゃんは、実験が終わる前に私語で騒《さわ》いでいた他の班の女の子を見て、

①「ああして義務《ぎむ》を果《は》たさずに騒ごうという発想は、いったいどういう思考回路からうまれるものなのだろう」

と、同じ班の子にたずねてしまっていたらしい。そして、その騒いでいた女の子とそこそこ親しかったその同じ班の女の子は、友だちを批判《ひはん》されたことと、自分も同類だと嫌《いや》みを言われたことで、ばなちゃんに「毒舌」と応酬《おうしゅう》したようだった。

ばなちゃんとしては、いつもどおり、いい脚本《きゃくほん》を書くための種を探しての純粋《じゅんすい》な質問のつもりだったそうなのだが、詠子《えいこ》ですら、確かにそのタイミングでそんなふうに言葉をかけられればA閉口《へいこう》してしまうかもしれない。

そう詠子が正直に伝えると、ばなちゃんは肩《かた》を落として続けた。

「いや、正直、脚本のことだけじゃなかった。本当は、前からあの実験の班で自分だけが浮《う》いていて、輪《わ》にうまく入れていないことに、私はあせっていたんだよ。私は冷静《れいせい》なクールキャラを気取《きど》ってはいるけれど、本来《ほんらい》は知ってのとおり、一匹狼《いっぴきおおかみ》をつらぬけない。でも、自分からは群《む》れに入れずに、②やさしい飼《か》い主《ぬし》を探《さが》してさまようしがない野良犬《のらいぬ》だ。ただ、それじゃあいかんと、あの時、あの騒ぎに乗《じょう》じて、ふと目が合った同じ班の彼女《かのじょ》と、会話を試《こころ》みようと、つい声に出した言葉の言葉選びが、異様《いよう》にまちがっていた。クールキャラの気取《きど》りを消せず、しかし、会話を続けたい甘《あま》えが、からまった疑問形を生み、緊張《きんちょう》がいつもよりさらに顔と声からしっぽを隠《かく》した。そして、失敗したとわかってからも、自分の失態《しったい》をことむーにさらす勇気すら持てず、慰《なぐさ》めの言葉を求めるように自分を悲劇《ひげき》のヒロインに仕立《した》て上げようとし、しかしことむーに脚本の話を持ち出されて、これ幸いと、結局、元《もと》の巣に逃《に》げ帰った。一連《いちれん》のできごとを、脚本のためという大義名分《たいぎめいぶん》で全部なかったことにしようという力技《ちからわざ》に打って出たというわけだ。それに……気づいてくれて、ありがとう、ことむー」

そう言われて、詠子は思った。

ばなちゃんのその独白《どくはく》から想像するに、あの時、ばなちゃんが自分にかけた言葉は、「自分は傷《きず》ついている」という自分の弱さを認《みと》める類《たぐ》いのものではなく、「自分がまちがえた」という強くなるためのステップだったのかもしれない。

ウ

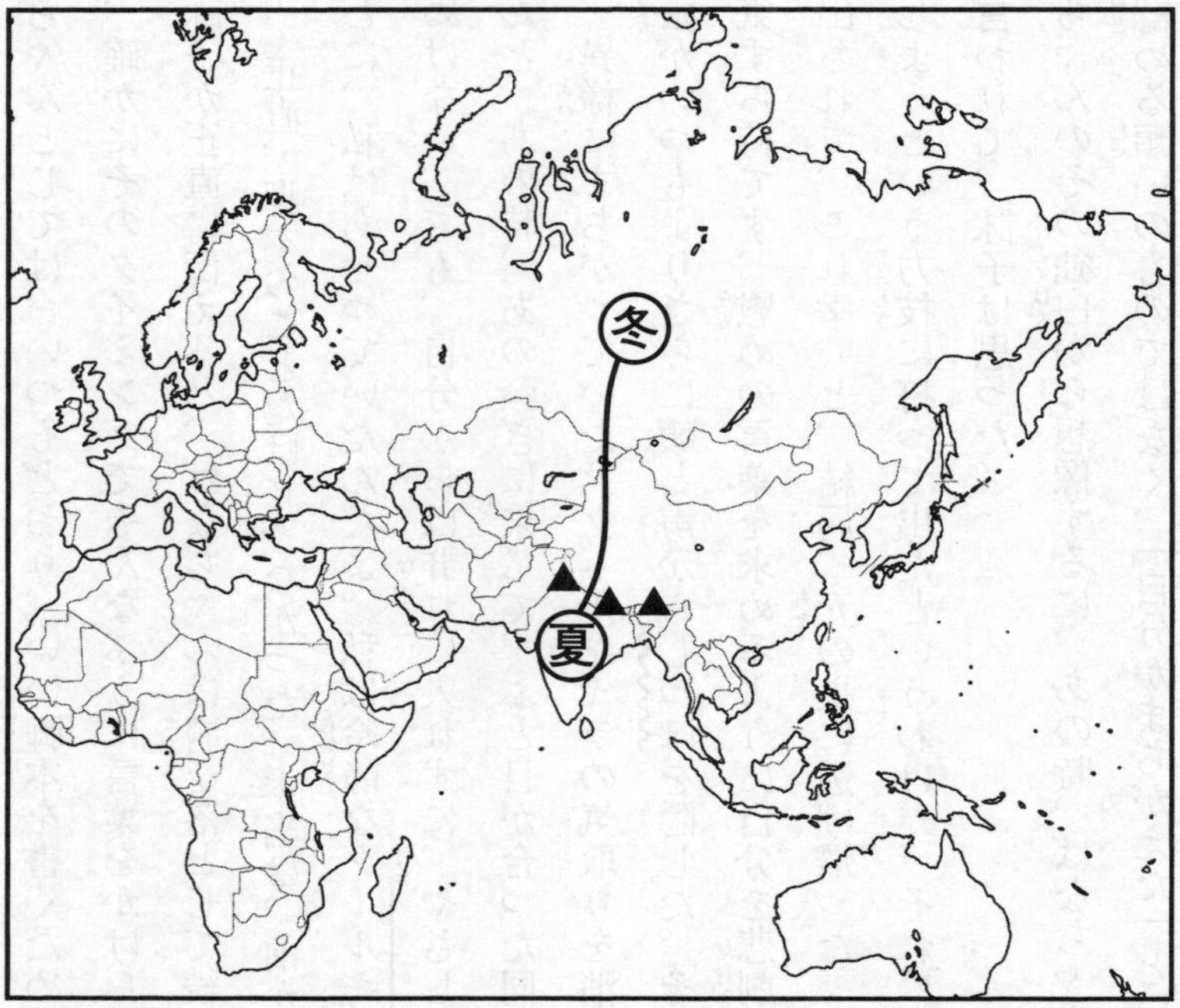

エ

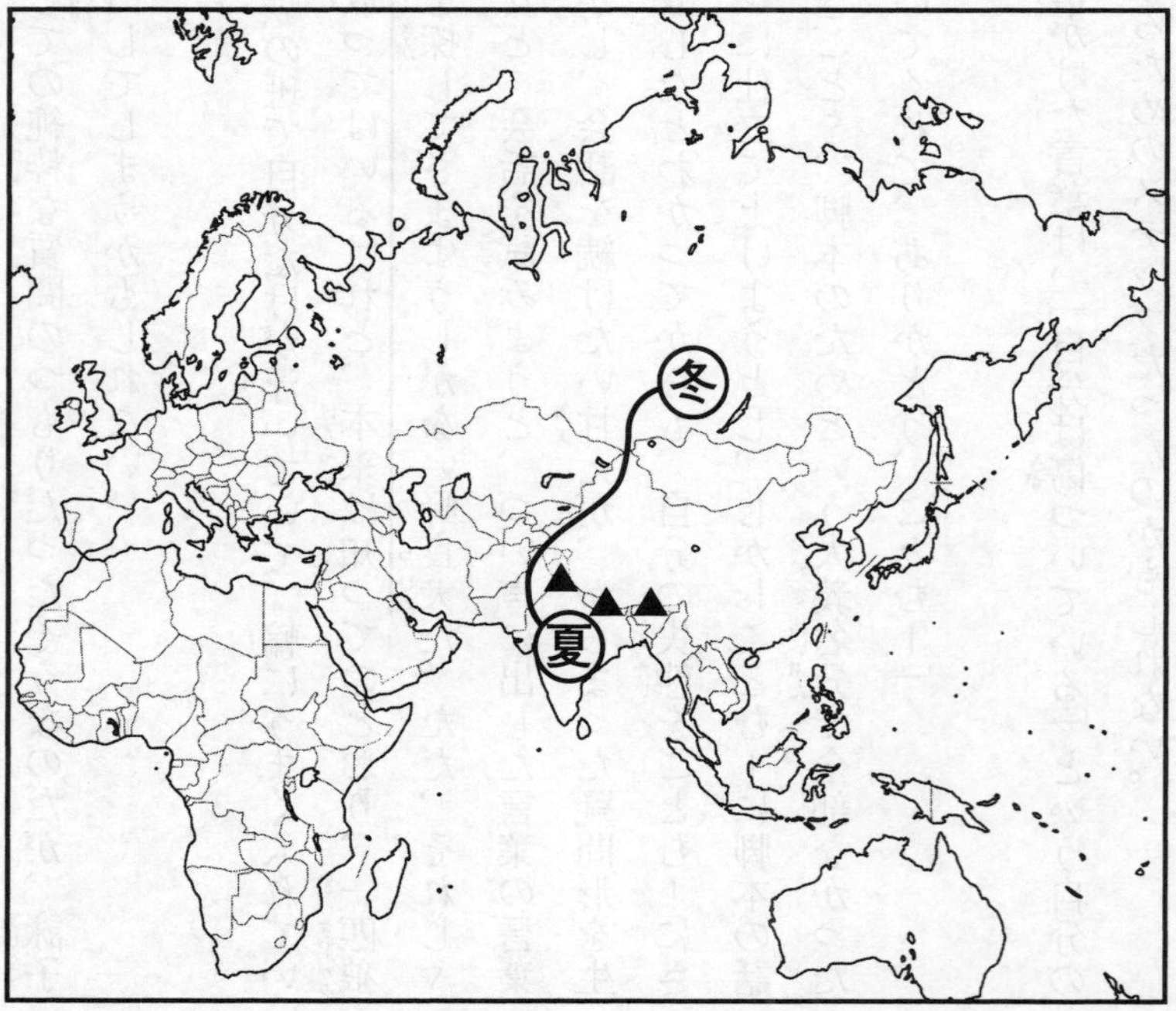

問八　本文について述べたものとしてふさわしくないものを選び、記号で答えなさい。

ア　グンカンドリは、上昇気流を利用することで急激な方向転換《てんかん》をすることが可能となる。
イ　インドガンは酸素を効率的に取り込み、体にいきわたらせることで、高度を上げて飛ぶことができる。
ウ　グンカンドリは翼の大きさを変化させることで、飛ぶ速度を自在に操《あやつ》ることができる。
エ　鳥の飛行はそれぞれ、その鳥の生息環境に応じ、様々なバリエーションがある。

(3) ——線部B「インドガンの飛ぶルート」として最もふさわしいものを選び、記号で答えなさい。ただし▲は標高八〇〇〇メートル級の山をあらわしています。

ア

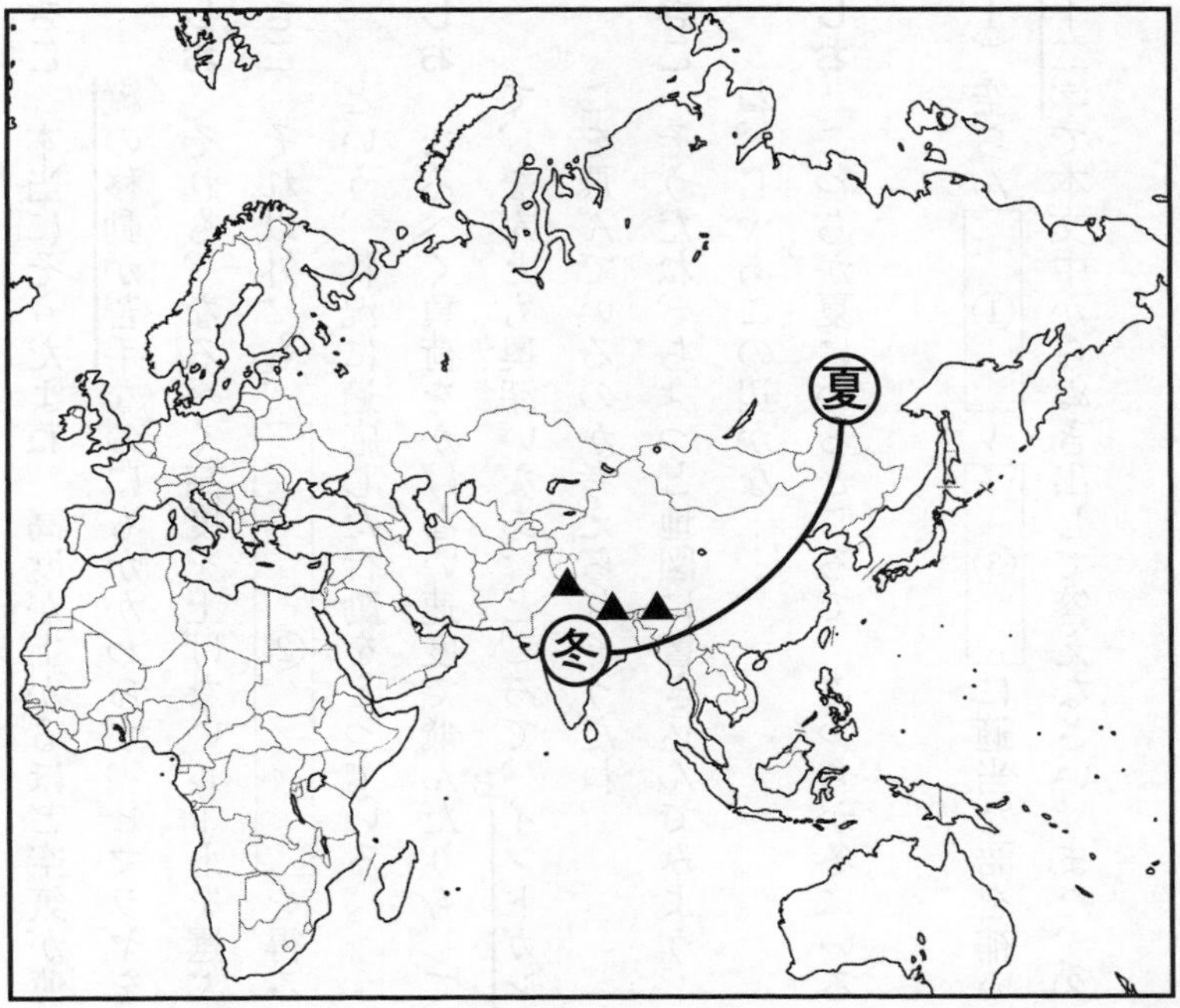

イ

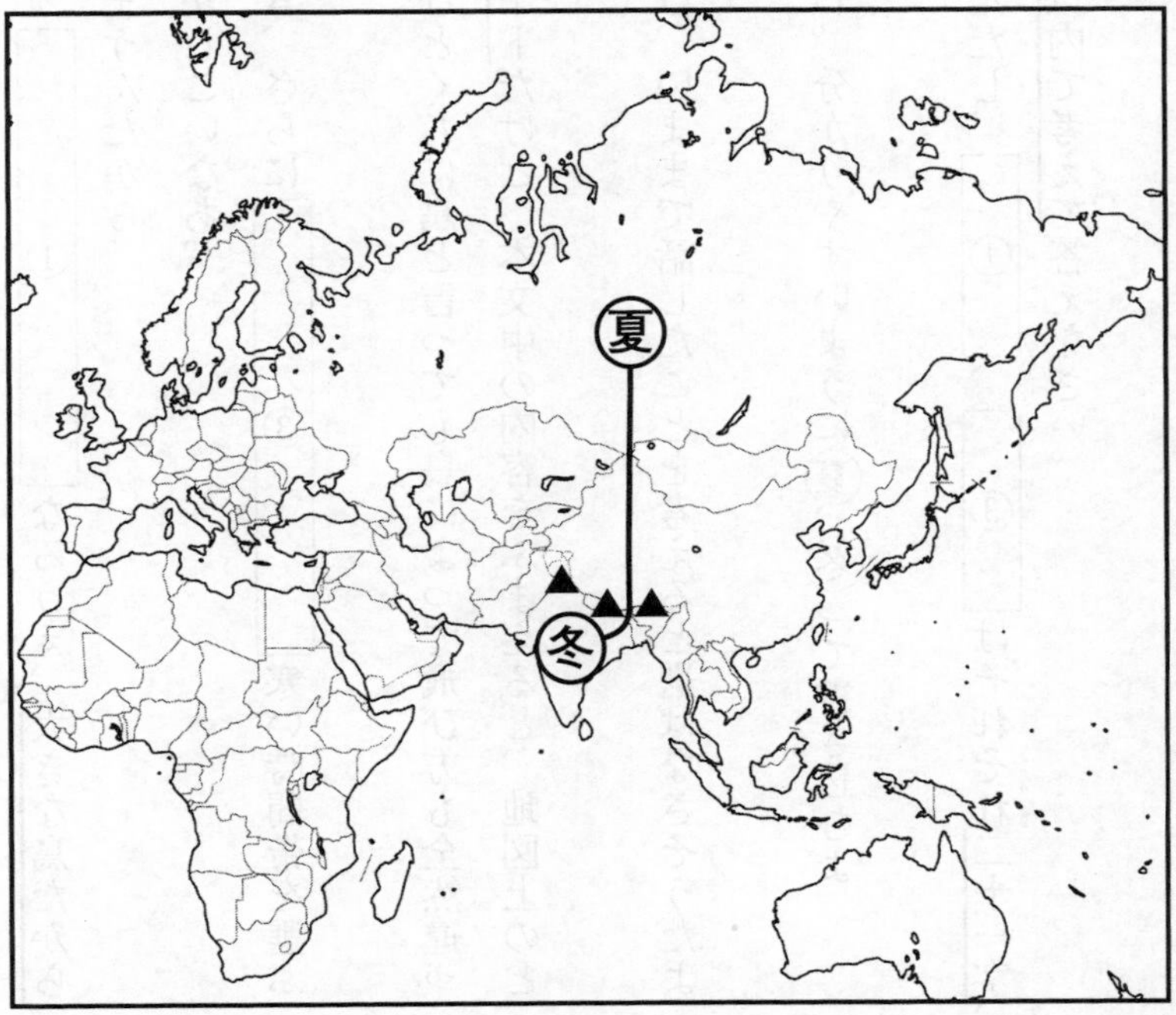

問七　――線部⑦「なぜこんなことができるのだろう」について、次の会話を読み、あとの（1）～（3）の問いに答えなさい。

やしお　インドガンっていう鳥の能力はすごいね。

ゆきこ　本当にそうだよね。高度が上がるほど空気が薄くなるし、[　①　]なるうえ、A大きな鳥だから縦の移動が苦手なのにもかかわらず、ヒマラヤを越えてしまうんだから。

やしお　それも、なるべく高度を上げないルートを選ぶのだね、かしこいなあ。

ゆきこ　それ以外にも、[　②　]を得ることができ、さらに[　③　]寒い時間帯を選ぶという、状況に適応した行動をとっている。

やしお　なるべく負荷をかけない速度で飛んだりもしているね。ひとくちに鳥と言っても鳥によって飛び方も全然違って、なんとも奥深《おくぶか》いなあ。ところで、Bインドガンの飛ぶルートだけど、本文中の内容をふまえると、地図上のどこを飛んでいるのか考えられそうだね。

ゆきこ　そうだね、ちょっと地図に書き込んでみよう。この辺りは、いままで話したことを考えると選ばなさそうだよね。じゃあこの辺かな……。

やしお　こっちが夏にいるところで、こっちが冬にいるところだね。分かりやすいように(夏)、(冬)って書き込むよ。

（1）空らん[　①　]～[　③　]に適当な語を補いなさい。ただし、[　①　]、[　③　]はそれぞれ二十一字、十二字で本文中からぬき出して答えなさい。また、②は二十字以内で考えて答えなさい。

（2）――線部A「大きな鳥だから縦の移動が苦手」とありますが、

- 体重二・五キログラムのインドガン
- 体重十二・五グラムのリュウキュウツバメ

を比べたとき、高度を一メートル上げるのに、インドガンはリュウキュウツバメの何倍のエネルギーを必要としますか。

問五　——線部⑤「これには少し説明が必要かもしれない」とありますが、どのようなことを説明しようとしているのですか。最もふさわしいものを選び、記号で答えなさい。

ア　飛行速度が上がれば揚力が大きくなって上昇気流の外にはじき出されやすくなるものの、円を描くときの遠心力を使って小規模の上昇気流になら乗ることができるが、反対に飛行速度を下げれば大規模な上昇気流にも乗ることができ、鳥にとってメリットがより大きくなるということ。

イ　飛行速度が上がれば揚力が大きくなって上昇気流に乗りやすいが、同時に遠心力も大きくなって上昇気流の外にはじき出されやすくなるため、飛行速度を上げずに回転半径を小さくして遠心力を下げることで、鳥は規模の小さな上昇気流をうまく利用できるようになるということ。

ウ　回転半径を増やすと上昇気流の外に出てしまうことがあるが、回転半径が小さいままでも速いと遠心力がはたらいて上昇気流の外に出てしまうので、規模の小さい上昇気流に効率よく乗るためには回転半径を小さく保ち、飛行速度を下げて遠心力をおさえるのがよいということ。

エ　回転半径を増やして飛行速度を落とせば遠心力が小さくなり上昇気流の外にはじき出されにくくなるという式が成り立つが、回転半径を小さくできると飛行速度を落とさなくても遠心力を下げられるので、獲物《えもの》をめがけて急降下することがいつでもできるようになるということ。

問六　══線部⑥－A「さぞや」⑥－B「きっと」⑥－C「いろんな」⑥－D「まるで」⑥－E「最も」について、これらのうち、文法的な性質が異なるものを一つ選び、A～Eの記号で答えなさい。

問二　――線部②「後者」とありますが、「後者」の指す内容を<u>二十字以上二十五字以内</u>で書きなさい。

問三　空らん［③］には「自由自在・思う存分に」という意味の四字熟語があてはまります。最もふさわしいものを選び、記号で答えなさい。

ア　天衣無縫《むほう》　イ　金科玉条《ぎょくじょう》　ウ　傍若無人《ぼうじゃくぶじん》　エ　縦横無尽《むじん》

問四　――線部④「大きな翼」とありますが、これはグンカンドリがどうすることに役立っていると言えますか。空らん［1］～［4］にあてはまる語としてふさわしいものをそれぞれ選び、記号で答えなさい。

大きな翼をもっている　→［1］でも［2］が大きくなる

→［3］を使って上空で時間をかけて［4］を探すことに役立っている

ア　魚（エサ）をくわえた他の鳥　イ　遅い飛行速度　ウ　速い飛行速度　エ　揚力

オ　浮力　カ　上昇気流

ガンはU字の底にあたる速度をぴたりと選択《せんたく》していた。

それら数々の生理的、行動的な適応を重ね合わせることによって、インドガンは有酸素運動の限界に挑《いど》むようなヒマラヤ越えを、なんとかギリギリで成し遂げている。

（渡辺佑基『ペンギンが教えてくれた物理のはなし』より一部改）

※1 揚力…気体・流体の中の物体の進行方向に対し、垂直に働く力のこと。

※2 二乗…同一の数をかけあわせること。

※3 項…数式を構成する各要素。

※4 遠心力…物体が円運動しているとき、回転の中心から遠ざかろうとする力。

問一 ――線部①「確かな普遍性を両手で掬い取る」とありますが、これにあてはまることを述べたものとして最もふさわしいものを選び、記号で答えなさい。

ア 鉄道会社は安全な運行のために鉄道沿線《えんせん》各地に雨量計を設置して雨量を測定し、大雨の時に山間部でどれだけ雨が降ったか、それによりその他の地域でどのような影響《えいきょう》が出るのかを蓄積《ちくせき》されたデータから割り出し、その予測をもとに沿線で有効な防災《ぼうさい》対策をしている。

イ 世界の深海底の地形観測のデータや、岩石に残留するその岩石ができた当時の磁場《じば》の記録をもとに研究を進めた結果、地球の表面には厚さ数十キロメートルほどのプレートが数十枚あり、それぞれがずれたり、わき出たりすることで地震が起こることがわかってきた。

ウ どのような文学作品が名作となるのかという法則が最初からあるのではなく、読者の人生やときには社会までをも変える力をもったものが、時代をこえて受け継がれて文学史に刻《きざ》まれるような真の名作という評価を得ているということがわかる。

エ 地球の周囲を太陽や星が回っているのではなく、地球自体が回転しつつ太陽の周りを移動しているという仮説を立て、振《ふ》り子のゆれる方向を観察する実験や、天体観測のデータを分析《ぶんせき》した結果、仮説が正しいことが証明された。

では彼らはどうやってそれを成し遂《と》げるのだろう。イギリスの研究チームによる最新のバイオロギング調査が、ヒマラヤ越えのインドガンの三次元的な移動軌跡《きせき》を明らかにした。私とは面識のない研究チームだが、ダイナミックなデータが見事に記録できたときは⑥-Aさぞや嬉《うれ》しかっただろうと想像せずにはおれない。⑥-Bきっとデータの機密性なんかそっちのけで、⑥-Cいろんな人にしゃべって歩いたに違いない。

そのデータによれば、ヒマラヤ越えの当日、⑥-Dまるでオリンピック本番のスポーツ選手のようにえいやっと気合いをいれて飛び立ったインドガンは、バサバサと羽ばたいてぐんぐんと高度を上げ、八時間で五〇〇〇〜六〇〇〇メートルの最高高度に達していた。一部で信じられているような、エベレスト（八八四八メートル）やK2（八六一一メートル）の山頂越えは見られなかった。むしろできるだけ高度を上げなくてもヒマラヤ山脈を越えられる、⑥-E最も楽なルートを冷静に選んでいた。

最高高度を過ぎて下降に入ればあとは簡単。ラルプデュエズ峠《とうげ》を越えたツールドフランスのサイクリストのように、酷使《こくし》した体をすこしずつ回復させながら高度を下げていく。

⑦なぜこんなことができるのだろう。

一つには生理的な適応がある。インドガンは大きな肺をもち、薄い空気を補うようにたっぷりの量の空気を吸《す》い込《こ》むことができる。また筋肉にはびっしりと血管が張り巡《めぐ》らされ、さらに血液には酸素を運搬《うんぱん》するヘモグロビンが他の鳥よりも多く含《ふく》まれている。ようするにインドガンはツールドフランスのサイクリストかマラソンのオリンピック選手のような、有酸素運動に特化した体つきをしている。

でもそれだけではない。バイオロギングのデータからは、インドガンが行動的な適応をしていることも明らかになった。インドガンがヒマラヤ越えを開始するのは、夜中から朝方にかけての寒い時間帯だった。冷たい空気ほど密度が高いので、「（空気の密度）×（翼の面積）×（速度）の二乗」のルールによれば、一回の羽ばたきでより多くの揚力を得ることができる。そのくらいの物理はきっと、インドガンは経験的に知っている。さらに空気が冷たければ羽ばたき運動によって発熱した体を冷ましやすいという利点もある。

くわえて飛行中の速度は、速すぎず遅すぎず、ちょうど運動強度を最小限に抑えられる最適な速度だった。あとで詳《くわ》しく説明するように、鳥にとっては速度ゼロで飛行する（ホバリングする）のも、高速で飛行するのも、どちらも同じように高負荷である。飛行に必要なエネルギーを、速度を横軸《よこじく》にとってグラフ化すると、それはちょうどU字の曲線を描く。インド

おう。

さらに第三に、インドガンは体重二・五キロほどもある大きな鳥である。一般的に大きな動物ほど、重力に逆らう縦方向の移動を苦手とする。小さなリスは苦もなく樹の幹を垂直に駆《か》け上がるが、大きなゾウはほんの少しの上り坂さえ避《さ》けようとする。人間の場合も、上り坂を得意とするランナーや自転車選手はたいてい小柄《こがら》である。だからインドガンの大きな体はヒマラヤ越えの障害になる。

でも大きな動物ほど縦方向の移動が苦手なのはなぜだろう。

これは動物の動きの普遍的な法則であり、重要なポイントだと私は思う。

空を飛ぶ鳥にせよ、地上を歩く哺乳類《ほにゅうるい》にせよ、高度を上げるということは重力に対して仕事をすること、すなわち、自分の体を重力に逆らってよいしょと持ち上げることである。そのため高度を一メートル上げるのに必要なエネルギーは、体重に比例して増える。

いっぽう動物の持ち前のエネルギーである代謝《たいしゃ》速度は、体重に比例するほどに増えないことが知られている。メカニズムこそよくわかっていないが、動物の代謝速度は体重の四分の三乗あるいはそれに近い伸《の》び率で増えていく。

体重にして二倍大きな動物は、高度を一メートル上げるのに二倍のエネルギーを必要とする。それなのにそれを駆動《くどう》するための代謝エネルギーは、一・七（＝二の四分の三乗）倍しか持ち合わせがない。体重にして四倍大きな動物は、四倍のエネルギーが必要なのに、実際には二・八（＝四の四分の三乗）倍のエネルギーしか持ち合わせがない。大きな動物になればなるほど、重力に逆らう縦の移動が苦手になるのはそのためである。

（中略）

動物の代謝エネルギーが四分の三乗という中途半端《ちゅうとはんぱ》な上昇率で増えていくことの重要性は、いくら強調してもし過ぎることはない。それは動物の行動のあらゆる側面に顔を出し、遊泳スピードにも、潜水《せんすい》深度にも、そして重力に対する縦の移動にも効いてくる。

さて、問題を整理すると、インドガンのヒマラヤ越えは三つの意味で究極の高負荷運動である。一つは、高度が上がるほど空気が薄くなり、有酸素運動が大変になること。二つ目は、高度が上がるほど空気の密度が小さくなり、揚力が発生しにくくなること。三つ目は、インドガンは大きな鳥であり、重力に逆らう縦の移動が宿命的に苦手であること。

遠心力は「（速度）の二乗÷（回転半径）」に比例する。外にはじき出されないよう遠心力を低く保つためには、分子である速度を下げるか、分母である回転半径を増やすか、どちらかしかない。大きな翼のおかげで速度を下げることができれば、回転半径は増やさないで済《す》む。つまり小回りができるようになる。

しかも遠心力に対して速度は二乗で効《き》く。ということは、速度をほんの少しでも下げることができれば、回転半径はずっと小さくて済む。

なお、翼に生じる揚力を示す「（空気の密度）×（翼の面積）×（速度）の二乗」の式からすれば、飛行速度を上げたいときには翼の面積を小さくすればよいことがわかる。鳥の翼は伸縮《しんしゅく》自在の可変翼《かへんよく》だから、そんなことは朝飯前。グンカンドリも猛禽類のハヤブサも、獲物めがけて急降下するときは翼を半ば折りたたんで面積を減らす。

意外なことに、鳥の普段《ふだん》の生活で重宝《ちょうほう》するのは遅く飛べる能力である。遅く飛べる鳥は速くも飛べるが、速く飛べる鳥が遅く飛べるとは限らない。

グンカンドリが高度二五〇〇メートルまで舞い上がれるのは、上昇気流という自然の力をうまく利用するからである。でも鳥の世界は広し。上昇気流なんか使わずに、純粋《じゅんすい》に己《おのれ》の筋力だけでグンカンドリよりも高く上昇する鳥がいる。それがインドガンだ。

インドガンは夏の暑い時期をモンゴルやロシアなどの避暑《ひしょ》地で過ごし、冬の寒い時期をインドで暖かく過ごす渡り鳥である。これだけを聞けば優雅《ゆうが》なセレブ生活かもしれないが、インドからモンゴルにかけての北上飛行はとんでもなくスパルタな体育会系的大移動である。インドの北、ネパールとの国境近くに世界一の峻峰《しゅんぽう》、ヒマラヤ山脈が巨大《きょだい》な壁《かべ》のようにそびえたっているからだ。

インドガンにとってのヒマラヤ越《ご》えは、三重の意味で究極の高負荷運動である。

第一に、高度が上がれば上がるほど空気が薄《うす》くなるので、有酸素運動がどんどん困難になっていく。普通の人なら酸素ボンベの助けを借りなければヒマラヤの山々は登頂できない。

第二に、高度が上がるにつれて空気の密度が低下し、揚力が発生しにくくなる。前述の「（空気の密度）×（翼の面積）×（速度）の二乗」の式からわかるように、鳥が羽ばたきによって得られる揚力は、空気の密度に比例する。空気が薄くなってどんどん息が苦しくなるのに、羽ばたきの頻度《ひんど》はより一層速めなければならない。これを体育会系的と言わずになんといしかも、昼夜問わずである。グンカンドリは巣を発ってから巣に戻《もど》るまでの数日間、ひとときも休むことなく空中を舞っていた。スズメでもカラスでもシジュウカラでも、鳥たちは普通《ふつう》、木に止まって羽を休めるものである。ところがグンカンドリにとっては空中こそが住処であった。

なぜ、そんなことができるのだろう。

一つには上昇《じょうしょう》気流をうまく利用するからである。さんさんと照りつける太陽によって温められた地面からは、目には見えないが絶えず上昇気流が発生している。あたかも電車を乗り継《つ》ぐみたいに上昇気流を乗り継ぐことにより、グンカンドリは上昇と下降とを延々と繰り返すことができる。上昇気流といえば、ピーヒョロロロと鳴きながら上空で輪を描《えが》いているトビなどの猛禽《もうきん》類も上昇気流の常連客である。

それにもう一つ、グンカンドリの自由自在の飛行スタイルを支えているのは、④大きな翼である。グンカンドリの翼は、アホウドリほど長くはないが、幅《はば》が広いために面積が大きい。体のサイズの違いを考慮《こうりょ》に入れて比較《ひかく》すれば、グンカンドリはすべての鳥の中でも最大級の翼をもっている。

(中略)

なお、グンカンドリと同じように上昇気流を利用するトビなどの猛禽類も、やはり体のサイズのわりに翼が大きい。

翼の大きいことのメリットはなんだろう。

翼の生み出す揚力は「(空気の密度)×(翼の面積)×(速度)の二乗《にじょう》※2」に比例する。複数の項《こう》※3の積に比例するということは、どれか一つの項を上げればどれか一つの項を下げられるということ。だから翼の面積が大きければ、それだけ飛行速度を下げることができる。

鳥にとって飛行速度を下げられるメリットは大きい。ゆったりと空中を舞いながら周辺を広く見渡《みわた》し、エサを探すことができるし、グンカンドリの場合は空中で速度を落とし、ターゲットの鳥にいやらしく付きまとうことができる。

そのうえ遅《おそ》く飛ぶことができれば、上昇気流に乗って上空で円を描く際、円の半径を小さくできるので、規模の小さな上昇気流をうまく利用できるというメリットがある。

⑤これには少し説明が必要かもしれない。上昇気流に乗って円を描くとき、鳥の体には外向きの遠心力※4がのしかかる。遠心力が強すぎると、カーブで曲がりきれない車のように鳥の体も円の外にはじき出されてしまう。

くてはならない。広大無辺な海の上を、峻険《しゅんけん》な山脈の上空を、あるいは私たちの街の上を、鳥たちはどんなふうに飛んでいくか。それを詳しく計測したうえで、背景にある物理的、①生理的なメカニズムを少しずつ追求していく。普遍《ふへん》性を決めてかかるのではなく、多様性を認めたうえで、そのなかに漂《ただよ》う確かな普遍性を両手で掬《すく》い取る、そういうふうでなければならない。

（中略）

なぜ鳥は飛ぶのだろう。

ごくおおざっぱにいって二つの動機があると思う。すなわち長距離《きょり》の移動のためか、あるいはエサを取ったり天敵から逃《に》げたりするためか。そしてその動機によって、鳥に求められる飛行性能は異なる。もし長距離移動がおもな動機であれば、大事なのは巡航《じゅんこう》スピードや省エネ性能だし、エサ取りや天敵からの逃避《とうひ》がおもな目的であれば、問われるのは最大スピードや空中での機敏《きびん》性である。

前者のチャンピオンはアホウドリ。彼にはあとでしっかり登場してもらう。

そして②後者のチャンピオンがグンカンドリである。この鳥は空を住処《すみか》とし、空でエサを取って空で食べる。

私はパルミラ環礁《かんしょう》という太平洋のど真ん中にあるゴマ粒《つぶ》のような島でサメの調査をしたことがある。パルミラ環礁のような熱帯海域において、海中の覇者《はしゃ》がツマグロやオグロメジロザメなどのサメだとすれば、空中の覇者は間違《まちが》いなくグンカンドリだ。

グンカンドリは自分でエサを取ることはせず、いつもエサの魚をくわえたカツオドリを空中で追いかけまわしていた。旋回を繰り返しながら執拗《しつよう》に付きまとい、くちばしで攻撃《こうげき》し、ついにあきらめたカツオドリがエサを空中に放すと、「いっちょあがり」とばかりにひょいとキャッチする。

ひどいやつである。でも、すごいやつである。［③］な飛行性能において、グンカンドリの右に出るものはいない。

海鳥の生態学者として著名なフランスのアンリ・ワイマルスキルヒ教授は二〇〇二年、大西洋に臨む仏領ギアナで子育てをしているアメリカグンカンドリに気圧の記録計を取り付け、飛翔《ひしょう》行動をモニタリングした。

データによればこの鳥は、最大で高度二五〇〇メートルまでぐんぐんと舞い上がり、かと思えば水面近くまで急降下するという、他のいかなる鳥でもありえない大規模な上下移動を繰り返していた。

二〇二一年度 山手学院中学校

【国 語】〈特待選抜試験〉（五〇分）〈満点：一〇〇点〉

※選たく問題はすべて記号で答えなさい。
※字数制限のあるものは、句読点および記号も一字とする。

一 次の文章を読んで、あとの問いに答えなさい。

鳥の飛行はとことんバリエーションに富んでいる。アホウドリやハチドリだけでなく、身近な野鳥も飛行とひとくくりにするのがはばかられるくらいに多彩《たさい》な飛び方をする。家の軒先《のきさき》にかけた巣の近くで、めまぐるしく旋回《せんかい》を繰り返すツバメ。ピーヒョロローと鳴きながらゆっくりと上空で円を描《えが》くトビ。バサバサと不器用に、一直線に進むしかない鵜《う》やカモの仲間。この多様さはいったい何なのだろう。どんな物理的、生理的なメカニズムがその背景にあるのだろう。そしてそもそもなぜ鳥は空を飛べるのだろう。

一説には鳥は飛行機と同じだという。鳥の翼《つばさ》は機能的に飛行機の翼と同じであり、同一の流体力学的メカニズムに基づいて※1揚力《ようりょく》を発生させているのだという。

なるほど一理あるかもしれない。空を舞《ま》うアホウドリを見れば、確かに滑空《かっくう》するグライダーとの相同性は明らかだ。けれどもハチドリのように空中の一点にぴたりと静止できる飛行機が存在するだろうか。成田空港の上空で着陸の順番を待つジャンボジェット機が、その場にホバリングして時間をつぶすことがあるだろうか。あえて喩《たと》えるのなら、ハチドリは飛行機ではなくヘリコプターだろう。さらに言うならツバメは何？ あれほど素早く自由自在に旋回できる飛行機は古今東西どこにも存在しない。アメリカ空軍の最新鋭戦闘機《さいしんえいせんとうき》が束になってもツバメの機動性にはかなわない。現実の鳥たちに見られる飛行のスタイルの多様性は、単純な航空力学だけではとてもじゃないが説明できないと私は思う。

だから空を飛ぶ鳥の不思議を本当に理解するためには、まずは自然のままの鳥の飛行をそのまま測定することから始めな

2021年度
山手学院中学校 ▶解説と解答

算　数　＜特待選抜試験＞（50分）＜満点：100点＞

解　答

1 ⑴　3　　⑵　560m　　⑶　405　　**2** ⑴　$13\frac{1}{3}$%　　⑵　5回　　⑶　43分20秒後　**3** ⑴　解説の図2を参照のこと。　⑵　解説の図4を参照のこと。　⑶　解説の図6を参照のこと。　**4** ⑴　135度　　⑵　5.29cm²　　⑶　24cm　　**5** ⑴　（例）　2の倍数が入る。　⑵　（例）　3の倍数が入る。　⑶　（例）　解説を参照のこと。　**6** ⑴　98回　⑵　2027年　⑶　2年に1度うるう年にし，10年に1度うるう年をやめる。

解　説

1 **逆算，差集め算，整数の性質**

⑴　$\frac{1}{□}+\frac{2}{□}+\frac{3}{□}+\frac{4}{□}+\frac{5}{□}=5$ より，$\frac{15}{□}=\frac{15}{3}$　よって，□＝3

⑵　弟の歩幅《ほはば》を□cmとすると，家から学校までの距離《きょり》は(□×1000)cmと表すことができる。また，兄の歩幅は(□＋14)cmとなるので，家から学校までの距離は，(□＋14)×800＝□×800＋14×800＝□×800＋11200(cm)と表すこともできる。そこで，□×1000－□×800＝□×200が11200cmにあたるので，□＝11200÷200＝56(cm)とわかる。よって，家から学校までの距離は，56×1000÷100＝560(m)となる。

⑶　［a，3］＝4より，整数aは3で4回割り切れるので，3×3×3×3＝81の倍数とわかる。500÷81＝6余り14より，500以下で最も大きい81の倍数は(81×6)になるが，81×6＝81×3×2となるから，3で5回割り切れて，(81×6)は条件に合わない。よって，最も大きい数は，81×5＝405と求められる。

2 **濃度《のうど》**

⑴　(食塩の重さ)＝(食塩水の重さ)×(濃度)より，15%の食塩水400gにふくまれる食塩の重さは，400×0.15＝60(g)である。10分間に入れる水と20%の食塩水の重さはそれぞれ，10×10＝100(g)ずつで，20%の食塩水100gにふくまれる食塩の重さは，100×0.2＝20(g)になる。20分後の容器の中の食塩水の重さは，400＋100×2＝600(g)で，その中にふくまれる食塩の重さは，60＋20＝80(g)となるので，その濃度は，80÷600×100＝$13\frac{1}{3}$(%)である。

⑵　10分後には，水が100g加えられるから，その濃度は，60÷(400＋100)×100＝12(%)になる。同様に，20分後は$13\frac{1}{3}$%，30分後は，80÷(400＋100×3)×100＝$11\frac{3}{7}$(%)，40分後は，(80＋20)÷(400＋100×4)×100＝12.5(%)，50分後は，100÷(400＋100×5)×100＝$11\frac{1}{9}$(%)，60分後は，(100＋20)÷(400＋100×6)×100＝12(%)になる。よって，この食塩水の濃度が12%になるのは，10分後，20分後から30分後の間，30分後から40分後の間，40分後から50分後の間，60分後なので，その回数は5回とわかる。

(3)　最後から数えて2回目に食塩水の濃度が12％になるのは，40分後から50分後の間なので，食塩の重さは100gとなり，食塩水の重さは，$100\div0.12=833\frac{1}{3}$(g)と求められる。よって，このようになるのは，$\left(833\frac{1}{3}-400\right)\div10=43\frac{1}{3}$(分後)，つまり，$60\times\frac{1}{3}=20$(秒)より，43分20秒後となる。

3　立体図形―展開図

(1)　下の図1の水そうの各頂点の記号を展開図にかいて，水にふれている部分を塗《ぬ》ると，下の図2のようになる。

図1

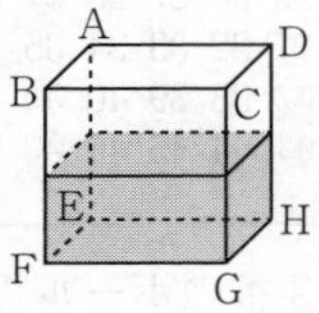

図2

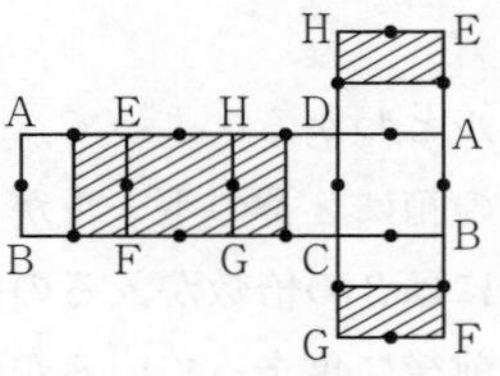

図3

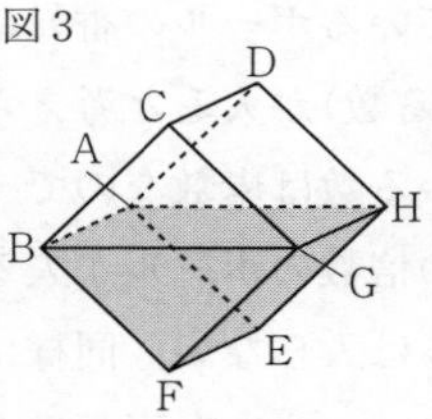

図4

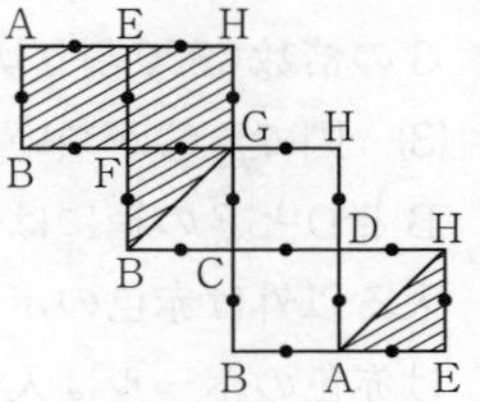

(2)　辺FEを机につけたまま45度だけ傾《かたむ》けると，右上の図3のようになり，展開図に水にふれている部分を塗ると，右上の図4のようになる。

(3)　頂点Fを机につけたまま，真上から見たときに頂点Dと頂点Fが重なるように傾けると，右の図5のようになり，展開図に水にふれている部分を塗ると，右の図6のようになる。

図5

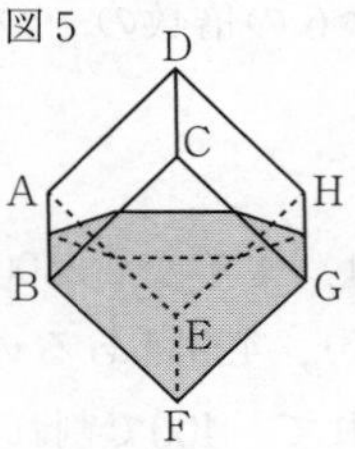

図6

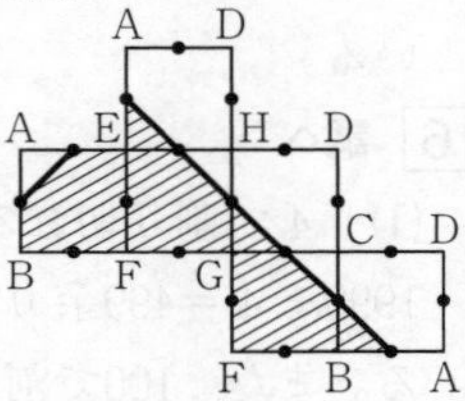

4　平面図形―角度，面積，長さ

(1)　右の図で，三角形OGIと三角形OGKは合同で，三角形OHJと三角形OHKは合同なので，同じ印をつけた角の大きさはそれぞれ等しくなる。そして，角IGKと角JHKの大きさの和は，$180-90=90$(度)だから，角OGKと角OHKの大きさの和は，$90\div2=45$(度)となる。よって，角㋐の大きさは，$180-45=135$(度)である。

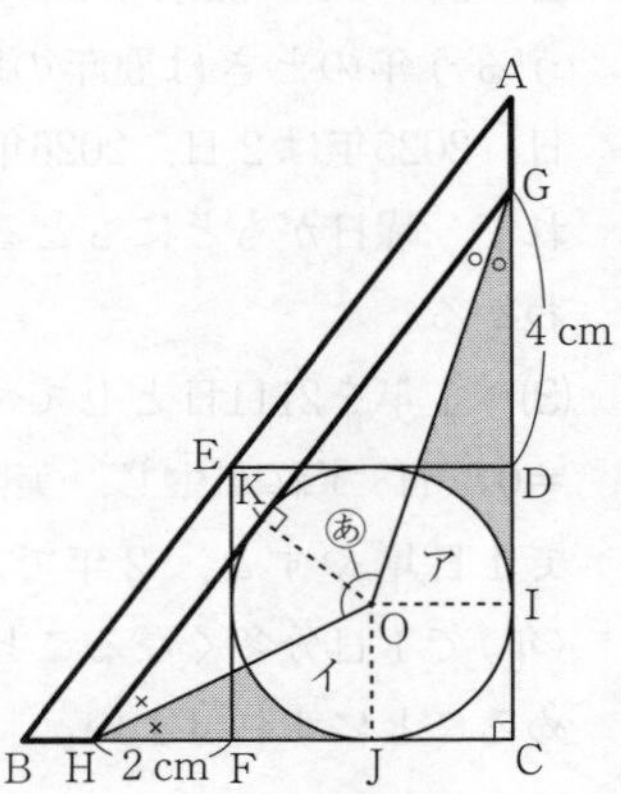

(2)　図で，三角形OGIと三角形OHJの面積の和は，$2\times(4+2)\div2+(2+2)\times2\div2=6+4=10(cm^2)$になる。また，アとイのおうぎ形の中心角の和は，$360-90-135=135$(度)なので，これらのおうぎ形の面積の和は，$2\times2\times3.14\times\frac{135}{360}=4.71(cm^2)$とわかる。よって，図の塗りつぶした部分の面積は，$10-4.71=5.29(cm^2)$と求められる。

(3)　図の三角形GHCで，CG：CH＝$(4+2+2)$：$(2+2+2)$＝8：6＝4：3だから，三角形GHCは辺の比が3：4：5の直角三角形とわかり，三角形AEDと三角形EBFも三角形GHCと相似なので，それぞれの辺の比も3：4：5とわかる。そこで，辺DEの長さが，$2+2=4$(cm)より，辺ADの長さは，$4\times\frac{4}{3}=\frac{16}{3}$(cm)だから，辺AGの長さは，$\frac{16}{3}-4=\frac{4}{3}$(cm)となり，辺AEの長さは，$4\times\frac{5}{3}=\frac{20}{3}$(cm)になる。同様に，辺FEの長さも4cmより，辺BFの長さは，$4\times\frac{3}{4}=3$(cm)なので，辺BHの長さは，$3-2=1$(cm)となり，辺EBの長さは，$4\times\frac{5}{4}=5$(cm)になる。

さらに，辺CHの長さが6 cmより，辺GHの長さは，$6\times\frac{5}{3}=10$(cm)である。よって，図の太線の長さは，$\frac{4}{3}+\frac{20}{3}+1+5+10=24$(cm)と求められる。

5 整数の性質

⑴　AからFの箱の中に入っているボールの番号は，右の図のようになる。BとDとFの箱に入っているボールの番号は，2，4，6，8，10，12，…なので，2の倍数(2で割り切れる数)が入ると考えられる。

A	B	C	D	E	F
1	②	③	4	⑤	6
⑦	8	9	10	⑪	12
⑬	14	15	16	⑰	18
⑲	20	21	22	㉓	24
25	26	27	28	㉙	30
㉛	32	33	34	35	36
㊲	38	39	40	㊶	42
㊸	44	45	46	㊼	48
⋮	⋮	⋮	⋮	⋮	⋮

⑵　CとFの箱に入っているボールの番号は，3，6，9，12，…だから，3の倍数(3で割り切れる数)が入ると考えられる。

⑶　図で，○がついている数は素数なので，赤いボールとわかる。よって，BとDとFの箱には2の倍数のボールが入るから，Bの箱に2番のボールが入る以外は赤色のボールは入らない。同様に，Cの箱には3の倍数が入るので，3番のボール以外は赤色のボールは入らない。また，素数は6の倍数の前後に集まっているが，Aの箱には6の倍数の次の数が，Eの箱には6の倍数の一つ前の数が入るから，AとEの箱に赤色のボールが偏《かたよ》っている。

6 調べ

⑴　4で割り切れる年は，1年から2400年までに，2400÷4＝600(回)，1年から1999年までに，1999÷4＝499余り3より，499回あるので，2000年から2400年の間には，600－499＝101(回)ある。また，100で割り切れて，400で割れ切れない年は，2100年，2200年，2300年の3回ある。よって，2000年から2400年の間にうるう年は，101－3＝98(回)ある。

⑵　365÷7＝52余り1，366÷7＝52余り2より，1年が365日のときは翌年の曜日が1日ずれ，うるう年のときは翌年の曜日が2日ずれる。すると，2022年は1日，2023年は1日，2024年は1日，2025年は2日，2026年は1日，2027年は1日ずれるので，1＋1＋1＋2＋1＋1＝7(日)ずれて，曜日がもとにもどることになる。よって，2021年と，日付と曜日が同じになるのは2027年とわかる。

⑶　1年を2111日としてずれを計算すると，2111.4－2111＝0.4(日)となるから，2年で，0.4×2＝0.8(日)ずれが生じ，実際の1年より約1日分少なくなる。そこで，2年に1度うるう年を定めて1日増やすと，2年で，1－0.8＝0.2(日)のずれが生じるので，1÷0.2＝5より，2×5＝10(年)で1日分多くなることがわかる。よって，2年に1度うるう年にし，10年に1度うるう年をやめることにすればよい。

国語　＜特待選抜試験＞(50分)＜満点：100点＞

解答

一　**問1**　イ　**問2**　(例)　エサを取ったり天敵から逃げたりするために飛ぶ鳥。　**問3**　エ　**問4**　1　イ　2　エ　3　カ　4　ア　**問5**　ウ　**問6**　C　**問7**　⑴　①　空気の密度が小さくなり，揚力が発生しにくく　②　(例)　冷たい空気は密度が高いのでより多くの揚力　③　発熱した体を冷ましやすい　⑵　200(倍)　⑶　イ　**問8**　ア

二 **問1** **A** (例) 実験の班の仲間に入りたいとあせっていた **B** (例) 友だちを批判し，自分に嫌みを言う **問2** Ⅰ イ Ⅱ ア **問3** ア **問4** エ **問5** イ **問6** エ **問7** ア **問8** **A** ウ **B** イ **問9** Ⅰ (例) 言葉以外の要素で相手に思いを伝える技術。 Ⅱ (例) 初対面の人と接するさい，笑顔で話すようにする。 三 ①～⑧ 下記を参照のこと。 ⑨ こころざし ⑩ かな(でる)

●漢字の書き取り

三 ① 派生 ② 巻頭 ③ 備(える) ④ 肺活 ⑤ 有終 ⑥ 歌詞 ⑦ 断腸 ⑧ 度胸

解説

一 **出典は渡辺佑基《わたなべゆうき》の『ペンギンが教えてくれた物理のはなし』による。** 鳥の飛行の不思議について，グンカンドリとインドガンを例にとって物理的に説明している。

問1 ここでは，最初から普遍《ふへん》性があるとするのではなく，多様性を認めたうえで，詳《くわ》しいデータにもとづいて普遍性をていねいに追究することを言っている。よって，科学的なデータにもとづいていないウや，予測や仮説を最初に立てるアとエは合わない。

問2 前者と後者のチャンピオンについて述べた部分の直前に，鳥が飛ぶ二つの動機について書かれた段落がある。前者が「長距離《きょり》の移動のため」に飛ぶ鳥で，後者はエサを取ったり天敵から逃《に》げたりするために飛ぶ鳥であり，後者はそのために「スピード」や「機敏《きびん》性」を持つとされている。

問3 「自由自在・思う存分に」という意味の四字熟語はエの「縦横無尽《むじん》」。なお，アの「天衣無《む》縫《ほう》」は，技巧《ぎこう》のあとがなく，自然で美しいようす。イの「金科玉条」は，絶対的なよりどころとして守るべききまり。ウの「傍若無人《ぼうじゃくぶじん》」は，人がそばにいないかのように勝手きままなふるまいをするようす。

問4 直後の(中略)以降に，大きな翼《つばさ》のメリットが説明されている。 **1，2** 翼の生み出す揚力《ようりょく》は「(空気の密度)×(翼の面積)×(速度)の二乗」に比例するため，翼の面積が大きければ飛行速度を下げられるとある。つまり，大きな翼があれば，「遅《おそ》い飛行速度」でも「揚力」が大きくなるといえる。 **3，4** グンカンドリは「上昇《じょうしょう》気流を乗り継《つ》」いで空中を舞《ま》い，「エサの魚をくわえたカツオドリ」に付きまとい，「カツオドリがエサを空中に放す」とそれをキャッチすると前にある。「上昇気流」を使い，上空で時間をかけて「魚(エサ)をくわえた他の鳥」を探すことに大きな翼は役立つのである。

問5 ぼう線部⑤の「これ」は，遅く飛べれば上空で描《えが》く円の半径を小さくでき，規模の小さな上昇気流をうまく利用できるという直前の内容を指すので，ウがよい。アは大規模な上昇気流に乗るメリットの説明で，イとエは，飛行速度を上げずに回転半径を小さくすると遠心力は上がるため，誤り。

問6 名詞(体言)である「人」を修飾《しゅうしょく》するCは連体詞だが，C以外は副詞である。

問7 (1) ① インドガンのヒマラヤ越《こ》えが非常に高負荷である理由が説明された，五段落前に注目する。高度が上がるほど「空気の密度が小さくなり，揚力が発生しにくく」なると書かれている。
② 三段落後に，寒い時間帯に移動する利点が書かれている。揚力は「(空気の密度)×(翼の面積)×(速度)の二乗」になるが，冷たい空気は密度が高いのでより多くの揚力が得られるのである。

③　空気の冷たい寒い時間帯なら，「発熱した体を冷ましやすい」利点があると述べられている。
⑵　最後の（中略）の前に，「高度を一メートル上げるのに必要なエネルギーは，体重に比例して増える」と書かれている。「二・五キログラム」は二五〇〇グラムで，ここにあげられたインドガンはリュウキュウツバメの，2500÷12.5＝200（倍）の体重のため，200倍のエネルギーを必要とすることになる。　⑶　インドガンは夏をモンゴルやロシアなどの避暑《ひしょ》地で，冬をインドで暖かく過ごすのだから，ウとエは合わない。二重線部⑥－Ｅをふくむ文に，できるだけ高度を上げずにヒマラヤ山脈を越えるルートを選んでいるとあるので，ヒマラヤ山脈を通らないアもふさわしくない。

問８　グンカンドリは，上昇気流を利用して急激な方向転換《てんかん》ではなく，上昇と下降を延々と繰《く》り返すことを可能にしているのだから，アが選べる。イはぼう線部⑦の直後に，ウはぼう線部⑤をふくむ段落の三段落後に，エは本文最初の部分に書かれている内容である。

二　出典は久米絵美里《くめえみり》の『言葉屋⑦（光）の追跡《ついせき》者たち』所収の「毒味姫《どくみひめ》のしっぽ」による。言葉で思考するタイプのばなちゃんが毒舌《どくぜつ》と言われたことをきっかけに，詠《えい》子は言葉について考える。

問１　Ａ　この後，ばなちゃんは脚本《きゃくほん》の種を探すというより，本当は「自分だけが浮《う》いて」いる「実験の班」の仲間に入りたいと「あせっていた」ために発言したと告白している。　Ｂ　ばなちゃんの言葉を聞いた相手は，「友だちを批判《ひはん》」され，「自分も同類だと嫌《いや》みを言われたと思った」のだから，「友だちを批判し，自分に嫌みを言う」言葉だと受け取ったことになる。

問２　Ⅰ　自分の性格をぼう線部②のようにたとえた表現である。明らかに比喩《ひゆ》だとわかる「ようだ」「みたい」といった表現を使わないこのような比喩を「隠喩《いんゆ》」という。　Ⅱ　表面的には「冷静なクールキャラを気取って」いるのだから，アの「友だちみんなにいい顔をしようとする」という記述はあてはまらない。

問３　「生理現象」は，生物が生きていくうえで生じる現象。ここでは，ばなちゃんのように言葉で思考する人がおちいりがちな，失敗したときにまず「言いわけや切り抜《ぬ》け方」が頭に浮かんでしまうといった，自然に働く機能のことをたとえているので，アが選べる。

問４　直前の二段落に注目する。ばなちゃんのように言葉で考える習慣があると，失敗をしたときに自分を守る言いわけや切り抜け方のほうが反省より先に浮かぶのだろうと詠子は考えている。そうではなく，純粋《じゅんすい》な反省の気持ちを拾い上げて，弁解するまいとする勇気が「厳しい勇気」にあたるので，エが合う。

問５　続く部分から読み取る。「人を悪く思う気持ち」を完全に「取りのぞくことは難しい」が，みんながその気持ちをはきだしたりためこんだりするのは危険なので，「生まれ続ける毒の流れを調整」し，「最小限の傷にとどめる」よう，代表して外にはなつ専門職が「毒舌家」だと詠子は考えているので，イがよい。

問６　「不安」とは，「毒舌の力」と「しっぽの技術」とを両方うまく手に入れられるかという不安を指す。この後詠子は，「意識しすぎると手に入らない」だろうし，今はおいしいものでも食べて気持ちを切りかえ，明日への英気を養おうと未来に希望をつなぐことにしたのだから，エがふさわしい。

問７　言葉をどうあつかって人と付き合っていくかはすぐに答えが出る問題ではないので，詠子はここで言葉だけにこだわるのではなく，おいしいものを食べるといった幸せに素直《すなお》に身をゆだね，また明日に向かって進んでいこうとしている。よって，アがあてはまる。

問８　**A**　「閉口」は，すっかり困ることをいうので，ウがよい。　**B**　「もてはやす」は，大勢の人がほめるという意味なので，イがふさわしい。

問９　**Ⅰ**　ごまかしが明らかになるという意味の「しっぽを出す」といった言葉からわかるとおり，「しっぽ」には本当の気持ちを知る手がかりという意味がある。最初の場面で「しっぽを隠した」とあるのも，緊張《きんちょう》したため，仲間に入りたいという気持ちが顔と声には表れなかったことを言っている。よって，「しっぽの技術」は，言葉以外の要素で相手に思いや気持ちを伝える技術のことになる。　**Ⅱ**　言葉以外で相手に気持ちを伝えるには，表情や声音などの利用が有効だろう。初対面の人には親しくなりたいという気持ちを表し，笑顔《えがお》で話すようにしたり，試合などでピンチのときにもがんばろうと思うなら，弱気なようすを見せずに仲間に笑顔で接したりするといった例をあげればよい。

三　漢字の書き取りと読み

①　もとになるものから，別のものが枝分かれして生まれること。　②　本や巻物の一番初めのところ。　③　音読みは「ビ」で，「備品」などの熟語がある。　④　「肺活量」は，肺の中に吸いこむことのできる空気の量。　⑤　「有終の美をかざる」は，ものごとを最後までりっぱにやりとげて成果をあげること。　⑥　歌の文句。　⑦　非常に悲しく苦しいこと。　⑧　物事をおそれない強い気持ち。　⑨　音読みは「シ」で，「志望」などの熟語がある。訓読みにはほかに「こころざ(す)」がある。　⑩　音読みは「ソウ」で，「演奏」などの熟語がある。

Dr.福井の 入試に勝つ！脳とからだのウルトラ科学

右の脳は10倍以上も覚えられる！

手や足，目，耳に左右があるように，脳にも左右がある。脳の左側，つまり左脳は，文字を読み書きしたり計算したりするときに働く。つまり，みんなはおもに左脳で勉強していることになる。一方，右側の脳，つまり右脳は，音楽を聞き取ったり写真や絵を見分けたりする。

となると，受験勉強に右脳は必要なさそうだが，そんなことはない。実は，右脳は左脳の10倍以上も暗記できるんだ。これを利用しない手はない！　つまり，必要なことがらを写真や絵などで覚えてしまおうというわけだ。

この右脳を活用した勉強法は，図版が数多く登場する社会と理科の勉強のときに大いに有効だ。たとえば，歴史の史料集には写真や絵などがたくさん載っていて，しかもそれらは試験に出やすいものばかりだから，これを利用する。やり方は簡単。「ふ～ん，これが○○か…」と考えながら，載っている図版を５秒間じーっと見つめる。すると，言葉は左脳に，図版は右脳のちょうど同じ部分に，ワンセットで記憶される。もし，左脳が言葉を忘れてしまっていたとしても，右脳で覚えた図版が言葉を思い出す手がかりとなる。

また，項目を色でぬり分け，右脳に色のイメージを持たせながら覚える方法もある。たとえば江戸時代の三大改革の内容を覚えるとき，享保の改革は赤，寛政の改革は緑，天保の改革は黄色というふうに色を決め，チェックペンでぬり分けて覚える。すると，「“目安箱”は赤色でぬったから享保の改革」というように思い出すことができ，混同しにくくなる。ほかに三権分立の関係，生物の種類分け，季節と星座など，分類されたことがらを覚えるときもピッタリな方法といえるだろう。

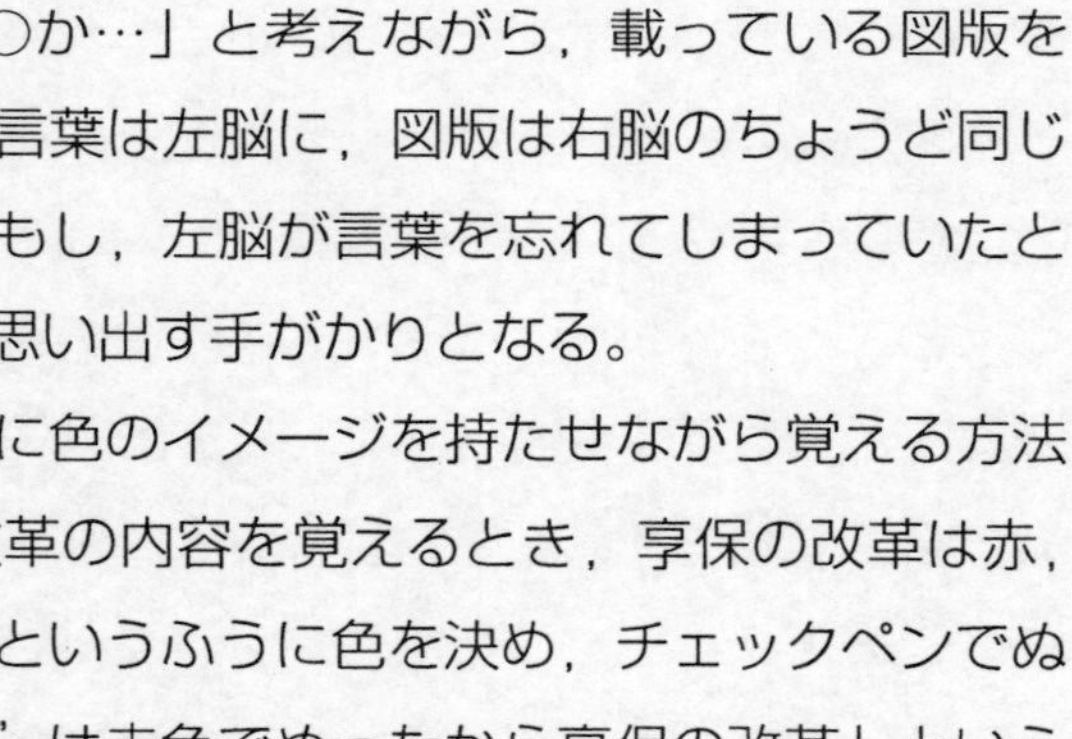

Dr.福井（福《ふく》井《い》一成《かずしげ》）…医学博士。開成中・高から東大・文Ⅱに入学後，再受験して翌年東大・理Ⅲに合格。同大医学部卒。さまざまな勉強法や脳科学に関する著書多数。

Memo

Memo

2025年度用
中学スーパー過去問

■編集人 声の教育社・編集部
■発行所 株式会社 声の教育社
〒162-0814 東京都新宿区新小川町8-15
☎03-5261-5061(代) FAX03-5261-5062
https://www.koenokyoikusha.co.jp

カコを追いかけ
ミライをつかめ

ストリーミング配信による入試問題の解説動画

2025年度用web過去問　ラインナップ

■ 男子・女子・共学（全動画）見放題
36,080円（税込）

■ 男子・共学 見放題
29,480円（税込）

■ 女子・共学 見放題
28,490円（税込）

● 中学受験「声教web過去問（過去問プラス・過去問ライブ）」（算数・社会・理科・国語）

3〜5年間 **24校**

過去問プラス

麻布中学校	桜蔭中学校	開成中学校	慶應義塾中等部	渋谷教育学園渋谷中学校
女子学院中学校	筑波大学附属駒場中学校	豊島岡女子学園中学校	広尾学園中学校	三田国際学園中学校
早稲田中学校	浅野中学校	慶應義塾普通部	聖光学院中学校	市川中学校
渋谷教育学園幕張中学校	栄東中学校			

過去問ライブ

栄光学園中学校	サレジオ学院中学校	中央大学附属横浜中学校	桐蔭学園中等教育学校	東京都市大学付属中学校
フェリス女学院中学校	法政大学第二中学校			

● 中学受験「オンライン過去問塾」（算数・社会・理科）

3〜5年間 **50校以上**

東京	青山学院中等部	東京	国学院大学久我山中学校	東京	明治大学付属明治中学校	千葉	芝浦工業大学柏中学校	埼玉	栄東中学校
	麻布中学校		渋谷教育学園渋谷中学校		早稲田中学校		渋谷教育学園幕張中学校		淑徳与野中学校
	跡見学園中学校		城北中学校		都立中高一貫校 共同作成問題		昭和学院秀英中学校		西武学園文理中学校
	江戸川女子中学校		女子学院中学校		都立大泉高校附属中学校		専修大学松戸中学校		獨協埼玉中学校
	桜蔭中学校		巣鴨中学校		都立白鷗高校附属中学校		東邦大学付属東邦中学校		立教新座中学校
	鷗友学園女子中学校		桐朋中学校		都立両国高校附属中学校		千葉日本大学第一中学校	茨城	江戸川学園取手中学校
	大妻中学校		豊島岡女子学園中学校	神奈川	神奈川大学附属中学校		東海大学付属浦安中等部		土浦日本大学中等教育学校
	海城中学校		日本大学第三中学校		桐光学園中学校		麗澤中学校		茗溪学園中学校
	開成中学校		雙葉中学校		県立相模原・平塚中等教育学校		県立千葉・東葛飾中学校		
	開智日本橋中学校		本郷中学校		市立南高校附属中学校		市立稲毛国際中等教育学校		
	吉祥女子中学校		三輪田学園中学校	千葉	市川中学校	埼玉	浦和明の星女子中学校		
	共立女子中学校		武蔵中学校		国府台女子学院中学部		開智中学校		

web過去問 Q&A

過去問が動画化！
声の教育社の編集者や中高受験のプロ講師など、
過去問を知りつくしたスタッフが動画で解説します。

Q　どこで購入できますか？

A　声の教育社のHPでお買い求めいただけます。

Q　受講にあたり、テキストは必要ですか？

A　基本的には過去問題集がお手元にあることを前提としたコンテンツとなっております。

Q　全問解説ですか？

A　「オンライン過去問塾」シリーズは基本的に全問解説ですが、国語の解説はございません。「声教web過去問」シリーズは合格のカギとなる問題をピックアップして解説するもので、全問解説ではございません。なお、「声教web過去問」と「オンライン過去問塾」のいずれでも取り上げられている学校がありますが、授業は別の講師によるもので、同一のコンテンツではございません。

Q　動画はいつまで視聴できますか？

A　ご購入年度２月末までご視聴いただけます。
複数年視聴するためには年度が変わるたびに購入が必要となります。

よくある解答用紙のご質問

01

実物のサイズにできない

拡大率にしたがってコピーすると，「解答欄」が実物大になります。配点などを含むため，用紙は実物よりも大きくなることがあります。

02

A3用紙に収まらない

拡大率164％以上の解答用紙は実物のサイズ（「出題傾向＆対策」をご覧ください）が大きいために，Ａ３に収まらない場合があります。

03

拡大率が書かれていない

複数ページにわたる解答用紙は，いずれかのページに拡大率を記載しています。どこにも表記がない場合は，正確な拡大率が不明です。

04

１ページに２つある

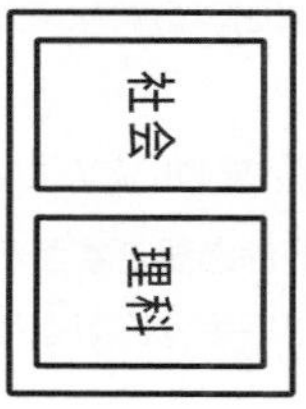

１ページに２つ解答用紙が掲載されている場合は，正確な拡大率が不明です。ほかの試験回の同じ教科をご参考になさってください。

山手学院中学校

【別冊】入試問題解答用紙編

禁無断転載

解答用紙は本体からていねいに抜きとり、別冊としてご使用ください。

※　実際の解答欄の大きさで練習するには、指定の倍率で拡大コピーしてください。なお、ページの上下に小社作成の見出しや配点を記載しているため、コピー後の用紙サイズが実物の解答用紙と異なる場合があります。

●入試結果表

年　度	回	項　目	国　語	算　数	社　会	理　科	２科合計	４科合計	２科合格	４科合格
2024	Ａ日程	配点（満点）	100	100	80	80	200	360	最高点	最高点
		合格者平均点	69.8	70.0	48.9	53.3	139.8	242.0	183	300
		受験者平均点	62.7	55.9	44.9	47.7	118.6	211.2	最低点	最低点
		キミの得点							128	231
	特待選抜	配点（満点）	100	100			200		最高点	
		合格者平均点	55.2	68.2			123.4		170	
		受験者平均点	50.3	57.4			107.7		最低点	
		キミの得点							特 135 一 105	
2023	Ａ日程	配点（満点）	100	100	80	80	200	360	最高点	最高点
		合格者平均点	61.7	78.0	55.7	49.1	139.7	244.5	177	312
		受験者平均点	53.4	61.9	50.7	41.1	115.3	207.1	最低点	最低点
		キミの得点							127	228
	特待選抜	配点（満点）	100	100			200		最高点	
		合格者平均点	71.5	61.0			132.5		175	
		受験者平均点	65.4	50.1			115.5		最低点	
		キミの得点							特 146 一 112	
2022	Ａ日程	配点（満点）	100	100	80	80	200	360	最高点	最高点
		合格者平均点	74.8	75.5	49.8	52.6	150.3	252.7	185	317
		受験者平均点	66.9	58.8	44.7	44.2	125.7	214.6	最低点	最低点
		キミの得点							140	243
	特待選抜	配点（満点）	100	100			200		最高点	
		合格者平均点	62.1	75.3			137.4		185	
		受験者平均点	54.2	63.4			117.6		最低点	
		キミの得点							特 149 一 118	
2021	Ａ日程	配点（満点）	100	100	80	80	200	360	最高点	最高点
		合格者平均点	66.9	60.4	57.6	52.8	127.3	237.7	171	310
		受験者平均点	57.1	47.5	49.1	42.1	104.6	195.8	最低点	最低点
		キミの得点							117	221
	特待選抜	配点（満点）	100	100			200		最高点	
		合格者平均点	55.5	58.5			114.0		162	
		受験者平均点	49.7	45.2			94.9		最低点	
		キミの得点							特 125 一 95	

※　表中のデータは学校公表のものです。ただし、２科合計・４科合計は各教科の平均点を合計したものなので、目安としてご覧ください。

声の教育社

２０２４年度　山手学院中学校

算数解答用紙　Ａ日程

番号		氏名		評点	／100

1

(1)		(2)	

2

(1)	%	(2)	通り
(3)	cm		

3

(1)	個	(2)	個
(3)	個		

4

(1)	円	(2)	円
(3)	個		

5

(1)	分　　秒	(2)	分　　秒
(3)	分　　秒		

6

(1)	通り	(2)	通り
(3)	通り		

7

(1)		(2)	mL
(3)	秒間		

（注）この解答用紙は実物を縮小してあります。Ｂ５→Ａ３（163%）に拡大コピーすると、ほぼ実物大の解答欄になります。

〔算　数〕100点（推定配点）

1～7　各５点×20

２０２４年度　山手学院中学校

社会解答用紙　Ａ日程

番号		氏名		評点	／80

1

問1	問2	問3	問4	問5
				市

問6

問7	問8		

問9 ①

問9 ②	問10	問11	問12	問13
	川			

問14

2

問1 (1)	問1 (2)	問1 (3)	問1 (4)	問1 (5)	問2 ①

問2 ②	問3	問4

問5

しくみになった。

問6 名称	問6 場所	問7	問8	問9

問10	問11	問12

問13	問14	問15 3番目	問15 5番目
		班	班

3

問1	問2 ①

問2 ②

問2 ③	問3	問4	問5 ①
			から墓場まで

問5 ②	問6	問7 ①	問7 ②
			デザイン

（注）この解答用紙は実物を縮小してあります。167％拡大コピーをすると、ほぼ実物大の解答欄になります。

〔社　会〕80点（推定配点）

1　問１～問４　各１点×４　問５～問10　各２点×７　問11　１点　問12～問14　各２点×３　2　問１～問３　各２点×８　問４　１点　問５，問６　各２点×３　問７～問９　各１点×３　問10　２点　問11，問12　各１点×２　問13　２点　問14，問15　各１点×３　3　問１，問２　各２点×４　問３，問４　各１点×２　問５～問７　各２点×５

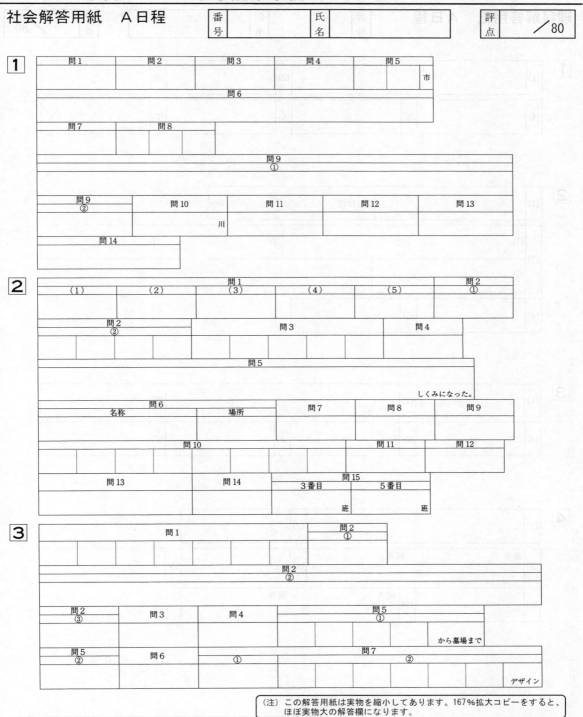

２０２４年度　　山手学院中学校

理科解答用紙　Ａ日程

番号		氏名		評点	／80

1

(1)		(2)		(3)			
(4)		(5)		(6)		(7)	

2

(1)		(2)	秒速　　　km

(3)	①	②	③	④
	⑤			

(4)		(5)	

3

(1)		(2)				(3)	
(4)		(5)		(6)		(7)	

4

(1)		(2)	

(3)	番号	記号 —	(4)		(5)	

(6)		(7)	鏡Ａ	鏡Ｂ

（注）この解答用紙は実物を縮小してあります。Ｂ５→Ｂ４（141％）に拡大コピーすると、ほぼ実物大の解答欄になります。

〔理　科〕80点（推定配点）

1 (1)～(6)　各３点×６＜(1)は完答＞　(7)　２点　**2** (1)，(2)　各４点×２　(3)　①～④　２点＜完答＞　⑤　２点　(4)，(5)　各４点×２　**3** (1)～(6)　各３点×６　(7)　２点　**4** (1)　２点＜完答＞　(2)～(7)　各３点×６＜(7)は完答＞

２０２４年度　山手学院中学校

国語解答用紙　Ａ日程

番号		氏名		評点	/100

一

問一　問二　問三

問四　→　→　→　→　問五　問六

問七　ア　イ　ウ　エ　問八

問九　(1)　(2)　(3)　20　40　60

二

問一　①　②　③　問二

問三　問四　問五　問六

問七

問八　20　40　60

問九　問十

三

①　く　②　③　④

⑤　⑥　⑦　⑧

⑨　⑩

（注）この解答用紙は実物を縮小してあります。Ｂ５→Ａ３（163％）に拡大コピーすると、ほぼ実物大の解答欄になります。

〔国　語〕100点(推定配点)

一　問１，問２　各３点×２　問３，問４　各４点×２＜問４は完答＞　問５，問６　各３点×２　問７　各１点×４　問８　３点　問９　(1)，(2)　各２点×２　(3)　８点　二　問１　各１点×３　問２～問６　各３点×５　問７，問８　各８点×２　問９　３点　問10　４点　三　各２点×10

２０２４年度　山手学院中学校

算数解答用紙　特待選抜

番号		氏名		評点	／100

1

(1) ア　イ　ウ　エ　(2)

(3) cm

2

(1) 三角形ABF：三角形CEF＝　：　(2) 三角形ABF：三角形BCF＝　：

(3) cm²

3

(1) %　(2) %

(3) g

4

(1) 本　(2) 本

(3) 本

5

(1) x ： y ＝　：　(2) cm

(3)

6

(1)　(2)

(3) 理由

（注）この解答用紙は実物を縮小してあります。Ｂ５→Ａ３(163%)に拡大コピーすると、ほぼ実物大の解答欄になります。

〔算　数〕100点(推定配点)

1, 2　各５点×６＜1の(1)は完答＞　3　各６点×３　4　(1), (2)　各５点×２　(3)　６点　5, 6　各６点×６＜6の(2)は完答＞

２０２４年度　山手学院中学校

国語解答用紙　特待選抜

番号		氏名		評点	/100

一

問一

問二　②−1　②−2　②−3　②−4

問三　③　④　⑦

問四

問五　16　20　。

問六

問七　→　→　→　→

問八

問九　(1)　20　30

(2)　20　25

二

問一

問二　A　B　C

問三

問四　(1)　20

(2)　20　25

問五　20　40　50

問六　20　30

問七

問八

問九　～

問十

問十一　20

三

①　②　③　④

⑤　⑥　⑦　らす　⑧

⑨　⑩

（注）この解答用紙は実物を縮小してあります。B５→A３（163%）に拡大コピーすると、ほぼ実物大の解答欄になります。

〔国　語〕100点(推定配点)

一 問１　３点　問２，問３　各１点×７　問４　３点　問５　４点　問６～問８　各３点×３＜問７は完答＞　問９　(1)　５点　(2)　４点　二 問１　３点　問２　各１点×３　問３　３点　問４　各４点×２　問５　６点　問６　５点　問７，問８　各３点×２　問９　４点　問10　３点　問11　４点　三 各２点×10

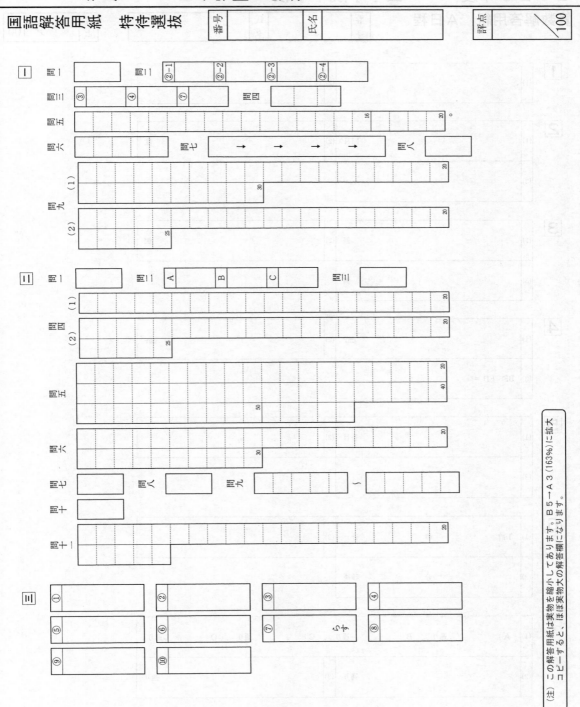

2023年度　山手学院中学校

算数解答用紙　Ａ日程

番号		氏名		評点	／100

1

(1)		(2)	

2

(1)	回目	(2)	度
(3)	cm²		

3

(1)	個	(2)	個
(3)	個		

4

(1)	cm²	(2)	cm²
(3)	BF：FD =　：		

5

(1)	番目	(2)	
(3)			

6

(1)	午前　時　分	(2)	
(3)	分　秒後		

7

(1)	A：　通り，B：　通り，C：　通り，O：　通り		
(2)	通り	(3)	通り

（注）この解答用紙は実物を縮小してあります。Ｂ５→Ａ３（163%）に拡大コピーすると、ほぼ実物大の解答欄になります。

〔算　数〕100点(推定配点)

1～7　各５点×20＜7の(1)は完答＞

２０２３年度　山手学院中学校

社会解答用紙　Ａ日程

番号		氏名		評点	／80

1

問1 (1)	問1 (2)	問1 (3)	問1 (4)	問2

問3	問4 B	問4 C	問5

問6	問7	問8
政策	平野	

問9

問10

2

問1 X	問1 Y	問1 Z	問2	問3

問4	問5	問6	問7	問8

問9	問10	問11	問12	問13

問14	問15	問16

問17
1つ目
2つ目

問18	問19	問20

3

問1	問2	問3

問4 ①	問4 ②	問5 ①	問5 ②
か国			

問6 A	問6 B	問7	問8 C	問8 D

（注）この解答用紙は実物を縮小してあります。Ｂ５→Ａ３（163%）に拡大コピーすると、ほぼ実物大の解答欄になります。

〔社　会〕80点(推定配点)

1 問1　各1点×4　問2～問10　各2点×10　**2** 問1　各1点×3　問2～問4　各2点×3　問5～問7　各1点×3　問8　2点　問9～問11　各1点×3　問12，問13　各2点×2　問14　1点　問15～問20　各2点×7　**3** 問1～問5　各2点×7　問6　各1点×2　問7　2点　問8　各1点×2

2023年度　　山手学院中学校

理科解答用紙　Ａ日程

番号		氏名		評点	／80

1

(1)

(2) ①　②　③　④

(3)　(4)

(5) ①　点　②　点

2

(1)　(2)　(3)

(4)　(5)　(6)

3

(1) A　ウ

(2)

(3) ①　②　③　(4)

(5)

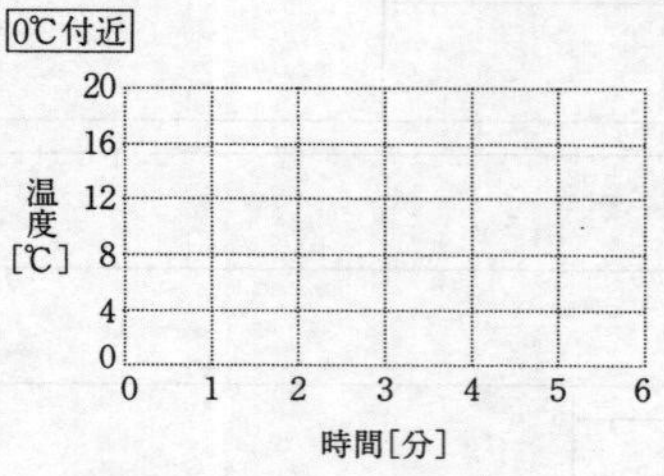

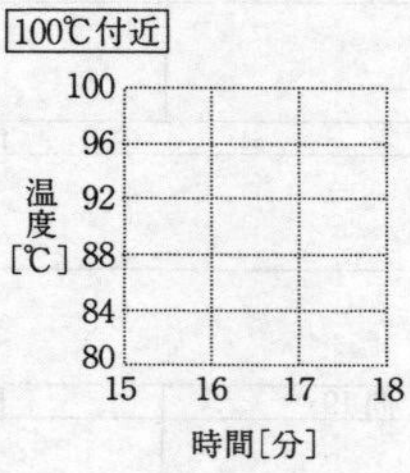

(6)

4

(1)　g　(2)　cm　(3)　cm

(4)　cm　(5)　cm　(6)　cm

（注）この解答用紙は実物を縮小してあります。Ｂ５→Ａ３（163%）に拡大コピーすると、ほぼ実物大の解答欄になります。

〔理　科〕80点(推定配点)

1 (1)～(4)　各３点×4＜(2)は完答＞　(5)　各４点×2　2 (1)，(2)　各３点×2　(3)　２点　(4)～(6)　各４点×3　3 各２点×10＜(5)は各２点×2＞　4 (1)～(4)　各３点×4　(5)，(6)　各４点×2

二〇二三年度　山手学院中学校

国語解答用紙　A日程

番号　　氏名　　評点　／100

一

問一　問二　問三

問四　（1）

（2）

問五　問六　問七（1）（2）（3）

問八 A　B　問九　問十 A　B

二

問一　ことを頼んだ。

問二　問三 A　B

問四

問五　問六

問七（1）（2）（3）

三

①　②　③　く　④

⑤　⑥　⑦　⑧

⑨　⑩

（注）この解答用紙は実物を縮小してあります。B5→A3（163%）に拡大コピーすると、ほぼ実物大の解答欄になります。

〔国　語〕100点（推定配点）

一　問1～問3　各3点×3　問4　(1)　6点　(2)　4点　問5，問6　各3点×2　問7　各1点×3　問8，問9　各3点×3<問8のBは完答>　問10　各2点×2　二　問1　7点　問2，問3　各3点×3　問4　5点　問5，問6　各3点×2　問7　各4点×3　三　各2点×10

２０２３年度　山手学院中学校

算数解答用紙　特待選抜 No.1

番号		氏名		評点	／100

1

(1)		(2)	cm²
(3)			

2

(1)	秒後	(2)	秒後
(3)	回		

3

(1)	通り	(2)	通り
(3)	通り		

4

(1)	AP：PB = ：	(2)	三角形ABC：三角形APQ = ：
(3)	PR：RQ = ：		

5

(1)		(2)	
(3)			

２０２３年度　　山手学院中学校

算数解答用紙　特待選抜 No.２

6

(1)

(2)

理由

答え

（注） この解答用紙は実物を縮小してあります。Ｂ５→Ｂ４（141%）に拡大コピーすると、ほぼ実物大の解答欄になります。

〔算　数〕100点(推定配点)

1, 2　各５点×６＜1の(3)は完答＞　3～5　各６点×９　6　(1)　６点＜完答＞　(2)　理由…５点，答え…５点

二〇二三年度　山手学院中学校

国語解答用紙　特待選抜

番号		氏名		評点	/100

一

問一

問二　（25）ようす。

問三

問四　A　B

問五

問六　ア　イ　ウ　エ　オ

問七　①　②　③

二

問一

問二　A　B　C　D

問三　(1)　(2)

問四

問五

問六

問七

問八

問九

三

①　②　③　④

⑤　⑥　⑦　⑧　い

⑨　⑩

（注）この解答用紙は実物を縮小してあります。B５→Ａ３（163%）に拡大コピーすると、ほぼ実物大の解答欄になります。

〔国　語〕100点（推定配点）

一　問１　３点　問２　５点　問３　４点　問４　Ａ　６点　Ｂ　４点　問５　４点　問６　各１点×５　問７　各３点×３　二　問１　４点　問２　各１点×４　問３　各３点×２　問４　４点　問５　３点　問６～問８　各４点×３　問９　７点　三　各２点×10

２０２２年度　山手学院中学校

算数解答用紙　Ａ日程

番号		氏名		評点	／100

1

(1)		(2)	

2

(1)	m	(2)	円
(3)	通り		

3

(1)	%	(2)	g
(3)	g		

4

(1)	人	(2)	人
(3)	か所		

5

(1)	ア		イ
(2)	時速　km	(3)	km

6

(1)	cm³	(2)	Ａ：Ｂ＝　：
(3)	cm³		

7

(1)	個	(2)	個
(3)	個		

（注）この解答用紙は実物を縮小してあります。Ｂ５→Ａ３(163%)に拡大コピーすると、ほぼ実物大の解答欄になります。

〔算　数〕100点(推定配点)

1～7　各５点×20＜5の(1)は完答＞

２０２２年度　山手学院中学校

社会解答用紙　Ａ日程

番号		氏名		評点	／80

1

問1	問2 ①	問2 ②	問2 ③	問3	問4 ① ア	問4 ① イ
					海流	海流

問4 ②
特徴
理由

問5 ① ア	問5 ① イ	問5 ②
川	川	

問5 ③	問6
役割	

2

問1	問2	問3	問4	問5
遺跡				

問6	問7	問8	問9	問10	問11

問12	問13	問14	問15
→ → →			

問16
30

問17	問18	問19	問20

3

問1	問2	問3

問4 ①	問4 ②
	法

問5 (1)	問5 (2)	問5 (3)	問6 ①	問6 ②

（注）この解答用紙は実物を縮小してあります。Ｂ５→Ａ３(163％)に拡大コピーすると、ほぼ実物大の解答欄になります。

〔社　会〕80点(推定配点)

1　各２点×14　2　問１～問10　各１点×10　問11～問15　各２点×5＜問12は完答＞　問16　４点　問17～問20　各２点×4　3　各２点×10

２０２２年度　山手学院中学校

理科解答用紙　Ａ日程

番号		氏名		評点	／80

1

(1)					(2)				

(3)		(4)	

(5)	X	Y	Z

(6)	トンボ	モンシロチョウ

(7)	A	B	C

2

(1)	万km	(2)		(3)	
(4)		(5)		(6)	
(7)	°				

3

(1)		(2)		(3)	g
(4)	%	(5)	①	②	g
(6)	g				

4

(1)	と	(2)	と	(3)	
(4)	秒	(5)	秒		

（注）この解答用紙は実物を縮小してあります。Ｂ５→Ｂ４（141％）に拡大コピーすると、ほぼ実物大の解答欄になります。

〔理　科〕80点（推定配点）

1　(1)　２点　(2)～(7)　各３点×６＜(3)～(7)はそれぞれ完答＞　2　(1)　２点　(2)～(7)　各３点×６　3　(1)～(4)　各３点×４　(5)，(6)　各４点×２＜(5)は完答＞　4　各４点×５

二〇二二年度 国語解答用紙 A日程

山手学院中学校

番号		氏名	

評点 / 100

一

問一 問二 問三

問四 問五 問六

問七 35

問八 問九 問十

二

問一 問二 問三 問四

問五 問六 問七

問八 (1) 35 ところ

(2)

三

① ② ③ ④

⑤ ⑥ む ⑦ ⑧

⑨ ⑩

(注) この解答用紙は実物を縮小してあります。B5→A3(163%)に拡大コピーすると、ほぼ実物大の解答欄になります。

〔国　語〕100点(推定配点)

一 問1～問6　各4点×6　問7　7点　問8～問10　各4点×3　二 問1～問7　各4点×7　問8　(1) 5点　(2)　4点　三 各2点×10

2022年度　山手学院中学校

算数解答用紙　特待選抜

番号		氏名		評点	／100

1

(1)		(2)	日	(3)	cm

2

(1)	cm	(2)	cm²	(3)	cm²

3

(1)	毎分　L	(2)		(3)	分後

4

(1)	ア	(2)	イ	(3)	ウ

5

(1)

ア		イ	
ウ		エ	
オ		カ	
キ		ク	

(2)

	A	B	C	D	E
A					○
B					
C					
D					
E	×				

6

(1)

ア		イ	
ウ		エ	
オ		カ	
キ		ク	

(2)

（注）この解答用紙は実物を縮小してあります。Ｂ５→Ａ３(163%)に拡大コピーすると、ほぼ実物大の解答欄になります。

〔算　数〕100点（推定配点）

1～4　各５点×12　5　(1)　各２点×８　(2)　４点　6　(1)　各２点×８　(2)　４点

二〇二二年度　山手学院中学校

国語解答用紙　特待選抜

番号　　氏名　　評点　／100

一

問一

問二（1）A

B

（2）

問三

問四（1）

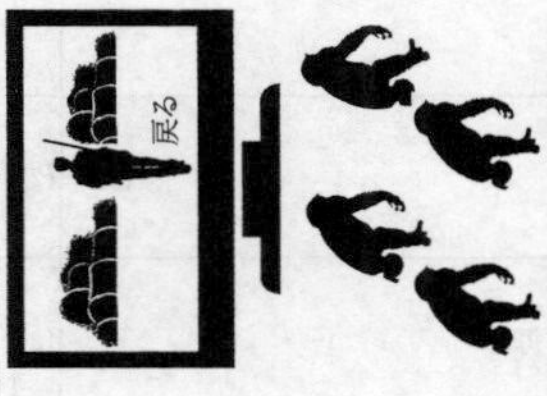

問四（2）動画を見ていた類人猿の多くが、

問五

問六

問七

問八

二

問一

問二

問三

問四

問五　という心情。

問六

問七　A

ことを、B　だと感じた。

問八

問九

問十

三

①　②　③　④　ゆる

⑤　⑥　⑦　⑧

⑨　⑩

（注）この解答用紙は実物を縮小してあります。Ｂ５→Ａ３（163％）に拡大コピーすると、ほぼ実物大の解答欄になります。

〔国　語〕100点（推定配点）

一　問１～問３　各３点×５　問４　（1）　４点　（2）　９点　問５～問８　各３点×４　二　問１～問４　各３点×４　問５　５点　問６　３点　問７　５点＜完答＞　問８，問９　各３点×２　問10　９点　三　各２点×10

２０２１年度　　山手学院中学校

算数解答用紙　Ａ日程

番号		氏名		評点	／100

1

(1)		(2)	

2

(1)	試合	(2)	：
(3)	度		

3

(1)		(2)	
(3)			

4

(1)	時　分	(2)	７時　分
(3)	時　分		

5

(1)	cm	(2)	cm
(3)	cm		

6

(1)	秒間	(2)	
(3)	m		

7

(1)	通り	(2)	㋐　㋑
(3)	通り		

（注）この解答用紙は実物を縮小してあります。Ｂ５→Ａ３（163%）に拡大コピーすると、ほぼ実物大の解答欄になります。

〔算　数〕100点（推定配点）

1～7　各５点×20

2021年度　山手学院中学校

社会解答用紙　A日程

番号		氏名		評点	／80

1

問1	問2	問3	問4
			県

問5	問6	問7	問8 ①
県	半島		

問8 ②
九州地方は中東地域から原油を輸送する時に （　　　　　　　　　　　　　　　　　　　　）だから。

問9	問10	問11	問12
			湾

問13	問14 ①	問14 ②	問14 ③
海	県	個	県

2

問1 (1)	問1 (2)	問1 (3)	問1 (4)	問2 ①	問2 ②

問3	問4	問5	問6	問7

問8
（　　）→（　　）→（　　）→（　　）→（　　）→（　　）

問9 A	問9 D	問9 F

3

問1	問2

問3	問4 ①	問4 ②

問5	問6 ①	問6 ②	問7

（注）この解答用紙は実物を縮小してあります。Ｂ５→Ａ３（163%）に拡大コピーすると、ほぼ実物大の解答欄になります。

〔社　会〕80点（推定配点）

1，2　各２点×32＜2の問８は完答＞　3　問１，問２　各１点×２　問３～問７　各２点×７

２０２１年度　山手学院中学校

理科解答用紙　Ａ日程

番号		氏名		評点	／80

1

(1)	①　②			(2)	
(3)		(4)		(5)	
(6)		(7)			

2

(1)		(2)		(3)	座
(4)	座	(5)	座	(6)	座
(7)	A　座　B　座				

3

(1)		(2)		(3)	g
(4)		(5)		(6)	g

4

(1)	g	(2)	g	(3)	cm
(4)	①　g　②　g				

（注）この解答用紙は実物を縮小してあります。Ｂ５→Ｂ４（141％）に拡大コピーすると、ほぼ実物大の解答欄になります。

〔理　科〕80点（推定配点）

1　(1)　2点＜完答＞　(2)～(7)　各３点×6＜(3)，(4)，(7)は完答＞　2　(1)　2点　(2)～(7)　各３点×6＜(7)は完答＞　3　(1)～(4)　各３点×4＜(2)は完答＞　(5)，(6)　各４点×2　4　各４点×5

二〇二一年度　山手学院中学校

国語解答用紙　A日程

番号　氏名　評点 /100

一

問一

問二

問三　～　ていくことができるから。

問四　A　B

問五

問六

問七

問八

問九　(1)　(2)

二

問一　A　B　C

問二

問三　N

問四

問五

問六

問七

問八

問九

三

①　②　③　④　⑤　⑥　⑦　⑧　⑨　⑩

(注)　この解答用紙は実物を縮小してあります。B5→A3（163%）に拡大コピーすると、ほぼ実物大の解答欄になります。

〔国　語〕100点(推定配点)

一　問1～問8　各3点×10　問9　(1)　4点　(2)　8点　二　問1　各2点×3　問2～問9　各4点×8　三　各2点×10

２０２１年度　山手学院中学校

算数解答用紙　特待選抜 No.１

番号		氏名		評点	／100

1

(1)		(2)	m
(3)			

2

(1)	%	(2)	回
(3)	分　秒後		

3

(1)

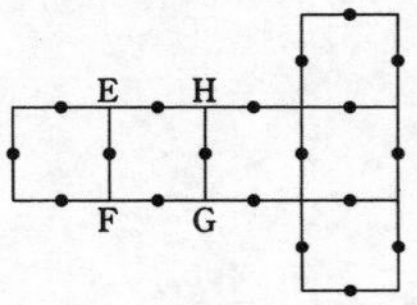

(2)

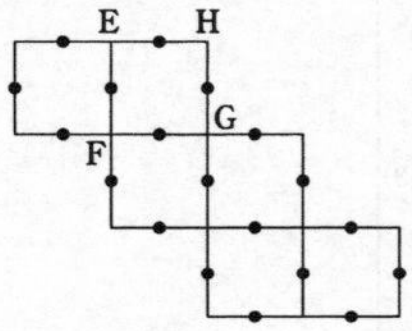

(3)

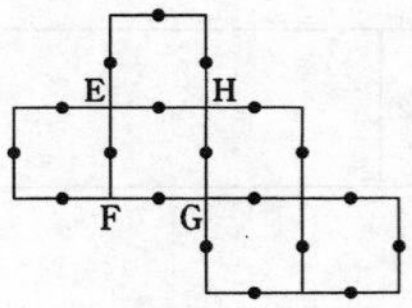

4

(1)	度	(2)	cm²
(3)	cm		

２０２１年度　　山手学院中学校

算数解答用紙　特待選抜 No.２

5

(1)	
(2)	
(3)	

6

(1)	回	(2)	年

(3)
答えを導く過程

答え
年に１度うるう年にし，　年に１度うるう年をやめる。

（注）この解答用紙は実物を縮小してあります。Ｂ５→Ａ３（163%）に拡大コピーすると、ほぼ実物大の解答欄になります。

〔算　数〕100点（推定配点）

1～4　各５点×12　5　各６点×３　6　(1)，(2)　各６点×２　(3)　答えを導く過程…５点，答え…５点

二〇二二年度　山手学院中学校

国語解答用紙　特待選抜

番号		氏名		評点	/100

一

問一

問二 (10, 20)

問三

問四　1　2　3　4

問五

問六

問七 (1) ① (10, 20)

② (10, 20)

③ (10)

(2) 倍

(3)

問八

二

問一 A (10, 20)

B (10, 20)

問二 Ⅰ　Ⅱ

問三

問四

問五

問六

問七

問八 A　B

問九 Ⅰ (10, 20)

Ⅱ

三

①　②　③ える　④

⑤　⑥　⑦　⑧

⑨　⑩ でる

（注）この解答用紙は実物を縮小してあります。B5→A3（163%）に拡大コピーすると、ほぼ実物大の解答欄になります。

〔国　語〕100点(推定配点)

一　問1　3点　問2　4点　問3～問6　各3点×4<問4は完答>　問7　(1)　各4点×3　(2), (3)　各3点×2　問8　3点　二　問1～問8　各3点×11　問9　Ⅰ　3点　Ⅱ　4点　三　各2点×10

Memo

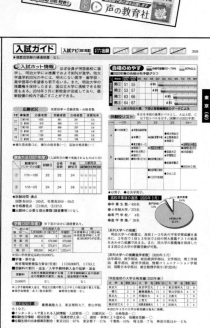

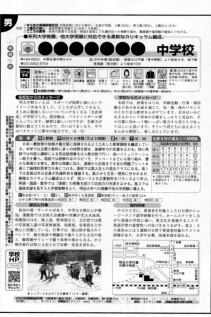